MÉMOIRES ACCESSOIRES

PHILIPPE DE GAULLE

MÉMOIRES ACCESSOIRES

1946-1982

PLON

ISBN 2-259-18587-8

Le difficile, ce n'est pas de connaître la vérité,
mais de la substituer à l'erreur.

Ernst HAECKEL.

CHAPITRE 1

LES DÉSORDRES DE L'APRÈS-GUERRE

A Colombey-les-Deux-Eglises mes parents mènent la vie calme qu'ils n'ont pas connue depuis l'avant-guerre. Mon père se lève vers 8 heures et prend son petit déjeuner dans sa chambre. Ma mère, déjà levée pour « mettre l'office en route », remonte prendre le sien avec lui devant la fenêtre qui donne sur la prairie au sud-ouest.

Dans la chambre, les papiers des murs, les tapis, les rideaux épais, le couvre-lit sont d'un bleu atténué — la couleur préférée de ma mère. Le mobilier est quelconque mais commode. Sur la cheminée en marbre gris, surmontée d'une glace classique, quelques objets ou statues en ivoire ou en bois de la Vierge et de sainte Anne. Aux murs, les photos des ascendants et des enfants. On n'a pas coutume chez nous d'afficher celles-ci aux yeux des étrangers.

Quelques minutes plus tard, vers 8 h 30, on apporte à mon père les journaux de Paris. Il les parcourt durant une demi-heure environ, assis dans le fauteuil de la chambre, puis il fait sa toilette et s'habille. Il ne se montre jamais en robe de chambre, et ma mère, seulement si elle a besoin de chercher quelque chose. Je n'ai jamais vu mon père que dans la tenue la plus stricte.

Il descend vers 10 heures et, prenant une canne à bout ferré, entreprend un ou plusieurs tours du jardin, seul et quel que soit le temps. L'été, il est en complet-veston et porte, au besoin, un chapeau bordé gris. A l'automne, un imperméable du type Burberry et, en hiver, un pardessus croisé épais, parfois un cache-nez et des gants, s'il fait très froid.

Vers 10 h 30, mon père gagne son bureau. Il travaille sur le même meuble qui lui servait avant guerre, rehaussé par quatre cales en bois, dans la tourelle qu'il a fait ajouter, face à plusieurs lignes de crêtes et de forêts qui plongent vers Bar-sur-Aube. Ce bureau qui n'est pas beau et le fauteuil correspondant qui est franchement laid ont été cachés dans un garde-meuble pendant l'Occupation, comme la quasi-totalité du mobilier, tableaux, livres et papiers qui se trouvent à « La Boisserie ». Plus tard, bureau, fauteuil et étagères seront remplacés par des meubles Empire fabriqués et offerts par les artisans du faubourg Saint-Antoine, à Paris.

Vers 11 heures, une ou deux fois par mois en moyenne, il reçoit la personne venue à sa demande lui apporter quelques dossiers et la retient parfois à déjeuner à la fortune du pot. Ceux, mêmes proches parents, qui peuvent se targuer d'avoir été reçus à « La Boisserie » sont rares et encore l'ont-ils été moins souvent qu'ils le prétendent. Ma mère se montre intransigeante à ce sujet, qui voudrait préserver autour de mon père une ambiance tranquille et qui craint que la politique ne vienne de nouveau l'accaparer. Elle accepte d'autant plus volontiers son frère Jacques Vendroux et sa belle-sœur Cada pour deux ou trois jours que ceux-ci s'abstiennent de transmettre, lors de leur passage, requêtes et recommandations, mais elle se brouillera presque avec d'autres parents plus prompts à les harceler d'avis ou de vérités toutes faites. En réalité, cet isolement convient à mon père qui entend se tenir en retrait des contingences du moment pour pouvoir lire, réfléchir et écrire.

Vers 12 h 30, mon père quitte son bureau et vient s'asseoir à une table de bridge où il entreprend, avec lenteur, toujours la même réussite sur le modèle des sept cartes de front. Sur une feuille de papier, il pointe chacune des parties gagnées de manière à en conserver la statistique. En même temps, il écoute les informations à la radio, qu'il éteint aussitôt après. Plus tard, ce sera la télévision : une chaîne noir et blanc, puis une deuxième en couleurs. C'est plus la manière ou le ton des informations qui l'intéresse que leur contenu qu'il connaît plus ou moins par ailleurs et dont le caractère factice ou fréquemment inexact provoque souvent sa désapprobation. Il réagit par des grognements, des haussements d'épaules ou des remarques rectificatives, mais il ne tolère pas qu'une autre personne commente l'actualité en même temps que lui : une seule personne doit parler, quel que soit le sujet d'ailleurs.

Le déjeuner, vers 13 heures, est servi sans cérémonie, mais dans les formes. Au menu : un bon vin, mais pas de grande marque ; un hors-d'œuvre, un plat principal classique et sans fioritures ; une salade, ; un dessert : crème renversée, tarte ou fruits au sirop plutôt que des fruits qu'il n'aime pas devoir éplucher. Ma mère décrète en coulisse les goûts de son mari : il n'apprécierait pas le bœuf à la mode (qu'elle déteste), aimerait les saucisses (elle trouve la choucroute excellente). Elle veille néanmoins au potage du soir, qu'il estime indispensable et dont elle-même se passerait souvent, surtout l'été.

Les repas, commencés à l'heure et terminés en quarante minutes environ, parfois un peu plus s'il y a des invités, s'achèvent dans la bibliothèque autour d'une tasse de café et d'un cigare ou de cigarettes, voire d'une liqueur.

Après une heure passée à converser familièrement, mes parents invitent tous ceux, petits et grands, qui le peuvent à faire un tour de jardin. La promenade se déroule toujours dans le même sens. On monte la petite allée sous les arbres vers le calvaire, on tourne à droite vers le bout du chemin des lilas au-dessus du tennis, puis on descend la prairie le long de la haie. On longe le sentier en bas jusqu'aux deux peupliers centenaires, on repasse devant l'entrée de la maison où les invités reprennent leurs voitures. Il arrive qu'on les accompagne à pied le long des cent mètres d'avenue qui remontent vers le portail. Le circuit est ainsi prévu pour éviter de devoir retraverser la maison.

Vers 15 heures, mon père, qui a toujours été réfractaire à la sieste, regagne son bureau dont il ne sortira qu'un peu avant l'heure du thé pour quelques nouveaux tours du jardin, seul ou en compagnie d'une ou deux personnes choisies pour discuter un peu de questions de fond ou des problèmes du moment. Parfois, il retient dans son bureau un proche ou plus rarement un familier pour leur lire ce qu'il vient d'écrire et modifier au besoin son texte selon leurs réactions. C'est à ma sœur Elisabeth qu'il donne à taper à la machine ses grimoires qu'elle a l'habitude de déchiffrer.

Vers 17 heures, il retourne à la bibliothèque pour prendre une tasse de thé assez fort avec quelques gâteaux secs et se remet aussitôt au travail. Encore un tour de jardin avant la tombée de la nuit. Le dîner est servi à 20 heures. Mon père passe ensuite la soirée assis dans un fauteuil de cuir, à droite de la cheminée de la bibliothèque où une flambée est souvent allumée par temps frais. Il se plonge dans la lecture de quelque livre ou document, lecture qu'il interrompt parfois pour aller dans son bureau prendre des notes ou répondre brièvement à l'auteur de l'ouvrage.

Vers 22 h 30, ma mère, jusque-là occupée à sa correspondance, monte dans leur chambre. Elle aime à se coucher et à se lever tôt, à l'inverse de mon père. « Comme je n'aime pas me réveiller avec les chevaux, plaisante-t-il, je n'étais pas fait pour le métier militaire ! » Une heure plus tard, mon père se retire à son tour.

Leur mode de vie est simple, par goût de « ne pas trop s'encombrer l'existence ». La vie mondaine ou officielle à laquelle ils ont dû naguère se soumettre, en général de bonne grâce, les ennuie en réalité profondément.

« Ne faites pas partie de la corporation des "dîneurs en ville", recommandent-ils. Il est rare qu'on n'y perde pas son temps. »

Leur service est assuré par deux vieilles filles d'âge canonique : la Lorraine Louise Camaille et l'Alsacienne Philomène Ziegler.

Le dimanche, mes parents se rendent à la grand-messe en l'église de Colombey, à environ quatre cents mètres de chez eux. Ils font ce trajet en voiture. Parfois, mon père, accompagné de deux ou trois familiers, décide de s'y rendre à pied ; l'occasion pour lui de saluer l'un ou l'autre au passage. Lorsqu'on annonce une petite foule de curieux, lors de quelque jour férié, ils se rabattent sur une église des environs : Rizaucourt, Juzencourt, Argentolles, Harricourt ou Lamothe-en-Blaisy. Ces églises sont similaires à celles de Colombey, adossées à un petit cimetière devant la place du village, en vis-à-vis du monument aux morts élevé à la fin de la guerre 14-18 et chargé de noms.

L'édifice a été construit avec le temps depuis une partie centrale d'architecture romane ou du XIIIe siècle. Il est ouvert une fois par semaine au plus, faute de curé permanent. Les murs sont suintants et quelques dalles du sol sont verdâtres d'humidité. Un grand poêle à bois, dont le long tuyau coudé est retenu par un fil de fer, dispense l'hiver une violente et brève chaleur. L'office est généralement chanté en latin tant bien que mal par les fidèles qui disposent, comme partout en France, d'un missel où les textes en latin et français sont imprimés face à face.

Mes parents arrivent cinq minutes avant le début de l'office et se placent vers le milieu des bancs. Selon les habitudes familiales, ils participent à l'office, impassibles, sans rien manifester de leur foi ni se joindre aux chants et aux répons. Ma mère suit son missel. Mon père se conforme aux coutumes locales de la population masculine où seuls les hommes se lèvent pour répondre à la Préface. C'est à eux, en effet, de présenter leurs « gens » à Dieu.

La République française octroyait à vie à ses anciens présidents du Conseil (à condition qu'ils aient été en poste six mois consécutifs) une voiture de fonction ainsi qu'un chauffeur, un garde du corps inspecteur de police, un appartement de fonction à loyer raisonnable et un petit secrétariat. Le véhicule de mon père est d'abord une vieille Delahaye qu'il aura à cœur de remplacer au bout de quelques mois par une traction avant Citroën, moins volumineuse et achetée sur ses deniers, d'autant que l'essence ne lui sera bientôt plus fournie. Son premier chauffeur est Emile Deforge, auquel succédera René Toussirot, tous deux provenant de la préfecture de Police de Paris.

Mon père, refusant tout garde du corps issu des renseignements généraux de la même préfecture, celui qu'on lui attribue d'office est condamné à errer dans le village de Colombey-les-Deux-Eglises en quête d'occupation. Il arrivera que mon beau-frère Alain de Boissieu ou moi-même ayons, à l'insu du Général, à lui servir de garde rapprochée, un revolver caché dans notre poche. De même refusera-t-il tout appartement de fonction et secrétariat. Seul est accepté par lui un aide de camp qui passe souvent la journée à « La Boisserie » et loge chez l'habitant.

La permanence de cette fonction se partage d'abord entre le capitaine Claude Guy, ancien des Forces aériennes françaises libres, et le chef de bataillon de la Légion étrangère Gaston de Bonneval, qui fut déporté à Mauthausen. Issu d'une famille de l'aristocratie terrienne, ce dernier devait devenir un familier très apprécié des nôtres. Il assumera sa tâche avec beaucoup de tact et de clairvoyance durant presque dix-neuf ans, de 1945 à décembre 1964. Nous lui avons conservé beaucoup d'amitié pour son exceptionnel dévouement auprès d'un patron au caractère difficile et dans une conjoncture souvent dramatique.

Le cas échéant, les remplacements de Gaston de Bonneval et de Claude Guy nous sont parfois, là encore, dévolus, à mon beau-frère et à moi-même. Il convient évidemment au fils de rendre service à son père mais, la facilité conduisant à réquisitionner ceux dont on dispose naturellement, je fais assez vite comprendre que je ne saurais être qu'un aide de camp très occasionnel. Mon propos suscite un éclat, mais il est admis. Je ne remplirai donc cette tâche que les jours fériés où je suis en permission, afin de permettre aux titulaires de rester chez eux en famille, ou lors de rares événements où l'on aura besoin de renfort. Je reste en civil et ne me mettrai en uniforme que quatre ou cinq fois en vingt-cinq ans pour accompagner mon père au monument aux morts de Colombey-les-Deux-Eglises ou rendre visite à d'anciens combattants de petites villes des environs [1].

Tout en appréciant la tranquillité de leur résidence au cœur d'une campagne austère, mes parents éprouvent de temps en temps le besoin d'en sortir « pour faire un tour en voiture dans les environs ». Pour mes parents, l'impression d'évasion semble être proportionnelle aux distances parcourues. Celle qui les conduit dans les Vosges, tout de même éloignées de Colombey-les-Deux-Eglises de près de deux cents kilomètres, constitue un trajet apprécié. On ne fait halte dans une auberge qu'à la condition que celle-ci soit peu fréquentée et que la table, retenue sous un pseudonyme, se trouve à l'écart de la salle à manger. Le plus souvent, on se restaure rapidement, dans un petit chemin de traverse, d'un en-cas préparé à l'avance, mon père ayant horreur des pique-niques, après avoir eu trop souvent à manger dehors dans sa carrière militaire.

Un des buts d'excursion favori reste le mont Sainte-Odile, au col de Dabo. Ce haut lieu a sans doute une valeur sentimentale pour mes parents. Avant guerre, ils y ont quelquefois séjourné deux ou trois jours dans le couvent des religieuses. Ils y retourneront encore en tête à tête lors de décennies suivantes.

Lorsque les restrictions d'essence de l'après-guerre ou le manque de temps limitent les distances, mon père et plus rarement ma mère se

1. Sans doute par tradition depuis les Lingons qui faillirent obliger Jules César à faire demi-tour durant sa conquête des Gaules, la conduite de la Haute-Marne a été assez exemplaire durant l'occupation allemande. Pour une population d'environ 185 000 habitants seulement, le département a eu 1 516 déportés dont 80 femmes et 206 morts dans les camps ; 167 fusillés ; 71 tués et 101 blessés dans les combats des maquis.

font transporter à quelques kilomètres de « La Boisserie » dans les vastes forêts des environs, celle des Dhuys par exemple, pour une ou deux heures de marche. On les y accompagne plus volontiers que pour les longs trajets en voiture.

En novembre 1946, mon père, qui en était à une quarantaine de cigarettes anglaises et un ou deux cigares par jour, a décidé d'arrêter de fumer. Tout l'y incite : la relative sérénité retrouvée à « La Boisserie » après les années de tension intense de la guerre et de la Libération, le besoin de se ménager alors que l'âge commence à venir, le désir de profiter désormais d'une vie à la campagne en accord avec l'air pur et la nature ; certains ne manquent pas de supputer à tort un cancer de la gorge. Toutefois, l'odeur du tabac lui restera agréable et il conservera sur lui un briquet pour donner du feu aux dames lors des réceptions.

S'il a complètement décroché des responsabilités gouvernementales et refuse les visites officielles à « La Boisserie », il deviendra difficile au Général d'être entièrement coupé de la capitale à dater de la fondation du Rassemblement du Peuple français (RPF). Aussi, va-t-il devoir consentir à descendre quelques jours par mois, à Paris, à l'hôtel La Pérouse, dans le quartier de l'Etoile. On y met une suite à sa disposition à des prix raisonnables. Il peut y recevoir ceux, toujours trop nombreux, qui demandent à le voir. Un soir où il allume une flambée dans la cheminée de sa chambre, on découvre, en levant le tablier de fer, les fils et les micros qu'ont fait poser les renseignements généraux d'un gouvernement à présidence socialiste.

Mes parents n'auraient pas admis que leurs enfants, même adultes, se permettent d'évoquer leur situation financière. Je ne m'inquiète pas moins de leurs moyens d'existence. Le Parlement, en son temps, a proclamé à l'unanimité que « le général de Gaulle a bien mérité de la Patrie », motion réservée jusqu'alors à Clemenceau après la victoire de 1918, mais cette déclaration, pour solennelle qu'elle soit, ne comporte aucune disposition dans l'immédiat sinon, à terme, l'exemption d'éventuels droits de succession. De Gaulle est traité comme tous les anciens présidents du Conseil, qui ne bénéficient d'aucune retraite, réservée au seul président de la République.

Dans le premier gouvernement de la IVe République figurent quelques fidèles du Général dont Edmond Michelet. Non sans une touchante maladresse, ce dernier envoie à mon père la proposition d'une reconstitution de carrière avec des promotions fictives jusqu'à la retraite au grade de « général d'armée, commandant en chef ». Au cas où cette solution administrative serait écartée subsisterait en dernier ressort celle d'une pension de général de brigade, grade avalisé à titre définitif, comme il aurait dû l'être automatiquement au bout de six mois si Vichy ne l'avait fait disparaître des archives. Quelle que fût la bonne volonté d'Edmond Michelet, c'était évidemment considérer un cas aussi exceptionnel avec toute la mesquinerie et le manque d'envergure propres au nouveau régime.

Mon père ne prend même pas la peine de répondre à cette démarche, d'autant que la petitesse à son endroit qui la caractérise devait se retrouver en d'autres occasions. Ainsi sera-t-il convoqué un jour à « se rendre dans la cour des Invalides avec les autres généraux pour une remise de décorations » ! Le destinataire commente d'un « Tout cela est bien moche ! ».

En attendant, malgré quelques facilités très provisoires, mes parents ne disposent d'aucun autre revenu que ceux, fort réduits, qu'ils peuvent percevoir de quelques biens retrouvés après la guerre, malgré les confiscations de Vichy : petits fermages ou dividendes d'actions quand ils sont versés. Or, la restauration de « La Boisserie » — pour laquelle aucun « dommages de guerre » n'a été demandé — et surtout l'achat de la propriété de Vertcœur pour la Fondation Anne de Gaulle leur ont certainement imposé des charges considérables, bien que cette dernière bénéficie de dons nombreux et souvent importants qui ont dû rapidement la tirer d'affaire.

En réalité, les miens vivent à crédit grâce à un certain nombre de banques privées dirigées par des anciens de la France Libre et des sympathisants. Ces prêts[1] seront remboursés lors de la parution des *Mémoires de guerre*, le plus grand succès d'édition en France depuis le début du siècle.

Parmi le très petit nombre de visiteurs qui se pressent à Colombey, à cette époque, comme je l'ai dit, deux se présentent d'eux-mêmes et ne sont pas reçus. Le premier est le député Michel Clemenceau, dont la ressemblance physique avec son père est frappante. Le Général refusant de le voir, il est prié de rédiger sur la table de la salle à manger un message dans lequel il tente de persuader son hôte virtuel de se présenter à la prochaine élection à la présidence de la République. Le second, venu de son propre chef de Dijon, est le chanoine Kir, personnage assez original, qui se dit « résistant du 16 juin » et s'agite beaucoup avant de repartir. Profondément vexé, il ne cessera de s'opposer au Général par la suite.

*

En décembre 1946, au retour de quatorze mois passés aux Etats-Unis et après trois jours de permission à Colombey-les-deux-Eglises, j'ai rejoint l'aviation embarquée à Hyères, avec une demi-douzaine de camarades.

La Marine nationale a établi la base d'aéronautique navale au

1. Malgré la discrétion qui entoure cette situation, des recoupements me permettront peu à peu d'établir une liste non exhaustive des prêteurs : Pierre Lebon ; Roger Paluel-Marmont, ancien saint-cyrien ; Saint-Phalle ; Pierre-Louis Dreyfus, compagnon de la Libération ; Neuflize-Mallet ; Vernes...

milieu d'anciens marécages entourés des collines de Costebelle et d'Hyères, la petite ville s'étageant à flanc de coteaux. Trois grands hangars d'aviation et leurs ateliers annexes, des baraques en bois complémentaires et quatre bâtiments en brique à étages — les installations sont restées à peu près intactes depuis l'avant-guerre. Je suis logé au premier étage du « Carré des officiers », dans une petite chambre individuelle, comme les enseignes et lieutenants de vaisseau célibataires.

Nous sommes affectés aux flottilles 1 F, 3 F (la mienne) et 4 F. La première est composée de douze monomoteurs Seafire III, version navalisée du Spitfire britannique ; les deux suivantes, de bombardiers en piqué de fabrication américaine Douglas SBD-5, dits « Dauntless » (Intrépide). Notre stage aux Etats-Unis n'a pas été terminé sur avions d'arme et nous devons passer prochainement notre brevet de spécialité d'« aéronautique navale ». On nous met provisoirement en entraînement opérationnel à l'Ecole d'aviation embarquée. Cette école, qui entraîne aussi les officiers d'appontage et les équipes de pont d'envol ou de hangar des porte-avions, dispose d'une escadrille 54 S d'avions d'arme et de liaison.

Les exercices d'appontage simulés sur piste s'effectuent selon la méthode anglaise. La méthode française, par mires abattables, marquant l'alignement et la pente de descente, a été perdue après 1940. On la retrouvera sous la forme d'un système à miroirs dans les années 1960. Les circuits d'appontage passent à moins d'une centaine de mètres au-dessus des collines de Costebelle, soulevant les protestations des riverains.

C'est sur la demande expresse du contre-amiral Jozan, commandant les porte-avions et l'aviation embarquée, que nous avons été dépêchés à Hyères.

A quarante-sept ans, l'homme est athlétique, volontaire, dynamique. Il aime paraître mais continue à payer de sa personne comme pilote. En 1942, lors de l'invasion de la zone dite « libre », il a rompu avec Vichy et appelé à la résistance. Arrêté au moment de passer en Espagne, il est envoyé comme otage au camp d'Eisenberg, près de Flossenburg où il rencontre fortuitement mon oncle, Pierre de Gaulle. Son état-major comprend d'anciens déportés comme le capitaine de frégate Vedel, dit Carlino, ou le lieutenant de vaisseau Le Boëtté, très marqués l'un et l'autre par l'expérience des camps de concentration. A mon égard, l'amiral Jozan se montre sans complaisance mais toujours bienveillant, comme avec la plupart de ses subordonnés.

L'état-major a pour tâche de réorganiser l'aviation embarquée et d'en recomposer les statuts et règlements périmés depuis 1940. Les jeunes officiers à l'entraînement étant corvéables, je suis requis avec quelques-uns de mes camarades comme secrétaire occasionnel dans les réunions d'amiraux et d'officiers supérieurs pour redéfinir et répartir les nouvelles bases ou le déploiement des unités.

Les carences des gouvernements et les nécessités du moment sont hélas ! plus déterminantes que l'idée que les plus jeunes peuvent se faire de l'avenir. Ainsi nous paraît-il à courte vue de vouloir installer nos avions à Hyères ou de rétablir la base trop petite pour des aéronefs modernes de Fréjus-Saint-Raphaël, au motif qu'elle est le « berceau de l'aéronautique navale » et, par là, d'abandonner pour n'en conserver qu'un droit d'usage Istres-Berre, parfaitement adaptée à la double mise en œuvre d'avions et d'hydravions, et surtout de ne pas saisir l'occasion de prendre complètement possession du grand terrain du Luc, alors désert, afin d'y concentrer la quasi-totalité de nos moyens aéronautiques, à proximité de la côte méditerranéenne.

Mais, je n'ai rien à dire et ne suis jamais qu'un scribe au milieu de cet aéropage de décideurs.

Nous subissons surtout la routine, et d'abord celle des officiers de garde à la base dont les services généraux — des cuisines à l'entretien du terrain — sont en grande partie assurés par une centaine de prisonniers allemands. Ceux-ci manifestent d'autant plus de discipline et de bonne volonté apparente que leur sort serait pire ailleurs, voué à des opérations de déminage, entre autres, et qu'il s'agit pour eux de ne pas compromettre leur rapatriement. Certains sont originaires d'Allemagne orientale, occupée par les Soviets ou les Polonais, et ne savent plus où aller exactement. Aux assemblées de 8 heures et de 14 heures, le groupe des prisonniers allemands se range après la dernière compagnie des Français et leurs sous-officiers rendent l'appel à la suite des nôtres. Leurs uniformes sont usés, mais leur présentation toujours de bonne tenue militaire. Ils sont entassés pour la nuit à l'étage supérieur d'un des deux grands bâtiments « Equipage » et gardés par un factionnaire symbolique.

Un matin que celui-ci a quitté son poste en abandonnant sur place mousqueton et baïonnette, le feldwebel vient me les rapporter sur le front des troupes avec le ceinturon et les cartouchières. « Et dedans, il n'y a même pas de munitions ! » me dit-il avec un mépris perceptible pour tant de fumisterie française.

Si nourriture et habillement sont en général suffisants, les conditions d'existence individuelles des marins restent très médiocres. Au désintérêt manifesté à l'égard des militaires par des populations lasses de tout ce qu'elles ont elles-mêmes enduré s'ajoutent les méfaits de la politique du gouvernement « tripartite », soucieux de donner le moins possible aux armées afin d'encourager au dégagement des effectifs.

Les soldes sont misérables, toujours en retard sur l'inflation et incapables de suivre un marché parallèle, corollaire d'un rationnement encore en vigueur. La pénurie, si elle s'atténue lentement, pèse toujours sur la vie quotidienne. Les célibataires, qui vivent en permanence « à bord », ont moins de difficultés que les officiers mariés. Ces derniers habitent souvent en basse ville dans une ou deux pièces vétustes et mal chauffées. Beaucoup n'ont plus d'argent bien avant la fin du mois, leur famille vivant dans une situation précaire...

Vêtements de vol, blousons, combinaisons et gants sont souvent rapiécés. J'ai ramené les miens des Etats-Unis avec des lunettes et des écouteurs-radio. Quelques-uns portent des casques français en cuir dur, mais la plupart des serre-tête souples sont d'origine anglaise ou américaine. Dans nos avions, nous sommes assis à notre siège de pilote sur des parachutes dont le pliage commence à peine à être vérifié ; pour beaucoup, la toile serait hors d'état de se déployer normalement si nous avions à sauter. Les gilets de sauvetage gonflables dits « Mae West », en hommage à la poitrine plantureuse de la star hollywoodienne, sont en assez bon état. Quant aux canots individuels de sauvetage en mer, ils auraient prêté à rire si le fait de devoir s'en servir ne s'était révélé souvent tragique. Les pires sont d'origine allemande : on les porte autour des reins comme une large ceinture plate, par-dessous le harnais du parachute. La toile, mal caoutchoutée, est si tassée qu'elle commence à se couper aux plis. Nous les essayons sur la plage d'Hyères. Peu fonctionnent de façon satisfaisante. Nous sortons de l'eau teints en vert de la tête aux pieds à cause des sachets de fluorescéine qui ne sont plus étanches. De retour à la base, la douche ne parvient pas à tout nettoyer. « Les célibataires s'en moquent, mais les gens mariés vont avoir du mal à s'expliquer avec leur épouse », plaisante le lieutenant de vaisseau Sanguinetti.

En réalité, la vie quotidienne à la base, relativement austère du fait, entre autres, du manque de transports, nous paraît assez avenante. Notre jeunesse vit d'espoir. Elle a connu pire et apprécie le soleil, la splendeur du paysage et l'intérêt passionnant du métier.

La petite ville d'Hyères est à trois kilomètres de marche à pied, mais Toulon à plus d'une heure de chemin de fer ou de camion militaire.

Le Cercle naval, fort modeste, où de vieux officiers aux retraites mal réévaluées viennent, leur chemise effrangée au col, consommer leur unique vrai repas de la journée, constitue le lieu traditionnel de réunion des familles maritimes. Mais il est peu prisé des célibataires.

Une des corvées auxquelles sont voués les enseignes de vaisseau de la base est la garde à Port-Pothuau, aux Salins d'Hyères, lorsqu'une escadre vient mouiller en grande rade. Lorsque débarquent plusieurs milliers de permissionnaires venant de deux porte-avions américains et de leurs bâtiments d'escorte, l'affaire se complique singulièrement.

Autre genre de corvée mémorable : la classique patrouille à Toulon. Celle-ci commence vers 8 heures du matin. On prend les consignes à la préfecture maritime, place de la Liberté, ensuite à la Majorité générale dans un ancien bâtiment devant la place d'Armes, puis à la gare centrale où nous relevons le poste de garde, enfin aux entrepôts frigorifiques pour surveiller la tenue des corvées de vivres des bâtiments qui s'y succèdent toute la matinée, au milieu des commerçants venus s'approvisonner.

Après le déjeuner pris à 11 heures, l'enseigne dépêche en ville des patrouilles volantes en petits contingents pour contrôler les tenues des isolés jusqu'à la grande sortie des permissionnaires à la porte de l'arsenal et au quai Stalingrad (autrefois quai Cronstadt) à partir de 17 heures. Après quoi, en maintenant d'autres antennes à droite ou à gauche, il prend lui-même la tête d'un détachement composé de deux gendarmes maritimes officiers de police judiciaire, de deux gardiens de la paix, d'un premier-maître, d'un second-maître et de six matelots, d'un sous-officier et de deux ou trois hommes de l'armée de terre, en particulier légionnaires, s'il y en a en permission à Toulon.

Cette colonne est suivie à courte distance d'une camionnette fermée, le « panier à salade », pour emmener les éventuels récalcitrants. Le cortège parcourt la basse ville jusqu'au petit matin. Dans les vieilles ruelles, les bars, gargotes et maisons closes se suivent de façon presque continue. Nous devons y entrer parfois pour rétablir le calme, souvent à la demande du patron toujours désireux de collaborer avec la police et d'éviter que le désordre ne nuise à son commerce. Il arrive qu'une tenancière réclame notre intervention pour expulser un client mauvais payeur qui occupe trop longtemps la chambre « garnie » qu'il a momentanément louée.

A 6 heures du matin, un quart de café chaud réconforte la patrouille mal rasée, épuisée et parfois contusionnée, avant qu'elle ne rejoigne le quai Stalingrad pour le rembarquement des permissionnaires de la nuit. Il faut aider certains d'entre eux à retrouver tant bien que mal leur bateau. Plus tard, j'aurai à opérer les mêmes corvées à Brest, Casablanca et Bizerte, même quand les maisons closes auront parfois changé d'appellation, sinon d'apparence.

Notre qualité d'« aviateur » ne faisant pas disparaître notre statut permanent d'officier de Marine, nous sommes toujours astreints à la garde et au quart, au mouillage et à la mer, lorsque les vols ne nous occupent pas en priorité. Cette répartition des tâches provoque parfois des tensions entre les escadrilles ou flottilles qui embarquent et les permanents du bateau.

Mes camarades et moi sommes aussi envoyés sur l'escorteur de jalon qui accompagne toujours le porte-avions, un mille sur l'arrière bâbord, pour diriger l'équipe de sauvetage des aviateurs tombés à la mer que nous devons aller repêcher en embarcation, parfois sans succès malgré la rapidité de notre intervention. En attendant de disposer d'hélicoptères, nous perdrons ainsi près d'un aviateur sur deux.

Le porte-avions *Arromanches*, ex-*HMS Colossus*, lancé en 1943 par les Britanniques — 18 000 tonnes, vitesse 25 nœuds, longueur 211 mètres, largeur 25 mètres —, vient d'être transféré aux Français. Il commence ses essais avec nous en Méditerranée en septembre-octobre 1946.

C'est en novembre, au cours d'une de ses sorties d'appontage, que je subis, en fait d'initiation, mon premier accident sur porte-avions. Devant rejoindre l'*Arromanches* à la mer, au large d'Hyères, on me met en siège arrière d'un SBD-5 qui doit y apponter, piloté par un premier-maître expérimenté. Comme il doit apporter une caisse d'outillage et rechanges, on a enlevé siège et mitrailleuses arrières de sorte que, amarré très sommairement, je suis assis sur cette caisse. L'approche vers le pont du porte-avions me paraît se dérouler sans problème, mais l'appontage[1] est assez dur. Je m'aperçois alors que l'avion, déporté vers la droite, s'est arrêté en écrasant le bout de son aile sur l'îlot passerelle. Mon pilote quitte son siège en disant : « Que voulez-vous, j'ai été dévié. Le bateau n'a pas dû bien tenir le cap. »

Une coutume assez hypocrite est alors de passer sous silence les accidents courants des vieux pilotes.

S'il est assez impressionnant, au début, de se poser à l'arrière d'un bateau en mer d'une manière aussi insolite, on s'y habitue assez vite de jour, encore que d'excellents pilotes n'y soient jamais parvenus, faute non d'être des surhommes, mais d'un tempérament et d'une maîtrise de soi appropriés. De nuit, l'appréhension demeure toujours.

Une fois apponté, on peut redécoller depuis l'extrême arrière du pont ou en utilisant généralement une des deux catapultes de l'avant. C'est la manœuvre la plus désagréable. Le pilote est littéralement plaqué à son siège au départ de la catapulte, qui propulse les six tonnes ou plus de son avion à quelque cent nœuds sur vingt-sept mètres de trajet.

Un autre désagrément de la catapulte est de devoir y attendre parfois une ou deux heures en alerte, attaché sur son siège, et subissant les coups d'ascenseur de l'avant du porte-avions qui monte et descend à la lame.

Au début de notre entraînement à bord de l'escadrille 54 S, nous réutilisons pour commencer les SNJ-3 qui nous sont familiers depuis

---

1. La méthode d'appontage utilisée consiste en une approche en descente et en virage continu vers la gauche effectués en attitude cabrée de vol à faible vitesse, mais avec un peu de moteur comme si on devait être « soutenu par hélice » pour amener l'avion jusque sur l'arrière-pont. Le pilote, guidé par les raquettes de couleur jaune-orangé de l'officier d'appontage qu'il ne voit que de côté à cause de la masse de son moteur sur l'avant, coupe alors la propulsion à son signal. L'avion s'affale aussitôt et sa crosse est censée accrocher un des brins en travers dans les premiers 80 mètres de l'arrière du pont utilisés pour l'appontage. La partie avant, où sont les deux catapultes de lancement et le parcage des avions appontés, est fermée par deux hautes barrières rabattables en fils d'acier. Notons que pour exécuter un appontage normal de SBD, il faut avoir au moins 25 nœuds de vent relatif dans l'axe du pont, ce que le porte-avions obtient en faisant route contre le vent et en fournissant la vitesse nécessaire.

les Etats-Unis et que la marine française a fini par acquérir. Ses entraînements de base à la navigation, au vol sans visibilité, aux procédures radio ou d'approches de terrain, sont ainsi effectués à meilleur marché que sur avions d'arme [1].

Les bombardements s'opèrent souvent en groupes serrés pour piquer à la verticale, volets sortis, à deux cents mètres les uns derrière les autres. Les premiers commencent en virage prononcé sur l'aile, mais les derniers sont obligés de passer sur le dos pour ne pas laisser la cible défiler sous eux vers l'arrière. Le plus souvent, nous utilisons des petites bombes d'exercice inertes mais chargées de plâtre afin de marquer les impacts sur une cible tracée à l'extrémité du terrain, loin des habitations.

Fin novembre 1946, je manque une première fois de me tuer au cours d'un de ces exercices. On m'a attribué un SBD à bord duquel mon camarade Sapin a effectué, un mois auparavant, un atterrissage forcé « sur le ventre ». « Les commandes de cet avion répondent mal », s'était-il plaint alors. On ne l'avait guère entendu et l'aéronef avait été remis en service après réparation des dommages consécutifs à son atterrissage imprévu. J'hérite peu après de l'appareil pour un bombardement en piqué. Je lance mon projectile face au vent comme prescrit, tire sur le manche pour effectuer ma ressource avant l'altitude minimale à la vitesse habituelle et me rends compte, bien que j'aie tiré le manche complètement sur butée en arrière, que cette ressource s'amorce mal. J'ai heureusement le réflexe de mettre quasi instantanément tout mon compensateur plein à cabrer. Je passe à toute vitesse entre les deux hangars face à moi en rétablissant à deux ou trois mètres du sol puis, sans perdre mon sang-froid, saute une ligne d'arbres et remonte doucement à meilleure altitude. Je n'aurai le temps d'avoir peur qu'au retour. Le commandant d'escadrille croit que je me suis livré à une manœuvre imprudente. Par acquit de conscience, il fait mettre l'avion sur bâtis. On s'aperçoit alors que les déformations du fuselage rapprochent les réas tendeurs des fils d'acier des commandes, de sorte que le mouvement du manche en arrière ne sert en grande partie qu'à en rattraper le jeu.

Nos avions SBD et Seafire de l'aviation embarquée sont des vétérans. Les premiers ont été récupérés à la fin de la guerre, au moment où un porte-avions américain, au large d'Agadir, avait reçu l'ordre de les jeter à la mer, considérés comme trop usés par nos Alliés pour être ramenés aux Etats-Unis. Des officiers français avaient réussi à obtenir

1. Ceux-ci, les Douglas SBD-5 Dauntless, sont des bombardiers biplaces, monomoteurs Wright de 1200 CV, 2 mitrailleuses de 13,7 mm et deux 2 mm jumelées à l'arrière, 1 020 kg de bombes, vitesse maximale 410 km/h, distance franchissable de 1 800 kms sans réservoirs supplémentaires.

de ceux-ci qu'on les y laisse. Quant aux Seafire, mis au rancart sur un terrain côtier d'Angleterre avec la mention « Unserviceable » (Inapte au service) inscrite au pochoir sur le fuselage, notre mission navale à Londres a pu convaincre les Britanniques de les remettre en état de vol suffisant pour un transit. On nous les a rétrocédés à très bas prix. De toutes façons, nous n'avions guère les moyens d'être difficiles.

Au mois de décembre, nous sommes une demi-douzaine de la 50 S à partir pour l'Ecole de chasse de l'armée de l'Air au Maroc, à Meknès, sous le commandement du lieutenant-colonel Yves Ezzano et de son second, le capitaine Jacques Andrieux, tous deux anciens des Forces aériennes de la France Libre et compagnons de la Libération — des forces de la nature au physique comme au moral.

Notre stage est uniquement consacré à la voltige individuelle ou en groupe, que nous effectuons successivement sur SBD allégé (appelé A24 chez les aviateurs), puis sur Hurricane II et Spitfire V. Classé en tête, j'aurai le privilège de faire mon dernier vol sur le Spitfire IX du colonel, qui a tenu à me le prêter comme récompense. La sensation de vitesse et de finesse de cet appareil est extraordinaire.

Malheureusement, à Meknès comme à Hyères, tous les appareils sont vieux et usés. On y a même réuni nombre d'exemplaires des chasseurs alliés de 1939-1945, y compris les Morane 406 et Dewatine 520 de 1940 ou des Yak de Normandie-Niemen, dont les Russes ont fait cadeau aux anciens pilotes français de l'escadrille. L'usure des avions, conjuguée aux risques des lâchers qui, sur monoplace de chasse, ne peuvent pas avoir été préparés en double commande, sont à l'origine d'accidents fréquents. Il n'y a guère de mois qu'on ne doive se rendre à quelque enterrement.

Comme celle d'Hyères, et parfois plus encore, la base de Meknès subit la pénurie de l'après-guerre. Les logements sont souvent dépourvus d'ampoules électriques et de poignées de porte. On mange dans des assiettes en terre cuite et on boit dans des bols ou des fonds de bouteille coupés à la bonne hauteur. N'étant que six marins, on nous loge en ville, à l'hôtel, partiellement à nos frais.

Les fêtes de Noël et du jour de l'An se passent en festivités dans notre hôtel face à la ville arabe séparée par un vallon. A la tombée de la nuit, la rumeur qui monte de la ville, les quinquets qui s'allument et l'odeur des brochettes laissent une impression étonnante dans un pays qui nous paraît merveilleux.

Rentrés à Hyères, après un mois de stage, nous bénéficions d'une permission de quinze jours.

*

Le général Leclerc vient s'entretenir en privé avec mon père dans le courant de la deuxième semaine de janvier 1947. Il règne un froid sec dans le parc, dont il est invité à faire le tour. Servant d'aide de camp de remplacement, je me tiens à distance des promeneurs pour ne pas les gêner. Toutefois, je perçois des éclats de voix marquant leurs désaccords. Leclerc lui aussi voudrait que de Gaulle se présente à l'élection présidentielle. Le terme « impossible » est suivi d'un assez long développement de mon père qui conclut à l'adresse de l'ancien subordonné par un « Ou alors, démontrez-moi que j'ai tort ! ». Je comprends aussi que le héros du Fezzan et de Strasbourg informe son ancien chef que le gouvernement lui a proposé, après un premier séjour en Indochine où il a commandé les forces militaires, de remplacer l'amiral Thierry d'Argenlieu comme haut-commissaire de France. « Ne vous laissez pas embarquer là-dedans, proteste mon père. On veut vous éloigner de la métropole comme Français libre. Vous gênez les politiciens et les communistes. On veut vous faire jouer le mauvais rôle de Pétain contre Lyautey, au moment de la guerre du Rif au Maroc. On essaie de vous opposer à l'amiral alors que votre mission et la sienne ne se situent pas sur le même plan. Il est évident qu'il faut négocier un autre statut des Etats indochinois mais, en attendant ces négociations, j'y avais nommé d'Argenlieu pour maintenir ou reconstituer ce qui peut l'être. Il faut qu'il y reste le plus longtemps possible pour que les politiciens de cette nouvelle République ne laissent pas tout filocher, comme c'est leur vocation. » Le général Leclerc suivra ce conseil et refusera le poste. L'amiral d'Argenlieu sera remplacé au mois de mars suivant.

La discussion m'a néanmoins paru assez tendue pour que je n'aie pas osé demander à Leclerc qu'il me dédicace son livre récent sur la 2e DB. Je devais bien le regretter. Après son départ, mon père revient sur le sujet de la prochaine présidentielle : « Bien sûr ! La quasi-totalité des Français jugent surprenant que le général de Gaulle, restaurateur de la République, n'en soit pas le premier président après tout. Mais comment pourrais-je m'identifier à la présidence d'un régime que je désapprouve formellement parce qu'il ne peut pas fonctionner ? »

Mon père ne se présentera donc pas à cette élection contre l'avis de presque tous ses interlocuteurs. Seuls sa proche famille et quelques amis approuvent ses réserves.

Le 16 janvier 1947, c'est Vincent Auriol, seul candidat déclaré, qui est élu. « Avec une Constitution aussi bancale, commente mon père, que va pouvoir faire ce pauvre Auriol ? Seulement combiner, comme il l'a toujours fait ! Il est en réalité le prête-nom de Léon Blum. C'est si vrai qu'il l'a emmené dans sa voiture pour entrer à l'Elysée. Léon Blum ne s'est pas présenté parce qu'il avait bien conscience de ne pouvoir le faire : sa personnalité est trop fragile et son personnage n'est pas reconnu par les profondeurs de la nation. Incidemment, voici le message qu'il m'a fait passer par l'un de ses visiteurs au fort du Pourtalet où Vichy l'a enfermé en 1941. »

Il me montre une feuille de papier quadrillé arraché à quelque cahier d'écolier de mauvaise qualité où, d'une écriture griffonnée, Léon

Blum lui exprimait alors en quelques mots son adhésion totale et l'évidente nécessité qu'il prenne la direction d'une nouvelle république à la Libération. Conservé dans un plastique, ce document sera ensuite rangé dans le premier tiroir à droite du bureau Empire de mon père, fermé avec une simple clé. Je ne l'ai pas retrouvé après sa mort. Cette pièce qui aurait plus tard mis en cause la sincérité de son auteur a donc été subtilisée ou détruite.

Le nouveau président de la République a pris son propre fils, Paul, comme directeur de cabinet. Sans qu'ils remettent en cause les compétences de l'intéressé, cette nomination étonne mes parents. En revanche, ils manifestent quelque estime pour la belle-fille du Président, qui deviendra plus tard la femme pilote d'avion la plus rapide du monde. Sous son influence et celle de la femme du Président, l'Elysée sera dépoussiéré de ses ornements rouillés de type sous-préfecture de la IIIe République, telles que l'horloge frontale et la marquise situées au-dessus du perron d'entrée.

Quelques gestes présidentiels susciteront d'abord les ricanements puis la franche hilarité du général de Gaulle quand « ce vieux socialiste franc-maçon et athée » recevra solennellement, en avril 1948, les insignes de bailli grand-croix du très catholique ordre de Malte, en récitant la prière pour les lépreux et, plus tard, en 1951, remettra la barrette cardinalice à Mgr Roncalli, nonce apostolique qui se tient à genoux devant lui. « Que ne faut-il pas faire pour aider l'Eglise quand on est cardinal italien ! » s'exclamera mon père.

*

Le général de Gaulle ayant entrepris de rédiger ses mémoires, une ou deux fois par mois, René Trotobas, dit « Thibault », agrégé de lettres et documentaliste, lui apporte archives ou statistiques. Celles-ci remettent à leur juste place bien des réalités au lendemain de la Libération. Ainsi, s'attache-t-il à vérifier l'état des Forces françaises libres avant qu'elles ne deviennent les Forces françaises combattantes, le 31 juillet 1943 :

58 873 avaient contracté un engagement volontaire à cette date, dont 9 800 pour la Marine, 3 500 pour l'Air, 430 pour les volontaires féminines.

7 581 sont morts au combat ; 52 pour cent sont venus de métropole et 40 pour cent de l'empire — en presque totalité des Européens ; 8 pour cent de l'étranger. Plus de la moitié ont moins de trente ans ; 70 pour cent sont célibataires ; 87 pour cent sont venus par patriotisme ou idéal ; 12 pour cent par effet d'entraînement quand leur territoire a rallié le général de Gaulle ; 1 pour cent par goût de l'aventure.

L'efficacité et le rendement au combat des gens de la France Libre a été l'un des plus remarquables et leur épopée est digne des plus belles de l'Histoire. Tous étaient volontaires pour les champs de bataille et tous étaient animés de la plus haute motivation : libérer leur patrie.

Il apparaît aussi que les fournitures des Alliés et notamment des Américains aux Russes ont été étonnamment massives, transitant par Mourmansk et surtout le golfe Persique ; ce que les propagandes soviétiques ont soigneusement caché et qu'à peu près tout le monde ignore. Mon père fait remarquer que « ce sont tout de même les Russes qui ont fourni le plus à la victoire avec sept millions de morts, sans compter presque autant de civils ».

On lui communique un tract antimilitariste qui vise plus ou moins directement la guerre d'Indochine en cours. Il contient les poncifs habituels sur l'emploi des indigènes comme « chair à canon ». Ce papier vient de Dakar. Des mutineries ont éclaté dans un camp militaire où des tirailleurs refusent d'être démobilisés, voulant rester soldés à vie.

D'après le rapport, en 1924, du colonel Thierry de l'état-major du général Mangin, durant la Première Guerre mondiale, alors que les pertes des métropolitains ou créoles ont été de 1 357 800 tués ou disparus, celles de nos soldats indigènes se sont chiffrées à 70 750 morts, soit 1,58 % de leurs 807 000 mobilisés et 0,14 % de leurs populations de cinquante et un millions. Ces pertes sont peu élevées.

Durant la Seconde Guerre mondiale, dont les combats ont duré moins longtemps pour eux, quoique souvent plus intenses, nous avons perdu 29 928 soldats indigènes tués ou disparus. A ma connaissance, il y a eu fort peu de « troupes indigènes » à la bataille de Verdun, déclara mon père. Les excellents régiments d'infanterie coloniale, qui y ont été engagés par Marchand et Nivelle, étaient composés de métropolitains, soldats professionnels à l'origine, qui servaient aux colonies. Les Corses, les Bretons et les Provençaux y étaient nombreux.

« Comme les Anglais pour leurs forces militaires, nous avons utilisé nos soldats indigènes de la même manière que nos régiments territoriaux (les soldats les plus âgés) non pour monter à l'assaut, mais pour tenir le terrain sur les arrières ou dans les intervalles, ou soutenir les unités de première ligne toutes métropolitaines dans les secteurs actifs. Et, surtout, nous les avons employés comme main-d'œuvre militaire dont nous avions un besoin énorme, si l'on se souvient qu'il fallait amener à pied d'œuvre un million d'obus pour une offensive de quelque importance.

« En revanche, nos troupes indigènes ont été directement engagées contre les Turcs aux Dardanelles, sur le Vardar dans les Balkans, ou en campagne en Afrique contre le Togo allemand.

« En 1940, nous avons mis en ligne l'équivalent de huit régiments nord-africains complétés chacun par un escadron à cheval de même provenance et autant de monde pour les servants fournis aux artilleries divisionnaires ou pour les services, soit au total 16 000 hommes dont le dixième a été tué ou blessé. Quant aux Noirs africains, nous avons eu quatre régiments d'entre eux en métropole sous l'appellation ancienne de “Sénégalais”, quoique la moitié provenait de la Haute-Volta, du

Togo, du Niger et surtout de Guinée. De ces quatre régiments, les deux premiers ont été encerclés et entièrement capturés en mai-juin 1940. Leurs officiers noirs furent aussitôt assassinés par les nazis. Le troisième régiment a mené une action retardatrice tout à fait utile face à l'avance allemande dans la vallée du Rhône. Le quatrième, en réserve ou en flanc-garde contre les Italiens sur le front des Alpes, a été envoyé au Levant après l'armistice, sans avoir combattu en France. A l'arrivée des Français libres à Beyrouth, en 1941, il ne nous a pas rallié et est retourné en Afrique en presque totalité.

« A la France Libre, nos tirailleurs d'Afrique équatoriale ont remarquablement combattu contre les Italiens à Mourzouk et à Koufra dans le Sahara du Sud, à Kub-Kub en Erythrée, avant la prise de Massawa, à Bir-Hakeim, en Libye, où ils avaient un bataillon. Malgré le nom d'un régiment de marche dit du "Tchad de la 2e DB", uniquement composé de Blancs, il n'y a pas eu un seul tirailleur du Tchad à la libération de Paris. Nous avons fait en sorte qu'ils restent en Afrique ou au Moyen-Orient avec les troupes locales dites de "souveraineté", sauf l'équivalent d'un régiment durant la campagne d'Italie et d'un autre prenant part au débarquement dans le Midi de la France, en août 1944, qui n'a pas dépassé le Jura et les Vosges dès qu'il a fait froid. D'ailleurs, nous avions alors déjà plusieurs centaines de milliers de volontaires métropolitains, bien plus que nous n'en pouvions armer.

« En Tunisie, au moment de l'invasion allemande venant de Libye avec Rommel après le débarquement allié en Afrique du Nord et surtout en Italie, nos tirailleurs, Nord-Africains en grande majorité ou Noirs pour quelques bataillons, ont fourni un peu plus de la moitié des quatre divisions françaises engagées. Ils se sont durement battus dans les combats de montagne qui ont amené la prise de Rome au prix de lourdes pertes, lesquelles ont provoqué mon intervention auprès du commandement allié.

« Chez ces derniers, les Marocains étaient tous volontaires. De même, les Tunisiens, mais moins nombreux. Les Algériens ont été engagés ou mobilisés par le Gouvernement provisoire de la République à 1 pour cent de leur population arabe ou kabyle, tandis que les Européens l'ont été à près de 16 pour cent de la leur.

« Au débarquement allié de Provence, le 15 août 1944, la participation de notre armée a été de 168 000 Français venus d'Afrique du Nord (dont 20 000 évadés de France) ; 17 300 Marocains, Algériens, Tunisiens et Africains d'A.O.F. et d'A.E.F..

« Notre bataillon du Pacifique, composé en majorité d'Européens de Polynésie et de Calédonie, mais aussi d'un petit nombre de Polynésiens autochtones, de Wallisiens et de Néo-Hébridais, s'est aussi bien battu, notamment à Bir-Hakeim. Son chef, le colonel Broche, y a été tué. J'avais donné des instructions pour que les Canaques ne quittent pas la Nouvelle-Calédonie en 1939-1945, comme certains l'avaient fait en petit nombre en 1914-1918, pour notre armée d'Orient principalement.

« Durant la Première et la Seconde Guerre mondiales, nous n'avons pas fait combattre d'Indochinois — utilisés comme infirmiers — ou de Pondichériens, en Europe ou en Afrique du Nord, sauf quelques cas isolés.

« Alors, assez de chantage ! Nous nous sommes toujours efforcés de ménager nos tirailleurs plus que les Européens et, de toute façon, chacun des morts, de quelque couleur ou de provenance qu'il fût, est en définitive tombé pour son pays d'origine auquel il a apporté beaucoup de crédits matériels et moraux... à l'exception peut-être de nos légionnaires qui meurent pour les autres, comme c'est leur noblesse. »

*

A Hyères, nous poursuivons notre entraînement avec ardeur. Les vols me passionnent : je suis toujours volontaire pour les effectuer et contrarié lorsqu'ils sont annulés.

Durant la guerre et l'invasion allemande, l'industrie aéronautique française a presque complètement disparu. Ses industries ont été détruites par les bombardements ou pillées par l'occupant. Ses spécialistes ont été dispersés et certains compromis par les Allemands qui s'en sont servis de force. Tandis que les Américains et les Anglais ont fait des progrès inimaginables en quelques années, l'aviation française a été distancée dans la proportion d'un demi-siècle ! Mais, en dépit des séquelles du passé et des aléas du présent, les Français, qui sont à l'origine de l'aérostation et de l'aviation dans l'histoire du monde, ne peuvent manquer de reprendre leur rang.

C'est à Istres, près de Marseille, que je mesure à la fois la situation de notre aviation et sa volonté de sursaut. L'ingénieur Leduc y pilote le statoréacteur dont il est l'inventeur et qui servira plus tard à la postcombustion des avions à réaction. L'engin est monté sur le dos d'un multimoteur qui le largue en altitude après allumage de la tuyère. Couché à plat ventre dans le cône, dont la pointe sort dans l'axe de l'entrée d'air qui l'entoure, le malheureux Leduc dirige son espèce de chalumeau en s'efforçant de voir par des petits hublots sur les côtés.

Notre camarade Molandi, surnommé « Tito Landi » — nom célèbre d'une ancienne lampe à pétrole —, ancien des Forces aériennes françaises, est le pilote cobaye d'un chasseur appelé *Le Baroudeur*, qui décolle d'un chariot à quatre roues laissé au sol au décollage, monte avec une grande vitesse ascensionnelle à l'interception de l'ennemi et revient se poser sur son patin ventral dans un champ aussi quelconque que celui de son départ. Le premier vol auquel j'assiste consiste en un saut d'environ trois kilomètres au bout desquels le chariot lancé depuis le décollage a failli attraper l'aéronef au moment où il se posait par la faute d'un frein-parachute qui ne s'est pas correctement déployé. Après ce premier essai où il a failli se tuer, Molandi nous convie à déjeuner aux Baux-de-Provence, non loin de là. Chaque fois qu'il risque sa vie pour la gagner, notre camarade touche, en effet, une indemnité conséquente.

En février 1957, j'assiste depuis le premier étage du carré à l'accident mortel de mon camarade Mallez, qui était avec moi aux Etats-Unis, puis à Meknès. Il se tue sur Seafire, au bout de la piste provisoire en grilles, qui n'a pas bonne réputation. Son moteur s'est arrêté brusquement. J'ai la pénible mission d'accueillir ses parents, originaires du Nord et fidèles du général de Gaulle.

Au printemps, je participe à quelques missions de convoyage de Seafire. Deux sont particulièrement laborieuses. La première s'effectue depuis l'aérodrome de Culdrose, au sud de la Grande-Bretagne. Nous observons sans plaisir le relâchement visible de ce grand pays à l'issue d'une guerre terrible. La Royal Navy elle-même, si stricte dans le service et la tenue, se laisse aller. La base de la Fleet-Air-Arm où nous allons chercher nos appareils remis en état de vol après stockage est devenue un centre de démobilisation du personnel féminin. Plusieurs milliers de WRNS s'y succèdent qui n'aspirent qu'à rentrer chez elles. Le commandant de la base est très contrarié de cette mission :

« Beaucoup de problèmes, dit-il brièvement, et maintenant elles pleurent, ce qu'elles ne faisaient pas auparavant ! »

Quarante-huit heures plus tard, nous décollons pour la base d'aéronautique navale des Mureaux, près de Meulan, au bord de la Seine, dans les environs de Paris. Mon camarade François Petit, qui deviendra commandant de bord à Air France, est en section avec moi. Il fait beau. La traversée de la Manche est splendide, mais nos radios tombent en panne. Nous sommes obligés de communiquer par signes. Paris est couvert d'un brouillard heureusement peu épais — seule la tour Eiffel nous sert de repère pour nous laisser doucement descendre, presque à l'aveuglette. Par chance, au moment où nous devons remettre les gaz pour aller nous poser Dieu sait où, nous pouvons reprendre la vue en arrivant sur le terrain.

Notre deuxième mission est un convoyage du même type d'appareils vers Karouba-Bizerte. Notre rayon d'action est trop juste pour faire à coup sûr le trajet d'une seule traite. Nous nous posons donc à Ajaccio-Aspretto. Nos batteries d'aéronefs sont fatiguées, comme celles du groupe de piste du terrain. Aussi, est-ce le démarrage au matin de l'escale qui est difficile et non le trajet.

Je volerai ensuite sur monomoteur bombardier en piqué SBD Douglas Dauntless avec la 54 S, soit de plus en plus en complément de la 4 F commandée par le lieutenant de vaisseau Gilles Mellet, avec comme second le lieutenant de vaisseau Rollin. Ardent, toujours disponible et amical aux autres, ce dernier se tuera, hélas, moins de deux ans plus tard.

Le commandant de la 4 F, qui a la qualification d'officier d'appontage obtenue en Grande-Bretagne, est un homme de comportement et de réaction très britanniques, toujours soucieux d'agir avec conscience et correction. Malgré sa raideur, il sait comprendre et s'adapter. Il emporte l'estime, voire l'attachement discret de ses subordonnés.

Bien qu'affecté à la 3 F, qui n'est pas encore revenue d'Indochine où elle restera jusqu'en avril prochain avec le porte-avions *Dixmude*, je suis tout disposé à intégrer la 4 F. Cette dernière est prête à m'accueillir définitivement, d'autant qu'elle devra à son tour faire campagne en Extrême-Orient. Etant encore célibataire, j'accepte bien volontiers de permuter avec un de mes camarades, qui vient de se marier. Mais le contre-amiral Jozan, « Amiral Porte-Avions », maintient ma désignation initiale. Il me convoque pour me le signifier : « Vous avez assez de campagnes comme cela. Laissez-en pour les autres qui, eux, en ont besoin. Pour le moment, restez donc en métropole où se trouve le général de Gaulle, qui ne vous a guère vu durant ces dernières années. »

Quelques enseignes, dont je suis, participent à quelques sorties de bâtiments en essais au large de Toulon ou en escadre. Une courte croisière nous conduit en Italie avec un groupe tout à fait disparate, comprenant des unités de construction italienne rétrocédées en dommages de guerre, tel le croiseur léger *Châteaurenault* (ex *San Giorgio*) de 4000 tonnes. A nos brèves escales de Gênes et de Naples, les locaux aperçoivent à quai l'un de leurs anciens bâtiments, spectacle qui ne favorise pas la reprise de relations amènes.

Notre force navale est commandée par le vice-amiral Jaujard, homme intelligent et éminent, surnommé « Parfait, parfait » parce qu'il termine souvent ainsi ses phrases. L'amiral Jozan, qui est de la nouvelle école des porte-avions noyaux de l'escadre, se heurte souvent à son ancien supérieur, issu d'une Marine dominée par les bateaux-canons.

Au début de mars, nous sommes en corvée autour du cuirassé *Richelieu* pour convoyer le nouveau président de la République, Vincent Auriol, en visite officielle à Dakar. On dit que, très casanier comme ses prédécesseurs de la IIIe République qui ne sortaient guère de l'Elysée que pour se rendre à l'exposition florale de la porte de Versailles, il a fallu l'extirper du palais présidentiel. Il sera, d'ailleurs, mal à l'aise tout au long de la croisière, peut-être en proie au mal de mer...

L'escale de Dakar restera un souvenir mémorable. Au lieu de suivre les conseils du député Léopold Sédar Senghor et de Lamine Gueye, le maire de la ville, pourtant du même parti que lui, le président de la République, ou son entourage, a la malencontreuse idée, en effet, d'inviter à la réception finale à l'hôtel de ville « tous les camarades socialistes ». Aussitôt, c'est une ruée par toutes les issues possibles d'une foule incontrôlée qui vide les buffets en quelques instants, tandis que certains convives passent par les fenêtres ce qui reste de bouteilles et de plats aux infortunés qui n'ont pu entrer. On doit évacuer Vincent Auriol par une petite porte, à la hâte, au milieu d'une bousculade qui manque de le piétiner.

*

Au début de 1947, les relations entre le général de Gaulle et les hommes de la IVe République sont d'autant plus froides que le nouveau régime cherche à se débarrasser, selon mon père, de « l'hypothèque de Gaulle ». Ce régime n'a pas les moyens de gouverner en grande partie du fait d'une mentalité « Front populaire », encore plus inadaptée à l'après-guerre qu'elle l'était à l'avant-guerre, et de par sa Constitution, qui en est une des résultantes.

Le 16 janvier 1947, Léon Blum, ayant donné sa démission de chef du gouvernement, est remplacé par le socialiste Paul Ramadier. Ce dernier fait la joie des caricaturistes avec sa barbichette, sa tenue négligée et ses pantoufles charentaises, qui stupéfient les huissiers et indignent les gardes républicains à l'Hôtel Matignon. Le nouveau président du Conseil doit d'abord régler des problèmes internes à son propre parti et notamment l'« affaire des vins », marché « privilégié » où sont impliqués sinon Félix Gouin, son collègue, du moins son entourage. Oubliant, comme Auriol et d'autres, l'attention dont il a été l'objet de la part du général de Gaulle depuis Alger, c'est sans finesse qu'il s'en prend à lui.

Le 4 février 1947, à 10 heures du soir, on sonne à « La Boisserie ». La brave Louise accourt : « C'est un monsieur fort, avec une petite barbe, qui se dit président du Conseil. Il demande à voir le Général.

— Qu'il vienne s'annoncer lui-même », lui répond-on.

De l'entrée accessible jusqu'au salon, Ramadier s'est déjà introduit dans la maison.

De la sortie de Paris jusqu'à Colombey, il a fait tout le trajet de nuit pour ne pas être remarqué. Il vient signifier au Général son exclusion de la vie politique et des médias, exclusion sans précédent. Ainsi, les autorités de l'Etat seront-elles tenues de ne plus le rencontrer, les bons d'essence lui seront-ils supprimés... Mais beaucoup viendront tout de même saluer ouvertement l'ancien chef de la France combattante au cours de ses déplacements et feront discrètement remplir au passage le réservoir de sa voiture en prenant sur leurs allocations, notamment les généraux.

Ramadier est de retour à Paris vers 2 h 30 du matin, toujours de nuit et sans doute, à juste tite, honteux de sa démarche. En même temps, son gouvernement déclenche une propagande montée de toutes pièces contre « les factieux ». Depreux, ministre de l'Intérieur, agite le spectre de la « Cagoule » en dénonçant le « plan bleu » dans lequel seraient impliqués quelques hobereaux et quelques vieilles paroissiennes mécontentes. Plus grave sera l'arrestation du colonel Dewavrin, dit Passy, ancien chef du Bureau central de renseignement et d'action

(BCRA) de la France Libre. Il est inculpé pour détournement de fonds secrets de la Résistance. L'accusé tombera gravement malade au cours d'une incarcération de plusieurs mois qui se révèle avoir été une véritable « mise à la question jusqu'aux aveux ». Il se disculpera d'autant mieux que les comptes de cette France-là étaient parfaitement clairs, fait quasi unique dans l'histoire des services secrets. Tous ces procédés cherchent, en réalité, à discréditer le général de Gaulle.

Le nouveau gouvernement a la vie difficile dans tous les domaines. En Indochine, malgré la pacification des villes et le dégagement des grands axes de communication obtenus grâce à la fermeté de l'amiral d'Argenlieu et à l'action du Corps expéditionnaire du général Leclerc, la conjoncture est redevenue tout à fait confuse depuis le départ de l'un et de l'autre. C'est la conséquence logique de l'affaiblissement de la France, des contradictions, des équivoques, des revirements et de l'épuisement moral des coloniaux, aggravée par les occupations et les interventions successives ou simultanées des Japonais, Chinois, Britanniques, Soviétiques ou Américains.

Il faut aussi rétablir l'ordre au Maroc, en Tunisie et surtout à Madagascar où des émeutes ont éclaté entraînant le massacre de Français et la mort de plusieurs centaines d'autochtones, après une longue campagne de haine.

A l'Assemblée nationale, les dissensions au sein de la majorité sont si vives que les communistes en arrivent aux mains avec les autres parlementaires. Spectacle inédit depuis le Directoire.

Le vice-président du Conseil, Pierre-Henri Teitgen, « Tristan » dans la Résistance, chef du MRP, adopte lui-même une attitude fort hostile envers le général de Gaulle. Ce dernier est déçu, mais guère plus étonné du lâchage de ce parti qui se voulait celui de la « fidélité » à son égard. « Hélas ! en laissant déjà passer une mauvaise Constitution au moment du deuxième référendum, le MRP a choisi son avenir : être quelque chose tout de suite et pas grand-chose plus tard », commente-t-il.

Le 30 mars, mon père se rend à Bruneval, en Seine-Maritime, et prend la parole devant de nombreuses délégations d'anciens combattants. Il déclare que le jour viendra « où, rejetant les jeux stériles et réformant le cadre mal bâti où s'égare la Nation, la masse immense des Français se rassemblera sur la France ». Les 6 et 7 avril, à l'occasion de l'inauguration d'un monument érigé à la mémoire des soldats américains tombés en Alsace, il fonde le Rassemblement du Peuple français, en vue du salut commun.

Dans ses allocutions ou ses interventions suivantes, il reviendra constamment sur les principes déjà définis dans son discours d'Epinal, le 29 septembre 1946 avant le second tour du référendum sur le projet de Constitution de la IVe République, insistant sur la nécessité que le chef de l'Etat en soit un et qu'il dispose du droit de dissoudre l'Assemblée nationale ; que le Parlement soit composé de deux Chambres élues différemment pour voter des lois et contrôler le gouvernement sans se substituer à lui ; que la Justice s'administre en un Conseil de la Magistrature ; que l'Union française soit le conseil des peuples d'Outre-Mer liés à notre destin, mais accédant à la gestion de leurs affaires à mesure de leurs progrès et associés à ce qui leur est commun avec la France : politique étrangère, défense, communications et affaires économiques d'ensemble ; en bref, qu'il n'y ait pas de confusion entre exécutif, législatif et judiciaire.

Cette action, au lendemain de la création d'une IVe République, qui a été votée comme pis-aller et laisse tout le monde mal à l'aise, n'augure pas bien du gouvernement de Ramadier, las des difficultés que lui font ses alliés à gauche et désireux d'éviter de prochains raz-de-marée électoraux contre lui. Le 4 mai 1947, il doit se résigner à se séparer des communistes.

*

Sa rentrée dans la vie politique conduit le général de Gaulle à réorganiser son secrétariat particulier. Il se sépare de Claude Mauriac, qui assumait ces fonctions depuis septembre 1944. Pour ma part, je n'ai fait qu'entrevoir ce jeune homme grand, mince et pâle. Il m'avait paru d'une santé fragile, d'une nature d'autant plus sensible qu'il lui avait manqué les rudesses de la vie militaire. Bien élevé et discret, il savait écrire, mais le prestige de son académicien de père lui avait coupé l'herbe sous les pieds. L'entrée en campagne, évidemment mouvementée, de son chef ne lui convient sans doute pas et peut-être éprouve-t-il quelque amertume d'avoir été parfois bousculé. Leur séparation deviendra marquée de son fait en Mai 1968. Probablement influencé par les milieux « intellectuels », il prendra alors publiquement position contre le général de Gaulle et ceux qui lui resteront fidèles.

En 1947, Claude Mauriac est remplacé par Xavier de Beaulaincourt, neveu d'un ancien condisciple de collège de mon père devenu bénédictin à Quarr Abbey, dans l'île de Wight, durant les années 1930. Lors de son évasion par l'Espagne pour rejoindre le Général en 1943 et incarcéré dans ce pays, Xavier de Beaulaincourt y contracte une poliomyélite, qui le laissera partiellement handicapé d'une jambe, l'empêchant ainsi de devenir officier. Il fera preuve tout au long des années, et quelles que soient les circonstances, d'une éducation et d'une loyauté parfaites, d'une grande culture et d'une conscience professionnelle remarquables. Il sait rédiger avec tact et, au besoin, selon le meilleur protocole. Jamais aucune indiscrétion, ni aucun impair ne sortiront du Service qu'il aura dirigé sans interruption jusqu'après la mort de mon père. Il s'attirera à juste titre la confiance de mes parents, et pour ma mère, qui se méfiait des entourages, ce sera une performance.

CHAPITRE 2

LA MÉTROPOLE EN CRISE ET L'EMPIRE EN DÉCLIN

Au retour d'Indochine de la flottille 3 F, je rejoins la formation à laquelle j'étais initialement destiné. Le commandant de la flottille est le lieutenant de vaisseau Pomier-Layrargues, un polytechnicien de confession protestante et antigaulliste. Pilote précis, d'une intelligence exacte et d'un caractère intransigeant, tout entier tendu vers le perfectionnement, il se heurte souvent à ses supérieurs. Il me fait aussitôt comprendre qu'il n'apprécie guère ma venue à la 3 F.

Il faut dire que l'arrivée de quelques enseignes d'active de mon contingent gêne la cohésion de son unité. Nous sommes, en général, mieux formés en navigation, au vol sans visibilité et en voltige que ses propres pilotes, mais conscients d'être beaucoup moins expérimentés en opérations et en bombardements que des hommes qui ont été en mission sur les poches de l'Atlantique en 1945, et plus récemment en Indochine.

L'amiral Jozan entend faire de nous des chefs de section aussi rapidement que possible, alors que les pilotes déjà intégrés à la flottille sont des officiers de réserve d'origine ou d'anciens officiers mariniers, qui voient d'un mauvais œil l'arrivée de ces blancs-becs prêts à les pousser derrière eux. Ce problème est d'ailleurs assez courant dans toutes les unités aériennes pour les volants les plus vieux auxquels on donne, à juste titre, le pas sur les nouveaux, quels que soient leurs grades, même plus élevés.

Le commandant ne se cachant pas de partager cette opinion, les vétérans agissent sournoisement contre nous. Ainsi, des coéquipiers de mauvaise volonté me laissent-ils tout bonnement en plan en prétextant une panne radio avant d'avoir terminé notre vol de navigation au-dessus de la côte algérienne. Une autre fois, je vexe sans doute l'un de ces anciens, confiant en sa supériorité de « pilote aux muscles », au cours d'un exercice de « combat tournoyant » où je finis contre toute attente par avoir l'avantage sur lui en pilotant en finesse.

Au contraire de son commandant, l'officier en second, le lieutenant de vaisseau Jacques Arnault de la Ménardière, est un homme amène dont la nonchalance cache une grande facilité intellectuelle, de la sensibilité et des qualités de pilote hors pair. Sans effort, il attire la sympathie.

A la fin de mai, la 3 F est embarquée sur le porte-avions *Arromanches*. Notre croisière avec l'escadre de Méditerranée commence par Bizerte où je suis définitivement qualifié pilote de porte-avions après six accrochages successifs conduits par les raquettes d'appontage du lieutenant de vaisseau Condroyer, personnage bâti en force et homme de cœur, qui ne s'embarrasse pas dans les feux de file.

Après des manœuvres conjointes de notre aviation embarquée avec l'armée de Terre, l'*Arromanches* mouille devant Tunis. A Carthage, dans la villa blanche qu'il occupe au milieu des bougainvillées, je suis reçu par René Brouillet, ancien directeur adjoint de cabinet de mon père à la Libération, et actuellement secrétaire général du gouvernement tunisien. Je ne le connais que de nom. Je retrouve chez lui Gaston Palewski, ancien directeur de cabinet du général de Gaulle à Londres et à Alger, que je connais à peine plus.

Une visite officielle au commandant en chef britannique à Malte est l'occasion d'un spectacle naval grandiose tel que nous n'en reverrons plus. Tandis que porte-avions, cuirassés, croiseurs et escorteurs français passent lentement en ligne de file serrée, à courte distance devant leurs homologues alliés, les équipages sont alignés à la bande, les musiques font retentir solennellement les airs traditionnels et les canons de salut crachent leurs volutes de fumée. Face à nous, les tambours-majors des Royal Marines portant la peau de panthère et les gardes en casque à pointe présentant les armes. En arrière des escadres, les vieilles fortifications et les palais anciens profilent leurs décors grandioses au soleil du matin.

Après des exercices au large de l'Algérie et du Maroc, nous faisons escale à Casablanca où l'officier de quart au mouillage de l'*Arromanches* que je suis doit se porter à la rescousse du Sultan et de sa famille, dont la vedette est tombée en panne au milieu de la rade. Accueillant ce contretemps avec humour, le souverain apparemment heureux d'être un moment hors de son palais me fera faire le tour de nos bateaux sur rade. Nous mouillerons ensuite devant Agadir, Port-Etienne en Mauritanie, et Dakar avant de remonter au nord sur Plymouth où nous célébrons le baptême du porte-avions, de sa cession par les Anglais l'année précédente et l'anniversaire du débarquement à Arromanches.

Après quelques exercices conjoints avec la Royal Air Force, dont les bimoteurs rapides Mosquito se jouent presque de nos malheureux Seafire III, nous devons sacrifier à l'escale traditionnelle de Brest qui n'est plus, à peu de chose près, qu'un vaste champ de ruines entrecoupé de baraquements provisoires. Notre flottille est catapultée pour aller se poser à Lanvéoc-Poulmic, sur la presqu'île de Crozon, où subsiste encore au centre du terrain en herbe le petit croisement en ciment utilisé par l'aviation embarquée d'avant-guerre.

De retour à Toulon, nous sommes soumis à un entraînement succinct pour appontage sur le *Dixmude*. Cet ancien cargo américain transformé en 1943 en porte-avions d'escorte pour les convois de l'Atlantique a été acquis par la France combattante, qui n'a pas eu le temps de l'armer avant notre arrivée en France en juillet 1945, au début de la reconstitution de notre aviation embarquée. De 17 000 tonnes environ, long de 150 mètres, large de 21 mètres, avec une seule catapulte hydropneumatique et un seul ascenseur, sa vitesse maximale n'est que de 16 nœuds fournis par un seul moteur Diesel. De nos avions, il ne peut recevoir qu'une dizaine des seuls SBD 5 des flottilles 3 F et 4 F qui n'exigent en principe que 25 nœuds de vent relatif sur le pont.

Dans le petit monde de l'aviation embarquée, il est de bon ton chez nos aînés d'avant-guerre de se créer un personnage par quelque singularité ou facétie. Ainsi, le lieutenant de vaisseau Antoine Sanguinetti appontera-t-il un jour avec une fausse moustache en croc et un cor de chasse en bandoulière. A peine arrivé sur le pont, il se met à sonner l'hallali. Frère d'Alexandre Sanguinetti, ancien de la France Libre, grand mutilé et orateur de talent, c'est un homme de caractère, courageux, dynamique et fidèle en amitié. Il a été parachuté en France pour encadrer la résistance avant le débarquement d'août 1944, en Provence. Fier de ses origines, il a naturellement épousé une Corse. Excellent pilote, d'une grande exigence professionnelle, direct dans ses propos, il cultive l'originalité et aime la provocation. Les défauts de ses qualités lui créeront souvent des difficultés avec la hiérarchie, mais il terminera sa carrière comme major général de la Marine.

Quelques péripéties pittoresques n'empêchent pas notre entraînement de se poursuivre avec rigueur et ténacité, toujours émaillé de trop d'accidents aériens. Neuf des vingt-cinq pilotes de mon contingent d'aéronautique disparaîtront en deux ans et demi. Leurs obsèques se déroulent dans la plus grande discrétion et sont à peine mentionnées dans la presse locale, après les faits divers.

*

L'été 1947, à Colombey, une autre atmosphère a succédé à la sérénité désabusée de l'hiver précédent. Le Général est reparti en campagne. Le Rassemblement du Peuple français, dressé contre le régime des partis et la IVe République, devient une force politique comme en témoignent les foules rassemblées autour de l'ancien chef de la France Libre, à Bruneval et à Strasbourg. Le mouvement est en croissance rapide tant à l'intergroupe parlementaire de l'Assemblée nationale et du Conseil de la République que dans tout le pays. Les statuts de ce

RPF, déposés à la préfecture de Police, portent les signatures du général de Gaulle, de Gilbert Renault (colonel Rémy), de Jacques Soustelle, d'André Malraux, des professeurs Léon Mazeaud et Louis Pasteur Vallery-Radot. Le siège du Rassemblement est situé d'abord 81, rue Taitbout, à Paris, dans le IXe arrondissement avant d'être transféré le 1er juillet dans un petit immeuble Second Empire, 5, rue de Solférino dans le VIIe arrondissement, acheté par un certain nombre d'« actionnaires », les uns symboliques, les autres plus considérables, dont Henri Hildebrand, grand industriel des peintures Valentine. Ce dernier fait placarder des affiches dessinées par Effel représentant de petites républiques en bonnet phrygien, de la Ire à la Ve à venir, chacune repeignant l'autre devant elle sous la rubrique « Encore une couche ! ». Les gens de la IVe cherchent à faire interdire cette publicité considérée comme une « atteinte à la République ».

*

A l'occasion d'un tour de jardin, mon père m'entreprend sur un sujet que nous n'avons jamais abordé et que nous n'aborderons plus jamais d'ailleurs : celui de mes décorations.

« Je te félicite pour la Légion d'honneur que l'amiral Jozan t'a remise en octobre dernier sur le pont de l'*Arromanches*. Tu es la troisième génération à la porter.

— Merci ! C'était une mise à jour de la guerre. Nous étions plusieurs dans ce cas-là. Il est vrai que j'étais le plus jeune.

— Naturellement, je ne pouvais pas, toi mon fils, te faire compagnon de la Libération. Sinon à titre posthume ou si tu étais revenu gravement mutilé, et encore ! D'ailleurs, j'ai nommé un conseil de l'Ordre qui ne me l'a pas proposé et maintenant c'est terminé... sauf pour la Croix qu'on réserve à Churchill.

— C'est sans doute que je ne l'ai pas mérité. Je comprends d'autant mieux de ne pas avoir cette distinction que de nombreux Français qui auraient pu l'avoir ne l'ont pas eue...

— De toute façon, tout le monde sait que tu fus mon premier compagnon.

— Non ! Le premier a été Geoffroy de Courcel, votre aide de camp depuis mai 1940.

— Mais, au moins, auras-tu la Médaille de la Résistance française, dont j'ai été obligé de prononcer la forclusion avant l'arrivée tardive de milliers de dossiers qui ne sont fondés que sur des témoignages réciproques, en particulier chez les communistes qui gonflent leurs chiffres en se prétendant par exemple le "Parti des cent mille fusillés", alors que nous n'en avons eu, si l'on peut dire, qu'une soixantaine de milliers au total. Quoi qu'il en soit, ton dossier comme celui de tous les Français libres aura certainement été accueilli avec bienveillance.

— Je n'ai vu aucun dossier de ce genre. La Marine, qui dans sa grande majorité n'a guère été "résistante", a dû être assez réticente à le diffuser.

— Les Alliés avec lesquels tu t'es battu te décerneront peut-être quelque chose ?

— Cela m'étonnerait. A part quelques officiers de liaison ou quelques capitaines symboliques, les Alliés ont eu d'autres soucis que de décorer des Français. Ils n'ont sans doute entendu que des commentaires critiques que ces "mangeurs de grenouilles" glissaient, spécialement à propos du fils de quelqu'un de célèbre, et qu'il est de bon ton chez nous de dénigrer en coulisses. Et d'ailleurs, vos rapports avec Churchill et Roosevelt étaient si tendus qu'on ne voit pas pourquoi ils nous auraient fait une bonne manière. »

Ces constatations paraissent le contrarier et nous rentrons en silence.

*

Durant ce même été, je me fiance avec Henriette de Montalembert de Cers, que j'ai rencontrée à Nice, puis à Lyon où m'avait invité son oncle, le père Louis de Dartein, ancien aumônier de la Marine que j'ai connu dans la France Libre. Ma fiancée appartient à la branche aînée de sa famille, celle du marquis de Montalembert, titre que porte l'un de ses frères et ne descend donc pas de l'écrivain Charles de Montalembert. L'ancêtre commun est le créateur des Forges de Ruelle, en Charentes, dans lesquelles celui-ci, missionné par Louis XVI pour fournir l'artillerie des guerres d'Amérique, a investi pratiquement tous ses biens, dont il n'a rien retrouvé après la Révolution.

Henriette a dix-huit ans. Elle est grande, blonde. Elle a hérité des yeux gris-bleu de son père et d'un certain type alsacien. Du fait de la guerre, de deux années de pensionnat chez les religieuses et du mode de vie austère d'une famille repliée sur elle-même, elle n'a pu compléter ses études. Elle me paraît apte à mener l'existence souvent inconfortable d'un foyer nomade d'officier de marine aux moyens financiers limités. Elle est le contraire de ces femmes sophistiquées et artificielles dont le genre ne me séduit guère. Issue d'une famille où les femmes ont l'habitude de diriger, son caractère assez entier s'adaptera pourtant bien à ma propre famille où ce sont les hommes qui conduisent le ménage. Je juge qu'elle sera une bonne mère de famille et l'avenir me donnera raison. Les enfants seront pour elle le but suprême de sa vie de femme. Tout à la fin de 1997, nous fêterons discrètement nos cinquante années de mariage, entourés de nos quatre fils et de nos petits-enfants.

Présentée à mes parents avant nos fiançailles, elle leur a fait bonne impression. Mon père a apprécié sa simplicité, ma mère jaugé sa silhouette. « Sois bon pour elle, me conseille-t-elle sans insister, à l'issue de nos fiançailles. L'homme ne change guère, mais c'est difficile pour une jeune fille de devenir en peu de temps mariée, maîtresse de maison, amante et mère. » Chez nous, beaucoup de choses sont implicites, mais lorsqu'elles sont dites, c'est directement et sans développement.

Le père d'Henriette est mort d'un cancer de la gorge au mois de janvier précédent en laissant des biens familiaux immobiliers — dont le vieux château de La Cueille dans l'Ain — relativement importants, mais en réalité dans une situation difficile encore aggravée par la guerre. Son talent de peintre ne l'a guère aidé à augmenter ses ressources. Dépourvu de fortune moi-même, il me faut une épouse déjà habituée à vivre sans trop de superflu. D'Hyères, je vais parfois voir ma fiancée à Nice où elle rend visite de temps en temps à sa grand-mère, la marquise de Montalembert, qui habite une villa sur les hauteurs de Cimiez.

*

En septembre 1947, une nouvelle croisière de l'escadre nous conduit au large de l'Afrique du Nord. Devant Sfax, troisième de ma flottille à décoller de l'*Arromanches*, je vois, la gorge serrée, l'avion de mon camarade l'enseigne de vaisseau Sapin et de son mitrailleur, le second-maître Boulmier, percuter la mer devant moi et disparaître sans laisser de trace. Les opérations de l'escadre ne sont pas arrêtées pour autant. Le lendemain paraîtra un bref communiqué de la Marine suivi d'un service funèbre solennel à bord du porte-avions. La discrétion de tous ne permet aucun commentaire. C'est le prix à payer pour la renaissance de l'aviation embarquée de la France.

A la fin novembre, je me réserve quarante-huit heures pour me rendre de nouveau à Colombey. J'y arrive après le départ de ma sœur Elisabeth et de mon beau-frère Alain de Boissieu pour le Congo-Brazzaville, départ qui résulte d'un article du *Populaire* intitulé « Le Général... et la princesse » prétendant que mon beau-frère travaille sous les ordres du maréchal Juin au secrétariat général de la Défense nationale dans une officine de presse du RPF. Aucun démenti du journal socialiste n'ayant pu être obtenu, Boissieu demande à quitter le SGDN pour une autre affectation. Ramadier lui refuse personnellement l'Indochine pour de multiples raisons, dont le fait qu'Alain de Boissieu est trop bien informé sur l'affaire Duy Tan, l'ex-empereur d'Annam, mort dans un accident d'avion suspect quelques jours avant de rallier l'Indochine[1].

Le Populaire sera d'ailleurs récidiviste en matière d'insinuations. Mon père ayant annulé une réunion du RPF au lendemain de la mort discrète de ma sœur Anne, en février 1949, cette feuille écrira qu'en fait le général de Gaulle a eu peur du peuple. Peu après, Léon Blum rédigera un article émouvant pour présenter ses condoléances et excuser l'« erreur » de son journal.

Tandis que le Parti communiste mène, depuis octobre, une série de grèves à caractère insurrectionnel et que Léon Blum appelle à

1. Voir l'ouvrage du général de Boissieu, *Pour servir le Général de Gaulle*.

l'émergence d'une « troisième force politique », le Rassemblement du Peuple français obtient près de 40 pour cent des voix aux élections municipales. Il enlève presque toutes les grandes villes : Paris, Lyon, Marseille, Bordeaux...

« Entre les communistes et nous, il n'y a rien », dit Malraux au général de Gaulle. Mon père doute que le régime puisse durer longtemps. Il aurait eu raison si le plan Marshall, adopté à la fin du mois, n'était venu lui apporter un sursis inespéré. Cette nouvelle donne réjouit d'ailleurs le Général dans la mesure où elle procure au pays un redressement économique en dépit des incohérences gouvernementales.

« On n'a jamais vu les socialistes depuis qu'ils existent dépenser efficacement des crédits, me dit-il. Ils en gaspillent toujours la plus grande partie par démagogie congénitale et finalement sans bénéfice réel pour personne. D'autres encouragent la sagesse populaire, mais la plupart d'entre eux excitent la bêtise de “cette partie du peuple qui ne raisonne pas”, selon le mot de Robespierre.

— Il faut bien en tenir compte : cette bêtise existe !

— Bien sûr qu'il faut en tenir compte ! La France, ce n'est ni la droite ni la gauche, c'est tous les Français dans leur ensemble. Et leur ensemble, qu'est-ce que c'est ? Toujours la même chose. Ils ne changent pas beaucoup, les Français ! A gauche, les révolutionnaires. Ce sont les communistes pour le moment. Viennent ensuite les socialistes : les éternels utopistes, les égalitaristes, les déphasés et les apatrides mentaux. Les hommes sont irresponsables : c'est la société qui est coupable. Tous se valent : les incapables et les capables, les paresseux et ceux qui se donnent du mal, les veules et les courageux. Ensuite, nous avons les démocrates chrétiens, les MRP devenus “progressistes”, des chrétiens qui ont bu les burettes. Les radicaux devenus modérés. Attendons. Surtout, ne décidons rien, tout est dans tout et réciproquement. A droite, nous trouvons les petites, moyennes ou grandes entreprises, les catholiques et nationalistes traditionnels, les patrons du commerce et de l'industrie, les cultivateurs : aujourd'hui le Parti républicain, les Libéraux, les Indépendants Paysans. Pas de pagaille. Enrichissons-nous par le travail et l'épargne. Puis, nous aurons toujours l'extrême droite, partisane d'un Etat autoritaire, qui dénigre la démocratie. Cela a donné Vichy, mais parfois le contraire. Et, enfin, la grande masse de la population dont les préoccupations s'élèvent rarement au-delà de l'immédiat. Elle est attentiste selon l'humeur ou l'impression du moment, se posant tantôt à gauche, tantôt à droite...

— Et les gaullistes, où les classez-vous ?

— Nous ne sommes pas un parti comme les autres ; nous sommes un mouvement qui prend toujours en compte les grandes circonstances de notre Histoire. Nous sommes ce qu'il y a de mieux dans notre peuple. Tantôt une minorité, tantôt une majorité. Tantôt nous échouons à rassembler les meilleurs de notre côté, tantôt nous finissons par y parvenir. On l'a vu pendant la guerre. On le verra encore. »

Je ne me souviens plus pour quelle raison le nom du pape Pie XII vient alors dans la conversation. Ce dernier a récemment reçu au Vatican une délégation française conduite par Pierre-Henri Teitgen, garde des Sceaux et catholique pratiquant, au nom du président Robert Schuman, qu'on dit confit en dévotions. Le Saint-Père a laissé debout la délégation tout en écoutant sa requête en vue d'écarter de leur évêché les prélats qui se sont montrés un peu trop complaisants avec l'occupant. Pie XII a gardé le silence tandis que son secrétaire d'Etat répondait que, « en raison de la loi de séparation, l'Eglise ne peut pas être plus sévère à l'égard des évêques de France que le gouvernement français lui-même lorsqu'il n'a pas sanctionné préfets et fonctionnaires de Vichy et, à ce titre, ayant eu eux aussi des relations avec les autorités d'occupation ».

Pendant ce temps, François Mitterrand, devenu à trente ans seulement le plus jeune ministre de la République avec la charge des Anciens Combattants, ne se dissimule guère de fréquenter les dénommés Bousquet, Leguay et Martin, ce dernier devenant son directeur de cabinet. Le premier — doit-on le rappeler ? — a été secrétaire général adjoint de la police du Maréchal, qui a appliqué avec zèle les consignes de la Gestapo à l'égard des résistants et des juifs, les précédant même parfois.

C'est au cours de cette courte permission que je verrai le général Leclerc pour la dernière fois. Il vient à Colombey demander conseil au général de Gaulle sur le commandement en chef des Forces françaises en Afrique du Nord que le gouvernement lui propose, autrement dit un poste de proconsul. Il est désireux de ne pas entraver sa très brillante carrière et, en même temps, conscient de servir d'instrument à un régime qui lui déplaît. Ce jour-là, je fais fonction d'officier d'ordonnance pour mon père et le suis à distance jusqu'au bout de l'allée, en haut du jardin, où il conduit son hôte. La discussion est cette fois encore ponctuée de quelques éclats de voix, dont je saisis sans le vouloir quelques bribes.

« Qu'allez-vous faire maintenant en Afrique du Nord alors qu'on vous avait auparavant envoyé en Indochine où vous n'avez heureusement pas accepté de prolonger votre séjour ? s'exclame mon père. Ce gouvernement veut vous tenir éloigné de la France. Or il s'y passe des choses importantes et on a besoin que vous y soyez. Les Soviets menacent l'Europe et agissent même en France. Nous avons besoin de vous avoir avec nous. »

Leclerc ne partage pas le sentiment de son ancien chef. Ils se séparent avec des marques d'estime et d'amitié qui ne trompent pas, mais l'ambiance n'étant toujours pas détendue, je laisse passer la deuxième et dernière chance d'obtenir de Leclerc la dédicace espérée. Peu après, Leclerc s'envolera pour l'Algérie.

A la fin de novembre 1947, Paul Ramadier démissionne, remplacé par Robert Schuman, qui prétendra avoir rencontré à cette occasion le général de Gaulle. J'en doute, car mon père prend bien soin de n'avoir aucun rapport avec le régime : « Sinon, on me présentera comme une caution et je ne pourrai plus être un recours », insiste-t-il. A cette date, le plus jeune de ses frères, Pierre, est élu pour plusieurs années président du Conseil de Paris.

Le 28 de ce mois survient, comme un coup de tonnerre, la nouvelle de la mort de Leclerc. Pris dans une tempête de sable près de Colomb-Béchar, dans le Sud saharien, son avion s'est écrasé. Mme Leclerc m'a affirmé à plusieurs reprises qu'on a retrouvé un corps de plus que l'équipage et l'état-major prévus, ce qui, pour certains, suffit à laisser soupçonner un attentat. Je crois plutôt à un accident lié aux très mauvaises conditions météorologiques d'un vol qui aurait dû être annulé.

Plusieurs officiers et une cinquantaine d'hommes de l'ancien régiment de fusiliers-marins de la 2e DB, auxquels s'ajoutent une trentaine d'autres de différentes armes de l'armée de Terre, sont envoyés à Paris de Toulon malgré la grève des chemins de fer pour assister aux obsèques. Partis en cars et en camions, nous sommes arrêtés sur la route nationale à hauteur de Valence par une barricade de près de deux mètres de haut, gardée par un important piquet de grévistes. Ils tombent mal : c'est avec fureur que nous montons immédiatement à l'assaut de la barricade, en colonne et d'un seul élan. Surpris, les grévistes disparaissent aussitôt. Une demi-heure plus tard, nous pouvons continuer sur Lyon où nous trouvons, de nuit, un seul train vide en attente pour Paris dans une gare absolument déserte.

Les funérailles se déroulent au milieu d'une foule dense et émue. Plusieurs milliers d'anciens de la division Leclerc ont accouru. Sans avoir dormi et mal rasés, ils défilent sous la pluie derrière le catafalque, dans leurs vieux uniformes de campagne. Ainsi a disparu l'un des plus jeunes (quarante-cinq ans) parmi les plus remarquables généraux d'armée de notre Histoire.

Les membres du gouvernement, craignant peut-être d'être pris à partie dans cette ambiance de tension et de chagrin, s'abstiennent de paraître. Nous ignorons d'autant plus qui les a représentés à Notre-Dame ou à l'Arc de Triomphe qu'à nos yeux cela ne revêt en réalité aucune importance.

*

Mon mariage est prévu dans l'Ain où ma future femme habite avec sa mère et ses deux plus jeunes frères René et Michel le vieux château de La Cueille.

Gaston de Bonneval, l'aide de camp de mon père, arrive sur place pour organiser la cérémonie dans des conditions difficiles. La vieille demeure est devenue presque inhabitable faute de personnel nécessaire à ce mode de vie. Les murs de deux mètres d'épaisseur ne permettent pas le passage des conduites d'eau et à peine celui des lignes électriques. Les pièces ne peuvent être chauffées que par quelques cheminées à bois. En outre, l'étroitesse et l'escarpement des chemins d'accès gênent la circulation en hiver.

Resté le personnage le plus célèbre du pays malgré son départ du gouvernement, le général de Gaulle entend, à juste titre, qu'un mariage dans une famille comme la nôtre, et à plus forte raison celui de son fils, demeure une affaire familiale et privée. Journalistes et photographes tenteront bien de s'infiltrer malgré le froid, mais ils seront tenus à distance.

Le 29 décembre 1947 au soir, Henriette et moi nous rendons sans cérémonie et avec nos seuls témoins à la mairie de Poncin pour le mariage civil. Le maire, M. Morellet, nous lit le Code civil d'alors qui précise que « la femme doit obéissance au mari. Elle habite avec lui et il est tenu de la recevoir ». Auparavant, un contrat de mariage a été signé au château de La Cueille par les soins de Me Finaz, notaire venu de Lyon par égard pour le général de Gaulle. La « communauté réduite aux acquêts » ne fait en réalité que préciser la nature juridique de nos biens futurs, car dans l'immédiat ma fiancée n'apporte en dot que son trousseau et je ne dispose que d'une rente annuelle de principe consentie par mon père « sans engagement de sa part » : cinquante mille francs de 1947, c'est-à-dire moins de cinq cents francs de 1998. L'office de mariage a lieu le 30 décembre à la chapelle d'Epierre, près de Cerdon, une ancienne abbaye transformée en gentilhommière, qui appartient à un oncle de ma femme.

J'y suis hébergé pour la nuit avec mes parents. La grand-mère d'Henriette, Mme de Dartein, une descendante du général Espinasse — tué à Magenta —, est venue de Lyon où elle réside. La marquise de Montalembert n'a pu ou voulu venir à La Cueille, depuis la mort de son fils.

La messe est dite par le père Thierry d'Argenlieu, religieux des Carmes, compagnon de la Libération et amiral en retraite. Comme c'est l'usage pour un office de mariage, on lit à la Préface la Lettre de saint Paul : « Le mari est le chef de la femme et elle lui obéit comme il obéit à l'Eglise de Jésus-Christ. » La religion répète ce que recommande la loi, ou plutôt l'inverse. Personne ne s'en offusque, pas même les femmes qui sont assez fines pour ne pas protester, et s'en accommodent à leur manière. Un harmonium, un violon et un violoncelle jouent les morceaux de circonstance. Une soixantaine de personnes de la proche famille et le contre-amiral Jozan ont pu prendre place dans le petit édifice. Dehors, le froid est vif. La neige ralentit la circulation, mais tout le monde est à l'heure. Le déjeuner a lieu à Epierre. Bien que l'on ait tenté de l'en dissuader, mon oncle Xavier de Gaulle, frère de mon père, prononce une allocution tout à fait dans la tradition. Venu en habit de Genève où il est consul général, il tient ainsi à marquer qu'il est à la fois l'aîné de la famille et mon parrain. Puis nous allons, ma femme et moi, accompagnés de quelques proches, recevoir au château de La Cueille les habitants du hameau.

Ensuite, nous partons en voyage de noces à destination de Pau d'abord, puis de Paris qu'Henriette ne connaît pas encore. Comme beaucoup, nous avons rêvé de l'Italie, mais l'impossibilité d'échanger des francs contre des lires a empêché tout déplacement. Les journalistes nous laissent à peu près tranquilles, à l'exception de quelques photos prises à la sortie de notre hôtel. En fait, nous ne sommes ni assez cabotins ni assez voyants pour les attirer vraiment.

Notre premier foyer, à Hyères, avenue des Palmiers, est une pièce de rez-de-chaussée avec coin salle de bains-cuisine. Notre voyage de noces et notre installation ont épuisé toutes mes économies. L'achat d'une tonne de bois de chauffage et d'un petit poêle en fonte émaillée coûte la moitié de ma solde mensuelle. Le litre d'huile est hors de prix. Notre dîner est toujours des plus simple et j'apprendrai que ma femme s'est parfois privée de repas de midi pour pouvoir se chausser modestement. Au demeurant, ces conditions de vie sont le lot d'à peu près tous mes camarades mariés.

De notre logis, Henriette voit quotidiennement passer les formations d'avions qui descendent souvent en piqué, les uns après les autres, pour les exercices de bombardement sur le terrain. Ce spectacle la rassure d'autant moins que, en dépit de notre extrême discrétion, nous ne pouvons pas toujours cacher la perte d'un des nôtres.

*

Le 7 février 1948, un premier appel téléphonique m'informe que ma sœur Anne a été atteinte d'une grave congestion pulmonaire. Un second appel, le soir même, m'apprend sa mort. Sa fin a été rapide : on a à peine eu le temps d'une piqûre de pénicilline et de lui donner un peu d'oxygène. Son cœur s'est arrêté quelques heures après. Ainsi la pauvre Anne est-elle partie dans un monde où les infirmes sont délivrés de leurs entraves. Ainsi mes parents, dans leur affliction, voient-ils arriver la fin d'un malheur qui a pesé sur toute leur existence.

Elisabeth et son mari sont à Brazzaville et ne peuvent rentrer. On a attendu mon arrivée pour la mise en bière. Les obsèques ont lieu à Colombey et l'inhumation dans le cimetière attenant. Ma sœur reposera dans la tombe que nos parents ont déjà préparée pour eux-mêmes en prévoyant dès l'origine que l'une des autres places disponibles pourrait être celle de leur fille infirme.

*

Une quinzaine de jours après mon retour à Hyères, je suis victime d'un second accident aérien. L'appareil sur lequel je dois voler est sorti de grande révision de l'atelier de Cuers. Il a d'abord été essayé une première fois par l'enseigne de vaisseau chargé des visites techniques de la flottille. Les essais avant décollage ne m'ont guère rassuré, non plus que le premier-maître des services techniques sur la ligne de démarrage. En accélérant du ralenti à un régime de croisière, le moteur a des ratés, peut-être dus à la présence d'eau ou de quelques impuretés dans le carburant. Il est toujours difficile pour un jeune officier de refuser un avion, et me voilà parti. Le temps est clair. Il y a du mistral. Après une vingtaine de minutes de vol, mon moteur s'arrête tout à fait puis redémarre. J'effectue toutes les vérifications, mets en route la pompe de secours et décide de rallier la base sans plus tarder. Je suis, à ce moment-là, à bonne hauteur mais au-dessus de l'extrémité de piste sous le vent du terrain. Craignant de ne pas avoir le temps de venir en tour de piste normal, alors que je me trouve à la verticale du lieu d'atterrissage, j'entreprends la manœuvre dite « en S ». La descente se passe bien, sauf fonctionnement erratique de mon moteur. Au dernier virage avant le bout de piste, je suis obligé de prendre un peu plus de tour afin d'éviter l'officier des équipages torpilleur Jézéquel qui marche sur la route sans se rendre compte qu'il me gêne en approche finale d'urgence.

Lorsque j'arrive enfin en ligne d'atterrissage, contraint d'essuyer une violente rafale de vent et malgré une reprise inattendue de quelques secondes qui ne me rallonge pas assez, mes roues touchent le sol deux ou trois mètres avant la piste en grille. Mon terrain d'atterrissage est fauché. J'atterris « sur le ventre » assez brutalement. J'ai le réflexe de couper le contact pour éviter tout risque d'incendie et reste à demi assommé, immobile, sur mon siège, durant quelques minutes.

Mon commandant bondit sur le plan à côté de moi, vérifie que commandes et manettes sont bien en position de sécurité pour un atterrissage forcé. Il est évidemment très contrarié de cet accident qui met en cause un avion juste sorti de révision, d'autant que l'officier chargé de le vérifier proteste qu'il l'a trouvé en état de marche. Sous le coup de l'accident et pour ne pas lui causer de tort, j'ai la faiblesse de ne pas le contredire. Je reste pour la nuit en observation à l'infirmerie de la base, tandis qu'un de mes camarades avertit Henriette.

L'avion endommagé est transporté par la route, plans repliés, jusqu'à la base-atelier de Cuers. L'ingénieur-mécanicien Silberman, chargé de le remettre en état, m'indique que le carburateur a dépassé les limites de l'usure. Envoyé à plusieurs reprises à Zénith-Stromberg pour révision, il a toujours été réestampillé sans avoir jamais été réparé. Il y a eu négligence grave de l'entreprise et tolérance excessive de la Marine.

Le contre-amiral Jozan me convoque aussitôt dans son bureau.

« Je n'ignore pas que nos aéronefs sont vieux et usés pour diverses raisons. Mais si nous commençons à parler de déficiences des matériels, il n'y aura plus d'aviation embarquée. Tout ce que nous aurons tenté pour la restaurer aura été vain. En conséquence, pas un mot sur les avaries. Tout accident doit être qualifié de "faute de pilotage" dans notre intérêt commun. »

L'entraînement continue donc comme si de rien n'était, quitte à redoubler d'attention sur le matériel, mais au risque d'accidents similaires et plus graves encore.

En avril 1948, nous repartons sur l'*Arromanches*, qui porte notre flottille 3 F de bombardiers en piqué renforcée par la 54 S et deux flottilles 1 F et 12 F de chasseurs Seafire avec un nouveau contingent de jeunes pilotes pour une croisière de deux mois en Algérie, au Maroc, en Bretagne, en Normandie. Le bâtiment de jalon a été avantageusement remplacé par deux hélicoptères de sauvetage.

Le 13 mai, au cours de catapultages, au large d'Oran, le capitaine de corvette de La Ménardière tombe à la mer sous mes yeux et ceux de son plus jeune frère, second de notre flottille. Il sera repêché mourant avec une fracture du crâne.

Le 22 juin, au cours d'une manœuvre avec l'escadre, nos SBD rattrapent un grand hydravion Sunderland en reconnaissance. La formation de Seafire qui nous escorte pour nous couvrir contre des intercepteurs venus de terre effectue à son endroit des passages de tir simulés. Notre camarade, l'enseigne de vaisseau Thierry d'Argenlieu, neveu de l'amiral, remonte en chandelle après son attaque, puis nous le voyons passer sur le dos comme s'il voulait contrer les effets physiologiques d'une ressource trop forte, ou sauter en parachute. L'avion se met en descente dans cette position inversée et va percuter la mer où il disparaît avec son pilote.

Malgré un nombre trop important d'accidents aériens, dont certains ne peuvent manquer d'être mortels, nous suivons les consignes de discrétion de l'état-major et gardons un moral élevé. Pratiquement, aucun des pilotes d'aviation embarquée ne pourra échapper à ces aléas. Les plus chanceux, dont je suis, n'en subiront que quelques-uns dans leur carrière. Un capitaine de corvette gardera toujours son enthousiasme malgré une douzaine d'accidents sans blessures graves. Mais l'un d'entre nous, enseigne de vaisseau et brillant pilote, se découragera au bout d'une demi-douzaine de pannes et d'atterrissages forcés. Se retrouvant un beau matin parachuté d'un Seafire dans un champ de cerisiers, à Solliès-Pont, il refusera définitivement de continuer à voler. Versé dans le service général de la Marine, sa carrière en sera brisée et il devra bientôt quitter l'uniforme.

*

Au cours de l'été 1948, mes parents décident de se séparer d'un chien-loup nommé « Vincam » qu'un ancien de la 2e DB avait offert à mon père lors de son installation à « La Boisserie », dix-huit mois auparavant. La singularité de cet animal qui fait impression est qu'il provient du chenil d'Hitler à Berchtesgaden. Faute d'un maître-chien approprié, il a commencé à menacer les étrangers pénétrant sur son territoire, à mordre vaches et chevaux et mettre à mal les volailles du voisinage. On y estime sa présence d'autant moins souhaitable qu'Henriette attend un enfant. Le vice-amiral Ortoli, de passage à Colombey, apportera une heureuse solution au problème en proposant d'emmener le chien-loup dans la propriété qu'il vient d'acquérir.

Les rapports de mon père avec les animaux ont toujours été à la fois distants et sensibles. S'il ne veut pas en être encombré, il entend néanmoins qu'on les traite avec considération. A table, il n'aime pas qu'on lui serve des animaux qu'il « connaît ». Quoi qu'aient parfois prétendu certains de ses proches pour justifier leur propre familiarité avec les animaux de compagnie, je ne l'ai jamais vu avec un chat ou un chien sur les genoux.

Ma mère ne déteste pas les chats. Un chartreux assure une permanence discrète et privilégiée à condition qu'il ne tente pas de s'installer sur un lit, un divan ou même un fauteuil. Un jour où l'un d'eux se risque à grimper sur le couvre-pieds dans ma chambre, elle le chasse en commettant l'une des rares plaisanteries équivoques que je l'ai entendue prononcer de ma vie : « Pas d'animal sur ton lit ! Une femme à la rigueur ! Et encore ! »

Après le départ de « Vincam », on offrira à mes parents, successivement, deux corgis dont la race est prisée à la cour d'Angleterre. Surnommés « Rase-mottes », ils accompagneront mon père ou ma sœur infirme dans leurs tours de jardin.

*

Les 11 et 12 septembre 1948, mon père se rend dans la région de Toulon, Cannes et Nice sous couvert de commémorations effectives mais en réalité dans le cadre de sa campagne pour le RPF. Tenu par l'obligation de réserve, c'est de façon marginale que je puis le retrouver dans la soirée aux monuments du débarquement de 1944 ou pour dîner dans la résidence privée d'un grand patron de presse, Le Prouvost de Launay, qui l'a déjà accueilli en juin 1940 en Touraine.

Au cours de ces déplacements où l'on se heurte souvent à l'opposition physique des communistes, je fais connaissance avec les braves gens — quoi que certains en aient dit... — du Service d'Action civique (SAC) naturellement vilipendés comme truands et factieux par ceux qui cherchent à empêcher toute autre réunion que les leurs de se tenir. Les mêmes persisteront dans leurs calomnies après la mort du général de Gaulle, date de la dissolution officielle du SAC. Il s'agit d'entretenir contre les gaullistes le mythe du complot permanent contre la République. Dans l'immédiat, un journal varois pousse le ridicule jusqu'à titrer : « Tout est prêt chez les fantômes armés... » Les hommes ainsi désignés comme malfrats sont des anciens de la France Libre tels que Roger Barberot et André Astoux, de la division Leclerc, de la 1re Armée ou de la Résistance et de jeunes volontaires comme Charles

Pasqua. Ils se déplacent en camionnette découverte, dorment dans les entrées des maisons, se nourrissent de sandwiches, portent des vêtements usés et des chaussettes trouées et, sans le sou, se dévouent pour empêcher souvent par la force que la liberté politique ne soit étouffée. Ce sont les mêmes qui, débloquant l'accès aux urnes dans les mairies tenues par les communistes, permettent aux citoyens de voter librement et de préserver la démocratie et la République.

Lors d'un meeting du général de Gaulle à Grenoble, ils doivent battre en retraite, avec parmi eux un mort et de nombreux blessés, sous la pression de manifestants rameutés de toute la région sans que la police intervienne pour faire respecter la liberté de réunion. Mais à La Seyne-sur-Mer, pris en tenaille entre les anciens de la 1re DFL et ceux de la 2e DB, les dockers et manifestants communistes venus des chantiers navals des ports voisins, avec deux députés à leur tête, seront poussés à l'eau sans grand dommage.

Mon père a entrepris, à la tête du RPF, une reconquête politique d'autant plus difficile qu'elle se déroule au milieu de grands désordres économiques et sociaux, de l'instabilité ministérielle et des menaces que Staline fait peser sur la paix du monde.

Les réunions du RPF — je n'ai assisté à aucune d'entre elles toujours par devoir de réserve — totalisent couramment le demi-million de personnes à Paris-Vincennes, Saint-Cloud et au Bois de Boulogne, comme à Marseille, Lyon, Strasbourg, Bordeaux ou Lille... Ayant acquis près de 40 pour cent des voix aux dernières élections municipales et la majorité dans les dix plus grandes villes françaises, dont Paris, le mouvement entre au Conseil de la République sous le nom d'Action Démocratique et Républicaine (ADR) avec cinquante-deux sièges sur quatre cent vingt-six lors du renouvellement du tiers de cette assemblée.

En Indochine, la guerre est devenue totale. D'aucuns s'efforcent d'en rejeter la responsabilité sur le Général. « Je n'y ai plus aucune autorité depuis que j'ai quitté le pouvoir en janvier 1946 et plus aucune influence depuis le remplacement de l'amiral d'Argenlieu par Emile Bollaert le 21 mars 1947, il y a dix-huit mois, rétorque-t-il. Quand nous avions repris pied en Indochine au lendemain de la capitulation japonaise, comme nous le devions à la fois pour ce pays et pour éviter que tout le reste de notre empire ne s'effiloche de proche en proche, les Français sur place étaient épuisés dans tous les sens du terme. A cause de notre défaite et de Vichy, ils avaient perdu la face vis-à-vis des Indochinois. Ces derniers, très divisés, ne savaient plus à qui s'en remettre. Ceux d'entre eux qui étaient nos amis se faisaient assassiner par les marxistes. Tout le monde était contre nous : les Américains et leurs services secrets soutenaient Hô Chi Minh ; les Soviétiques de même et directement les Anglais, les Hollandais, les Australiens, les Hindous, les Chinois, les Japonais, etc. J'ai donné consigne à d'Argenlieu de reprendre le contrôle de la Cochinchine et du Cambodge, puis de rayonner autour, avec Leclerc, en particulier vers le Tonkin. Ensuite négocier, ce que personne ne contestait. Encore fallait-il que la France eût un Etat pour le faire, ce qui n'a plus été le cas depuis mon départ forcé. »

Le retour de mon père à la politique a provoqué quelques allées et venues à « La Boisserie », moins fréquentes cependant que les intéressés l'affirmeront par la suite, mais déjà trop nombreuses au goût de ma mère. Celle-ci n'est pas fâchée que l'essentiel de ces entretiens se déroulent d'abord à l'hôtel La Pérouse, ensuite au 5, rue de Solférino. C'est à cette époque que Gaston de Bonneval succède à Claude Guy dans les fonctions d'aide de camp ; fonctions qui font du titulaire un familier de « La Boisserie ».

Mon père a pris le capitaine de l'armée de l'Air Claude Guy comme officier d'ordonnance en juin 1944, peu avant le débarquement. Sachant qu'il s'est évadé de la France occupée, qu'un accident aérien l'empêche de voler en opérations mais qu'il est débrouillard et parle l'anglais d'autant plus couramment que sa mère est américaine, le général de Gaulle l'a choisi en particulier pour ses qualités d'interprète dans les relations courantes avec les généraux américains. Guy est à ses côtés lors de la libération de Paris et dans la période du Gouvernement provisoire de la République jusqu'au 21 janvier 1946, puis à Marly après la démission de mon père et avant que « La Boisserie » ne soit rendue habitable en mai 1946.

Le capitaine a été fort déçu de la tournure des événements. Il a sans doute imaginé pour son patron et pour lui-même tout autre chose qu'une retraite au fond d'une campagne austère. Aussi s'efforce-t-il constamment de convaincre le Général de revenir à la vie politique, contre l'avis de ma mère qui trouve que son mari en a déjà bien assez fait et contre le mien qui pense qu'il ne doit plus rien à personne. C'est dire qu'en dehors des relations quotidiennes amicales nous ne sommes, dans le fond, pas très bien vus de ceux qui souhaitent le retour de mon père aux affaires.

Les initiatives de Guy, qui se passionne beaucoup plus pour la politique à Paris que pour la vie quotidienne à Colombey, vont parfois au-delà de sa mission réelle. Ainsi s'avise-t-il d'aller rencontrer des ministres de la IVe République, tels que le vice-président du Conseil Pierre-Henri Teitgen, qui tient pourtant des propos très agressifs à l'encontre du Général aussi bien en public qu'en privé.

Manifestant envers les proches du Général une condescendance un peu ironique, le capitaine a tendance à formuler des avis qu'on ne lui demande pas d'une manière de plus en plus insistante et à entreprendre mon père sur les actions à mener, au risque d'agacer son interlocuteur.

Malgré leur estime réciproque, le Général, souvent fort injuste vis-à-vis de ses proches, et le capitaine qui a épuisé ses réserves de patience après quatre années d'une tâche harassante, ont de plus en plus de mal à se supporter. Ils se sépareront en octobre 1949 sur un éclat de Claude Guy.

Claude Guy travaillera alors de façon efficace avec Alain Bozel (Jean Richmond de son vrai nom), Pierre Lefranc et André Astoux à l'Union privée pour l'aide à l'action nationale du général de Gaulle (UPANG), association chargée de collecter des fonds pour le RPF. Il intégrera ensuite les Affaires étrangères, en poste en Allemagne, puis se repliera progressivement sur lui-même, ne donnant jamais suite aux rendez-vous qu'il me proposait périodiquement. Nous lui conserverons pourtant un attachement amical jusqu'à sa mort en mars 1993, au terme d'une maladie si discrète que j'en ai toujours ignoré la nature. Il a laissé des réflexions éparses et des essais inachevés, dont il n'a jamais su en réalité ce qu'il pourrait en faire. Trois ans après son décès, son épouse et plusieurs écrivains en tireront un livre, pensant ajouter quelques pièces essentielles à la mosaïque des multiples témoignages sur mon père. Plus que sur le général de Gaulle, c'est sur son époque que l'ouvrage apporte des éléments valables.

Tandis que le RPF a le vent en poupe, le général de Gaulle se refuse plus que jamais à toute compromission avec « le régime des partis ». En attendant qu'on adopte enfin une Constitution convenable, la IVe République s'enlise dans les crises politiques. A la fin de juillet, le président du Conseil, Robert Schuman, est obligé d'abandonner ses fonctions au profit d'André Marie, dont le gouvernement ne dure pas un mois. C'est un vieux routier, Henri Queuille, qui prend la suite.

En Algérie, les Européens, qui n'ont jamais été gaullistes dans leur ensemble, votent radical ou socialiste, sauf à Bab-el-Oued et dans certains quartiers populaires des grandes villes où ils apportent leurs suffrages aux communistes. A moins d'être décorés, d'avoir passé le certificat d'études ou d'être notables traditionnels, les autochtones ne sont pratiquement pas sortis de leur droit coutumier. Quelques Arabes ou Kabyles, peu nombreux à vrai dire, émergent pourtant du lot, tel Ferhat Abbas, marié à une Française, commandeur de la Légion d'honneur, conseiller à l'Assemblée de l'Union française. Elu de Sétif, où il n'a pris aucune part aux désordres sanglants de Keralta en mai 1941 [1], il fonde un mouvement politique qui se bat pour l'idée d'une Algérie autonome au sein d'une communauté fédérale française. En dépit de certaines sympathies, dont celle de Vincent Auriol, le régime est incapable de saisir l'opportunité.

1. 187 morts, dont 107 du fait des émeutiers ; chiffre qu'on verra multiplier d'une manière invraisemblable jusqu'à 4500, voire 45 000 !

Pendant ce temps, la guerre d'Indochine, très meurtrière pour nos soldats, se traîne sans projet gouvernemental cohérent et de scandale en scandale, entre l'« affaire des piastres », trafic généralisé de change entre le cours officiel surévalué de cette monnaie et le franc, ou l'« affaire des généraux » née d'une fuite de renseignements militaires vers le Viet-minh provoquée par des agents communistes infiltrés autour du chef d'état-major, le général Revers. C'est dans l'indifférence générale de l'opinion que la majorité de gauche du Parlement vote une réduction sensible des crédits militaires, qui achève d'affaiblir notre corps expéditionnaire.

En septembre-octobre 1948, des grèves sanglantes éclatent dans les mines, entraînant l'intervention des forces armées : 40 000 hommes sont rappelés d'Allemagne, dégarnissant d'autant notre défense à l'Est. Je fais partie des marins envoyés de Toulon à Paris pour assurer les services vitaux. Mon détachement remet en marche la centrale de distribution d'eau potable à la périphérie du XVIe arrondissement, et la centrale transformatrice d'électricité du petit train de ceinture du boulevard Lannes. Nous en assurons le fonctionnement durant une semaine, malgré plusieurs tentatives contraires des grévistes. Ces événements en France coïncident avec l'instauration complète du système soviétique en Europe de l'Est. La Tchécoslovaquie est le dernier pays à entrer sous la tutelle de Moscou.

Avant que la nasse ne se referme tout à fait, les Allemands d'Allemagne orientale et de Berlin-Est occupés par les Russes désertent en masse vers l'ouest. Pour stopper l'exode, Staline établit le blocus de Berlin le 23 juin 1948. Les Américains décident de ravitailler la ville par avion, opération logistique rendue presque impossible par la saturation des quelques aérodromes situés en zone alliée, mais surtout à la merci du moindre incident. Jamais, le danger d'une Troisième Guerre mondiale n'a été aussi proche. Mon père pense qu'il peut être évité si les Américains, seuls à détenir la bombe atomique, restent fermes.

Dans cette atmosphère de guerre froide, le Comité central du Parti communiste déclare à ses militants, par la voix d'Etienne Fajon, qu'ils ont un pays : la France, et une patrie : l'URSS.

Le général de Gaulle emploie alors pour les désigner le terme de « séparatistes » dans les réunions du RPF (plus de 500 000 personnes à Marseille), dont l'un des orateurs d'envergure est André Malraux après la révélation du stalinisme. L'auteur de *L'Espoir* restera jusqu'à sa mort l'anticommuniste passionné qu'il est devenu. Il sera le seul de tous les ministres du Général à donner instantanément sa démission en même temps que lui le 21 janvier 1946. Il en fera de même le 28 avril 1969. Cette double caractéristique d'une fidélité gaulliste intangible et d'un antimarxisme constant sera occultée après sa mort, sans doute pour permettre à tout le monde et n'importe qui de tirer parti de son génie. On verra même les communistes se produire aux premiers rangs de la cérémonie de transfert de ses cendres au Panthéon, en 1996, en affectant de commémorer seulement les semaines de guerre que l'écrivain avait accomplies à leurs côtés, en Espagne, en 1936, et rien d'autre.

*

Durant l'été 1948, l'Aéronautique navale est conduite à d'importantes mutations. La 3 F, momentanément réduite à quelques appareils, est provisoirement fusionnée avec la 4 F. Officier de vol de l'ensemble, j'assure en outre l'intérim d'officier en second de la 4 F en remplacement du lieutenant de vaisseau Rollin, qui commandera la flottille. Je m'entendrai toujours bien avec ce nouveau chef, qui se tuera l'année suivante au cours d'un vol d'essai.

Cette réorganisation effectuée, je puis enfin partir en permission le 24 septembre 1948 au soir. Henriette est enceinte et notre premier enfant naît en cours de route, à la maternité de Dijon, au matin du 25.

Nous passons quelques jours à Colombey où mes parents sont enchantés de la venue au monde de leur premier petit-fils, baptisé dans l'église du village.

Laissant les miens à « La Boisserie », je regagne au début d'octobre Hyères où interviennent de nouveaux changements. Les choses vont vite chez les marins aviateurs. Malgré le maintien des formations de bombardiers en piqué et le dédoublement de la flottille de chasse, malgré les mutations ou disparitions des volants, un nombre important d'officiers pilotes sont en train de nous rallier. Notre pénurie devient pléthore à l'aviation embarquée.

Je suis promu lieutenant de vaisseau (capitaine dans les autres armées) sans autre perspective que de me retrouver simple chef de section en vol et officier-fusilier (ma deuxième spécialité après l'aéronautique). En revanche, se trouve disponible le poste de second à l'escadrille 50 S de l'Ecole navale pour laquelle il n'y a guère de volontaires, car les tâches de cette unité sont réputées fastidieuses et sa situation austère à Lanveoc-Poulmic, sur l'une des trois pointes de la presqu'île bretonne. Ma formation polyvalente acquise aux Etats-Unis sur mono ou bimoteurs et la sûreté de mon pilotage conviendraient au poste. La direction du personnel me laisse entendre qu'un amalgame entre l'esprit des Forces navales françaises libres et celui, plus traditionnel, de l'ancienne Marine serait profitable à l'Ecole comme à moi-même.

En novembre 1948, je rejoins la presqu'île de Crozon où est installée la nouvelle école navale. Si le terrain d'aviation est fort médiocre, la plupart des casernements : hangars, baraques et terre-pleins sont restés par miracle utilisables. En revanche, Brest a été totalement détruit. Il ne reste des anciens quartiers que des monceaux de gravats, à l'exception du vieux château et de quelques rares bâtiments en pierre de taille particulièrement résistants.

Aux « Quatre Pompes », au bout de Recouvrance, l'ancienne et monumentale école navale, terminée en 1937, qui m'était apparue comme une nécropole des temps révolus lorsque je passais devant elle le 18 juin 1940 en route pour la Grande-Bretagne, a vu ses fondations et ses murs minés par des bombes de gros calibres. Pire, son accès à la mer au pied de la falaise où elle dresse encore ses façades fissurées et des croisées devenues aveugles est barré par un gigantesque et humiliant rempart de béton percé, au ras de l'eau, d'une série d'abris qui ont servi aux sous-marins allemands. Le manque d'espace rend le lieu inadapté aux nouvelles techniques, qui contraignent les grandes écoles à s'éloigner des agglomérations urbaines. Les officiers qui ont connu la prestigieuse école d'avant-guerre en éprouvent quelque mélancolie. Certains d'entre eux, dont les carrières ont été définitivement obérées par les aléas de Vichy, ont même tendance à occulter la guerre et à ne faire référence qu'à la « grande Marine » qu'ils ont connue. Grande Marine dont ils ont pourtant manqué de faire quelque chose au moment crucial...

Officier en second de la 50 S, j'ai en charge d'une part les « cours » partiels de navigation, pilotage, météorologie, navigation pratique et, d'autre part, tout ce qui concerne les personnels, les vols et l'entretien des aéronefs de la formation. Celle-ci est constituée d'un ensemble hétéroclite d'avions de servitude de provenance allemande (trimoteurs Ju 52 ou monomoteurs légers Fieseler Storch), anglaise (bimoteurs Anson), américaine (monomoteurs légers Stinson) ou française (biplans légers Stampe et planeurs Nord 2000 ou Castel).

A l'extrémité de la Bretagne, le temps n'est généralement pas propice aux activités aériennes. La tempête souffle parfois jusqu'à arracher les toits de nos baraquements. Les moyens d'approche radio sont rudimentaires. Le commandement a la hantise d'un accident aérien mais il ne s'en produira aucun et, en réalité, très peu de vols seront annulés.

Deux mois après mon arrivée, mon commandant d'escadrille le capitaine de corvette de Kerros est remplacé par le lieutenant de vaisseau Rondenay. La Marine, dans sa sagesse, évite autant que possible de changer le commandant en même temps que le second. Mes bonnes relations avec le nouvel arrivant sont aussi liées au fait que son frère, agent de la France Libre pendant la guerre, a été abattu par la Gestapo, à Paris, gare de l'Est.

La vie quotidienne dans la presqu'île de Crozon est particulièrement austère pour les familles de marins. Nous habitons une petite villa sur la colline de Morgat, à vrai dire une villégiature d'été qui n'est pas faite pour la mauvaise saison. L'hiver, un petit poêle dont le tuyau traverse un carreau de la fenêtre tiédit un peu la chambre où notre petit Charles, âgé de quelques mois, dort, engoncé dans son bonnet et ses couvertures.

Aux confins du Finistère, pris par mes activités navales, la vie politique me paraît assez lointaine. Au carré des officiers à Lanveoc-Poulmic, selon la coutume qui est devenue la règle, on ne parle pas de service ni ne mentionne de nom de femmes, même s'il reste permis d'apprécier ou de critiquer la gent féminine dans son ensemble, et on ne discute pas davantage de religion ou de politique. Il suffit que chacun ait pu donner son avis sans pousser à la contradiction. On évoque souvent la situation en Indochine où nous ne cessons de nous enliser.

C'est seulement lors des permissions à Colombey que je renoue vraiment avec l'Histoire en cours.

Mon père stigmatise sans relâche la « Constitution bancale » dont le pays a été doté, les jeux stériles des politiciens, « les petits gouvernements pour époque paisible faits pour végéter médiocrement en grignotant le capital », « la mendicité permanente auprès des Américains », etc. Les ministres, dont il juge souvent les personnes estimables mais placées dans un contexte impossible, font parfois l'objet de boutades acerbes. Il en veut à Pleven d'avoir pris goût au régime : beaucoup de qualités mais « manque de colonne vertébrale ». Il ne pardonne pas à Bidault, ancien président courageux du Conseil national de la Résistance après Jean Moulin et nouveau président du MRP, qui l'a abandonné pour s'acoquiner avec les communistes. Il regrette que Daniel Mayer, socialiste et résistant, en qui il avait mis quelque espoir, se soit séparé de lui pour revenir au socialisme politicien du « tripartisme ». Quant à Robert Schuman, célibataire endurci, « ou bien il a une petite amie, ou bien il ne peut pas », ce qui fait sourire sa mère. Mon père le plaint de n'avoir servi que sous l'uniforme allemand en 1914-1918 du fait qu'il était Alsacien sous le régime du Kaiser : « J'espère que sa fibre nationale n'en a pas été trop affaiblie. » Il moque chez Henri Queuille, radical socialiste, « son souci de l'équilibre des forces qui l'a amené à devenir le champion de l'immobilisme ».

En mars 1950, le général de Gaulle tient une conférence de presse au Palais d'Orsay dans laquelle il préconise notamment de sceller une entente avec l'Allemagne fédérale, de construire une Europe confédérant les Etats de l'Europe occidentale et d'organiser une force européenne alliant les armées de chacun de ces Etats.

Le même mois, les cent quatre-vingt-cinq élus communistes tentent une fois encore d'empêcher par la violence le vote d'une loi réprimant le sabotage contre nos unités et matériels à destination de l'Afrique, de Madagascar, et surtout de l'Indochine. Des échauffourées se produisent à la Chambre des députés au cours desquelles le président de séance, François de Menthon (MRP), est jeté à terre. Herriot, président de l'Assemblée nationale, doit donner l'ordre au commandant d'armes du Palais-Bourbon d'expulser les communistes. Réflexion de mon père : « On se demande si l'on va pouvoir encore se parler à l'Assemblée ou si, au contraire, la Garde républicaine devra y siéger en permanence. »

Le 30 mars meurt Léon Blum. Le jugement de mon père à son égard n'a jamais varié : « Léon Blum, c'est toujours : "Je suis déçu... Je suis profondément troublé... C'est avec une désolation confondue que... Je déplore de ne pas pouvoir... J'avais cru... Je me suis demandé... Je ne saurais dire... Je regrette de n'avoir pas mieux compris...". » Il le considère comme un homme courageux, et apte à tout... sauf à gouverner. Utopiste, il a été entraîné à la démagogie. « J'estime, quant à moi, qu'il porte une grande responsabilité dans notre défaite de 1940, poursuit mon père, ne voulant pour notre armée qu'un armement à caractère défensif, même pour les chars, il a incité celle-ci à une attitude passive devant l'ennemi. Il a ainsi laissé croire au peuple français qu'il pouvait se contenter d'attendre à l'abri derrière la ligne Maginot sans avoir à combattre vraiment, et permis à Hitler de penser qu'il pouvait agir sans risques. Les porteurs de pancarte "Non aux fauteurs de guerre" ont en réalité été ces fauteurs-là. Quant à la République d'après-guerre, Léon Blum a une responsabilité capitale dans ce raté qu'est la IVe. »

En avril 1950, le colonel Rémy, compagnon de la Libération, affirme dans un article de presse que le maréchal Pétain a servi de « bouclier » et la France Libre d'« épée » en 1940. C'est justifier rétrospectivement Vichy, ce que le général de Gaulle et les Français libres ne peuvent admettre. Mon père, personnellement, réagit mal. Membre du Conseil de direction du RPF, le colonel Rémy doit démissionner.

Le 1er mai, à l'occasion d'une grande manifestation à Bagatelle, dans le Bois de Boulogne, le Général condamne la condition faite aux travailleurs par le communisme et le capitalisme. Il préconise une troisième voie par l'association du capital et du travail.

Toujours à cette époque, René Hardy est accusé devant la Justice d'avoir révélé à la Gestapo la réunion de Jean Moulin à Caluire. Le tribunal juge les preuves insuffisantes contre lui. Le Général s'abstient de toute déclaration. En privé, il se montre perplexe et croit avant tout au rôle du hasard dans cette affaire. Il ne doute pas que l'accusé ait été filé par la police après une première arrestation par les nazis, mais il observe que ces derniers ont ignoré pendant plusieurs jours que Jean Moulin qu'ils venaient d'appréhender était le délégué général de la Résistance.

Le 30 juin 1950, une Communauté européenne du charbon et de l'acier (CECA) est fondée par la France, l'Allemagne, les Pays-Bas, la Belgique, le Luxembourg et l'Italie à l'incitation de Robert Schuman, mais la Grande-Bretagne se dérobe. Le Général considère cet accord comme valable à terme, en ironisant toutefois : « Les Italiens sont forts ! Ils ont trouvé le moyen d'en faire partie sans charbon ni acier ! »

A la mi-décembre 1950, après l'évacuation de plusieurs places fortes en Indochine, le général de Lattre est chargé de redresser, si possible, la situation devenue désastreuse.

Les contingents français comptent alors 240 000 hommes dont 134 000 autochtones. Les états-majors et unités de l'armée de Terre abondent dans les garnisons mais sont trop faibles en campagne. Les directions des personnels étant indépendantes dans chaque arme, elles désignent leurs officiers et sous-officiers « au tour de campagne » sans trop de cohérence avec les voisines, de sorte qu'on trouve souvent le même poste d'état-major en double ou en triple. Souvent injuste, de Lattre renverra de manière brutale et spectaculaire en métropole ceux qu'il n'estime pas à leur place en Indochine. Il reconcentre, secoue et rend énergie et confiance au dispositif français autour de Hanoi. Il reprend Hoa-Binh, contre l'avis du vice-amiral Ortoli, chargé des communications fluviales pour l'opération. Cet ancien marin de la France Libre juge la position impossible à conserver. L'avenir lui donnera malheureusement raison. En janvier et septembre 1951, l'amiral en rend confidentiellement compte au général de Gaulle, estimant en particulier les rapports optimistes du général Salan, chef d'état-major du commandant en chef en Indochine, tout à fait mensongers.

Le général de Lattre procède aussi, à juste titre, à une « vietnamisation » importante de l'armée en faisant doubler les effectifs autochtones en dix-huit mois et en allant à Washington demander directement aux Américains une aide matérielle pour ces nouveaux contingents, ce qui ne lui sera qu'en partie accordé malgré l'inquiétude que commencent enfin à susciter aux Etats-Unis nos difficultés en Extrême-Orient.

De Lattre réussit néanmoins à bloquer trois offensives successives du Viêt-minh contre Hanoi. Mais la mort de son fils, le lieutenant Bernard de Lattre, tué dans la nuit du 30 au 31 mai 1951, l'atteint cruellement. Ce deuil, ajouté à une grave maladie dont il se sait atteint, entame l'énergie du commandant en chef. Hospitalisé à Paris le 18 décembre 1951, après une année en Indochine, il y meurt le 11 janvier 1952.

Il a été un grand chef militaire en un temps où il y en eut peu chez les Français. Il n'avait pas le sens prémonitoire de la politique, mais savait en assimiler la conjoncture. Il n'est pas sûr qu'il ait été un grand stratège. En 1944, le général de Gaulle lui avait confié l'« amalgame » d'une armée disparate et, avec les défauts de ses qualités, il avait réussi dans cette tâche. En Indochine, il a tout sacrifié à sa mission, même son fils unique. Une maladie assez rapide lui a épargné le naufrage de la vieillesse.

*

Après trois hivers à l'Ecole navale de Lanveoc-Poulmic, je suis affecté à compter d'avril 1951 à Port-Lyautey (aujourd'hui Kenitra) à l'embouchure du fleuve Sebou, près de Rabat.

Je laisse Henriette et le petit Charles à Colombey en attendant une nouvelle installation. Mes parents consentent d'autant plus naturellement à héberger leur belle-fille et leur premier petit-enfant qu'ils ressentent mal, sans l'avouer, ce nouvel éloignement.

« Au moins serez-vous mieux au Maroc qu'en France où la situation n'est pas brillante et où menace une autre invasion, celle des Soviets et de leurs alliés prussiens, polonais, tchèques, feint de se résigner ma mère. En ce cas, ton père et moi nous resterions sur place, peut-être pour disparaître dans le combat et non pas, rassure-toi, pour jouer Pétain à Vichy ! »

Quelques jours à Colombey avant de rejoindre mon poste me permettent, comme souvent, de procéder avec mon père à un rapide tour d'horizon politique. Je l'interroge d'abord sur la guerre de Corée en ce début de l'année 1951 et sur la requête du général MacArthur qui a demandé au président Truman de faire usage de la bombe atomique. « Je ne suis pas à sa place et n'ai pas de bombe, mais probablement MacArthur a-t-il raison. Quand on n'est plus vierge comme les Américains dans le domaine nucléaire, pourquoi se gêneraient-ils ? MacArthur est l'un des rares personnages de ce siècle qui ait de l'envergure. Il a toutefois un sens de la mise en scène qui m'étonne. Il paraît qu'il n'y a pas une de ses tenues et pas un de ses gestes qui n'aient été calculés pour être présentés aux spectateurs et aux caméras. Il y avait quelque chose d'homothétique chez de Lattre... J'ai douté que ce dernier puisse venir à bout de l'Indochine où nous n'aurions jamais eu assez de moyens. Maintenant qu'il est mort sans les avoir obtenus, je doute plus que jamais que nous puissions nous en tirer en Indochine, depuis que les forces militaires de l'immense Chine, libérées de la guerre de Corée, sont en train de s'aligner le long de nos mille six cents kilomètres de frontières laotienne et tonkinoise. Prolonger cette campagne trop lointaine ne sert à rien dans l'esprit des Français. Il faut traiter avant qu'il ne soit trop tard ; mais depuis mon départ en janvier 1946, le régime en est-il capable ? »

A Port-Lyautey, je retrouve le capitaine de vaisseau de Scitivaux, compagnon de la Libération et héros de la bataille aérienne de Grande-Bretagne en 1940-1941 : il commande la base. Il a été mon chef de détachement en titre au cours de pilotage aux Etats-Unis de juillet 1945 à septembre 1946. Les trois quarts de Port-Lyautey sont toujours occupés par la Marine américaine depuis que celle-ci a débarqué au Maroc en novembre 1942. Nos alliés, qui vivent de leur côté, y entretiennent des avions à long rayon d'action et des moyens de transmission importants. Mon unité est composée d'une dizaine de vieux bimoteurs lourds Wellington, de fabrication britannique, destinés à la surveillance en mer et la chasse aux sous-marins. Notre activité est soutenue, malgré l'extrême usure de ces aéronefs, dont certains perdent parfois une partie de leur revêtement en vol et souffrent de pannes diverses qui les obligent souvent à interrompre leur mission.

Le commandant de flottille est le capitaine de corvette Brossier. Homme énergique, taciturne, d'une grande conscience professionnelle, il a la réputation de piloter assez brutalement. Dépêché par Vichy en renfort de ses troupes en campagne au Liban en 1941, contre les « Anglo-gaullistes », le malheureux a dû effectuer le transit de Toulon à Beyrouth par les bases et les ravitaillements allemands d'Italie et de Grèce. Il ne me voit pas arriver chez lui avec sympathie. Il disparaîtra au large, lors d'un vol de nuit. Des pêcheurs affirmeront avoir vu au loin la lueur de son avion brûlant à la surface de la mer, peut-être à la suite du déclenchement intempestif des bombes éclairantes qui équipent l'aéronef.

Son second, le lieutenant de vaisseau Sahler, devient alors commandant par intérim. Je m'entends bien avec cette personnalité originale, de caractère affirmé et d'une grande mémoire, qui lui permet de réciter par cœur l'annuaire des officiers de Marine par ancienneté, âge et spécialité. Sahler s'accommodera plusieurs mois de sa situation d'intérimaire en espérant toutefois de plus en plus devenir titulaire par la force des choses.

Pour ma part, mes seules difficultés sont celles de trouver un logement pour Henriette qui est enceinte, et notre petit Charles. L'appartement de trois pièces, que je finis par découvrir dans un nouveau lotissement de la périphérie de Port-Lyautey, nécessite quelques mois de travaux. Autre contretemps, je suis envoyé deux semaines en mission à Bizerte au moment précis où ma femme débarque du paquebot à Casablanca. Elle m'attend seule à l'hôtel, à Rabat, où nous séjournerons ensemble près d'un mois en attendant notre logis.

Henriette jouit de la présence au Maroc de quelques membres de notre famille : à Rabat, le cousin de mon père, Maurice Maillot, sa femme Simone et leurs enfants ; du côté de ma femme, ses tantes Marie-Thérèse et Marguerite Chavent, cette dernière, Marocaine de naissance.

Notre deuxième garçon vient au monde le 1er septembre 1951 dans une clinique de Rabat. Il se prénomme Yves par référence au prénom de sa grand-mère maternelle, et parce que nous l'avons « imaginé » en Bretagne. Du 24 au 28 octobre suivant, mes parents décident de faire un voyage privé au Maroc pour voir leur second petit-fils. Nous leur manquons sans doute un peu, et probablement souhaitent-ils vérifier sur place nos conditions d'existence, rendre visite à leurs cousins tout en se donnant discrètement l'occasion d'une excursion au Maroc ; enfin de prendre contact avec les Français qui y vivent et qui soutiennent pour beaucoup l'action du général de Gaulle. Du fait de leurs moyens limités, ils acceptent l'offre du colonel Méchy, directeur d'Air Maroc, de prendre en charge le trajet. Le vol est inconfortable sur de vieux bimoteurs de fret, où mes parents se trouvent être les seuls passagers avec le commandant de Bonneval, aide de camp en civil, séparés des marchandises par un simple rideau de toile. Ils s'informent de la situation en Afrique du Nord. Si l'Algérie paraît calme sous l'administration française la plus directe, on la sent néanmoins sous tension persistante.

En Tunisie, Bourguiba réclame l'indépendance. Au Maroc éclate ici ou là une émeute. Le sultan invoque le protectorat tandis que les pachas du Sud s'opposent à lui et fournissent les « Moharznis » pour réprimer les désordres provoqués par « la racaille des villes » ... Le monde arabe dans son ensemble est en ébullition.

Peu après le séjour de mes parents, un nouveau commandant est désigné pour la flottille : il s'agit du capitaine de corvette Gilles Mellet que je connais depuis l'aviation embarquée et qui vient d'être breveté de l'Ecole supérieure de guerre. Sahler, qui se croyait destiné à cette fonction depuis la mort de Brossier, ne peut admettre de se trouver ainsi « coiffé ». Ses rapports avec le nouvel arrivé sont si rugueux qu'il est prié de rester chez lui un mois durant. Me voici de nouveau second de fait de la flottille.

Les Lancaster remplacent les Wellington. Ce sont de merveilleux appareils. Ils sont tirés par quatre moteurs de Spitfire et la finesse de leur ligne, rare dans cette catégorie d'avions, leur permet de gagner de vitesse et de manœuvre tous les bombardiers américains. Un rayon d'action de vingt-deux heures de vol leur permet l'aller-retour de nuit du Maroc à la France sans avoir à s'y poser.

Un second accident viendra endeuiller Port-Lyautey. Un hydravion bimoteur Sirius, de fabrication française, en provenance de la base d'Hourtin, près de Bordeaux, manque, gêné par un banc de brume, son amerrissage sur le fleuve Sebou, se fracasse sur la rive et prend feu. Les passagers à l'arrière parviennent à se sauver, mais l'équipage à l'avant périt dans l'incendie. Certains de ces malheureux ayant réussi à s'extraire des flammes agoniseront horriblement durant la demi-heure suivante.

Tout à la passion de nos nouveaux appareils et de leurs possibilités opérationnelles, les péripéties de la vie métropolitaine ne nous parviennent qu'atténuées. En juin 1951 ont lieu des élections législatives « au scrutin de liste à un tour à la proportionnelle avec apparentement des listes ». Le général de Gaulle condamne naturellement ces combinaisons où l'électeur ne se retrouve plus. C'est une fausse proportionnelle qui laisse croire que le vote de chacun se porte sur une liste alors que son suffrage s'additionne à d'autres qu'on n'a pas choisis. Une telle confusion dessert apparemment le RPF qui n'enlève que cent dix-huit sièges sur six cent vingt-cinq, résultat qui n'est pas à la mesure du nombre de ses électeurs. Il aurait fallu quelques dizaines de députés en plus pour atteindre au moins la « minorité de blocage ». Dans ces conditions, mon père craint des défections parmi les plus impatients à faire carrière dans les instances du pouvoir, c'est-à-dire de « monter à la soupe », selon son expression. Aux élections cantonales d'octobre 1951, le RPF, jusque-là en croissance rapide, n'enregistre plus qu'une faible progression. En mars 1952, la défection de vingt-sept députés du RPF, qui n'ont pas suivi la discipline de vote, permet à Antoine Pinay d'être investi comme président du Conseil. Après le refus de Jacques Soustelle de former le gouvernement, il succède ainsi à Edgar Faure, qui succède lui-même à Pleven, le tout en moins de trois mois. Les dissidents sont exclus du mouvement : « Toute combinaison qui tend à prolonger le système doit être, dans l'intérêt public, condamnée et combattue », rappelle le Général. En mai 1952, les élections au Conseil de la République traduisent un net recul du RPF, qui n'obtient que trente-cinq sièges sur les cent soixante et un à pourvoir, tandis qu'au Conseil municipal de Paris certains de ses conseillers commencent à se livrer à des manœuvres de dissidence, avant d'être exclus à leur tour.

Mon père, qui se rend bien compte du phénomène, multiplie les grandes conférences de presse ou les meetings à Paris et en province pour tenter de relancer la dynamique du Rassemblement. Il n'y parviendra pas mais tire profit de ces manifestations pour faire pression sur la politique « dans l'intérêt du peuple français ».

En novembre, aux assises nationales du RPF à Saint-Mandé, il déclare qu'« il faut que la confédération européenne se fasse et que l'Allemagne y entre » et que « l'Espagne participe à la défense de l'Europe ». Mais, en décembre, au Palais d'Orsay, il réprouve le projet de Communauté européenne de Défense (CED) qui prétend intégrer l'armée française dans un ensemble dirigé par l'Organisation militaire du Traité de l'Atlantique Nord (OTAN). La CED nous ramènerait au niveau de l'armée allemande, qu'il s'agit de reconstituer en égalité avec la nôtre. Elle aurait de plus empêché les Français d'accéder aux forces nucléaires. Les Britanniques stationnés en Nord-Europe continentale refusent évidemment pour eux-mêmes cette étroite subordination. Approuvée par le gouvernement, la CED ne sera pas ratifiée par le Parlement français en juin 1952. Pierre Mendès France, René Pleven, Georges Bidault, qui en ont été les promoteurs, en concevront une rancœur durable envers le Général dont la désapprobation, il est vrai, aura détourné du projet la majorité du Parlement et de l'opinion.

C'est alors que l'aviation embarquée me rattrape inopinément en mai 1952. Il manque deux commandants de flottille, l'un pour la 3 F à Hyères et l'autre pour la 6 F à Lartigue, près d'Oran. Ce ne serait assurément pas une bonne politique que de refuser un tel commandement, et malgré ma préférence pour la métropole, je suis affecté en Algérie.

D'abord nommé commandant de la flottille 6 F par intérim, comme c'est la coutume, je prends la suite du capitaine de corvette Baron. C'est une chance. La flottille doit se transformer en unité d'aviation embarquée sur porte-avions avec des avions TBM-3 E Avenger, matériel solide et confirmé depuis la fin de la guerre du Pacifique. Ceux-ci sont aptes à porter une torpille, des bombes et des grenades anti-sous-marines, et capables de détecter au radar un périscope de sous-marin à 4 milles marins. L'avion est le plus gros monomoteur existant : un homme peut se tenir debout sous son moteur de 3 800 CV en étoile double. Pesant neuf tonnes à pleine charge, l'appareil peut voler six heures et demi en vitesse de croisière, sans réservoir supplémentaire.

Après deux mois et de nombreuses heures d'essai et d'entraînement de jour ou de nuit, je pourrai aligner vingt de ces appareils au sol et dix-huit en vol de formation serrée pour le défilé du 14 Juillet au-dessus d'Oran. Ma flottille se dédoublera ensuite pour en armer une autre, la 4 F, à Bizerte. Avec les derniers avions qu'on nous affecte, nous en disposerons ainsi de quatorze chacun.

L'insigne de la flottille, héritière de l'ancienne 6 F qui servait dans la France Libre, est une croix de Lorraine bleu foncé sur un écusson triangulaire blanc.

Après la qualification de jour, sur porte-avions, de la totalité de l'unité, on me charge au mois d'août 1952 de conduire à Istres l'entraînement à l'appontage de nuit du premier détachement de pilotes français, à la fois pour ma propre flottille qui devra ensuite assurer la permanence vingt-quatre heures sur vingt-quatre à partir du porte-avions et pour un groupe de « Hellcat » provenant d'une flottille de chasse commandée par mon plus jeune camarade Perrin. Je serai ainsi le premier à apponter de nuit sur porte-avions français depuis l'avant-guerre. Cette performance passera complètement sous silence. Deux ou trois mois plus tard, la flottille jumelle de la nôtre sur TBM, à Bizerte, est à son tour qualifiée de nuit sur porte-avions. Elle bénéficie alors d'une élogieux « témoignage de satisfaction » diffusé dans toute la Marine. Il est évident que notre grand état-major ne tient pas à me mettre en avant !

C'est l'une des plus grandes choses dans la vie d'un homme que de pouvoir s'élever et se propulser au-dessus de la terre. Après des décennies, il m'en reste des souvenirs de sensations très vives, de satisfactions indicibles mais aussi d'inquiétudes et même d'angoisses maîtrisées. De jour, les décollages, les vols, les atterrissages et les appontages finissent par devenir de la routine, sauf par mauvais temps. De nuit, et du fait qu'il ne distingue presque plus rien de ce qui l'entoure, le pilote a l'impression de pénétrer dans un monde irréel, et de s'y retrouver isolé d'une manière insolite.

On quitte les réalités humaines, on s'en éloigne en marchant dans la pénombre jusqu'à son avion. On s'attache dans sa carlingue, on se coiffe du casque qui vous assourdit par ses écouteurs dont on n'entend plus que le grésillement et les voix d'interlocuteurs déjà lointains. Puis, au décollage, on monte dans la nuit entre deux rangées de feux de piste atténués. Devant soi les multiples cadrans du tableau de bord diffusent leurs faibles lueurs rouges, violettes ou jaunes. De chaque côté, à l'arrière de l'énorme capot moteur noir, les échappements crachent deux longues flammes bleuâtres de deux mètres. Un peu plus haut, un grand espace de ciel sombre, à moins que la lune ne vienne vous entourer d'une atmosphère plus ou moins laiteuse, ou, si on n'a pas été le premier à décoller, qu'on ait à suivre des yeux les feux de l'avion qui nous a précédé et qu'on doit rallier jusqu'à le frôler parfois. Ensuite, on flotte, on est secoué par les turbulences dans un monde obscur, bercé par le grondement de son unique moteur dont on se prend à écouter la régularité de temps en temps tout au long des heures.

Rallier de nuit le porte-avions laisse toujours au pilote une impression profonde mêlée d'appréhension, malgré l'habitude. La discrétion électronique et visuelle impose qu'on rejoigne le bateau selon sa propre navigation et qu'on s'en approche sans aide, si ce n'est celle parfois d'un radiophare codé à courte portée. Lorsqu'on arrive à moins de mille mètres, on perçoit le feu rouge bâbord du porte-avions qu'il vient d'allumer à notre intention en puissance atténuée. On amorce alors son circuit d'appontage à vitesse réduite à cinquante mètres au-dessus de la mer et on arrive sur l'arrière du porte-avions par un virage à gauche cadencé aux instruments de bord. Au moment de terminer le virage, on aperçoit tout à coup, en dessous et à gauche de son capot moteur, la combinaison et les raquettes de signalisation rouges et jaunes de l'officier d'appontage, éclairés en ultraviolet. Il faut avoir confiance en lui, car on lui confie sa vie. Il n'a que le temps de faire un ou deux signaux d'altitude ou d'alignement avant d'ordonner de se présenter une deuxième fois ou de réduire complètement le moteur alors qu'on s'apprête à surgir au-dessus de l'arrière à cent kilomètres à l'heure au moins. La propulsion de l'avion coupée, on plonge alors dans un trou noir entre deux alignements de petits traits lumineux indiquant les limites du pont et on n'a plus qu'à souhaiter que la crosse d'appontage de l'avion accroche bien un des neufs câbles tendus en travers et au ras du pont, le dixième n'étant qu'un ultime secours qui se dévide jusqu'à la barrière marquant la fin de l'espace où se poser.

Malgré leur fréquence, je n'ai jamais connu d'aléas en appontant de nuit sur l'un de nos trois porte-avions en service : *Arromanches*, *La Fayette*, et *Bois-Belleau*, ces deux derniers « si courts » nous disent les Américains « qu'à moins d'être en guerre, il faut être Français pour s'y poser de nuit ».

En revanche, j'ai connu le jour deux aléas d'appontage. Le premier, lorsque je suis obligé de me poser sur une seule jambe de train, l'autre n'ayant pu sortir complètement. Le second quand ma crosse ne peut accrocher que le dernier brin, l'arrière du bateau s'étant malencontreusement dérobé sous moi par un fort coup de tangage. Pas trop de dommages, dans un cas comme dans l'autre. Il est arrivé aussi que, au cours d'un exercice de tir sur cible au sol, je reçoive le projectile en fonte, accidentellement détaché de son propulseur au départ de la roquette tirée par l'avion qui me suit. L'obus est heureusement inerte. Il traverse le capot du moteur devant mon pare-brise, vient se ficher sur mon palonnier gauche que mon pied a par chance momentanément quitté. Je dois rentrer me poser en urgence avec la moitié droite seulement du palonnier, commande des gaz coupée, la plus grande partie des indicateurs de mon tableau de bord inutilisables et des fuites d'huile chaude envahissant ma carlingue. Un certain sang-froid s'impose alors.

Nos avions qui ont auparavant servi dans la Marine américaine ne sont pas neufs, mais ils ont été bien révisés et bien entretenus. Je n'aurai aucune perte humaine à déplorer durant un commandement de deux ans et demi, performance somme toute rare dans notre aviation embarquée d'après-guerre.

*

Ma petite famille est venue me rejoindre en Algérie six mois plus tard faute de logement sur place. Après avoir séjourné un mois et demi à l'hôtel à Oran, nous emménageons dans un appartement de trois pièces dans un grand immeuble neuf, au nord de la ville, dans le faubourg d'Eckmül. Autour, un terrain vague où une femme se fera assassiner une nuit. Un peu plus loin, dans une agglomération hispano-arabe, les grandes arènes où viennent toréer les matadors d'Espagne. Dans l'immeuble voisinent en bonne harmonie des locataires de toutes origines sociales : officiers de Marine, ouvriers ou manœuvres de l'arsenal, employés du commissariat. On s'efforce de minimiser ou même de passer sous silence les signes de tension en Algérie. Ici, à Eckmül, le commissaire de police a été tué à coups de revolver dans son bureau.

Nous avons souvent pour mission non d'aller en mer, comme c'est notre raison d'être, mais de survoler l'intérieur du pays, au-delà de l'Atlas, particulièrement les postes de gendarmerie pour vérifier leur situation et s'ils ont placé ou non les panneaux de couleur rouge sur le toit, signe de leurs difficultés avec certaines populations.

*

Au moment où je suis parti pour l'Afrique du Nord au tout début de mai 1952, mon père commençait à souffrir d'une baisse très rapide de la vue de son œil gauche. En quelques mois s'est constituée une cataracte molle que le professeur Louis Guillaumat doit opérer à la clinique de la rue Bizet, à Paris, le 27 décembre suivant. La ventouse d'Arruga, utilisée à l'époque, a provoqué, comme c'était presque inévitable, une rupture du cristallin avec quelques suites inflammatoires passagères.

Le général de Gaulle reste alors avec une acuité de 1/10° sans verre correcteur à l'œil opéré et une vision déclinante de l'autre œil à cause d'une cataracte à évolution plus lente que la première, sans qu'il soit possible de l'équiper de lunettes, car la vision binoculaire n'aurait pu être rétablie.

Le 23 février 1953, toujours avec le professeur Guillaumat, à la clinique de la rue Bizet, mon père subit une seconde opération de la cataracte, cette fois à l'œil droit. C'est la ventouse de Harrington qui est utilisée pour l'enlèvement en totalité du cristallin, qui se fera sans problème. Pas d'anesthésie générale comme pour la première fois, mais le patient sera frappé d'un collapsus tensionnel passager au cours de la nuit suivante.

Après quoi, le général de Gaulle sera heureux de pouvoir rétablir sa vision binoculaire par le port de lunettes à gros verres épais pour remplacer les cristallins. Ainsi appareillé, il obtiendra 10/10° d'acuité visuelle pour lire. Le tout restant malheureusement fort inesthétique, il sera conduit à renforcer son aptitude à parler sans papier en conférence de presse ou, plus tard, à la télévision. En public, il se refusera tout autant à porter des lunettes, les conservant dans la main ou dans sa poche, pour le cas où on lui présenterait quelque document à lire, et marchera avec une vision au loin sans possibilité d'accommoder à proximité ; ce qui l'obligera à régler son pas sur celui de ses accompagnateurs et ne lui permettra pas toujours de distinguer clairement ses proches interlocuteurs. Le soleil ou une lumière trop forte l'obligeront à fermer les paupières presque entièrement, ce qui le gênera beaucoup, en Afrique, par exemple.

En famille ou dans son entourage, on s'abstient de commentaires sur le sujet et d'ailleurs il ne convient guère de parler de sa santé en présence de mon père.

*

Le 23 de cette même année, le souverain du Maroc est déposé, remplacé par un sultan éphémère. Il reviendra triomphalement dans son royaume le 16 novembre 1955. En septembre 1953, le temps d'une permission de fin de semaine à « La Boisserie », mon père m'affirme sa désapprobation de l'action du gouvernement français, du maréchal Juin et du général Guillaume qui ont soutenu les révoltes des Berbères contre le sultan Mohamed ben Youssef. « Ils reviennent en arrière, s'exclame-t-il, et pourquoi pas au temps de la guerre du Rif ! »

*

Tirant ensuite la leçon du recul du RPF et de la défection consécutive de vingt-sept parlementaires, le général de Gaulle comprend qu'il ne parviendra pas à renforcer la Constitution et l'Etat. Le 3 mars 1953, il a présidé la dernière session de son Conseil national avant d'annoncer une prochaine tournée dans les principaux pays d'Afrique Noire, qu'il terminera à Tunis par un entretien avec le Bey. En revanche, le gouvernement français s'est opposé à son passage en Algérie et au Maroc, craignant que sa présence n'y aggrave les difficultés auxquelles il a à faire face, et même n'y suscite la croissance du RPF avec quelque retard sur la métropole. Mon père utilise pour son déplacement le Constellation DC 4 que le général Eisenhower lui a offert en 1945 et qu'il a mis à la disposition de l'Etat, à condition de pouvoir éventuellement en user lui-même. Ma mère l'accompagne, assez enchantée de ce périple. C'est au cours de ce voyage qu'il apprend la mort de Staline le 5 mars. « Si une autre poigne de fer ne vient remplacer celle-là, après quelques révolutions de palais où le peuple n'aura rien à dire, l'empire des Soviets se diluera petit à petit, mais il restera redoutable longtemps encore. Les critères de sa disparition seront la fin des goulags et des successions par assassinats », commente mon père simplement.

A son retour, le 6 mai, il annonce que le RPF ne participera plus aux activités de l'Assemblée nationale ni aux élections à venir. Le 26, la majorité des anciens élus du RPF se regroupe dans l'Union républicaine d'action sociale. Le 6 juin, le Général déclare « ne plus prendre aucune part directe ou indirecte aux péripéties diverses de l'actuel régime ».

A nous ses proches, qui ne souhaitions pas qu'il s'engage plus longtemps dans la politique et qui l'approuvons de se retirer d'une action qui n'a pas de chance d'aboutir à terme prévisible, il rétorque : « Bien sûr, je ne peux pas m'en aller du jour au lendemain, car il reste les appareils du mouvement... et les factures. »

Le 23 décembre, René Coty succède à Vincent Auriol à la présidence de la République. Le nouveau Président est un homme hautement estimable, clairvoyant et mesuré en toute chose. Il n'est pas socialiste comme son prédécesseur et, par conséquent, il n'est pas foncièrement opposé au général de Gaulle. Son élection a donné lieu à cinq jours de péripéties électorales et à treize tours de scrutin. A vrai dire, c'est l'élection de Joseph Laniel, ancien résistant et républicain indépendant, qui aurait dû être acquise si le président de l'Assemblée nationale, André Le Troquer, socialiste et président de séance des deux Assemblées réunies à Versailles, n'avait classé en « divers » plusieurs bulletins simplement libellés au nom de Laniel, sans indication de prénom, au prétexte invraisemblable que ce dernier avait un frère Lucien, pourtant tout à fait étranger à l'élection présidentielle. On croit avoir affaire à des politiques et on n'a affaire qu'à des politiciens !

*

En juin 1954, je décide de rapatrier en métropole ma famille qui s'est agrandie, un an plus tôt, d'un troisième fils, Jean, né à Bourg-en-Bresse, au cours des vacances d'été. Il est inutile que les miens demeurent plus longtemps entassés dans un appartement exigu, subissant la chaleur de l'été et la lourde conjoncture d'Oran.

Au début d'octobre, je passe mon commandement au lieutenant de vaisseau André Rivron. J'ai renouvelé mon volontariat pour l'Indochine où la guerre est entrée dans « l'après-de Lattre ». Le 7 mai précédent, le camp retranché de Diên Biên Phû est tombé. L'état-major de la Marine a refusé ma demande au motif que je suis spécialiste de l'aviation de lutte anti-sous-marine et que je n'ai rien à faire sur un terrain où ce genre de combat ne menace pas directement. En revanche, l'URSS constitue le principal danger en Méditerranée et en Atlantique.

Cependant, les anciens commandants de flottilles embarquées sont recherchés pour les fonctions de « chef des services d'aviation » à bord des porte-avions. Fonctions importantes, certes, mais après avoir fait partie de la « chevalerie du ciel », personne n'aspire vraiment à se retrouver dans les services. Quant à moi, je finis par accepter en espérant que cette corvée me vaudra un jour ou l'autre de partir malgré tout en Indochine.

C'est en ma présence que le général Catroux vient cette année-là rendre compte à mon père, à titre privé et confidentiel, des premiers résultats de l'enquête que le gouvernement de Pierre Mendès France l'a chargé de conduire sur le désastre de Diên Biên Phû. Je suis prié de garder un silence absolu. Il ressort des propos de Catroux que les Français ont été écrasés par le nombre et surpris par l'artillerie adverse, aussi bien antiaérienne que contre objectifs terrestres. Le matériel américain fourni à Tchang Kai-chek et capturé par les Chinois a fortement soutenu l'installation des Viêt-minh sur les collines surplombant la base française. Cette dernière, désavantagée par le site, se voyait privée de toute contrebatterie. Trop isolée pour pouvoir être secourue ou même ravitaillée par terre, elle aurait dû l'être par notre aviation, insuffisante en quantité et, de plus, considérablement gênée par le mauvais temps et les canons adverses. Nos unités — environ 15 000 hommes, soit seulement 6 pour cent de nos forces en Indochine — étaient disparates et de valeur combative inégale, héroïques pour certaines (parachutistes, Légion étrangère, volontaires parachutistes n'ayant jamais sauté...) tandis que d'autres, en provenance de nos territoires coloniaux, étaient depuis longtemps travaillées par les propagandes « anticolonialistes », s'adressant à eux dans les derniers jours par haut-parleur. Elles ont abandonné leurs cadres au premier assaut. Cependant, presque tous nos soldats ou supplétifs d'origine indochinoise, à l'exception d'un bataillon, sont restés fidèles et ont été exterminés par le Viêt-minh.

Dès avril, avant la chute de Diên Biên Phû, le Viêt-minh a engagé des négociations avec le gouvernement de Pierre Mendès France, à Genève. Mon père connaît bien depuis Londres l'ancien chef de cabinet de Léon Blum. Il juge Mendès France désintéressé, utopiste et prisonnier de son atavisme politique. Il désapprouve le fait que le président du Conseil ait continué de parlementer pendant qu'on nous attaquait. Pour lui, même si on pense devoir le faire à terme, il ne faut jamais traiter avec un ennemi aussi longtemps qu'on ne se trouve pas en situation de force : ainsi la France Libre n'eût-elle pu négocier avec l'occupant ; ainsi ne pourrait-on le faire plus tard avec le FLN avant d'avoir écrasé les unités de combat de la rébellion algérienne.

Le 9 mai, quarante-huit heures après la chute de Diên Biên Phû, mon père se rend, à l'Etoile, sur la tombe du Soldat Inconnu, bientôt entouré d'une foule considérable et respectueuse, tandis que le ministre de la Défense nationale, René Pleven, doit battre en retraite sous les huées. Le général de Gaulle désapprouvera par la suite l'inscription de Diên Biên Phû sur l'Arc de Triomphe. On n'appose sur les monuments que les noms des victoires : mêmes « glorieuses », les défaites ne doivent pas être célébrées.

*

Le 22 octobre 1954, il publie le premier tome de ses *Mémoires de guerre*, qui atteignent en France et à l'étranger les meilleurs tirages du siècle et permettent à l'auteur de rembourser des dettes assez considérables accumulées depuis 1946. On arrive, non sans mal, à lui faire accepter un reportage photographique de *Paris Match* à « La Boisserie » à la condition que toutes les photos deviennent sa propriété personnelle, négatifs compris, et non celle des photographes de la revue.

Le 3 octobre précédent, j'ai embarqué sur le porte-avions *La Fayette*, à Toulon, sous le commandement du capitaine de vaisseau Pontchardier, ancien commando-parachutiste de la Résistance et, sans qu'il puisse en faire état, partisan invétéré du général de Gaulle. Personnage athlétique, volontiers pittoresque et provocateur, il aime à jouer les gros bras, mais il a du cœur en dépit d'un comportement souvent rugueux.

Après six années de grade de lieutenant de vaisseau, je prends les fonctions de « chef de pont d'envol et du hangar ». Tout passe par le pont ou le hangar sur un porte-avions.

Revêtus de casaques jaunes, la couleur que je porte, vertes, marron, rouges, blanches avec des numéros d'équipe, tout le personnel doit évoluer durant les manœuvres d'aviation comme un ballet bien réglé. Au total, c'est quatre compagnies que je fais aligner aux appels dont les deux tiers sont des conscrits de toute provenance, car il faut beaucoup de bras pour les différentes manœuvres. Un jour d'inspection, Pontchardier s'arrête devant un jeune albinos, au teint blafard, et lui demande s'il a été « aspergé par la peinture blanche » ! Puis, se tournant vers moi quelques mètres plus loin devant un Noir, il s'exclame : « Mais vous avez eu un accident. En voilà un tout carbonisé ! » Je suis interloqué, mais les intéressés ont le bon goût d'en rire, provoquant ainsi l'hilarité de toute la rangée.

En Algérie, la rébellion, encouragée par notre défaite en Indochine, rencontre la sympathie, sinon la complaisance de presque tous les Etats du monde, qui voient ici une zone d'influence où supplanter les Français. Elle se procure des fonds par tous les moyens et notamment en rançonnant les trois cent mille travailleurs algériens sous contrat en métropole.

Le 1er novembre 1954, un car de voyageurs est attaqué dans les montagnes des Aurès. On pille le véhicule, viole les femmes, massacre un caïd et un jeune ménage d'instituteurs français qui se rendait à son poste. L'affaire est en réalité un crime de droit commun dont le FLN hésite tout d'abord à revendiquer la responsabilité, avant que ne suivent d'autres agressions sur le territoire algérien. Le calme revient au bout d'une semaine mais, départ intempestif ou déclenchement spontané, la guerre d'Algérie vient de commencer.

*

Peu de temps après mon arrivée à bord, le *La Fayette* aurait dû remplacer son frère jumeau le *Bois-Belleau*, en Indochine. Le cessez-le-feu qui suit Diên Biên Phû nous prive d'y entrer en opérations à notre tour, mais non d'assurer la relève du porte-avions précédent. Une évacuation du Tonkin, en principe pacifique mais soumis à la pression adverse, est une phase délicate qui rend nécessaire la présence permanente d'un grand bâtiment de ce type en couverture de ceux qui rembarquent. Nous devons passer le plus tôt possible le canal de Suez qui risque d'être bloqué par les nationalistes égyptiens, au moment où les troupes britanniques l'évacuent. Ne connaissant pas la durée de notre séjour en Indochine, nous devons en quarante-huit heures faire le plein de tous nos approvisionnements pour nous-mêmes, et celui d'autres bateaux sur place. Ma fonction et mes effectifs font de moi l'organisateur et l'exécutant en chef de toutes les corvées de jour et de nuit. Denrées et approvisionnements sont déversés sur le quai plus vite que nous ne pouvons les embarquer, ce qui implique des pointages difficiles et des gardes de surveillance.

Après des démonstrations d'aviation dans le golfe de Gabès, du fait des troubles en Tunisie, nous passons le canal de Suez sans encombre malgré la mise à l'écart progressive des pilotes français et anglais, et les huées orchestrées de troupiers égyptiens entassés sur les berges ou dans des embarcations afin de conspuer les affreux colonialistes que nous sommes à leurs yeux. Le reste de la population locale paraît au contraire calme et très désireuse de commercer avec nous, mais personne ne peut se rendre à terre.

Après un bref arrêt à Djibouti et un passage au large des Maldives, notre première escale est Singapour. Puis nous passons le détroit de Malacca, par beau temps. Arrivés dans le golfe du Tonkin, nous mettons nos avions en alerte, armés de munitions et de bombes, prêts à intervenir au cas où le Viêt-minh s'aviserait de troubler la retraite des nôtres.

Après quelques jours dans la magnifique baie d'Along, nous sommes au large d'Haiphong où rembarquent nos troupes. Je suis choqué que l'opération se fasse en grande pompe comme si nous avions à célébrer un triomphe. On ne peut pas toujours gagner, et en ce cas on s'en va discrètement avec les blessés, les drapeaux et les bagages qui restent.

Les derniers contingents sont ceux de la Légion étrangère. Ils arrivent, musique en tête, sur le plan incliné de Do-Song où les attendent deux barges, portes rabattues. J'y arrive le dernier avec l'un de nos deux hélicoptères, chargé de laisser sur place le capitaine de frégate Georges Flichy, le premier « personnel diplomatique » que la France délègue auprès du Viêt-minh. Je le laisse sur le terre-plein avec son maigre bagage, tout seul et inquiet. Autour de nous, à cinquante mètres, une couronne de troupiers viets accroupis, le fusil entre les jambes, nous regardent d'un air ironique. Un peu plus en arrière, un canon de 40 mm antiaérien de fabrication américaine, le chargeur approvisionné et armé par les mêmes gens, suit notre aéronef aux manivelles de pointage. Désagréable ! Un obus peut partir à tout moment, fût-ce par accident.

Le Viêt-minh pensait devoir faire la guerre durant au moins deux ans. Un peu étonné d'avoir obtenu probablement mieux que ce qu'il escomptait, il se garde bien de créer le moindre incident susceptible de provoquer un retour offensif de notre part. S'il n'y a pas eu au Tonkin un seul coup de feu au départ de notre porte-avions, non plus qu'à celui que nous étions venus relever, les difficultés n'en surgissent pas moins ailleurs.

Alors que nous longeons les côtes à petite vitesse vers Tourane, Nha-Trang, Cam-Ranh et le cap Saint-Jacques, nous recueillons plusieurs centaines de pauvres gens entassés sur des embarcations diverses qui fuient le futur régime communiste. Nous laissons les équipages sur les sampans en bon état, comme ils le souhaitent d'ailleurs, et embarquons le surplus. Des centaines de malheureux viennent s'entasser dans notre hangar aviation dont les aéronefs ont tous été rangés très serrés sur le pont. Il faut construire à la hâte des cloisons provisoires et des sanitaires en surplomb de la coque. En attendant que nous puissions déposer nos réfugiés en Cochinchine, le plus loin possible vers le sud, comme la plupart le désirent, nous aurons à bord des naissances ou des morts et beaucoup de soins à donner. Avant d'arriver dans le delta de Saigon, nous catapultons nos avions vers le terrain de Tan-Son-Hut, non sans mal, car l'entassement à bord des humains et des matériels est à son comble. De là, nos aéronefs pourront opérer si nécessaire, car les manœuvres d'aviation sont impossibles dans les sinuosités fluviales ou dans un port.

Après deux semaines dans la capitale indochinoise, nous croisons encore pendant trois mois le long des côtes du Tonkin, de l'Annam, de Cochinchine et du Cambodge, puis mettons le cap sur Penang, en Malaisie, où le torpilleur français *Mousquet* a été coulé en 1914 par le croiseur allemand *Emden.*

*

Lorsque je le retrouve durant l'été 1955, mon père a encore accru sa distance avec la politique immédiate, malgré une conférence de presse tenue à l'hôtel Continental en juin pour montrer qu'il n'est pas indifférent aux événements et orientations essentielles à prendre pour l'avenir.

Ayant échoué, malgré beaucoup d'efforts, à obtenir le changement des institutions, il a quelque mal à faire admettre sa retraite politique aux militants du RPF. En septembre, il suspend toutes les fonctions des délégués nationaux, départementaux et cantonnaux, ainsi que le renouvellement des cotisations pour 1956. Il se consacre presque entièrement à la rédaction du deuxième tome de ses *Mémoires de guerre*. Evoquant en famille le souvenir de son frère aîné Xavier, décédé à Bordeaux le 9 février précédent, il se borne à dire : « La vie des miens eût été certes plus facile sans moi ! »

A Toulon, au début de l'année 1956, le porte-avions *La Fayette* est renvoyé en Indochine après avoir changé de commandant. Pontchardier, nommé contre-amiral, est remplacé par le capitaine de vaisseau Laîné que je connais depuis Hyères où il commandait une partie de l'aviation embarquée. L'homme est courageux, loyal et rigoureux. Il a été gravement brûlé dans son avion en opérations contre les « Anglo-gaullistes » en Syrie en 1941. Il lui en reste des traces physiques qui le font parfois souffrir. Vis-à-vis de moi, il ne sera pourtant jamais malveillant, au contraire. Sous son commandement, je deviendrai chef du Groupement des services aviation p.i., tâche difficile parce que ces fonctions coiffent le Service pont d'envol-hangar, les services techniques aviation, les officiers d'appontage et les commandants de flottille qui ne manquent pas de caractère. Je serai promu capitaine de corvette peu avant notre arrivée en Indochine où nous relèverons une fois de plus notre frère le *Bois-Belleau*, chargé d'avions Corsair, qui nous ont été cédés par les Américains au moment de Diên Biên Phû, après avoir été utilisés en Corée.

Notre mission est de surveiller la zone maritime du 17e parallèle, proche de l'ancien mur de Dong-Hoï, frontière du nouvel Etat communiste vietcong, de fournir l'arrière-garde des Français qui évacuent le Viêt-nam du Sud et de couvrir le Cambodge qui entend rester neutre et ne nous a jamais été hostile.

Nous arrivons à Saigon à la fin d'avril 1956 pour nous amarrer au quai habituel de « Marine Saigon ». Il ne reste plus dans le port que trois ou quatre avisos, une compagnie de garde et nos dernières transmissions à terre.

Après avoir voté la déchéance de l'empereur Bao Daï avec 98 pour cent des suffrages, les Vietnamiens du Sud portent à la présidence de leur nouvel Etat Ngô Dinh Diêm, le candidat soutenu par les Américains.

La lutte pour le pouvoir a néanmoins été vive entre plusieurs anciens généraux de l'armée locale et leurs clans qui souhaitaient conserver les Français. D'autre part, les sectes puissantes des Caodaïstes, Hoa-Hao et Bing-Xuyen, s'opposent par les armes à l'arrivée de Ngô Dinh Diêm. Les Français, qui ont bien pris en compte leur incapacité à régler désormais ces problèmes, ont la sagesse de ne plus s'en mêler. A l'exception d'un seul, un certain lieutenant-colonel Argoud, comploteur endémique, qui s'est avisé de transporter des armes au profit des sectes. Nous sommes obligés d'aller le tirer d'une situation difficile en le cachant dans une ambulance. Nous le retrouverons en Algérie empêtré dans une autre conspiration.

Sur les murs de Saigon, des appels au meurtre des Français. Ceux-ci ne descendent plus guère dans les rues, même en groupe. Plusieurs de nos officiers sont assassinés. On me déconseille, à titre personnel, d'aller à terre. Mais je ne puis rester enfermé à bord, sans contact avec une ville aussi extraordinaire et séduisante que Saigon.

Lorsqu'un soir je décide de pousser, pas trop tard et en civil, jusqu'au quartier chinois de Cholon, célèbre pour ses jeux de hasard et ses « taxi-girls », deux officiers, déjà familiers des lieux, décident de m'accompagner. L'atmosphère que nous y trouvons est lourde, terne, les salles presque vides, les joueurs et danseurs rares. Les brigades féminines, robe de soie fendue haut sur la cuisse, visage impassible, se répartissent sur les pistes aux ordres de leurs « caporales », mais on s'aperçoit rapidement qu'ici et là, dans la salle, de jeunes officiers de la nouvelle armée vietnamienne consomment en attendant des partenaires qui leur sont déjà attitrées. Les véritables protecteurs ne sont pas visibles. Ce sont les Bing-Xuyen, toujours propriétaires des boîtes et des jeux. En réalité, mes camarades et moi sommes plus en sécurité chez eux que dans la rue. Ils n'aiment pas le désordre, toujours mauvais pour le commerce. Mais le spectacle ne vaut pas notre déplacement.

Plusieurs grands bateaux de débarquement de la Marine américaine viennent accoster non loin de nous, en bas de l'avenue de l'Amiral-Charner. Les officiers entretiennent avec les nôtres un minimum de relations formelles. Courtois avec les Vietnamiens, ils sont distants et méprisants avec nous. Pour eux, nous ne sommes plus que le passé, les vaincus. La puissante Amérique ne peut qu'apporter la réussite là où elle vient en aide. Nous leur faisons calmement remarquer que nous connaissons l'Indochine depuis près d'un siècle et que les choses nous semblent beaucoup plus complexes qu'ils ne le croient. Puisqu'ils entendent nous remplacer, nous leur souhaitons bien du plaisir. Pour nous, malgré l'incontestable attirance que l'Indochine a toujours exercée sur les Français, l'affaire est désormais close.

Deux jours après, nos voisins américains débarquent des caisses de dollars pour les transporter jusqu'à l'ancienne Banque d'Indochine, près du marché aux fleurs, afin d'assurer la couverture des piastres du nouvel Etat vietnamien. A l'arrivée, ils s'aperçoivent avec stupeur qu'une partie de leur encaisse a disparu durant le transport. Nous accueillons la nouvelle avec ironie : « Cela ne fait que commencer ! Vous en découvrirez bien d'autres ! »

Après avoir couvert, l'année précédente, l'évacuation du Tonkin, c'est celles de l'Annam et de la Cochinchine, dont il faut assurer cette fois l'arrière-garde française, tandis que l'avant-garde américaine commence à arriver. Nous croisons durant des semaines, le long de la côte, depuis le 17e parallèle au nord jusqu'au cap Saint-Jacques, au sud de Saigon et le long du Cambodge à l'ouest. Pour surveiller notre départ d'Indochine, nous devons embarquer à bord du *La Fayette* une « commission d'armistice » de l'Organisation des Nations unies, composée d'un colonel indien et de deux officiers polonais, un homme et une femme. Ces derniers, qui parlent notre langue, arrivent d'un Etat communiste, mais paraissent plus enclins à passer agréablement le temps qu'à nous chercher des histoires. Le colonel indien, qui ne parle qu'anglais, se comporte de façon agressive vis-à-vis des Français. Il nous signifie clairement qu'il est là pour mettre fin à un régime colonialiste odieux. Son commentaire sur la cession à l'Etat hindou, en mai 1956, des comptoirs français aux Indes de Pondichéry, Chandernagor, Yanaon, Karikal et Mahé, est parfaitement déplaisant : les chars et les troupes indiennes qui y sont entrés ont été acclamés par les habitants enthousiastes qui appelaient de leurs vœux la fin d'une occupation qui durait depuis 1674.

En bout de table, au carré des officiers, un homme aux cheveux gris, au visage terne et ridé, prend part aux repas. C'est un vieux prêtre qui a dû abandonner sa chapelle dans les faubourgs pauvres de Saigon où il a passé une trentaine d'années. Il vient d'embarquer. Outre ses sandales fatiguées, son pantalon effrangé et sa chemise de toile usée, il n'a conservé que sa croix pectorale et son bréviaire. Comme il fait aussi fonction d'aumônier militaire, nous l'avons recueilli afin de le rapatrier et nous cotisons pour le prendre en charge. Il écoute en silence les échanges entre officiers, mais on sent qu'il se contient difficilement lorsqu'il entend le colonel indien déblatérer quotidiennement contre les ravages de la société colonialiste. Ce dernier évoquant le chavirage accidentel d'un bateau dans le Gange, il apostrophe tout à coup notre commentateur : « Mais aux Indes, en dessous de cinq cents morts, ce n'est pour vous qu'un fait divers ! »

Le porte-avions *La Fayette* ayant besoin d'une réparation secondaire, c'est, faute d'un arsenal plus proche et de meilleur niveau, vers Hong-Kong qu'on le dirige. Trois jours d'escale dont je ne peux guère profiter, les épreuves écrites du concours de l'Ecole de Guerre navale à laquelle je me suis porté candidat se passant au même moment. Entre quelques brèves sorties à terre, nous transpirons sur nos copies dans l'atmosphère lourde, humide et peu ventilée du local où on nous a installés. Puis nous revenons à notre habituel périple de patrouille le long des côtes indochinoises. L'une d'elles nous ramène devant le Cambodge. Je suis envoyé quelques jours avec quatre de nos avions sur le terrain de Siem-Reap, à proximité des temples d'Angkor. C'est pour conforter le royaume khmer, soucieux de rester neutre et indépendant, qu'on nous y envoie. Entre deux vols, nous saisissons toutefois l'occasion de visiter Angkor, où nous rencontrons notre représentant Jean Sainteny et son épouse au milieu d'une foule, lors d'une fête nocturne fourmillant de multiples flambeaux sur les digues autour des lacs. Comment alors imaginer que la gentillesse apparemment spontanée de tous ces gens pourra se prêter à un génocide massif et cruel quelques décennies plus tard.

Le dernier jour, au moment où je m'apprête à monter dans mon appareil pour regagner notre porte-avions, trois fonctionnaires et un officier supérieur locaux viennent me remettre la médaille du mérite cambodgien de troisième classe (il y en a quatre) de la part de Sa Majesté Norodom Sihanouk. Je suis d'autant plus touché de cette marque de bienveillance d'un prince ami de toujours de la France que je n'ai rien fait, ni opération de guerre ni séjour, pour la mériter. Malheureusement, les trois messagers ont oublié le diplôme qu'ils auraient dû me remettre, de sorte que je conserverai toujours ma médaille dans un tiroir, faute de pouvoir la porter.

Alors que le *La Fayette* revient une fois de plus mouiller devant le cap Saint-Jacques, un télégramme m'annonce mon admissibilité après l'écrit à l'Ecole de Guerre navale. Je suis convoqué à Paris pour l'oral dans des délais trop courts pour me laisser le temps de revenir en France autrement que par avion.

Pour gagner l'aérodrome de Tan-Son-Hut, il me faut traverser la ville où, sans trop de détours, je puis l'admirer une dernière fois. Sans que rien dans les monuments, les tracés des rues ou des jardins n'ait encore changé, les signes tangibles du départ de nos compatriotes sont déjà visibles. L'aspect de la cathédrale me frappe particulièrement. Les Indochinois ont assurément le génie des sectes religieuses, dont celle des Caodaïstes avec ses dignitaires chatoyants et ses décors rutilants, associant Bouddha, Jésus-Christ, Karl Marx, Victor Hugo. Depuis que l'évêque français et ses auxiliaires ont été remplacés d'office par un clergé d'origine locale, une ambiance asiatique baigne désormais la cathédrale. Les prêtres, dont on dit qu'ils vivent plus ou moins en concubinage, ont un peu pris l'allure de bonzes, les parasols sont apparus et même de vieilles femmes commencent à entrer dans le sanctuaire en faisant tourner des moulins à prières.

Le voyage aérien est pénible depuis Saigon jusqu'à Paris, via Calcutta. L'avion est un vieux Dakota de l'armée de l'Air, plein à refus de passagers épuisés par la chaleur. Du départ à l'arrivée, c'est le même équipage harassé qui fait le trajet avec seulement le temps du ravitaillement à chaque escale.

Arrivé la veille, je parviendrai à franchir avec succès les dernières épreuves de l'Ecole de guerre. En attendant d'y entrer effectivement en septembre 1956, je suis affecté aux Services Opérations de l'Aéronautique navale d'Hyères sur la demande enthousiaste du commandant de la base, le capitaine de vaisseau Ortolan, ancien de l'aviation embarquée. Il s'impatiente de ne pouvoir participer aux opérations en Algérie. Aussi se trouve-t-il de temps en temps des missions de surveillance maritime ou des liaisons entre unités terrestres en campagne de l'autre côté de la Méditerranée, dont je suis souvent convié à être l'un des pilotes.

La tension est d'ailleurs en train de croître au Moyen-Orient, en Egypte et en Afrique du Nord.

*

Au début de l'été 1956, j'apprends par mon père que, dans les premiers jours de juin, le président Coty a demandé à le rencontrer. Il s'agissait d'obtenir son soutien dans une situation générale considérée, à juste titre, comme inquiétante. Outre les événements d'Algérie, le Président a été impressionné par la dissolution de l'Assemblée nationale provoquée par Edgar Faure, le chef du gouvernement, suivie de sa démission, le 30 novembre précédent.

Le général de Gaulle a accepté de rencontrer le Président, non à l'Elysée ni à Colombey comme il le souhaitait, mais en Yvelines, au château de Saint-Léger, dans la propriété d'Emmanuel Monick, ancien gouverneur de la Banque de France. Les deux hommes sont convenus de garder la discrétion sur cette rencontre. On ne m'a pas dit quel en a été le résultat, mais mon sentiment est qu'il n'y en eut aucun.

Nous mettons à profit un court séjour à Paris, à l'hôtel La Pérouse, où nous descendons, mes parents, mon beau-frère Alain de Boissieu et moi, pour amener mon père au cinéma. Ce dernier n'y a pas été depuis des années et voudrait voir un film à grand spectacle sur grand écran.

Après le dîner, nous partons à pied en direction des Champs-Elysées, par la rue de Presbourg, où il ne passe pas grand monde. Arrivés près du Normandie, nous entrons par la porte arrière. Nous y sommes accueillis par le directeur que nous avions prévenu et qui nous conduit furtivement aux derniers rangs des places les plus discrètes de la salle après extinction des lumières. Le film est *Les Dix Commandements* de Cecil B. Mille. Mon père apprécie les nouvelles techniques de ce spectacle grandiose qui le fait jubiler dans les moments de bravoure. Nous nous esquivons deux minutes avant la fin du film et regagnons l'hôtel à pied comme à l'aller. Vers onze heures et demie du soir, la rue de Presbourg est quasi déserte, sauf les dames qui attendent sur le trottoir dans la pénombre et qui s'enfuient à notre approche comme une volée de moineaux. Nos imperméables d'allure militaire leur font sans doute croire à des policiers.

Malgré l'indépendance du Maroc et celle de la Tunisie, proclamées en mars précédent et jugées inéluctables, malgré l'aggravation de la situation en Algérie dont l'Assemblée a été dissoute et où les disponibles sont envoyés par l'armée, le général de Gaulle se tient toujours en retrait des affaires publiques. Durant toute l'année 1956, il ne tient plus aucune réunion du RPF. En revanche, la publication en juin, chez Plon, du deuxième tome de ses *Mémoires de guerre*, *L'Unité*, occupe l'essentiel de son temps. Il envisage désormais de ne se consacrer qu'à écrire. Ses droits d'auteur, bien qu'en grande partie donnés à la Fondation Anne de Gaulle, lui assurent une vie matérielle sans faste à Colombey mais lui suffisent. Quelques sorties à Paris, ou au-delà, répondent à sa curiosité, toujours en éveil, du monde, de la France et des Français.

Ainsi, du 8 août au 18 septembre, se rend-il, avec ma mère, à Dakar, au Brésil, en Guyane, à la Guadeloupe et à la Martinique où tous deux s'embarquent sur un paquebot calédonien pour Curaçao, Cristobal, Balboa, Papeete à Tahiti, les Iles-sous-le-Vent, Port-Vila aux Nouvelles-Hébrides, Nouméa, les Iles Loyauté, Poindimié et Bourail en Calédonie. De là, ils reprennent l'avion pour Port-Darwin, les Iles Cocos, Colombo, Djibouti, font un crochet jusqu'à Fort-Lamy au Tchad, avant Ajaccio et Paris.

Pendant ce temps, la tension s'est considérablement accrue au Moyen-Orient après la nationalisation par Nasser du canal de Suez. Au lieu de rallier l'Ecole de guerre navale à la mi-septembre 1956, ma promotion est tout entière réquisitionnée pour la préparation des opérations anglo-franco-israéliennes contre l'Egypte.

Mise à contribution elle aussi, la base d'Hyères m'envoie à Alger, à Fort-de-l'Eau, où s'est établi le commandement d'une division commandée par le général Massu. Il s'agit d'utiliser notre compétence dans les fonctions de « poste de contrôle avancé » des avions en appui rapproché de l'armée de Terre. Le lieutenant-colonel de l'armée de l'Air, assez ancien en grade, à qui a été confié l'ensemble de cette capacité opérationnelle, voit arriver les pilotes d'Aéronautique navale comme des intrus, d'autant qu'il dispose de trop de monde et ne tient pas à nous garder. Nous obtiendrons sans mal de rentrer en France au bout d'une dizaine de jours.

Ce que nous avons eu le temps de voir de la situation en Algérie n'est pas sans intérêt. Tous groupés sous la tente, tenue camouflée, revolver à la ceinture, manches retroussées pour faire plus opérationnel, c'était à qui paraîtrait le plus en campagne. De pauvres secrétaires féminines, qu'il n'était pas indispensable de traîner hors de leur bureau pour les asseoir sur des cantines, doivent parfois utiliser leur machine à écrire sur leurs genoux. Le maître d'œuvre de cette curieuse agitation, chef d'état-major de Massu, est un polytechnicien de petite taille, infatigable et fébrile : un certain Argoud, dont nous avons déjà parlé.

On me fait rejoindre Marseille avec quelques camarades en vue d'organiser le chargement de cargos en matériels de guerre, à destination de l'Egypte. Nous craignons des réactions hostiles des dockers, presque tous communistes et opposés aux « sales guerres colonialistes », mais nous obtenons en réalité leur collaboration active. Les réquisitions dans les compagnies de navigation ne rencontrent que peu d'entraves.

Nous nous apercevrons que notre armée fournit discrètement les Israéliens en blindés et en avions de chasse Ouragan frappés de leur cocarde, et même quelques pilotes par-dessus le marché. Leur pays ne nous en saura aucun gré.

Quelques jours avant le déclenchement de l'opération de Suez, le 31 octobre 1956, tous les officiers destinés à l'Ecole de Guerre navale sont répartis en renfort entre les divers états-majors opérationnels. Je suis envoyé au central du ministère de la rue Royale, armé pour la circonstance. J'y retrouve mes condisciples d'école, les lieutenants de vaisseau de Turckheim et Flohic. Un troisième, le lieutenant de vaisseau Gromard, nous relaie en « quart opérations » tout au long des vingt-quatre heures. De fait, durant les premiers jours, nous serons tous les quatre accaparés jour et nuit sans dormir et presque sans manger.

Si nos fonctions dans les sous-sols de la rue Royale sont peu glorifiantes, pendant que certains de nos camarades débarquent à Port-Saïd, elles ne sauraient être plus intéressantes au niveau d'un état-major. Nous voyons défiler devant nos tables d'opérations, non seulement nos officiers généraux des grades les plus élevés — le général Beaufre, qui commande les troupes françaises, l'amiral Nomy, chef d'état-major de la Marine —, mais parfois des chefs des gouvernements alliés, Guy Mollet, Anthony Eden et Ben Gourion. Tous les télégrammes au départ et à l'arrivée passant par notre ministère et nos bâtiments de guerre en Méditerranée orientale, nous pouvons nous faire une idée assez précise de la situation du moment et même des désaccords alliés. En réalité, chacun poursuit des « buts de guerre » différents : les Israéliens cherchent avant tout à se saisir du canal de Suez ; les Britanniques à prendre un gage au débouché du canal avant de négocier ; les Français fournissent le gros des forces terrestres afin d'abattre le régime de Nasser par une marche rapide sur Alexandrie et Le Caire.

Les télégrammes que nous interceptons et décryptons indiquent l'opposition formelle à notre expédition à la fois des Américains dérangés en pleine campagne présidentielle et des Russes qui encouragent les troupes égyptiennes. Celles-ci sont réduites, sur le canal de Suez, à quelques bataillons de conscrits qui n'opposent qu'une résistance symbolique. Mon camarade Demay, qui devait prendre d'assaut une importante batterie côtière avec son commando de Marine, n'y trouve presque personne. Nos forces aériennes ou d'aéronautique navale provenant des porte-avions, nos parachutistes sur le canal de Suez, nos troupes débarquées écrasent l'adversaire avec des pertes très faibles. Lequel a retiré le gros de ses forces sur Le Caire. Il est probable que les combats auraient été beaucoup plus durs si l'opération avait été poussée jusque-là. Mais, commencée le 31 octobre, elle est interrompue le 2 novembre sur les instances solennelles de l'ONU à la grande fureur des exécutants qui voudraient au moins pousser jusqu'à El-Kantara, à une cinquantaine de kilomètres au sud de Port-Saïd. Invités à se retirer le 7 novembre, les alliés s'exécuteront en quelques semaines, avec non moins de difficultés au retour qu'à l'aller.

Comme on parle rarement de la Marine, même lors d'un débarquement, je ne peux m'empêcher de rappeler trois actions efficaces que nous devons à la nôtre. Notre escorteur d'escadre *Kersaint* a mis hors de combat l'escorteur égyptien *Ibrahim El Awal* venu bombarder Haïfa dans la nuit du 30 au 31 octobre. Ce dernier, désemparé, a ensuite été capturé par les Israéliens. Notre croiseur *Georges-Leygues* s'étant approché de la côte jusqu'à 2 000 mètres et ayant tiré 350 coups de 152 mm en deux heures de la même nuit, a démantelé matériellement et moralement la position de Raffa, considérée comme capitale, permettant ainsi sa prise rapide par une seule brigade israélienne au lieu des cinq prévues pour l'assaut et provoquant la chute de la position clé de la défense égyptienne au sud de Gaza. Enfin, notre aviation embarquée, à partir des porte-avions *Arromanches* et *La Fayette*, a joué un rôle important dans la neutralisation des forces aériennes égyptiennes au prix de la perte d'un seul pilote, le lieutenant de vaisseau Lancrenon.

Tout ceci est occulté pour ne pas dévoiler notre collusion avec les Israéliens qui s'en sont trouvés magnifiés d'autant.

Avant d'intégrer enfin notre Ecole de guerre dans une aile de l'Ecole militaire de Paris en janvier 1957, nous pouvons tirer entre nous les conclusions des opérations de Suez sans déroger au secret de la Défense :

— évaluation politique fausse : une opération militaire ne peut réussir que dans un contexte politique favorable. Or, non seulement les buts de guerre de chacun étaient différents, mais encore les plus grandes puissances, Etats-Unis et Union soviétique, et tous les Etats continentaux de l'Europe étaient contre nous ;

— un commandement intégré n'est plus viable dès qu'apparaissent des difficultés politiques ;

— l'intervention d'Israël précédant la nôtre fut une erreur stratégique : elle a prévenu le monde arabe contre nous et renforcé la position de Nasser ;

— la conduite de l'opération a été obérée par trois maldonnes : changement tardif de dates et d'objectifs, absence de surprise, retards en cascade cassant le rythme.

Le général de Gaulle a été d'emblée tenu au courant par le vice-amiral Barjot, entre autres, de cette opération qu'il a désapprouvée. Il préconisait une simple prise de gage sur le canal, rejoignant en cela l'avis des Britanniques.

*

L'Ecole de Guerre navale étant à Paris, mieux vaut y résider, même si les officiers de Marine ne le font pas volontiers qui préfèrent la vie de province. Ma femme elle-même, qui n'a jamais vécu dans une grande ville à l'exception de deux années de pension à Lyon, n'apprécie guère l'idée de s'installer à Paris. Quant à moi, je pense que le nomadisme permanent a une fin.

Après mûre réflexion, je crois nécessaire de me fixer définitivement dans la capitale, où je serai appelé à séjourner de toute façon entre deux affectations lointaines. L'opportunité se présente d'un appartement de cinq pièces dans un grand immeuble en construction près du jardin du Ranelagh, à un prix exceptionnellement avantageux. Mon père, dont la situation financière est maintenant devenue confortable grâce à ses droits d'auteur, accepte de nous aider par la mise de fonds nécessaire à la souscription. Ce don me permet de saisir en 1957 une occasion qu'on ne peut généralement trouver qu'une seule fois dans sa vie.

A l'Ecole de Guerre navale, les locaux sont si vétustes que l'escalier intérieur commence à s'effondrer. « Je sais, pour y avoir été, qu'on n'a pratiquement jamais fait de travaux dans ces bâtiments depuis le Second Empire, voire le Premier », remarque mon père. Dans ma promotion, nous sommes vingt en quatre groupes de cinq officiers où sont représentées chacune des spécialités — aéronautique navale, transmissions ou électronique, sous-marins, canon-missiles ou fusiliers-commando — auxquels s'ajoutent trois officiers étrangers : un Britannique, un Hollandais et un Allemand. Ce dernier est le capitaine de corvette Redher qui se battait pendant la guerre sur les vedettes lance-torpilles en Manche. Peut-être nous sommes-nous tirés l'un sur l'autre sans le savoir ? Personne, ni lui à plus forte raison, n'évoque jamais la dernière guerre, mais, devenus plus familiers, nous en viendrons à l'interroger sur Hitler.

Tout en niant, comme l'ensemble des marins allemands, avoir jamais été nazi, il nous explique que le Führer était une personnalité d'un magnétisme étonnant lorsqu'il fixait quelqu'un du regard. S'il se mettait souvent en colère, il n'était pas vrai qu'il se roulait par terre en mordant les tapis. Il avait toujours cru que les puissances occidentales le laisseraient faire pour Dantzig, comme pour la Tchécoslovaquie, l'Autriche et la rive gauche du Rhin. Il avait le génie de la guerre mais, recru de conquêtes, ne supportait plus la contradiction. Ses généraux lui cachant leurs pertes et les dégâts, il en était arrivé à la fin à manœuvrer des corps d'armée qui n'existaient plus.

Mon père à qui je rapporte ces propos ajoute : « Et Hitler n'était jamais sorti d'Allemagne. Je ne compte pas les tranchées où il est allé en France comme un moyen de la connaître. Il ne pouvait pas savoir ce qu'étaient les autres pays et par conséquent n'avait pas la vision stratégique mondiale nécessaire pour gouverner. »

A l'Ecole de Guerre navale, nous ne faisons guère de stratégie. Nous avons en ce sens moins d'ambition que les écoles de guerre des armées de Terre et de l'Air avec lesquelles nous serons en stage commun dans les derniers mois. La Marine privilégie la tactique et les transmissions, de sorte que nous sommes bien informés des manœuvres d'escadre et des codes français ou interalliés de l'Organisation militaire de l'Atlantique Nord. L'Ecole de Guerre navale nous a donné en outre une formation d'officier d'état-major destinée à comprendre et à rédiger tous les papiers selon un langage unique de formes et de termes. La rédaction doit être claire, concise et sans abréviations, dans le style d'Anatole France considéré comme un modèle de la langue française — phrases courtes avec sujet, verbe et complément qui se succèdent naturellement sans mots de liaison, adverbes ou conjonctions. L'Histoire n'est évoquée que pour rappeler les principes et leurs applications au combat.

Le stage interarmées de clôture, qui nous mêle aux officiers des autres armes, est l'occasion, durant près de quatre mois, de contacts très utiles surtout dans l'ordre des méthodes et des mentalités. Trois officiers de Terre et de l'Air de la République fédérale d'Allemagne qui vient d'être admise à l'OTAN rejoignent leurs collègues de la Marine. Le fait de se côtoyer autour des mêmes cartes amène quelques questions. On les interroge entre autres sur l'invasion de la Russie à laquelle ils ont tous pris part.

« Nous avons été vaincus par l'hiver et l'espace qui dispersait de plus en plus nos forces, comme les distances au carré pour les surfaces. Nous l'avons été par le nombre : nous avions beau tirer, il en venait toujours. Ils ne ramassaient même pas leurs blessés : tant pis pour ceux qui ne pouvaient pas rejoindre l'arrière par eux-mêmes. Des régiments de police soviétique tiraient sur tout ce qui tentait de refluer vers l'arrière. On a ensuite faussement attribué ces exécutions aux troupes allemandes. Staline a été complètement surpris au début. Il n'aurait pas pu tenir ensuite sans les approvisionnements massifs des Anglo-Saxons[1]. »

---

1. Armement : 20 000 avions et 45 000 moteurs, 12 000 chars lourds, 8 200 canons de DCA, 8 000 tracteurs d'artillerie, 130 000 mitrailleuses, 80 000 camions dont les Soviétiques prenaient soin de changer la calandre pour en camoufler l'origine, 85 000 véhicules légers ; 2 670 000 tonnes de carburant, 218 000 tonnes d'explosifs.

Equipement : 18 millions de bottes et 50 000 tonnes de cuir, 23 millions de mètres de drap, 26 000 machines-outils, 1 981 locomotives et 115 000 wagons à écartement russe, 100 000 signaux à circulation ferroviaire, 30 000 téléphones de campagne avec câble, 5 000 radars et stations de radio-communication.

Matières premières : 1 700 000 tonnes d'aluminium, 1 200 000 tonnes d'acier, 103 000 tonnes de caoutchouc, 150 000 tonnes de zinc, étain, nickel.

Fournitures alimentaires : 4,5 millions de tonnes de farine, viande, sucre, huile, beurre et matières grasses.

Certains d'entre nous se risquant un jour à demander aux trois officiers ce qu'ils savaient des camps de concentration, leur visage se ferme et s'assombrit : « Les nazis ont été comme l'apprenti sorcier de la légende. La machine s'est emballée comme la guerre, sans qu'on puisse l'arrêter. »

Nous tentons, mes camarades et moi, d'évaluer le nombre de disparus dans les camps de concentration nazis, chiffres plus tard corroborés par d'autres informations complémentaires. Six millions de victimes dont plus de trois millions de juifs — hommes, femmes et enfants —, près de deux cent cinquante mille tziganes, romanichels et gitans ; un million huit cent mille soldats russes littéralement morts de faim et abandonnés par leur propre pays, l'URSS n'ayant pas adhéré à la Croix-Rouge internationale et refusant de s'intéresser aux prisonniers considérés comme des combattants déficients.

Les séquelles de la guerre demeurent aussi vivaces pour beaucoup de Français. J'en ai la preuve le jour où l'Ecole de guerre de nos trois armées est envoyée à l'état-major de l'OTAN à Fontainebleau, aux environs de Paris, préparer la défense en vue d'une éventuelle agression des Soviets. Une grande conférence réunit environ deux cents officiers de tous les pays alliés. En tête des autorités, on voit entrer le général « commandant l'armée de Centre-Europe ». Il s'agit du général Speidel, dont le nom évoque celui de l'ancien chef d'état-major du commandement des forces d'occupation allemandes à Paris, sous l'Occupation, qui a certainement eu à signer des listes d'arrestations et d'exécutions. Cette situation nous est intolérable à mes camarades Flohic, de Bigault de Cazanove et moi, tous trois anciens de la France Libre. Nous sortons ostensiblement par l'allée centrale, à la grande stupéfaction des Britanniques et des Américains, dont les pays n'ont pas eu à subir l'invasion.

*

En janvier 1957, l'armée française compte plus de cinq cent mille métropolitains engagés contre la rébellion en Algérie, sans compter plus de deux cent quarante mille supplétifs autochtones. A Constantine le général Gribius, à Alger le général Massu, commandant la 10e division parachutiste, reçoivent les pleins pouvoirs pour rétablir la sécurité. Ils y réussissent en peu de semaines, avec des pertes minimales de part et d'autre, et au prix de mesures énergiques, notamment l'usage limité de la torture. On le leur reprochera, oubliant que si les Français ont utilisé avec mesure certaines méthodes, la rébellion, elle, usait systématiquement à l'égard de nos troupiers de tortures mutilantes jusqu'à la mort.

Mon père n'est évidemment pas indifférent à tous ces tragiques événements mais, n'ayant aucun pouvoir, il refuse de se mêler des affaires publiques en dépit de tentatives de prises de contact des différents chefs de gouvernement durant l'année 1957, ainsi que du président de la République René Coty. Il se consacre à la rédaction du troisième tome de ses *Mémoires de guerre*, au point que le bruit court qu'il entrerait à l'Académie française au siège laissé vacant par Edouard Herriot. Il décourage aussitôt les bonnes intentions de cette illustre institution.

Du 10 au 18 mars 1957, il entreprend ce qu'il projette comme un dernier voyage aérien, à titre privé, cette fois au Sahara. Il n'a d'autre but que de se rendre dans un territoire qu'il n'a jamais pu visiter pendant la guerre. Le gouvernement français a, d'ailleurs, fait savoir son opposition à tout passage ou même escale en Algérie. Le périple est donc limité à Colomb-Béchar, Hammaguir, Tindouf, Atar, Fort Gouraud, Tamanrasset, Edjélé, Ouargla, Hasi-Messaoud, Ghardaïa, et retour à Orly.

Au début de l'année, à la sortie de l'Ecole de guerre, j'ai subi l'inévitable affectation au Grand Etat-Major : celui du Bureau des Opérations d'Aéronautique navale, rue Royale. Cette arme, soit par les porte-avions, soit par les avions de patrouille maritime, de transport ou de liaison, trouve beaucoup à s'employer de la Norvège à la Bretagne, du Maroc à l'Afrique Equatoriale, de la Méditerranée au Sahara.

Un jeune enseigne de vaisseau, Eric Tabarly, pilote de Neptune, avion bimoteurs à long rayon d'action, vient un jour timidement jusqu'à mon bureau demander qu'on lui procure quelques cartes marines. De ses maigres deniers, il a tout au long des années remis en état un voilier ancien avec lequel il projette d'effectuer des croisières transatlantiques. Il est fréquent de voir se présenter des personnages aux prétentions illusoires qui n'ont pas toujours conscience du caractère implacable de la mer. Sur l'instant, Tabarly rencontre plus de méfiance que d'intérêt. Pourtant, l'homme appartient à l'Aéronautique navale que je connais bien : il est sérieux, taciturne, et ne cherche pas à briller. Je lui fais délivrer à titre gratuit des cartes d'un stock ancien, mais à jour et je téléphone à un ingénieur du génie maritime de Lorient pour qu'on lui prête une petite place de cale sèche où il pourra réviser la coque de son bateau pour un prix modique. Par la suite, la Marine lui apportera un soutien délibéré, et ce ne sera pas en vain. Il restera toujours fidèle au général de Gaulle.

1957 est une année de massacres et de règlements de comptes entre rebelles algériens tant en métropole qu'en Algérie, où s'affrontent hommes du FLN et partisans de Messali Hadj. Le gardien du chantier de l'immeuble en construction que nous devons habiter est assassiné dans la rue à coups de revolver une heure après le dégagé des ouvriers. Il semble n'avoir pas accepté de payer la rançon que lui réclamait le FLN, qui prélève même de l'argent sur les prostituées, en particulier celles d'origine algérienne.

A la fin mai, Ali Cheklal, ancien vice-président de l'Assemblée algérienne, est abattu par le FLN à la sortie du stade de Colombes où il venait d'assister au côté du président de la République à la finale de la coupe de France de football. La réprobation est unanime, à l'exception des communistes et de certains marxistes, qui aident en sous-main l'action des rebelles. Peu de jours après, au sud de la Grande Kabylie, trois cents hommes et jeunes gens du village de Melouza, jugés trop favorables aux Français, sont massacrés à leur tour. Près de Saïda, ce sont trente-six ouvriers musulmans qui sont assassinés par les mêmes hommes de main.

En janvier, le commandant Rodier est tué à Alger dans un attentat au lance-roquettes contre le bureau du général Salan, considéré comme trop peu énergique. Une propagande invraisemblable prétend que le commanditaire de l'attentat serait Michel Debré, ferme partisan de l'Algérie française.

L'année 1958 est l'une des plus intéressantes de mon existence, non à cause des opérations, pourtant nombreuses, que le 3e Bureau de la Marine où je suis affecté doit mettre en œuvre, mais du fait de ma présence à Paris, qui va me permettre d'observer des événements de portée nationale.

Si le gouvernement de Félix Gaillard obtient de Washington un prêt de quatre cents milliards de dollars indispensable à l'économie française tout entière, en réalité le régime est à bout.

En Algérie, nos troupes ont établi deux barrages de plusieurs centaines de kilomètres, l'un à la frontière marocaine qui sert de refuge aux bandes rebelles et l'autre à la frontière tunisienne où ces mêmes bandes sont très actives. En fait, bien que son gouvernement proclame son attachement au monde occidental, à l'exception de la France, la Tunisie se trouve sous influence, sinon sous contrôle du FLN qui y entretient une petite armée de quinze mille hommes soutenue par environ la moitié d'auxiliaires tunisiens. Les incursions et les exactions des rebelles en territoire algérien sont fréquentes.

Le 10 janvier, une patrouille française est attaquée et perd une quarantaine d'hommes, tués ou prisonniers massacrés. Georges Gorse, notre ambassadeur à Tunis, est aussitôt rappelé. Les 6 et 8 février, c'est un de nos avions d'observation qui est abattu et deux autres, dont un sanitaire portant l'insigne de la Croix-Rouge, gravement endommagés par des pièces de DCA tirant de la Tunisie au-dessus du territoire algérien. L'aviation de combat française riposte à Sakiet contre un camp de rebelles proche de la frontière, faisant soixante et onze morts et de nombreux blessés, dont malheureusement des femmes et des enfants. On ne sait exactement qui a donné l'ordre de cette riposte tant le malaise est grand dans notre armée exaspérée, tandis que la révolte commence à gronder dans les populations françaises d'Algérie.

Différentes approches, plus ou moins discrètes, sont tentées en direction du général de Gaulle, émanant du président René Coty qui parle de plus en plus ouvertement de lui, de Robert Lacoste, de Robert Buron, du général d'armée Ely, sans parler de Michel Debré, de Raymond Triboulet ou de Roger Frey. A tous, mon père répond sans exception et sans ambiguïté qu'il « n'est qu'un général retraité sans retraite, sans troupes et d'ailleurs interdit sur les antennes de télévision et de radio ».

En coulisses, des gaullistes, parmi lesquels Roger Delbecque en Afrique du Nord ou à Paris Lucien Neuwirth, Jacques Soustelle, ancien secrétaire général du RPF, Jean-Baptiste Biaggi, Pascal Arrighi et Jacques Chaban-Delmas, commencent à constituer des comités en vue de faire appel au général de Gaulle. Certains se rendent en Algérie en se prétendant chargés de mission par le Général qui ne leur en a pourtant confié aucune, si ce n'est la consigne transmise par Jacques Foccart et Olivier Guichard, son ancien directeur de cabinet au RPF, de « le tenir au courant ».

« On ne peut rien faire dans ce système, rappelle-t-il, à moins d'avoir un degré d'illusion que je n'atteins pas. »

Le 15 avril voit la démission du cabinet Gaillard. Après un mois de crise, on finit par lui trouver un successeur en la personne de Pierre Pflimlin. « C'est un homme digne et honnête, commente mon père, encore qu'il porte un nom imprononçable en français. Mais il ne pourra rien de plus que les autres ! »

Le malheureux tombe mal en tout cas. Le 10 mai 1958, l'organisation rebelle assassine en Algérie trois soldats français qu'elle a capturés. Le 13 mai, les unités territoriales se soulèvent et occupent le gouvernement général à Alger sous la direction de leur chef le colonel Thomazo, dit « Nez de cuir », en raison d'une mutilation faciale. Thomazo forme un comité de salut public et lance un appel au général de Gaulle. Le maire d'Alger, Jacques Chevallier, manque d'être emprisonné par des commandos de jeunes gens conduits par un étudiant en droit, Pierre Lagaillarde. Des manifestations éclatent à Alger et à Paris contre le gouvernement. En vain, le général Salan, commandant en chef en Algérie, téléphone-t-il pour sommer le gouvernement de lui donner des instructions.

« Doit-on tirer ? » Personne ne répond. Le général Ely, chef d'état-major des armées, déclare seulement à Pflimlin qu'il faut faire appel au général de Gaulle.

Guichard, Frey et Debré insistent auprès de Soustelle pour qu'il se rende à Alger afin d'y orienter le mouvement dans le sens le plus favorable au général de Gaulle. Mon père, qui n'a pas été consulté, n'y eût pas été favorable de toute façon, comme en témoignent ses propos en famille et aux plus proches d'entre ses fidèles : Pompidou, Palewski et Brouillet.

Guy Mollet déclare redouter la guerre civile et encourage Pflimlin à organiser la « défense républicaine » et à empêcher « l'enlèvement de De Gaulle par les révoltés d'Alger ». Jules Moch, qui entre dans ses vues, fait aussitôt garder « La Boisserie » par deux escadrons de gendarmerie mobile. Dans le même temps, de nombreux fidèles du Général entourent sa résidence « pour empêcher qu'on arrête le Général ». Curieuse atmosphère de « siège d'Arras » où les assiégeants se trouvent eux-mêmes assiégés !

Tandis que, poussé par Pierre Mendès France et les socialistes, Hubert Beuve-Méry somme dans le journal *Le Monde* le général de Gaulle de « faire savoir sans retard s'il condamne ou s'il admet le geste des émeutiers », Raymond Triboulet déclare à l'Assemblée nationale que « le général de Gaulle n'a pas lancé d'appel à la rue » et qu'« il ne menace pas les institutions ». Ne sachant que faire, le Conseil des ministres donne les pleins pouvoirs au général Salan afin de reprendre la situation en main et maintenir dans l'obéissance l'armée dont l'état d'esprit, favorable à l'émeute, ne s'y oppose nulle part. Le général Massu prend la tête des « comités de salut public » afin de tenter de les contrôler. Sous les huées et les sifflets d'une foule venue lui reprocher son attentisme jusque dans son bureau, le général Salan est poussé au balcon du gouvernement général où il ne réussit à calmer les manifestants qu'en criant « Vive de Gaulle ! ». Mon père se trouve, dès lors, rattrapé par les événements.

Plusieurs heures de réflexion au milieu des siens montrent qu'il n'a toujours aucune propension à revenir aux affaires dans cette confusion dont il ne se sent d'aucune manière responsable. « Qu'irais-je faire dans cette galère qu'on ne peut même plus contrôler ? Il vaut mieux que je termine en écrivant loin de ces vains tumultes. Ma gloire est derrière moi. En revenant maintenant, je n'y gagnerais plus que des avanies de toute façon. C'est maintenant trop tard. J'ai dix ans de trop ! »

C'est bien l'avis de ma mère et de quelques autres. Mon premier réflexe est de me joindre à l'opinion des miens. Mais, comme mon beau-frère et mon oncle Jacques Vendroux, je lui dis que les Français ne comprendraient pas que lui, le recours, reste à l'écart de tels événements.

L'Histoire est, pour mon père, un argument décisif. Sans s'engager vraiment et en attendant de voir comment les événements tourneront, il fait publier dans la soirée du 15 mai un bref communiqué déclarant qu'il se tient prêt à « assumer les pouvoirs de la République ».

Depuis le 13 mai, jour d'investiture du gouvernement Pierre Pflimlin, tous les autres candidats pressentis s'étant aussitôt récusés, l'Assemblée nationale en plein désarroi vote l'état d'urgence. Après l'Algérie, la métropole à son tour plonge dans l'agitation. Des comités de salut public ou de vigilance foisonnent un peu partout. La Corse fait sécession et déclare rallier les comités de salut public du général Salan. Une compagnie républicaine de sécurité envoyée à Ajaccio pour le rétablissement de l'ordre passe du côté des manifestants dès son arrivée. Ni la police, ni la gendarmerie ne répondent plus au maintien de l'ordre. A Paris, sur les boulevards, place de l'Opéra, à la Madeleine, aux Champs-Elysées et place de la Concorde, de nombreux cortèges défilent aux cris de « Algérie française » ou « Vive de Gaulle ».

Pierre Mendès France et les communistes appellent au contraire à « la défense de la République ». « Vous n'êtes pas qualifiés pour appeler à la défendre », leur crie-t-on à l'Assemblée nationale. Le Général commente sans aménité cette attaque de Mendès France, la trouvant particulièrement incongrue : « Il n'a cessé de me décevoir depuis la Libération. Bien qu'issu du cabinet de Léon Blum avant la guerre, il aurait dû devenir gaulliste. Mais, malgré tout ce qui s'est passé et qu'il a pu constater, il n'est resté que socialiste, c'est-à-dire contraint à la démagogie. Guy Mollet a fait plus de progrès que lui. »

Le 16 mai, la « garde à vue » et le « contrôle des visiteurs » instaurés par Jules Moch autour de mon père, en particulier à « La Boisserie », « pour l'empêcher de rejoindre les mutins à Alger » (*sic*) se dispersent d'eux-mêmes sous les quolibets des badauds.

Trois jours plus tard, le général de Gaulle tient une conférence de presse au Palais d'Orsay : « Je suis un homme seul, déclare-t-il, je ne me confonds avec aucun parti, avec aucune organisation. Depuis cinq ans, je n'exerce aucune action politique. Depuis trois ans, je n'ai fait aucune déclaration. Je suis un homme qui n'appartient à personne et qui appartient à tout le monde ! », et précise qu'il peut être utile « si le peuple le veut, comme dans la précédente grande crise nationale ».

« C'est du grand de Gaulle », écrivent la plupart des journalistes français ou étrangers, dont Harold King qui observe que « c'est sans doute la première fois dans l'Histoire qu'une conférence de presse est le moyen de parvenir au pouvoir ».

Mon père, cette fois, est décidé à franchir le pas, tout en rétorquant : « Croyez-vous qu'à soixante-sept ans je vais commencer une carrière de dictateur ? » à ceux qui l'accusent de tels desseins. Mais le lendemain, par 473 voix contre 93, l'Assemblée nationale renforce les pouvoirs spéciaux du gouvernement Pflimlin et instaure la censure.

Le 22 mai, Antoine Pinay, représentant les Indépendants, rend visite au général de Gaulle à Colombey. Le 25 mai, de sa propre initiative, Guy Mollet, leader en titre des socialistes, lui fait parvenir une lettre. Le lendemain, mon père publie un communiqué dans lequel il déclare qu'il ne saurait approuver d'action mettant en cause l'ordre public, qu'il a entamé le processus régulier nécessaire à l'établissement d'un gouvernement républicain capable d'assurer l'unité et l'indépendance du pays, et que si ce processus n'aboutissait pas, il se retirerait chez lui avec ses regrets. Le même jour, vers 22 heures, c'est le président du Conseil, Pierre Pflimlin, qui le rencontre secrètement chez Félix Bruneau, conservateur du domaine de Saint-Cloud et fidèle du Général.

Le mercredi 28, le général Salan envoie discrètement le général Dulac, l'un de ses adjoints, via les aérodromes de Villacoublay près de Paris et de Saint-Dizier en Haute-Marne, pour exposer à mon père la situation en Algérie.

Le colonel de Bonneval, son aide de camp, accompagne le messager à Colombey. Pierre Pflimlin donne sa démission. Le président de la République incite André Le Troquer, socialiste, président de l'Assemblée nationale, et Gaston Monnerville, gauche démocratique proche des socialistes, président du Conseil de la République, à rencontrer le Général. Ils y consentent, de nuit, au domaine de Saint-Cloud.

Le premier fait montre d'agressivité à l'égard du Général : « Je vous connais bien depuis Alger. Vous avez l'esprit d'un dictateur. Si vous reveniez au pouvoir, ce serait l'ère du pouvoir personnel. » Le second est nettement plus favorable. Il n'oublie pas que c'est le général de Gaulle qui a imposé la création d'une seconde Assemblée par le deuxième référendum de 1946. Au contraire de Le Troquer, Monnerville pense que l'accession au pouvoir du Général ne pourrait que renforcer l'assemblée qu'il préside.

Vincent Auriol partage sans doute l'hostilité du président de l'Assemblée nationale envers le Général. A l'Elysée, lorsque les choses allaient mal et qu'on lui suggérait de faire appel au général de Gaulle, il répondait : « Je ne serai pas le Hindenburg qui amènera la dictature au pouvoir. » A quoi André Malraux avait publiquement rétorqué : « Nous ne savions pas qu'il avait gagné la bataille de Tannenberg. » A la minute présente, Vincent Auriol adresse au Général une lettre pour le sommer de proclamer solennellement que son retour aux affaires n'aurait d'autre but que la défense de la République. « Je ne l'ai jamais attendu pour cela », bougonne mon père.

François Mitterrand, président d'un petit groupe charnière — l'Union démocratique républicaine et sociale — dont une moitié est à gauche et l'autre appartient plutôt au bord opposé, avec en son sein René Pleven auquel il a ravi la présidence du groupe et qui ne le lui pardonne pas, laisse entendre que le Général pourrait être le Franco (*sic*) d'un pronunciamento militaire. « Ceux qui ont bouffé au râtelier de Vichy sont viscéralement contre moi, s'insurge mon père. C'est la même haine qui continue chez eux. Ainsi Mitterrand, Emmanuel Berl, Cecil Saint-Laurent, Marguerite Duras qui, à la Libération, était chargée d'attribuer les autorisations d'imprimer des livres et qui autrement dit faisait partie de la censure, et j'en passe ! Tous ces politiciens sont au bout du rouleau. Ils ne peuvent plus s'en sortir sans moi ! Mais ce qu'ils veulent, ces bons apôtres, c'est me refiler toute leur mélasse. Une fois qu'ils se seront servis de moi pour rétablir l'ordre, faire rentrer les militaires dans le rang, les sauver de la catastrophe, alors ils me jetteront en m'attribuant toutes les responsabilités et en prétextant que je ne suis qu'un factieux dont les pouvoirs ne sont qu'occasionnels, provisoires, et sans les assises légitimes qu'ils auront soigneusement évité de m'attribuer. Et ils reprendront leurs jeux politiciens d'antan. Ils l'ont fait en 1946 en excitant, non pas le sens civique et la sagesse du peuple, mais la vachardise et la bêtise. Ils ne me le feront pas deux fois. Je pose comme condition les pouvoirs d'un processus républicain régulier, y compris le changement de Constitution indispensable. Dans l'immédiat, ils cherchent à me confier une mission de rétablissement de leur autorité. Quelle autorité ? Ils n'en ont plus ! Je vais les contraindre à me donner l'investiture par l'Assemblée nationale comme n'importe quel autre gouvernement, investiture que toutes leurs tractations actuelles s'efforcent d'éviter en vain. »

Le 29 mai, après avoir réitéré ses conditions sans en démordre, le Général retourne à Colombey. C'est pour en repartir en début d'après-midi à destination de l'Elysée. Il doit y rencontrer, vers 19 h 30, le président René Coty qui vient d'adresser un message aux Assemblées pour leur faire connaître son appel « au plus illustre des Français ». Le Général revient à « La Boisserie » au milieu de la nuit.

C'est la deuxième nuit où nous avons consigne, presque sans dormir, de répondre au téléphone qui sonne sans arrêt : « Il n'y a rien de fait. Nous n'en sommes qu'à des propositions. » Le préfet de Haute-Marne, Marcel Diebolt, est en butte à toutes sortes de communications qu'on le somme de nous transmettre, bien qu'il soit censé n'avoir officiellement rien à dire à « La Boisserie ».

Le 30 mai se présentent successivement le maréchal Juin et Guy Mollet flanqué de M. Deixonne comme témoin politique. A l'annonce de la visite de Guy Mollet, mon père lève les bras au ciel : « Qu'ai-je à faire du secrétaire général du parti socialiste ? Ils me prennent pour un participant de congrès ! » Juin vient objurguer : « Tu ne peux pas t'abstenir » et les hôtes suivants donner leur acceptation aux conditions posées.

Pour dissiper tout malentendu, le Général reçoit à Paris à l'hôtel La Pérouse les présidents des groupes parlementaires le lendemain 31 mai. Le 1er juin dans l'après-midi, il se présente avec son gouvernement au complet devant les députés pour solliciter leur investiture. Elle lui est accordée vers 21 heures par 329 voix sur 553 suffrages. Ont voté contre : les communistes, un peu plus de la moitié des socialistes et une partie de l'UDSR, dont Mitterrand sans qu'il s'exprime clairement sur ses raisons. Le 2, le Général revient devant l'Assemblée nationale qui lui confie les pleins pouvoirs et la charge de la réforme constitutionnelle qui sera soumise à référendum, et ceci dans les six mois alors qu'il avait demandé le délai d'un an.

Dès le 3 juin, le Général s'envole pour l'Algérie afin d'évaluer la situation sur place et tâcher de stabiliser les choses. On peut admirer le rythme avec lequel, dans sa soixante-huitième année, il mène les affaires. C'est qu'il a la passion de la *res publica* et que l'assainissement doit gagner de vitesse la décomposition politique. Du 3 au 7 juin, il est à Alger où il annonce qu'il n'y aura plus en Algérie qu'un seul collège électoral et seulement des citoyens à part entière ; puis à Constantine, à Bône, à Oran où tous ses discours se terminent par « Vive l'Algérie, Vive la France ! » et à Mostaganem, seule ville où il répond à la foule en presque totalité musulmane qui criait « Vive l'Algérie française ! » par un « Eh bien ! Oui ! Vive l'Algérie française ! », qui sera exploité à outrance par la propagande du 5e Bureau-Action psychologique. Des montages accoleront ce « Vive l'Algérie française ! » à tous les discours du Général. Plus tard, au temps de l'OAS (Organisation de l'armée secrète), j'entendrai même quatre versions différentes et arrangées en ce sens du premier discours du 4 juin à Alger, certains ayant manifestement usé et abusé de la voix d'imitateurs à la mode, peut-être à leur insu.

Le 13 juin, une allocution radiodiffusée prononcée à l'Hôtel Matignon appelle à l'effort pour le redressement national et annonce une nouvelle organisation des liens de la métropole avec les peuples africains et malgache. Il est urgent, en effet, de veiller à ce que l'Union française ne se dissolve pas à la suite des troubles en Algérie. Le 14, un accord franco-marocain précise le stationnement des troupes françaises au Maroc et, le 17, un accord franco-tunisien prévoit l'évacuation des bases militaires françaises à l'exception de Bizerte. Ainsi, l'Algérie est-elle pratiquement verrouillée à ses frontières est et ouest.

Le moral des rebelles algériens tombe alors au plus bas. Paralysés durant plusieurs semaines, ils se demandent si le retour du général de Gaulle au pouvoir ne va pas rendre leur action vaine. Une partie importante d'entre eux envoie des émissaires pour négocier. Leur organisation centrale reprendra la situation en main en se livrant à des exécutions sommaires avec l'encouragement des pays marxistes.

Après sa visite de juin, le général de Gaulle retournera en Algérie à quatre reprises durant les six derniers mois de 1958. Ses opinions exprimées en famille peuvent se résumer ainsi : « Les Européens m'ont crié "Algérie française" presque partout. Il fallait s'y attendre, étant donné ce qui s'est passé. Mais à Mostaganem, c'est une foule musulmane en presque totalité qui a poussé cette clameur. J'avoue que j'ai été impressionné. J'ai fini par leur répondre "Eh bien ! Oui ! puisque vous le criez, Vive l'Algérie française". Alors que j'ai évité ailleurs de dire autre chose que "Vive l'Algérie ! Vive la France !". J'avais pensé qu'il était trop tard pour intégrer vraiment l'Algérie à la France. Il aurait fallu le faire bien avant la guerre, après Lyautey, sinon tout de suite après la guerre. Mais quand j'ai dû quitter le pouvoir, nous n'avions même pas encore de Constitution. Enfin ! Puisqu'il en est ainsi, je vais essayer en y mettant tout nos moyens et nous verrons bien.

« Il est temps que disparaissent tous les comités de salut public qui sont facteurs de troubles. J'ai approuvé des gens comme Massu d'en avoir fait partie de manière à les contrôler autant que possible. Mais maintenant, il faut que l'armée les quitte et rentre dans le rang. Elle n'est pas faite pour la politique. L'Algérie est un pays pauvre que seuls les fonctionnaires de la République française et surtout les colons (petits ou grands) mettent en valeur avec un appui massif de la métropole, malgré les propagandes colonialistes et anticolonialistes qui masquent cette réalité que l'Algérie ne vit que par la métropole, laquelle y exerce d'ailleurs un quasi-monopole économique. Aussi n'y a-t-il pas eu, jusqu'à présent, de gouverneur général que les colons n'acceptent pas.

« Les inégalités économiques plus encore que sociales y sont très importantes. La prospérité est surtout dans les villes ou dans les plaines autour des agglomérations. Peu de grandes fortunes, mais beaucoup d'Européens et d'Arabes dans toutes les conditions de ressources. Les "petits Blancs", dont beaucoup sont d'origine et même de nationalité espagnole ou italienne qui vivent dans le faubourg de Bab-el-Oued à Alger, ou du Ravin Blanc à Oran, votent communiste.

« Personne ne meurt plus de faim, mais dans les montagnes la misère de certains villages arabes ou kabyles est indicible. D'ailleurs, l'arrière-pays est souvent sous-administré et sous-encadré. D'une façon générale, les élites locales sont trop peu nombreuses et trop peu capables, mais pas uniquement de la faute de la métropole, comme on a trop tendance à l'en accuser, en particulier les "anticolonialistes". L'archaïsme des mentalités et des coutumes qui étouffe les intelligences y est aussi pour beaucoup. »

Si la conjoncture française et algérienne accapare évidemment le général de Gaulle, il ne perd pas de vue pour autant ce qui se passe à l'extérieur, en particulier dans le monde arabe en crise.

Le 14 juillet 1958, le roi Fayçal d'Irak est assassiné et remplacé par le général Kassem. Les 15 et 17 juillet, les Américains débarquent au Liban et les Britanniques reviennent en Jordanie à la demande respective de ces Etats. La France, protectrice traditionnelle du Liban depuis des siècles, en particulier des chrétiens, a proposé l'aide désintéressée de son importante escadre de Méditerranée. La réponse du gouvernement libanais a été « Les Français, au large ! ». « C'est la troisième fois depuis 1946, fait remarquer mon père. On ne doit plus rien à ceux qui vous ont écartés. »

La vie quotidienne à Matignon, résidence du dernier président du Conseil de la IVe République, n'est pas du goût du Général. Le jardin lui convient, mais le palais est jugé trois fois trop petit pour le siège d'un gouvernement véritable. Auparavant, cela n'avait guère d'importance, puisqu'il n'y avait que des « passe-volants » (*sic*). Ma mère trouve qu'on y vit les uns sur les autres, au milieu des bureaux et des visiteurs, mais, grâce à elle, ma femme et mes enfants y seront tout de même invités par principe quelques fois.

Comme on vient de le constater, le régime était moribond quand le général de Gaulle a dû revenir au gouvernement le 2 juin 1958. Si certains critiquent son retour par doctrine et par amertume, personne à la vérité ne s'est posé en concurrent.

Il s'agit maintenant pour le Général de gagner une course de vitesse contre la désagrégation nationale en métropole et outre-mer, contre l'effondrement des finances, l'effacement international de la France, de reprendre aux militaires l'excès d'autorité que leur ont laissé en Algérie les précédents gouvernements. A vrai dire, ceux-ci ne pouvaient guère faire autrement.

Durant les sept derniers mois de l'année, les changements sont fondamentaux en vue de la restauration de l'Etat et de son économie, tandis que l'opinion, toujours informée par de nombreux communiqués, discours, conférences de presse ou allocutions radiotélévisées, reprend confiance. La session parlementaire est suspendue le 3 juin et un grand emprunt national est lancé le 17.

Les Etats africains et malgache où le Général s'est rendu du 20 au 26 août sont instaurés en république les uns après les autres, avec le soutien de la France qui met ainsi fin à l'ancienne organisation impériale de moins en moins acceptée. La Constitution de la Ve République et de la Communauté est approuvée par une majorité massive le 28 septembre, à l'exception de la Guinée qui choisit formellement de s'en séparer sans trop se rendre compte qu'elle devient alors un pays étranger comme les autres.

Mon père était passé à Conakry en visite officielle le 25 août. Dès son arrivée, il fut accueilli par une foule considérable encadrée par des brigades d'acclamations, chacun arborant sa couleur de vêtements et ses pancartes bardées de slogans. Il eut l'impression que les jeux étaient déjà faits. Pourtant, il semble que la réponse officielle de Sékou-Touré aurait été plus mesurée si le chef d'Etat guinéen avait eu connaissance préalablement du texte du discours du général de Gaulle avertissant des conséquences d'un vote négatif à la Communauté franco-africaine. M. Cornut-Gentille ne l'avait pas communiqué à Sékou-Touré, contrairement à la directive du président français.

Les élections législatives ont lieu le 23 octobre en Algérie, les 23 et 30 novembre en métropole. Tout ceci, dans les très courts délais fixés constitutionnellement par le Parlement (six mois). La Constitution nouvelle est promulguée le 5 octobre dans sa partie la plus indispensable au fonctionnement immédiat des pouvoirs publics, c'est-à-dire en laissant provisoirement au *statu quo* les organisations régionales et le Conseil économique et social. Le Conseil de la République voit renforcer ses attributions constitutionnelles et reprend, grâce au Général, le titre de Sénat, dont la IVe République l'avait privé, faute d'avoir pu supprimer cette assemblée comme le désiraient Léon Blum, les socialistes et les communistes.

Le 26 décembre, mon père est élu président de la République et de la Communauté par 78,5 pour cent des suffrages exprimés.

CHAPITRE 3

LE GRAND SOUFFLE

En Algérie, le Général, qui ne croit plus au maintien durable d'une administration directe, a été, comme on l'a vu, impressionné par l'accueil qu'il a reçu de toutes les catégories de population. Il s'efforce d'apporter loyalement le plus d'atouts possibles à une solution la plus française possible. Il instaure d'abord un seul collège électoral en Algérie et fournit au pays tout ce que peut apporter la métropole à la réalisation d'un grand plan de développement économique et social, dit « Plan de Constantine », annoncé en juin et mis en place en octobre. De grands programmes de logements, d'écoles, de routes, d'installations portuaires et d'aérodromes sont lancés qui accaparent presque toutes les ressources disponibles de la métropole.

Les moyens militaires nécessaires au maintien de l'ordre sont accrus considérablement au détriment de nos effectifs en France et en République fédérale d'Allemagne. La Marine met rapidement en service le porte-avions *Clemenceau* et achève le porte-avions *Foch*, son frère jumeau et sa relève deux ans plus tard. Pour que leur rendement soit convenable, je suis de ceux qui conseillent à mon père de se procurer auprès de l'Aéronautique navale américaine des avions de combat Crusader neufs en fin de série afin de faire la soudure avec des fabrications françaises. Nous mettons en chantier les bâtiments de surveillance maritime, de débarquement ou de soutien logistique dont la carence s'était révélée durant les opérations de Suez. L'armée de l'Air, sans pouvoir dégarnir le dispositif de défense allié dans lequel elle est la plus impliquée face au Rideau de fer, renforce aussi ses moyens d'appuis aériens, mais surtout de transport (Transal) et d'hélicoptères en Algérie.

En politique étrangère, le général de Gaulle reprend aussitôt des relations de haut niveau avec tous les pays et toutes les instances internationales. Il privilégie, en particulier, la réconciliation franco-allemande, ce qui n'est pas sans représenter un certain effort sur lui-même au regard de souvenirs tragiques de 14-18 et de 39-45, mais réconciliation qu'il considère comme primordiale pour l'Europe. Au demeurant, les voitures officielles allemandes se font fort discrètes en France où elles reçoivent parfois des tomates ou des œufs sur leur passage.

Le 14 septembre, on en est encore à ce stade lorsque le Général reçoit le chancelier Konrad Adenauer, en visite privée, à Colombey-les-Deux-Eglises. Adenauer est un Rhénan catholique que les nazis ont envoyé en camp de concentration et qui se méfie des Prussiens qu'il estime être trop souvent à l'origine des difficultés. Pour lors, ces Prussiens sont placés sous la tutelle des Soviets de l'autre côté du Rideau de fer.

Le chancelier arrive à « La Boisserie » avec plus d'une heure de retard, malgré sa puissante Mercedes qui a semé fréquemment les motocyclistes de la gendarmerie française. Les Allemands ont confondu Colombey-les-Belles en Meurthe-et-Moselle avec Colombey-les-Deux-Eglises, plus loin en Haute-Marne.

Il est convenu qu'aucun photographe ne sera admis dans le petit parc de « La Boisserie ». Il y aura néanmoins deux ou trois clichés ou quelques secondes de film pris à la sauvette par des personnels d'accompagnement.

Mon père l'accueille à sa descente de voiture. En entrant dans la maison, le chancelier, dans le fond intimidé et contrarié de son retard, manque de peu la première marche. Nous ne sommes que quelques-uns sur place. En uniforme, je sers là en renfort de l'aide de camp. Adenauer et ses accompagnateurs viennent saluer ma mère au salon. Ensuite, ils passent à table presque aussitôt, rejoints par Gunther Bachman, « Persönnlicher Referent » du chancelier, Jean-Marc Boegner, conseiller des Affaires étrangères du Général, Noël Mayer, diplomate et interprète auprès du Général, le préfet et le colonel de Bonneval. Un petit comité de huit personnes.

Après le déjeuner, le chancelier se retire dans la chambre qui lui a été réservée dans la tourelle d'angle, au premier étage, au-dessus du bureau de mon père. Son chauffeur, qui lui sert aussi de valet de chambre et de masseur, loge à proximité. Alors âgé de quatre-vingt-deux ans et veuf depuis longtemps, Adenauer observe un mode de vie très sobre.

Il redescend un peu avant l'heure du thé, servi très léger à la bibliothèque, pour s'entretenir avec mon père. Seuls MM. Bachman, Mayer et les aides de camp sont présents.

Le soir, un dîner classique mais sans apparat est servi vers 20 heures. Cette fois, quatorze convives prennent place à table, les nouveaux arrivants étant MM. Couve de Murville, ministre des Affaires étrangères, von Brentano, son homologue allemand, Seydoux de Clausonne, ambassadeur de France en Allemagne, et Blankenhörn, ambassadeur d'Allemagne à Paris, Georges Pompidou, directeur de cabinet du Général, le colonel de Bonneval et moi. Ma femme et mes enfants ont été priés de prendre leur repas ailleurs et de ne revenir que pour monter se coucher. Ma sœur Elisabeth et mon beau-frère Alain sont à Alger.

Le renfort pour le service de la maison a été limité à une personne — Marie Nagot — connue de la famille et venue de Calais. La cuisine est assurée par les titulaires de « La Boisserie » Louise Camaille et Philomène Ziegler, malgré leurs réticences de Lorraine et d'Alsacienne envers les Allemands.

Le lendemain, vers 9 heures, le chancelier Adenauer repart en Allemagne et le général de Gaulle pour Paris où il doit recevoir le maréchal Montgomery à déjeuner.

*

Le vendredi 19 décembre 1958, ma femme et moi accédons au Tout-Paris, si l'on peut dire, lors du Gala de la Légion d'honneur donné à l'Opéra. Nous nous trouvons au sixième rang d'orchestre pour entendre Maria Callas, dont c'est une des dernières prestations. La salle est brillante. Habit de marine brodé et pantalon à bandes d'or pour moi, robe du soir pour ma femme, gardes républicains en grande tenue, présentation du corps de ballet... Le président de la République René Coty et son épouse, dont c'est la dernière soirée officielle, sont présents. Le Général et Mme de Gaulle se sont récusés. Dans les loges d'honneur, le général Catroux et Madame voisinent avec le duc de Windsor écarlate et figé dans son habit tandis que la duchesse, assise, ne cesse de tendre haut sa main à baiser aux messieurs venus la saluer. Dans les loges d'avant-scène, à gauche et à droite, Martine Carol et Brigitte Bardot, l'une sur son déclin, l'autre en pleine gloire, se fusillent du regard.

Ce soir-là, fatiguée par un régime alimentaire et saisie par le trac, Maria Callas chante *Norma* moins bien que d'habitude. Mais le public parisien lui réserve un accueil d'estime et, dans un silence religieux, un petit homme derrière nous, debout sur son siège, crie d'une voix aiguë « Bravo ! Bravo ! ». C'est le marquis de Cuevas.

Le 8 janvier 1959, le général de Gaulle prend ses fonctions de président de la République et de la Communauté et nomme Premier ministre Michel Debré, que je n'ai rencontré que tardivement, mais qui m'est apparu avec le temps d'une grande culture, fort estimable, intelligent et loyal, mais d'un esprit manquant parfois d'ouverture. Le gouvernement est formé le jour même. Cette fois, les socialistes — dont Guy Mollet qui a voté la Constitution — s'abstiennent d'en faire partie, comme les communistes six mois auparavant. « Leur fonds de commerce étant la démagogie, commente mon père, et comme ils n'ont rien d'autre à proposer ouvertement, ils prennent toujours soin de s'en réserver la possibilité. »

L'appareil militaire qui accompagne l'intronisation présidentielle fait mauvaise impression au principal intéressé. A l'Arc de Triomphe, la garde républicaine, ventripotente, manœuvre mollement. Ailleurs, sa musique porte le bicorne, le shako étant jugé trop lourd. Pour rendre les honneurs aux personnalités étrangères, la troupe aligne généralement des sections de bons petits conscrits. « Nous n'aurons bientôt plus que des plantons de ministère », dit le Général, humilié de l'accueil modeste que la France réserve à ses hôtes de marque alors que ceux-ci reçoivent avec faste et dignité. Quelques mois plus tard, la présentation de la musique et des bataillons carrés de la garde républicaine n'aura plus grand-chose à concéder à l'étranger.

Le Conseil constitutionnel, nouvelle instance chargée de vérifier la régularité des votes parlementaires, des élections et des investitures, entre en fonction le 20 février 1959 sous la présidence de Léon Noël. Dans cette logique, le Général songe à lui confier ultérieurement la tâche des découpages électoraux. Plus tard, après lui, ce sera par une très fâcheuse dérive qu'on lui permettra de juger des lois, qui relèvent pourtant des seules attributions du Parlement... Le Conseil de la République reprend le nom de Sénat avec des pouvoirs accrus.

La nouvelle Constitution, rédigée selon les instructions du Général par une équipe de juristes dirigée par le Premier ministre, marque la séparation des pouvoirs : exécutif restauré et législatif fixé à sa place légitime. L'autorité judiciaire, quoique toujours dépendante des pouvoirs élus par le peuple, est rendue autonome dans son exercice.

Michel Debré aurait voulu introduire le mode de scrutin dans la Constitution. « En 1945, nous avons malencontreusement laissé établir la proportionnelle parce que nous ne savions pas sous quelles étiquettes les candidats allaient se présenter après les bouleversements de l'Occupation. Nous aurions dû adopter le scrutin à un seul tour pour établir des majorités claires, comme les Britanniques. – Je suis, dans le fond, de votre avis, avait répondu le Général, mais les Français ne sont pas les Anglais. C'est ainsi que, chez nous, les minoritaires pourraient avoir la majorité. Si j'avais laissé instaurer le scrutin à un seul tour à la Libération, les communistes qui faisaient près de 40 pour cent des voix auraient tout emporté. »

L'esprit de la Constitution est celui d'un nationalisme humaniste qui repose sur les prérogatives du citoyen, ainsi que le préambule et l'article 1er le définissent clairement. Lors de la promulgation du texte de la Constitution, mon père entre en fureur lorsqu'il constate que la rédaction, dont il s'était abstenu de vérifier tous les termes, fait un lien intempestif entre 1958 et les préambules des Constitutions antérieures de 1946, 1848, 1791 ou 1793. « Ainsi, les démagogues qui sont les inspirateurs de ces additions vont-ils pouvoir bêtifier sur les "droits de l'homme" pour rendre l'internationalisme, le cosmopolitisme et l'apatridisme opposables aux droits du citoyen. »

Le 24 mars 1959, ma mère inaugure le vol commercial du tout premier avion civil à réaction, la Caravelle, biréacteur, près de huit années après sa mise en chantier à la SNCASE, à Toulouse. Cet avion est baptisé « Yvonne de Gaulle ». Avec lui commence vraiment l'usage courant des lignes aériennes françaises. L'épouse du « Général Motors », surnom que les partisans des unités à cheval ou à pied avaient donné à celui qui voulait motoriser l'armée, participe ainsi à l'élan que son mari s'efforcera toujours de donner à notre industrie aéronautique. Alors que l'avion est un moyen courrier, le Général et Mme de Gaulle l'utiliseront systématiquement dans leurs déplacements en France comme à l'étranger, au besoin à la limite de son rayon d'action (5 000 kms) en réduisant sa charge à un petit nombre de passagers. Me trouvant sur porte-avions en 1955, j'ai eu l'occasion de me rendre à Toulouse avant le premier vol d'essais. L'ingénieur, Roger Béteille, était optimiste, mais le président-directeur général de la SNCASE, nommé par un gouvernement très « troisième force », déclarait que nous étions atteints d'ambitions exagérées. A cette première Caravelle, qui devait être un grand succès pendant trente ans jusqu'à l'Airbus (initialement appelé Aérobus), s'ajoutera une Super-Caravelle triréacteurs long courrier.

Malgré les efforts, au total considérables, que la métropole fournit en faveur du développement des nouveaux Etats africains et surtout en Algérie pour laquelle s'ajoute la lourde charge de la pacification, la France réussit rapidement le rétablissement de son économie et de ses finances. Elle est à même de procéder au remboursement de ses dettes extérieures, dont certaines dataient de la Seconde Guerre mondiale. Le niveau de vie s'accroît sensiblement.

Le 1er janvier 1959, le général de Gaulle décide, à la stupéfaction de beaucoup, l'entrée effective de la France dans le Marché commun qui, signé un an auparavant, a fait presque aussitôt l'objet d'un procès-verbal de carence du gouvernement français.

Il apporte tous ses soins à soutenir la Constitution des nouvelles républiques africaines et malgache, dont il reçoit fréquemment les chefs d'Etat, soit en tête à tête, soit au sein de leurs organisations collectives (Fédération du Mali, Etats de l'Entente) ou des Conseils exécutifs de la Communauté. Il s'efforce, sans succès, de renouer des liens officiels avec la Guinée, qui s'est coupée de l'ensemble franco-africain.

Il cherche à mettre à profit le désarroi suscité chez les rebelles algériens par son retour au pouvoir par d'importantes manifestations de fraternisation et l'emploi des « commandos de chasse » dirigés par le général Challe. Mon père a dû forcer notre armée en Algérie à former ces unités offensives sans lesquelles nous ne pourrions gagner.

L'armée s'étant depuis longtemps accoutumée au « quadrillage », selon les exigences entre autres des colons et par simple routine, il s'est finalement résolu à désigner un officier général de l'armée de l'Air à la tête des opérations militaires. Ce dernier saura intégrer les hélicoptères et l'appui aérien aux mouvements d'infanterie et de blindés légers. En conséquence, les fellaghas sont obligés de se replier progressivement à l'extérieur de l'Algérie, d'abord les deux tiers, puis la totalité de leurs effectifs dans les années suivantes.

Le général de Gaulle retourne en Algérie du 27 au 30 août pour constater le déroulement très efficace des opérations militaires et les développements accélérés du « Plan de Constantine », mais il en tire souvent l'impression qu'il est pratiquement le seul à y croire. Alors que les Européens en Algérie crient « Intégration ! Intégration ! », une enquête lui indique que les dépôts dans les établissements financiers algériens sont pratiquement inexistants à l'exception des comptes courants, tous les avoirs ayant été transférés ailleurs depuis assez longtemps et en particulier en métropole où la Bourse a monté de façon spectaculaire, et pas seulement du fait de la confiance retrouvée.

Aussi, le 16 septembre, au cours d'une émission radiotélévisée et le 28 octobre dans un message à l'armée, prononce-t-il le mot « autodétermination », qui ne lui paraît pas plus risqué pour l'Algérie qu'il l'a été pour les autres pays africains. La seule politique acceptable, selon lui, consiste à désamorcer la guerre en suscitant la transformation et, par conséquent, la personnalité de l'Algérie. Si la métropole dans sa très grande majorité partage cet avis (en particulier l'Assemblée nationale en approuve le principe par 441 voix contre 23 et 28 abstentions), sur place, la population d'origine européenne et une bonne partie de l'armée manifestent leur désaccord.

Dans le domaine diplomatique, l'activité est intense : entrée en vigueur du Marché commun ; retrait du commandement de l'Organisation du Traité de l'Atlantique Nord (OTAN) des forces navales françaises de Méditerranée dont on a besoin pour la surveillance des côtes algériennes ; accord culturel, scientifique et technique franco-soviétique ; entretiens avec M. Spaak, secrétaire général de l'OTAN, avec le chancelier Adenauer à Marly et en visite officielle à Paris. Princes, présidents, Premiers ministres de tous pays se succèdent sans relâche à Paris. « C'est ce que l'opposition appelle l'isolement de la France provoqué par une politique de grandeur », ricane mon père.

Le 16 octobre 1959 éclate une affaire rocambolesque. François Mitterrand, sénateur de la Nièvre — « Monsieur Mitterrand », comme dit mon père —, dont la cote est au plus bas depuis son vote contre le retour au gouvernement du général de Gaulle le 30 mai précédent, et dont la notoriété a grand besoin d'être relancée, déclare avoir été l'objet d'une tentative d'assassinat. Sa voiture personnelle, qu'il conduisait près de l'Observatoire, ayant été mitraillée par des inconnus depuis un autre véhicule, il n'aurait eu que le temps de sauter par-dessus les grilles du jardin pour leur échapper.

Aussitôt, cet événement sensationnel provoque réunions, conférences de presse et discours à la tribune du Parlement où se retrouve le héros de l'affaire entouré de quelques amis indignés. Mais un certain Robert Pesquet, ancien député poujadiste du Loir-et-Cher, affirme que c'est à l'instigation de François Mitterrand lui-même qu'il a monté toute l'opération avec l'aide d'Abel Dahuron, son jardinier — opération qui aurait été mise au point au cours de trois rencontres préalables. Pour preuve de ses révélations, Pesquet s'est adressé à lui-même deux lettres dans la journée précédant le faux attentat, l'une à son domicile parisien et l'autre poste restante à Lisieux, cachets de la poste et ouvertures par huissier faisant foi. De plus, François Mitterrand serait venu le remercier après le prétendu attentat au bar « Le Cristal », dans le XVIe arrondissement. Enfin, les diverses déclarations de François Mitterrand, en particulier celles faites au commissaire Clot, chef de la brigade criminelle, ne sont pas toutes concordantes.

A la requête de Michel Debré, Premier ministre, et malgré ses plaidoiries habiles, la levée de l'immunité parlementaire de Mitterrand est votée aux deux tiers des voix, le dernier tiers s'abstenant. « Mitterrand nous a menti une fois de plus. »

Le 8 décembre suivant, François Mitterrand est inculpé mais, sur instruction du général de Gaulle, plus généreux que ses adversaires parce que d'une autre dimension et volontiers plus méprisant des affaires qu'il tient pour ridicules, le garde des Sceaux ne donnera pas de suite judiciaire à l'affaire. L'opinion pense alors que Mitterrand est politiquement fini. A tort ! Il aura même un jour son buste au Sénat !

*

Le 15 septembre 1959, je quitte l'état-major de la Marine pour rallier la division d'escorteurs d'escadre composée des *Duperré*, *Maillé-Brézé*, *Chevalier-Paul*, basée à Toulon et commandée par le capitaine de vaisseau Landrot, en même temps commandant du premier bâtiment. J'y prends les fonctions de chef d'état-major de la division. Les codes de manœuvre français ou alliés (OTAN) avec lesquels nous jonglions à l'Ecole de Guerre navale n'ont guère de secret pour moi dans les évolutions d'escadre, dont les exercices se succèdent de façon intense.

L'escorteur d'escadre *Duperré* mis en service deux ans auparavant est un véritable croiseur léger de 3 000 tonnes, 128,60 m de long et 12,70 m de large, 65 000 chevaux. Ses deux hélices donnent une vitesse maximale de 33 nœuds. Son rayon d'action est de 5 000 milles à 18 nœuds. Il est armé de six canons de 127 mm antiaériens, quatre canons de 47 antiaériens et six tubes lance-torpilles contre-buts de surface ou contre-sous-marins.

A bord, nous sommes un peu en dessous des effectifs réglementaires de dix-neuf officiers et trois cent vingt-huit hommes. Ses frères de notre division sont homogènes. Nous sommes sortis des formations disparates de l'après-guerre.

A la fin de l'année, Landrot, qui a atteint la limite d'âge, est remplacé par Marcel Noël. Nos activités d'entraînement en Méditerranée ou en Atlantique alternent avec la surveillance maritime des côtes algériennes un mois sur deux. Nous avons beaucoup à faire pour contrôler les nombreux bâtiments marchands qui longent l'Algérie. Sachant que la quasi-totalité des pays maritimes a des sympathies pour le FLN, nous réussissons généralement à les empêcher de faire escale en Tunisie, où se trouve concentré le gros de la rébellion. A plusieurs reprises, nous effectuons des tirs au canon sur les falaises apparemment désertes du Constantinois autour du Collo ou du cap de Fer. Ma spécialité de fusilier et mes fonctions de chef d'état-major m'amènent à conduire à terre, avec des commandos de Marine embarqués à cet effet, les trois corps de débarquement de nos escorteurs en appui de l'armée de Terre, qui fouille les grottes le long des côtes. Deux opérations de ce genre moyennant un seul blessé ne permettront la capture que de deux fellaghas.

Longeant souvent la côte de près, nous en profitons pour mettre des embarcations à l'eau et rendre visite aux postes isolés. Nous leur apportons de la bière et des vivres. Dans l'un de ces postes, le commandant est inquiet. L'ambiance de son unité n'est pas bonne. Il m'explique que les enfants des miliciens autochtones, les Harkis, mènent paître les troupeaux du village dans les montagnes des alentours où les rebelles les laissent tranquilles moyennant un prélèvement tacite de quelques têtes de bétail. Cette complicité le met mal à l'aise. Aussi, à la nuit, laisse-t-il la garde de l'enceinte extérieure aux seuls Harkis et se retire-t-il à l'intérieur d'un réduit central avec sa section de soldats — des Sénégalais —, erreur psychologique vis-à-vis des Arabes.

*

Le général de Gaulle effectue un séjour privé à l'abbaye de La Celle, près de Brignoles, dans le Var, du 4 au 11 janvier 1960, essentiellement pour nous voir et méditer au calme sur les grands problèmes qui se posent aux Français — en particulier la restauration de nos finances publiques en voie de solution rapide et le sort de l'Algérie qui n'est toujours pas résolu.

On a rouvert l'hôtellerie à son intention. Elle ne comporte que cinq chambres et une suite meublée à la provençale. Les patrons s'y montrent discrets, le personnel y est réduit et presque invisible. La proximité de Toulon et de ses bâtiments de guerre amène à évoquer dans la conversation un des événements de notre histoire maritime : la bataille de Trafalgar du 21 octobre 1805 et son influence sur le renoncement de Napoléon à envahir l'Angleterre. Mon père pense, et c'est aussi mon avis, qu'il avait abandonné ce projet bien avant. Après cette bataille où la flotte franco-espagnole avait perdu dix-huit bateaux, il restait encore une soixantaine de vaisseaux français dans les ports impériaux. Sans doute, leur réunion en escadres importantes était-elle difficile. Nos meilleurs amiraux, Latouche-Tréville, homme d'envergure, et Bruix, bon marin, courageux et dévoué à Napoléon depuis la campagne d'Egypte, venaient malencontreusement de mourir de maladie.

Contrairement aux propagandes et aux légendes, l'armée française rassemblée au camp de Boulogne n'a jamais comporté plus de dix mille hommes. Elle a surtout servi de menace, puis de diversion. Les conditions climatiques de son transport de l'autre côté de la Manche étaient encore trop aléatoires pour les bâtiments à voile de ce temps. Les flottilles de bateaux de transport, quoique bien exercées, n'avaient jamais fait leurs preuves en haute mer. Après leurs allers et retours de France et d'Espagne vers les Antilles, Napoléon a vite compris que ses escadres manœuvraient trop lourdement pour l'emporter. Aussi, le 25 septembre, Napoléon était-il déjà à Strasbourg avec Joséphine, et les armées françaises avaient-elles déjà cinq cent trente-cinq mille hommes outre-Rhin et dans les Etats allemands. La bataille du 2 décembre 1805, dite des « Trois Empereurs », à Austerlitz et l'écrasement de l'Autriche étaient la conclusion d'une campagne préparée bien à l'avance. Si Napoléon a pu, un moment, projeter l'invasion de l'Angleterre, il en a sans doute abandonné très tôt l'idée.

Nous en arrivons, mon père et moi, à esquisser une comparaison avec Hitler renonçant lui aussi à débarquer en Grande-Bretagne pour se rejeter presque aussitôt sur la Russie. Si les perfectionnements techniques ont donné d'autres atouts au dictateur allemand, ce dernier a quand même engagé le combat avec les Anglais et l'a perdu, ce que Napoléon n'a pas tenté.

Le 1er janvier 1960, entre en vigueur le franc lourd qui vaut cent fois l'ancien franc. Quand j'avais, au cours d'une conversation quelque dix-huit mois plus tôt, suggéré que nous transformions notre monnaie en divisant par dix ou cent les symboles de notre unité de compte, voyant là un effet psychologique de nature à susciter la responsabilité et la fierté économique des Français, la réponse paternelle était tombée, sèche : « Ridicule ! » Je ne sais si c'est vraiment Pinay qui a trouvé le concept du nouveau franc ainsi qu'on le lui a attribué, car beaucoup, comme moi, ont dû en avoir l'idée.

Peut-être, préalablement chez mon père, celle-ci est-elle venue à la suite d'un entretien avec Aimé Césaire. Après l'avoir écouté avec patience et attention présenter les doléances de la Martinique, le Général avait fait venir un grand registre où les sommes comblant les déficits des Antilles s'étalaient en anciens francs sur les deux pages du livre de comptes. Puis il avait tracé une grande barre au crayon rouge en travers de ces pages en disant : « Monsieur le Président, l'indépendance, vous l'avez ! » Il n'en avait plus été question, mais la longueur des nombres inscrits avec beaucoup de zéros sur toute la largeur du document avait dû l'irriter suffisamment pour que le projet de les réduire au centième ne lui ait plus paru aussi ridicule qu'avant.

Le 18 janvier, un journal allemand à grand tirage publie une interview du général Massu, commandant le corps d'armée d'Alger, critiquant la position du gouvernement français à l'égard de l'Algérie (l'autodétermination déjà adoptée par tous les autres Etats de notre Communauté) et met en doute l'obéissance de l'armée aux directives correspondantes. Cet entretien est répercuté sans aménité par toute la presse. Le général Massu est rappelé en métropole. Convoqué par le général de Gaulle à l'Elysée, il en ressort en claquant la porte du bureau présidentiel et en grommelant des gros mots, ainsi que les aides de camp me l'ont rapporté. Il en conservera un profond ressentiment envers mon père.

A Alger, le 24 janvier, des civils en armes, provenant souvent des unités de défense territoriale, élèvent des barricades à l'instigation de Pierre Lagaillarde, président des étudiants locaux, de Jean-Jacques Susini et de Joseph Ortiz, tous issus de milieux imprégnés de la nostalgie de Vichy et qui détestent le général de Gaulle. Soutenus par la population, ils s'enferment dans un réduit en demandant le retour de Massu et la démission du chef de l'Etat.

Ce dernier, au cours de deux allocutions radiotélévisées les 25 et 29 janvier, expose de nouveau au pays sa politique algérienne et prescrit à l'armée, jusque-là restée passive, sinon complice pour certaines unités, de mieux soutenir la gendarmerie qui vient d'avoir une vingtaine de tués, et de rétablir l'ordre. Ce qui amène la reddition des insurgés le 2 février. L'un des effets politiques de cette insurrection manquée sera néanmoins de faire descendre d'un degré vis-à-vis des musulmans et du reste du monde qui, dans son ensemble, désapprouve les Français jugés colonialistes la valeur du jeu serré que le gouvernement mène avec la rébellion.

Le 3 février, le Parlement accorde des pouvoirs spéciaux pour l'Algérie au gouvernement de Michel Debré, et, le 5, il est mis fin aux fonctions ministérielles de Jacques Soustelle et Bernard Cornut-Gentille, en désaccord avec cette politique.

Le 13 se produit la première explosion nucléaire française à Reggane (Sahara). En France, elle provoque la fierté à juste titre et ne suscite aucune espèce de protestation. A l'étranger, la réprobation est quasi unanime. On prétend nous faire la morale, y compris chez nos bons alliés qui sont pourtant loin eux-mêmes d'être innocents à cet égard.

Du 3 au 7 mars, le général de Gaulle effectue un voyage d'inspection en Algérie à Hadjer-Mafrouch, Catinat, Redjar, Aumale, Batna où il prononce une allocution, aux Aziz près d'Alger et dans les commandements opérationnels du bled. Au cours de cette tournée comme en bien d'autres, au proche contact des populations, il encourt des risques personnels que bien peu de chefs d'État auront osé affronter.

Du 25 au 29 juin, des entretiens à Melun entre représentants du Front de libération nationale algérien et le gouvernement français se terminent sans obtenir de résultat.

En fin d'année, malgré les efforts considérables (le « Plan de Constantine » notamment) fournis par la métropole depuis près de deux ans, et en dépit des comptes rendus optimistes que les états-majors lui font régulièrement parvenir, il n'échappe pas à mon père qu'on a échoué à faire basculer la majorité musulmane du côté français. Si la bataille militaire est partout perdue pour la rébellion, qui ne pourra plus désormais rassembler que des patrouilles affaiblies et décimées, le FLN est en train de gagner la bataille politique par sa propagande. Il apparaît que l'autodétermination promise n'obtiendra finalement au mieux qu'une Algérie à majorité musulmane et à minorité européenne, associée à la France comme les autres pays de la Communauté franco-africaine, si toutefois les blessures entre les deux communautés n'ont pas le temps de s'envenimer davantage.

Aussi, face à la presse, à l'Elysée, le 4 novembre, le Général met-il de nouveau cartes sur table devant la nation, juge souverain, en parlant pour la première fois d'« Algérie algérienne ». Le 16 novembre, il examine ce projet en Conseil des ministres et du 9 au 12 décembre se rend en Algérie pour l'expliquer : le 9 à Zenata, Marnia, Aïn-Temouchent, Tenezera, Tlemcen où il s'adresse à la population sur la grand-place ; les 10 et 11 à Blida, Cherchell (à l'école militaire), Orléansville, Tizi-Ouzou, Ifira dans un quartier de Grande Kabylie en cours de pacification, Akbou, Seddouk et Bougie ; le 12 à Sétif et Telergma. Durant ce voyage, les partisans de l'Algérie française se heurtent violemment à des contre-manifestations musulmanes.

Les 20 et 31 décembre, le Général prononce encore deux allocutions radiotélévisées à l'Elysée pour expliquer aux Français la question qui leur sera posée par voie de référendum sur l'Algérie et leur demande de voter « oui » en leur présentant ses vœux. C'est dire si les gens qui prétendront ne pas avoir été informés de sa politique algérienne, ou trompés à son sujet, n'auront été que sourds, avant tout préoccupés de ne pas entendre.

L'énergie déployée par mon père aux fins de conduire les affaires est littéralement incroyable. Outre l'Algérie, les entretiens à l'Elysée avec les nouveaux chefs d'Etats africains continuent à un rythme soutenu tout au long de l'année pour asseoir les accords de coopération et d'aides au sein de la future communauté. Il œuvre à cela avec l'aide de Jacques Foccart, dont je ne pense pas pour autant que le Général l'ait reçu « tous les soirs », comme le prétendra l'intéressé. Cet effort réciproque de cohésion et de solidarité permet à la Communauté de bien résister aux tensions et aux surenchères qui se propagent sur tout le continent africain à la suite des guerres civiles qui viennent d'éclater au Congo belge, devenu indépendant le 30 juin.

En ce qui concerne les pays étrangers, mon père reçoit en visite officielle à Paris à flots réguliers souverains, présidents, Premiers ministres d'Europe et du monde entier.

*

A la mi-décembre, je quitte la division d'escorteurs d'escadre pour rejoindre l'escorteur rapide *Le Picard* [1], également basé à Toulon. J'en deviens le commandant pour une année seulement, du fait que j'ai déjà assumé un autre commandement d'Aviation embarquée pendant deux ans et demi.

Ma famille vient s'installer dans une villa au Mourillon. Des problèmes de sécurité gâchent un peu l'ambiance de notre nouveau séjour. Les actions du FLN, puis de l'OAS, imposent autour de nous une discrète surveillance de la police en civil.

La division formée par *Le Picard*, *Le Bourguignon* (commandant, capitaine de corvette Robin) et *Le Gascon*, du nom des premiers régiments soldés de la monarchie française, est commandée par le capitaine de frégate Jean Guillou, qui est en même temps commandant du troisième bateau. Lors de ma visite d'embarquement, c'est avec un sourire ironique qu'il me déclare « ne pas être du tout gaulliste » et même « avoir été d'avis, en 1940, de chasser les gaullistes des territoires africains passés à la dissidence ». C'est avec le plus grand calme que je lui réponds sur le même ton : « Quel dommage ! Si vous nous aviez rejoints, vous seriez maintenant amiral. » Mais l'homme, sous-marinier de sa spécialité et de six promotions avant la mienne, témoigne de grandes qualités humaines et professionnelles.

Je suis censé disposer d'une douzaine d'officiers et de cent quatre-vingt-cinq hommes ; en réalité, toujours un peu moins. C'est un équipage à « dimension humaine » dont tous les élements me sont connus. Malgré l'exiguïté des locaux et l'inconfort d'un bateau souvent secoué par la mer, les gens du bord ne souhaitent généralement pas en changer. Mes seconds, durant les premiers mois, sont le lieutenant de vaisseau Gérard Bianquis (ancien de la France Libre), puis le lieutenant de

---

1. *Le Picard*, mis en service comme ses frères en 1953, est un bâtiment de 1700 tonnes, très marin et bien manœuvrant, d'une centaine de mètres de long et d'un peu plus de 10 mètres de large. 20 000 chevaux et deux hélices donnent une vitesse maximale de 28 nœuds et 4 500 milles de rayon d'action à 15 nœuds. Les armes anti-aériennes, et éventuellement anti-surface, sont trois tourelles doubles de 57 mm et deux canons de 20 mm automatiques. Les armes anti-sous-marines sont un lance-roquettes sextuple de 375 mm et 12 torpilles.

vaisseau Michel Py qui, chacun à leur manière, rempliront bien la mission qui consiste essentiellement à préparer le bâtiment et son équipage à l'action du commandant.

Ma chambre-bureau, précédée d'une petite salle à manger, se situe au niveau du pont à l'avant, directement sous la passerelle découverte à laquelle je puis accéder en deux dizaines de secondes. Dans ma couchette, la nuit, un compas renversé au-dessus de ma tête m'indique à tout moment le cap suivi. Dès qu'on en change, je le sens par les mouvements différents du bateau et je me réveille aussitôt. Derrière la cloison, j'entends les vibrations des machines dont je perçois instantanément les changements d'allure, le chuitement de la mer le long de la coque, son déversement de part et d'autre de la plage avant par gros temps, ou les coups de gong que produisent les paquets de mer sur le bouclier de la tourelle avant lorsque les lames deviennent hautes. J'ai l'impression de faire corps avec mon bateau jour et nuit.

Nous serons en mer, en entraînement d'unité, en exercices d'escadre ou en surveillance maritime le long de la côte algérienne deux cent dix jours dans l'année.

*

Amorcée à la fin de 1959, la politique d'autodétermination en Algérie a dû évoluer de la solution la plus française, qui ne s'est pas révélée possible malgré beaucoup d'efforts, vers une solution « algérienne ». Bien qu'il ait pensé qu'il était pour l'essentiel « trop tard », mon père a été obligé de s'en tenir, parfois malgré lui, à la formule « les choses étant ce qu'elles sont... ». J'ai pu constater moi-même sur place, en Algérie, à plusieurs reprises, l'état des mentalités. Ainsi, un sous-préfet d'origine musulmane, monté à bord du *Picard* en uniforme, m'expose qu'il est tenu en quarantaine à la fois par la population autochtone qui le surnomme « le Français » et par les Européens locaux qui le traitent d'« Arabe » — ces derniers ayant beaucoup crié « Intégration ! Intégration ! », en pensant « *statu quo ante* ». L'évolution est inéluctable. Le Général a exposé son point de vue en ce sens au cours de très nombreuses conférences de presse ou allocutions, en particulier au cours des derniers mois de 1960. Encore une fois, personne n'a le droit de prétendre avoir été trompé en ce domaine, même si certains peuvent déplorer que le président de la République n'ait pas pris leurs désirs pour des réalités.

Le 8 janvier 1961, le Général soumet la question au référendum national qui approuve sa politique par plus de 75 pour cent des suffrages exprimés en métropole et dans les départements d'Outre-Mer, et plus de 70 pour cent en Algérie. L'organisation de la rébellion algérienne (FLNA) se déclare prête à entamer des négociations qui se succèdent sans parvenir à un accord.

Afin de contrer la politique du gouvernement, l'OAS déclenche à partir du mois de mars attentats à la bombe, incendies et mitraillages.

Le 22 avril, les généraux du cadre de réserve Challe, Jouhaud et Zeller, rejoints le lendemain par le général Salan, provoquent une insurrection militaire avec l'aide de quatre régiments de la Légion étrangère et de parachutistes, ces derniers en majorité des volontaires issus de la conscription, auxquels se joignent des éléments des unités territoriales formées principalement d'Européens locaux. Ils s'emparent de la radiodiffusion, des principaux centres de décision, et des autorités civiles et militaires, notamment du commandant en chef et du délégué général en Algérie. Ils espèrent contraindre le pouvoir à revenir en arrière et pensent bénéficier d'encouragements sinon d'accommodements de la part de puisssances étrangères inquiètes des agitations arabes.

Le hasard d'une relève de bâtiments de guerre en surveillance maritime veut que *Le Picard* et les deux autres escorteurs rapides de la même division entrent dans le port de Mers-el-Kébir le lendemain, à l'aube, du « putsch des généraux » qui a éclaté la veille au soir. N'ayant reçu aucun message, j'en ignore tout. Il a été convenu que mon bateau et celui de Robin prendront les premiers tours de patrouille dès l'arrivée, mais le capitaine de frégate Guillou décide tout à coup de prendre le large à ma place. Etant plutôt favorable à l'Algérie française, peut-être a-t-il eu dans la nuit des informations particulières et préféré s'éloigner pour n'avoir pas à se poser des problèmes de conscience et de loyauté.

Robin et moi, nous accostons donc nos bâtiments à quai et je vais prendre les ordres à l'état-major dans le souterrain de la base. Sur le quai, je rencontre le capitaine de vaisseau Pierre Favreau, autre ancien de la France Libre, commandant la division d'escorteurs d'escadre que nous relevons.

« Mon petit vieux, cela sent mauvais ici, me dit-il aussitôt. Je fiche le camp et vous conseille d'en faire autant sans tarder ! » Et il m'apprend la nouvelle. A l'intérieur, je trouve le vice-amiral d'escadre Querville, préfet maritime, seul dans son bureau et très abattu. Il s'est enfui, paraît-il, de sa résidence à Oran en passant par les jardins la nuit précédente, au moment où les parachutistes rebelles s'apprêtaient à l'appréhender. Il soupçonne des complicités dans son propre état-major dont le chef même est un partisan déclaré de « l'Algérie française ». Je l'encourage du mieux que je peux en lui proposant de « mettre sa marque », c'est-à-dire de s'établir, sur *Le Picard*.

La compagnie de garde a été réduite au plus juste et compte à peine une section de jeunes appelés. A quoi il faut ajouter un peloton de gendarmes maritimes très exposés dans le petit poste isolé à l'entrée de l'arsenal dont les ouvriers et les employés, presque tous des Européens locaux, sont certainement dans leur ensemble favorables à la rébellion.

Je conseille à l'officier d'équipage Leclercq, qui a en charge la compagnie de garde, d'établir un barrage de sacs de sable dans le long couloir souterrain qui mène au Central opérations et au bureau de l'amiral. Peu après avoir dépêché sur place deux matelots avec un fusil-mitrailleur, c'est accompagné d'un de ses seconds maîtres que Leclercq tombe sur un lieutenant et un adjudant de la Légion étrangère à l'allure conquérante, manches retroussées et décorations bien apparentes. Eclaireurs d'un groupe de parachutistes qu'on aperçoit à cent mètres de là, ils viennent de franchir la porte de l'arsenal, passant outre aux gendarmes. Ils sont aussitôt braqués par la mitraillette du second maître, tandis que Leclercq retire prestement à chacun son pistolet. Frappés de stupeur, ils menacent d'user de la force, montrent leur contingent d'accompagnement qui attend assez loin à distance, sans doute pour camoufler son petit nombre. Leclercq et son acolyte désignent le barrage dans le couloir : « Allez-y, si vous voulez vous faire mitrailler dans le souterrain », puis les renvoient, désarmés, à ceux qui se présentaient, à l'esbrouffe, comme l'avant-garde de tout un bataillon. A vrai dire, les rebelles disposent en effet d'une unité de cette importance, mais pour toute la ville d'Oran et ses environs.

Deux hommes du *Picard*, originaires d'Oran, me demandent la permission de rendre visite à leur famille. Non sans hésitation, je leur accorde quarante-huit heures. Je cours le risque de ne pas les voir revenir. Mais ils seront de retour à l'expiration de leur permission. Ils m'informent qu'il ne paraît y avoir qu'un seul bataillon putschiste au milieu d'une population qui ne bouge pas pour le soutenir.

Je fais mettre en alerte mon corps de débarquement et, pour la nuit, tiens mon bateau à l'écart du quai.

Après avoir publiquement condamné le « putsch des généraux » le soir du 22 avril, le général de Gaulle apprend que son fils se trouve dans le port de Mers-el-Kébir « dont la situation est rien moins qu'assurée ». Les mutins pourraient en profiter pour le prendre en otage comme ils l'ont fait pour d'autres. Il adresse une lettre à l'amiral Cabanier le 24 ordonnant que je ne mette pas pieds à terre.

Je pressens qu'on va s'efforcer de m'éloigner d'une façon ou d'une autre. Avant qu'on me fasse passer pour quelqu'un qui se défile, ce qui laisserait Querville sans soutien, je fais mettre bas les feux et entreprends aussitôt la révision de mes machines, arrivées à échéance, à quelques jours près, des prévisions d'entretien. Ainsi ne pourra-t-on plus m'obliger à appareiller. Pour plus de sûreté pendant mon immobilisation, j'utilise un remorqueur afin d'amarrer mon bateau à deux cents mètres du quai.

Le « putsch des généraux » s'effondre le 26 avril sans effusion de sang. Le général de Gaulle avait donné l'ordre de réduire celui-ci par tous les moyens en cas de résistance. Il n'a pas été nécessaire de tirer.

Une lettre datée du 27 avril [1] et qui ne me parviendra qu'au tout

1. Voir *Lettres, notes et carnets, 1958-1970*, parus chez Plon.

début du mois de mai me révèle la directive de mon père à la Marine en ce qui me concerne — directive restée absolument sans effet puisque j'avais déjà fait en sorte de ne pouvoir y répondre :

27 avril 1961

« Mon cher Philippe,

Je te souhaite une bonne fête. Que Dieu — le Dieu des Français — te garde et te conduise !

L'affaire d'Algérie crève un abcès qui, de toute manière, devait être vidé. Mais le redressement et le renouveau militaires sont aussi difficiles qu'ils sont indispensables. L'événement va, à cet égard, me permettre beaucoup de choses. Corrélativement, le rétablissement de l'Etat dans son autorité et dans sa capacité à être, à présent, activé. Je dois dire que la Marine, quant à elle, s'est bien comportée.

Je t'ai fait retirer de Mers-el-Kébir à un certain moment parce que je me méfiais de quelque erreur ou surprise locale qui t'aurait mis à la discrétion des insurgés. Or, c'était à éviter absolument — ne fût-ce que pour mon propre "standing".

Au revoir, mon cher Philippe. Après moi, tu auras forcément beaucoup et de grandes choses à faire.

Ta maman et moi t'embrassons, mon cher Philippe, de toute notre profonde affection.

Ton père qui t'aime. »

Dans cette déplorable affaire qui n'a fait que diminuer plus encore nos chances de trouver une solution pacifique, l'ensemble des forces armées en Algérie s'est montré hostile aux mutins. Le contingent métropolitain, qui en a assez de servir vingt-huit mois et plus, n'a pas cédé aux incitations à la mutinerie. Contrairement à certaines légendes, les soldats professionnels sont restés loyaux à la République, y compris la grande majorité des parachutistes, à l'exception du seul 2e Régiment étranger, qui a obéi à ses chefs passés à l'insurrection. On n'a cependant peut-être pas assez remarqué que, à l'inverse, beaucoup de nos unités autochtones auxiliaires, assez désorientées, resteront sous influence de l'OAS.

Aussitôt après le rétablissement des pouvoirs normaux en Algérie et après la fin de la courte indisponibilité technique du *Picard*, je reprends le large pour la patrouille de surveillance maritime. Je retrouve l'escorteur rapide de mon camarade Robin. Il me signale qu'il est en train de suivre un cargo polonais qui refuse la visite de contrôle dans la zone des six milles de côte fixée par la France pour ses eaux territoriales. Etant le plus ancien, c'est à moi de décider ce que nous devons faire. Après une demi-heure de sommations sans succès, nous envoyons deux coups de canon de semonce devant l'étrave du récalcitrant et une rafale de 20 mm devant sa passerelle. Les Polonais préfèrent obtempérer à ces « fous de Français » capables de se livrer à tous les excès, non sans nous envoyer force protestations par signaux flottants internationaux. Sur la passerelle du cargo, un homme muni d'un appareil photo prend le *Picard* au moment où il passe dans un secteur où la côte n'est pas visible, tandis que le commandant polonais pose au premier plan. Ainsi pourra-t-il démontrer qu'il a dû céder à la force, prétendant qu'il se trouvait en haute mer. Nous envoyons notre équipe de visite à bord d'un dinghy à moteur. Elle réussit à monter à bord, non sans mal. Des marins du cargo sont en armes, mais ils ne s'opposent pas à la visite. Les nôtres demandent à vérifier les documents du bord. Tout transport maritime d'armes, de stupéfiants ou de femmes doit être saisi où que ce soit en mer, selon les lois internationales. Ils découvrent dans les cales des marchandises hétéroclites et quatre camions, autant qu'on puisse voir sans tout fouiller. Leur destination officielle est Smyrne, en Turquie. Nous escortons le bâtiment jour et nuit afin de l'empêcher de s'approcher de l'Afrique du Nord, puis, à la limite de notre patrouille, passons le relais à un autre bâtiment de guerre au large de Bizerte. Mais ce dernier se fera manœuvrer et laissera filer notre hôte indésirable vers Tunis. Il ne s'agissait ni plus ni moins que de l'un de ces cargos qui essayaient alors de profiter du désordre causé par le « putsch des généraux » pour ravitailler le FLNA. Un de nos camarades nous racontera qu'il n'est pas parvenu à stopper un grand pétrolier anglais allant, lui aussi, ravitailler la Tunisie où se trouve le gros des rebelles algériens.

Les deux ou trois jours d'escale à Mers-el-Kébir entre patrouilles sont assez monotones. L'officier des équipages Leclercq m'emmène en voiture dans les cités où habitent comme lui nombre de militaires et ouvriers de la Marine. Notre passage soulève un concert de klaxons et de casseroles sur l'air d'« Algérie française » : trois notes brèves et deux longues. De là, nous gagnons la grande plage d'Aïn-el-Turk où je me suis rendu, quelques années auparavant, avec ma femme et mes enfants. Là aussi, nous rencontrons une ambiance hostile. Des gens nous montrent du doigt. Je me rabats sur le club nautique à l'extrémité du port de guerre. On peut s'y baigner entre des blocs de pierre reliés par des terre-pleins cimentés. L'atmosphère y est encore pire qu'ailleurs. Dès mon arrivée, tous m'évitent ou me tournent le dos. Tandis que je nage au milieu du bassin, de très jeunes gens font de la plongée. L'un d'eux s'approche de moi sous l'eau et m'érafle la hanche avec la flèche de son fusil sous-marin. Lorsque je reviens au vestiaire, je constate que ce qui restait de mes vêtements a disparu, sauf ma casquette qui a été défoncée. Les garçons d'office, goguenards, me prêtent une serviette et je dois téléphoner au *Picard* pour qu'on m'apporte quelque habillement de rechange.

Durant la seconde moitié de 1961, me voici à mon tour chef de division, promu capitaine de frégate le 1er octobre. L'année s'achèvera pour *Le Picard*, *Le Gascon*, *Le Bourguignon*, bâtiments particulièrement robustes, par des périodes d'entraînement avec les sous-marins et porte-avions au large des côtes de Provence, et deux grands exercices d'escadre au large de l'Italie du Sud, puis dans les eaux marocaines, mauritaniennes, sénégalaises et ivoiriennes avec les courtes escales de courtoisie correspondantes.

Nos opérations maritimes ne nous ont pas fait perdre de vue le reste du Maghreb. Au Maroc, le roi Mohamed V meurt en février, remplacé par son fils Hassan II. La Tunisie, qui héberge la plus grande partie de la rébellion algérienne, est pressée de voir la fin du conflit. Plusieurs visites à Paris de son Premier ministre M. Masmoudi recueillent l'assurance des Français qu'ils évacueront la base de Bizerte dès la paix rétablie en Algérie. Bizerte est, en effet, l'une des quatre grandes bases indispensables au ravitaillement ou tout simplement à l'évacuation des forces de près d'un million d'hommes que nous entretenons dans la seule Algérie.

Mais, excipant des travaux de renforcement en cours aux extrémités des pistes de l'aérodrome et d'aménagement d'aires de stationnement pour les avions lourds nécessaires à l'armée française toute proche, le président Bourguiba se laisse prendre dans une spirale de surenchères. Poussé par la rébellion algérienne qui cherche à affaiblir la France durant les négociations en cours, probablement soucieux d'avoir en compte un gage public d'aide militaire au FLNA, en même temps désireux de donner à une simple rétrocession à terme l'image d'une reconquête immédiate, il réclame la base de Bizerte le 15 juillet. Ses troupes l'investissent, bloquent le terrain d'aviation par des tirs d'armes automatiques et tentent de s'en emparer les 18 et 19 juillet. « Encore des gens qui se trompent de République française ! commente mon père. Peut-être se croient-ils toujours sous Mendès France ! »

Le 22 juillet, les Français s'étant dégagés et ayant pris le contrôle de la région, ils acceptent un cessez-le-feu. Le 29 septembre, par des accords signés à Paris, la France confirme une fois de plus son intention d'évacuer la base dès que la situation en Algérie et dans le monde le lui permettra.

Challe et Zeller se sont rendus dès le 26 avril tandis que les autres conjurés passent dans la clandestinité. Aux crimes du FLNA succèdent ceux de l'OAS par plusieurs vagues d'assassinats et d'attentats à la bombe (2 322) en juillet, août, septembre et novembre, tant en Algérie qu'en métropole. Le général de Gaulle est lui-même l'objet de plusieurs tentatives, dont un attentat par explosif le 8 septembre à Pont-sur-Seine sur la route de Paris à Colombey-les-Deux-Eglises. Sa voiture conduite par le maréchal des logis de gendarmerie Francis Marroux, qui a foncé sans perdre son sang-froid, a traversé un véritable rideau de flammes. Mal disposées et mouillées par la pluie, les charges ont fait déflagration et non explosion. La peinture noire et les pneus de la voiture ont été littéralement passés au chalumeau. Surpris par la population dans un bois à proximité, l'un des coupables est aussitôt appréhendé.

Le Général n'accepte pas pour autant de limiter ses activités et ses déplacements. De passage à Paris dans les derniers jours de décembre 1961, je suis intercepté par Roger Frey, ministre de l'Intérieur, qui me conjure de persuader mon père d'éviter autant que possible les déplacements. Leur vulnérabilité lui cause beaucoup de soucis. La réponse de l'intéressé est sans appel : « Pas question ! » et il change aussitôt de sujet en me parlant du cosmonaute russe, le colonel Youri Gagarine, qui a réussi, le 12 avril précédent, le premier vol humain dans l'espace et à en revenir vivant. Mon père soupçonne que Gagarine a dû avoir un ou plusieurs prédécesseurs moins heureux, qui n'auraient pas été éjectés en parachute de la sphère de métal où ils avaient été enfermés, souffrant dans toutes les positions. Et de me montrer le petit « spoutnik » que Khrouchtchev lui a fait remettre comme à beaucoup d'autres personnalités pour soutenir la propagande autour de l'événement. C'est une petite boule d'un kilo d'argent munie d'antennes et frappée de la faucille et du marteau. Après sa mort, ma mère donnera l'objet. Elle procédera souvent ainsi du vivant même de mon père qui n'était, pas plus qu'elle, collectionneur et laissait volontiers distribuer autour de lui des dons qu'il avait pourtant reçus avec plaisir. Ne se préoccupant guère de la valeur d'un cadeau, elle appréciait plutôt l'intention qui l'accompagnait.

De nombreux animaux, parfois très encombrants, furent remis à mes parents durant leurs voyages en France ou à l'étranger : éléphants, ours de Sibérie, panthères, cervidés, chevaux, poneys, qui iront aussitôt garnir les zoos, les haras et les parcs nationaux, à l'exception d'un mouton qu'on gardera à « La Boisserie » l'espace d'une année pour le bonheur de leur petite-fille Anne de Boissieu.

En attendant, faute d'avoir pu obtenir que son patron accepte de restreindre ses mouvements et des contacts toujours recherchés avec la population, le pauvre Roger Frey s'efforce de diversifier les trajets et les moyens de transport, en particulier entre Paris et Colombey toutes les trois semaines environ. De la voiture, qui n'est pas blindée, on passe à l'autorail spécial que le Général juge trop contraignant et ridiculement périmé ; puis, plus tard, à l'hélicoptère qui lui donne au contraire l'impression d'accroître considérablement sa liberté de mouvement, voire ses moyens d'escapade. Il lui arrivera de faire un crochet pour aller admirer quelque monument ou paysage caractéristique de la

« France vue du ciel », film qu'il fait projeter par exemple pour le Premier ministre britannique Mac Millan, lors de son dernier passage à Paris.

Lors de ses fréquents périples en province, le Général sera le plus souvent accueilli par des acclamations, parfois avec hostilité, ou même par des vociférations et des insultes — « la haine des incapables et des ratés », dit-il —, ce qui ne l'empêchera jamais de poursuivre sa route. Presque toujours, il entre en contact direct avec la foule, même si celle-ci lui est défavorable, à la grande inquiétude de son aide de camp, de ses gardes du corps Paul Comiti, Roger Tessier, Henri D'Jouder le Kabyle, Paul Aubry, des militants fidèles et du service d'ordre de la police qui craignent un attentat.

Durant cette même année 1961, il reçoit en visite officielle le président des Etats-Unis, John Fitzgerald Kennedy, la grande-duchesse de Luxembourg, le roi des Belges, la reine des Pays-Bas, le shah d'Iran, les présidents respectifs des républiques du Gabon, du Sénégal, de la Côte d'Ivoire, d'Allemagne fédérale, du Niger, du Dahomey et du Congo. A quoi s'ajoutent plusieurs fois par mois de nombreux entretiens avec les ministres de pays aussi différents que l'URSS, les Etats-Unis, la Tunisie (avant l'affaire de Bizerte), le Laos, le Pérou, Israël, le Canada, l'Espagne, le Québec, dont Jean Lesage, le Premier ministre, vient attirer l'attention du Général sur la situation politique de la « belle province », enfin avec le secrétaire général de l'Organisation des Nations unies.

Fait unique qui mérite d'être noté, le 21 février 1961, les ambassadeurs des vingt Etats de l'Amérique du Sud, souvent en conflit les uns avec les autres, se réunissent à Paris pour une réception exceptionnelle organisée à l'intention du général de Gaulle au nom de la culture latine commune.

Soit à l'Elysée, soit à Rambouillet, les chefs d'Etat africains et malgache viennent le consulter sans relâche. Il leur conseille la cohésion lorsqu'il proviennent de la Communauté française et la conciliation dans les litiges lorsqu'il s'agit de ceux du reste de l'Afrique. Il craint par-dessus tout l'anarchie en Afrique parmi les pays nouvellement indépendants. Sans interférer sur des responsabilités qu'il ne considère plus à la charge des anciens colonisateurs, il est persuadé que la paix, l'entente et les développements sur le continent africain exigeront encore l'attention de ces derniers. « Dans la Bible, il y a Sem et Japhet dont on entend beaucoup parler, mais il y a aussi ce pauvre Cam », soupire-t-il.

Les relations au sein du monde occidental se sont durcies avec l'arrivée au pouvoir de Nikita Khrouchtchev. Le 13 août 1961, la République démocratique allemande, sachant que les pays de l'Ouest sont en vacances, entreprend de séparer son secteur à Berlin de celui des Alliés en construisant un mur au milieu de la ville.

Depuis Colombey-les-Deux-Eglises, mon père donne l'ordre aux troupes françaises d'écraser avec leurs blindés les barbelés et les clôtures au fur et à mesure qu'on les dressera devant eux. Mais ils se trouveront chaque fois contournés par des miliciens allemands que les secteurs mitoyens américains laissent passer sans réagir. Après quelques jours, les Français, isolés, sont obligés d'abandonner ce jeu de barres. Là, comme ailleurs, les incitateurs soviétiques se tiennent à quelque distance derrière.

En attendant, l'Allemagne de l'Est communiste continue de servir de repaire et de relais à beaucoup d'entreprises subversives, dont les menées ne sont pas étrangères à quelques agitations « anticolonialistes » en Indochine, en Afrique du Nord ou ailleurs.

Alors que les pourparlers entrepris avec nous n'avancent pas comme il le souhaiterait et ont même été plusieurs fois ajournés, le FLNA provoque des manifestations à Paris les 17, 18 et 19 octobre, manifestations qui sont intolérables pour un Etat français digne de ce nom et toujours en guerre contre la rébellion. Une chose est de négocier avec lui à travers un gouvernement régulièrement investi, une autre de trahir en aidant l'adversaire. Ces démonstrations sont étouffées dès le départ. Plusieurs milliers de manifestants algériens, venus des banlieues communistes de Paris où ils ont des complicités, sont poussés par leurs meneurs, au besoin par la terreur. La plupart, persuadés par la police de faire demi-tour dès la sortie des métros, obtempèrent aussitôt, tandis que quelques centaines d'agitateurs sont séparés ou appréhendés. Après identification, beaucoup sont renvoyés en Algérie sur-le-champ. L'opinion, qui trouve naturelle la fermeté du service d'ordre parisien, reste pratiquement indifférente à l'incident, malgré quelques gros titres de certains journaux.

Trente-cinq ans plus tard, ouvrant un procès à l'encontre du préfet de police de l'époque, qui fut fonctionnaire de Vichy par nécessité de subsistance comme presque tous — bien que certains aient, plus heureusement, choisi de démissionner —, on tentera de nouveau de grossir les événements de manière à culpabiliser l'Etat français. De fait, au plus fort des manifestations en question, on a trouvé en tout et pour tout trois corps : un premier, tué à coups de couteau, ce qui n'est pas le résultat d'une pratique policière, dans le quartier de Charonne à Paris au lieu de dispersion d'un cortège ; un deuxième, dans la Seine, près de la place Saint-Michel, sans rapport avec les événements ; et un troisième, victime d'une rixe dans un quartier périphérique sis encore plus loin de là.

Il faut rappeler que le terrorisme algérien en métropole a causé, de 1956 à 1962, 3 957 tués et 7 745 blessés musulmans, auxquels il faut ajouter 219 tués et 1 168 blessés métropolitains.

*

Muté dans les tout premiers jours de janvier 1962 à l'état-major interarmées, division Emploi, je suis nommé chef de section des forces nucléaires. L'état-major est placé sous le commandement du général d'armée aérienne André Martin, dit « le Renard », nom qui sied bien à sa perspicacité et à sa circonspection. Mon arrivée suscite les réticences du chef de la Force aérienne stratégique qui, étant jusqu'à présent le seul engagé dans l'arme nucléaire, en détient avec son armée le monopole de fait et considère l'irruption de la Marine, bientôt suivie de celle de l'armée de Terre, comme une sorte d'intrusion. Mais le rôle essentiel joué par nos ingénieurs d'artillerie navale ou du génie maritime (ingénieur général Chevallier, en particulier) dans l'invention et la réalisation atomiques françaises où nous n'avons été aidés par personne, les progrès rapides des marins qui dépassent bientôt les silos enterrés du Plateau d'Albion dévolus aux aviateurs par la construction d'un sous-marin lance-missiles et de ses projectiles parfaitement réussis, la vocation de nos forces terrestres à se détourner de campagnes outre-mer jugées révolues et à se trouver une vocation tout aussi primordiale dans la défense telle que le général de Gaulle en a redéfini les orientations, en bref, la force des choses me permettront d'entrer petit à petit dans un domaine jusque-là réservé à la seule arme capable d'utiliser des bombes.

Avant de découvrir tout l'intérêt de mon nouveau poste, ma première réaction est la résignation du marin à une inévitable corvée, conséquence d'une spécialité d'état-major acquise à l'Ecole de guerre. Encore nombre de mes camarades préfèrent-ils sacrifier quelque peu leur carrière que de devoir s'établir dans une capitale où il est difficile de se loger, onéreux de vivre et fastidieux de fréquenter une société à leur goût trop mélangée. J'ai, pour ma part, le grand avantage de me rapprocher de mon foyer et de mes parents. Avec un inconvénient de taille cependant du fait de l'affaire algérienne : l'escorte constante de deux agents de la préfecture de Police, tandis que mes enfants doivent utiliser une voiture officielle pour se rendre à leur collège, et subir au passage les commentaires désobligeants de quelques imbéciles qui croient à un abus d'utilisation.

Mes fonctions me conduisent à deux reprises au milieu du Sahara, à Reggane et à Im-Amguel pour assister à une expérimentation nucléaire. Je ne la verrai pas, celle-ci devant être chaque fois remise. A l'escale de notre avion militaire à Oran-La Sénia, les Français sont toujours présents au minimum technique. Autour les terrains sont presque déserts, les campagnes paraissent tristes et abandonnées. A destination, nous logeons dans des cabines métalliques posées à même le sol et climatisées. A perte de vue, mer de sable et rochers arides de l'« Atlantide ». Il est insolite pour un marin de se trouver là, même si j'en rencontrerai un autre chargé, avec des mineurs du nord de la France, de creuser les puits des essais souterrains.

▲
L'enseigne de vaisseau Philippe de Gaulle debout sur le plan d'un bombardier en piqué d'aviation embarquée sur un porte-avions en automne 1946.

L'enseigne de vaisseau de 1re classe ▶
Philippe de Gaulle en jeep devant le carré des officiers de la base d'aéronautique navale d'Hyères, en automne 1946.

Dans le vieux château de La Cueille le 30 décembre 1947, une des très rares photos autorisées du mariage de l'enseigne de vaisseau Philippe de Gaulle et d'Henriette de Montalembert.

◀ Le lieutenant de vaisseau Philippe de Gaulle au siège de pilote d'un TBM de sa flottille la 6F, à Lartigue en mai 1952, près d'Oran en Algérie.

Port-Lyautey (Maroc) en avril 1952. Devant la ligne des Lancasters de la flottille 2F les équipages, dont le premier est le lieutenant de vaisseau Philippe de Gaulle, officier en second. ▼

▲ Mai 1952. Le dernier virage avant de se poser sur le *La Fayette*. Les premiers avions appontés sont rangés sur l'avant.

◀ … à la dernière ligne droite avant l'appontage… Que le pont est petit ! Et pourtant, de jour comme de nuit, on y pose un monomoteur de la taille d'une locomotive !

▲
Le porte-avions *La Fayette* en baie d'Along au Tonkin, en octobre 1954.

Lartigue, près d'Oran, le 2 octobre 1954, devant les avions de la 6e flottille d'aviation embarquée. Je viens d'en passer le commandement à mon camarade André Rivron (au centre) que vient de reconnaître le capitaine de frégate Maurice de Brossard. ▶

◀ A notre arrivée à La Boisserie en été 1953, ma femme, nos deux fils Charles et Yves et moi-même sommes accueillis par mes parents et ma sœur Elisabeth.

Dans la forêt des Dhuits proche de Colombey, en été 1954. Un des très rares pique-niques auxquels mon père, furieux ici d'être photographié, consent à assister. J'arrange la table sous l'œil attentif de deux de mes fils. ▼

▲
Fin septembre 1954. Au portail d'entrée de La Boisserie, mon père, en compagnie de son petit-fils et de son beau-fils (à sa gauche) et de moi-même (à sa droite), reçoit l'hommage de la fanfare des Verreries de Bayel.

Colombey-les-deux-Eglises le 14 septembre 1958. Le général de Gaulle reçoit le chancelier Adenauer à La Boisserie. A droite, le colonel de Bonneval.
▼

Au cours d'une ▶
réception à l'Elysée le
25 juin 1959, mon
père et moi-même
accompagnés de ma
mère et de ma femme.

◀ A mon domicile parisien au début des années 60. A gauche ma sœur Elisabeth, mon père, ma femme Henriette, mon fils Yves en premier communiant, mon fils Jean, et à droite mon beau-frère Alain et ma mère.

Des Touaregs noirs, habillés de bleu, fournissent une main-d'œuvre de complément. Des Touaregs blancs, provenant des castes nobles, les attendent à distance, à l'heure de la paie, pour percevoir le tribut que leur doivent traditionnellement les catégories serves. Le jeune sous-préfet du gouvernement algérien, souvent présent, désapprouve ces coutumes mais n'intervient pas, du moins pas encore. Il apporte son aide aux Français, conformément à nos accords, en assurant la sécurité et n'hésite pas à enlever sur-le-champ en hélicoptère le berger, jeune ou vieux, qui se trouve dans la zone dangereuse au moment des expérimentations.

*

Au début de 1962, le plus grand paquebot du monde mis sur cale en octobre 1957 aux Chantiers de l'Atlantique, le *France*, est prêt à entrer en service. Il doit être notre ambassadeur de prestige en reliant l'Europe aux Amériques, et en particulier les Etats-Unis. Mon père, qui n'en est pas l'initiateur mais qui est décidé à l'utiliser au mieux pour le rayonnement de notre pays, a fait activer sa construction. Ma mère, qui a été la marraine du *France* à son lancement le 11 mai 1960 à Saint-Nazaire, doit présider à la croisière inaugurale le samedi 3 février 1962. Elle ne déteste pas les voyages, mais les conditions officielles de celui-ci ne l'enchantent guère. Mon père s'en abstient : le président de la République a vraiment autre chose à faire. Aussi, suis-je réquisitionné pour accompagner ma mère et lui servir de chevalier servant.

Nous appareillons par un temps médioce d'hiver, mais les 57 000 tonnes de ce géant des mers de 315 mètres de long propulsés par 160 000 chevaux jusqu'à 32 nœuds permettent aisément de faire face à l'état de la mer. Il fait route vers les Etats-Unis en passant par les Canaries où je débarquerai avec ma mère qui, son devoir accompli, ne se soucie pas de poursuivre une croisière d'agrément, sa présence à bord risquant en outre de gêner les distractions des autres passagers. De fait, le chansonnier Jean Rigaud, qui a prévu un numéro comique où il daube le président de la République, diffère-t-il de vingt-quatre heures son programme par respect pour elle. Comblés mais épuisés par un marathon de visites dans tous les compartiments, nous débarquons à la première escale à Las Palmas des Canaries. Après un accueil « officieux » réservé à l'épouse du président de la République française par les autorités espagnoles, nous prenons l'avion pour Paris le soir même où nous arrivons dans la nuit.

Le *France* a été prévu pour quelque 1 900 passagers. Il effectuera les traversées Le Havre-New York en cinq jours d'abord, plein au deux tiers, puis aux trois quarts grâce à une clientèle en majorité américaine, satisfaite d'un dépaysement plus progressif et confortable que les transits par avion avec changements de fuseaux horaires. Le paquebot correspond à un type de clientèle régulière qu'il a déjà trouvée. Sa rentabilité doit être à peu près assurée. Hélas ! cette magnifique entreprise devait, comme d'autres activités de notre pays, littéralement périr par suicide syndical. Les effectifs de son armement, déjà plus que largement comptés au départ, passeront d'un équipage complet à un équipage et demi avec les remplacements, puis petit à petit à deux et plus encore, selon les exigences syndicales. On en arrivera bientôt à devoir relever par avion une partie importante des personnels durant des croisières touristiques de plus de quinze jours aux Caraïbes ou dans l'océan Indien. Dans les ports français, les dockers étrangleront périodiquement les activités, celles du *France* comme des autres bateaux, s'étonnant ensuite de se trouver de plus en plus souvent sans travail. Le comble sera atteint par deux grèves successives des bagagistes prenant en otage les passagers américains à leur arrivée en France. Ces derniers se promettront de ne plus jamais mettre les pieds sur un bateau français. Le déficit financier se conjuguant avec le découragement gouvernemental, on arrivera à désarmer le *France*... plus tard racheté par les Norvégiens, qui le baptiseront *Norway*, pour des activités devenues tout à fait rentables.

*

Un ou deux dimanches par mois, nous sommes conviés Henriette, nos trois garçons et moi à déjeuner en privé à l'Elysée. A part mon beau-frère Alain de Boissieu et ma sœur Elisabeth, mon cousin François de Gaulle, père blanc au Niger, qui vient dire la messe pour mon père et ma mère lorsqu'il est de passage à Paris, et un ou deux très proches, on ne convie personne d'autre. Mes parents entendent rester en famille, ce jour-là. Encore Alain de Boissieu et moi sommes-nous chargés de détourner la conversation dès que quelque tante ennuyeuse s'avise de parler politique ou de faire part des récriminations de sa province. Si nous échouons, alors ma mère prend le relais pour « faire du brouillage ».

Notre famille, qui est nombreuse, ne comprend pas toujours pourquoi elle n'est pas plus souvent invitée à la Présidence. Mes parents s'efforcent pourtant d'en convier la plupart de ses membres à déjeuner en semaine en petit comité ou lors des réceptions officielles, les uns après les autres.

Du Palais, il est rare que nous voyions autre chose que l'entrée, et, au premier étage, le bureau des aides de camp et celui de mon père. Nous nous rendons directement dans l'appartement privé situé au même niveau. Mes parents y ont fait aménager, sans apparat, les quelque six pièces dont ils disposent dans l'aile gauche, du côté de la petite rue de l'Elysée. Seul le chancelier Konrad Adenauer y logera dans une chambre d'amis après son retrait du gouvernement. Les collaborateurs, même proches, n'y viennent pas. Comme tout Parisien, le Général paie les impôts locaux et les autres frais inhérents à son logement. Il a même fait poser un petit compteur électrique pour séparer sa consommation personnelle de celle du Palais. Il serait fort mal vu que son fils, sa belle-fille ou ses petits-enfants à plus forte raison, aillent errer dans la partie officielle du bâtiment. Ces lieux et ces activités ne nous regardent pas.

Après le déjeuner, qui est assurément amélioré à notre intention, nous sommes conviés à faire « le tour du jardin ». Ce dernier est assez petit et médiocrement planté. Puis, on laisse les enfants dans le parc pendant que les adultes s'entretiennent de la famille, de la conjoncture ou vont voir un film dans la salle des fêtes : généralement, une production à la mode prêtée par une salle des Champs-Elysées, les premiers *James Bond, Le Tour du monde en 80 jours, Vingt mille lieues sous les mers*, dans de nouvelles versions. A notre cercle familial s'ajoutent alors quelques dizaines de spectateurs du Palais. Vers quatre ou cinq heures de l'après-midi, nous regagnons notre domicile dans notre véhicule personnel comme à l'aller.

Mes parents n'ont jamais beaucoup apprécié leur résidence. Ils s'y sentent comme « à l'hôtel ». Les meubles ne leur appartiennent pas, les horloges sont remontées par un spécialiste, les fleurs et les cendriers arrangés par une préposée. Ils n'y ont guère d'objets personnels, à part quelques livres et les souvenirs dont on leur a fait don lors de voyages officiels. Ils les y laisseront presque tous lorsqu'ils retourneront définitivement s'installer à Colombey.

Des événements qui se sont passés à l'Elysée durant son histoire, aucun n'a eu de caractéristiques glorieuses. C'est même le contraire. Dans un bureau du rez-de-chaussée, Napoléon a signé son abdication en 1814. « Ce n'est pas un lieu pour gouverner, dit mon père. C'est une résidence plus faite pour les dames que pour représenter “la Majesté du Peuple français”. Un lieu pour Mme de Pompadour ou Pauline Bonaparte entre autres. »

Le Général a envisagé d'autres résidences. Le château de Vincennes dispose d'espaces et de perspectives autres que le vis-à-vis mesquin des rues de Paris. Mais l'épaisseur des murs, la difficulté de les percer de fils et de conduites, l'éloignement des ministères et le coût de l'installation seront rapidement dissuasifs. Le Grand Trianon, presque en ruine et que Malraux sur les instructions de mon père est en train de faire restaurer, est encore plus éloigné et il ne s'agit pas de jouer au petit Roi-Soleil. Réinauguré en 1966, on y hébergera les souverains et présidents en visite officielle dans un grand appartement abusivement appelé « du Général », alors que celui-ci n'y aura jamais logé. Le Louvre, dont on restaure de même les douves et la Cour Carrée en vue d'en faire un espace d'expositions, est inapproprié à l'évidence, du fait du public. Les Invalides, dont on refait les fossés, le dôme et les toits et qu'on commence à débarrasser d'innombrables services ou états-majors de l'armée incrustés depuis la Première Guerre mondiale, apparaissent trop chargés de gloire, des souffrances et des morts des vieux soldats pour être détournés de leur vocation. Le général de Gaulle s'est donc rapidement résigné à l'Elysée.

A titre personnel, il ne se soucie pas davantage de la manière dont il est logé que de celle dont il est habillé, pourvu que l'une et l'autre soient correctes et qu'il n'ait pas à s'en occuper. Mais là, il lui faut installer l'Etat dans sa plus haute expression, c'est-à-dire une présidence de la République digne de ce nom.

René Coty, son prédécesseur en ces lieux, représentait la Nation mais il n'avait pas de pouvoirs. Il y disposait d'une dizaine de collaborateurs. Mon père, qui a horreur du « caravansérail » ou du gaspillage et veille à ce que ses propres conseillers soient aussi peu nombreux que possible, doit tout de même en loger une quarantaine, car, avec la Ve République, la Présidence a changé de dimension. Ces derniers ont pour tâche d'informer le Président et de préparer ses décisions. Ils ne doivent pas se substituer aux ministres ni aux instances de l'Etat et ne constituent en aucun cas un « entourage » qui polariserait le chef pour lui-même, l'isolerait des informations venant de l'extérieur qu'il filtrerait à sa convenance et se servirait du pouvoir présidentiel au bénéfice de sa propre influence. Là, je ne peux mieux faire que de me référer à Etienne Burin des Roziers, secrétaire général de la présidence de la République de 1962 à 1967 : « Le général de Gaulle attendait de ses plus proches collaborateurs une discrétion totale. Non seulement, ils n'avaient pas qualité pour parler à sa place, mais ils devaient se garder de citer ses propos à moins d'y être expressément invités, ce qui n'arrivait pas fréquemment, le président de la République n'envoyant pas dire à ses interlocuteurs ce que ceux-ci devaient entendre de sa part. » Le Général attend d'eux qu'ils s'expriment librement. Il apprécie qu'on lui donne un avis différent du sien, mais déteste qu'on lui fasse des objections stériles. Il s'impatiente parfois et, comme souvent avec ses proches, peut alors se montrer très injuste sur le moment s'il refuse d'avoir tort, dût-il plus tard rectifier son point de vue. Je ne crois pas qu'il utilise beaucoup le langage militaire qu'on lui attribue dans les satires, mais il lui arrive de commencer un entretien en proclamant de but en blanc un « Tout est foutu ! » ou « Tous des veaux ! » pour exhaler son humeur, désarçonner et provoquer l'interlocuteur, fût-il Premier ministre, l'entraîner dans le raisonnement *a contrario* qu'il attend de lui.

Pour loger ses conseillers de proximité, la seule solution est de supprimer l'« appartement royal » destiné depuis longtemps aux têtes couronnées ou chefs d'Etat invités. En attendant de les installer dans la grande résidence sise de l'autre côté de l'avenue Marigny et qui appartient aux Rothschild, ils seront cantonnés au ministère des Affaires étrangères ou dans les châteaux présidentiels de Rambouillet ou de Champs-sur-Marne. « Ainsi ne risquerai-je pas de les rencontrer en pyjama au détour d'un couloir ! » s'exclame le nouveau maître de maison.

De l'autre côté de la Seine, quai Branly, se trouvent les services administratifs de la Présidence. L'état-major particulier qui a atteint un niveau stratégique, et le service du Courrier qui s'est considérablement accru aux dimensions et aux nouvelles responsabilités du destinataire, doivent être logés au plus près, de l'autre côté de la rue de l'Elysée, dont on achètera peu à peu les petits immeubles pour en faire une véritable annexe du Palais. Outre la secrétaire du Général qui est à côté de son bureau, Mme Mantrand (Jeanne Le Bozec, « Yvon » dans la Résistance), ancienne déportée, le secrétariat particulier placé sous la direction de Xavier de Beaulaincourt — proche et discret collaborateur du Général — et quelques secrétaires provenant des personnels féminins des armées sont requis souvent bien au-delà des horaires courants. L'une de ces secrétaires, Mlle Andrée Valentin, travaillera avec moi bénévolement durant plusieurs décennies sur les archives personnelles et les correspondances du Général.

L'hôtel, au 2 de la rue de l'Elysée, autrefois propriété de l'impératrice Eugénie qui voulait y loger sa mère et disposer d'un pied-à-terre personnel après la mort de l'Empereur, ne pourra être acquis avant plusieurs années. Il est occupé depuis la fin de la guerre par la « Maison de la pensée française », fondation d'inspiration communiste dont plus personne ne sait à quoi elle sert et dans laquelle on trouvera un monceau de tracts non distribués. On y établira le secrétariat des Affaires africaines et malgaches, dirigé par Jacques Foccart, qui rencontre souvent le Général tant les Africains sont nombreux à passer par Paris dans la période post-coloniale.

C'est à un officier du Palais, le capitaine Sabot, compagnon de la Libération, que ma mère s'adresse pour toute question qu'elle doit résoudre à l'intérieur ou à l'extérieur. Encore qu'elle écrive beaucoup de sa main des missives courtes et directes, elle dispose à l'Elysée même d'une secrétaire pour l'aider à répondre aux nombreuses lettres qu'elle reçoit et gérer les œuvres dont elle s'occupe de près sans jamais en faire état, selon la tradition familiale. En dehors de la Fondation Anne de Gaulle, qui a son budget tout à fait autonome, elle dispose d'une somme correspondant à la solde d'un capitaine de frégate, que mon père lui rétrocède mensuellement sur ses fonds personnels. Mes parents ne m'en ont jamais parlé, mais il me semble que le traitement présidentiel se monte à 75 000 F, traitement inférieur à celui de beaucoup de hauts fonctionnaires, tandis que les indemnités de frais de maison et de représentation totalisent 850 000 F. Le Général refusera toujours de les laisser réévaluer durant la dizaine d'années où il restera à l'Elysée.

Mon père a abandonné le rez-de-chaussée du Palais utilisé par ses prédécesseurs parce qu'il juge qu'on y circule trop. Voué à y passer neuf à dix heures par jour et à y recevoir les audiences importantes, il s'est installé dans le Salon doré, pièce centrale du premier étage donnant sur le parc. Il travaille sur un grand bureau en bois de violette attribué à Cressent et orné de bronzes représentant des guerriers antiques, bureau qui se trouvait autrefois au ministère de la Marine. Perpendiculaire aux fenêtres, le meuble ne porte qu'une lampe de vermeil à abat-jour de cuivre, utilisée par Napoléon, dont les insignes en abeille ont été remplacés par les fleurs de lys sous la Restauration.

Sur la table, aucun objet personnel, aucune photo et naturellement pas de cendrier puisqu'il ne fume plus et que personne ne s'aviserait de le faire dans son bureau ; un sous-main de maroquin rouge et doré, un tampon buvard ; un porte-papiers avec pendulette incorporée, visible seulement de l'intéressé ; un ouvre-lettres. Souvent un dossier secret. Le Général ne garde un document près de lui que le temps de le consulter ou de le signer, le retournant aussitôt au ministère concerné. Tous ses collaborateurs doivent faire de même, l'Elysée n'ayant pas vocation à conserver d'archives. Un président intérimaire se plaindra plus tard, à tort, qu'« on avait fait exprès de ne pas lui laisser un seul dossier ».

A gauche, en retrait de la table, les téléphones présidentiels placés en lignes directes avec les principaux ministres ou les centraux de la Défense. Sauf circonstances exceptionnelles, il est proscrit d'appeler le Général au téléphone.

Levé vers 7 h 30, à peine plus tôt qu'à « La Boisserie », mon père adopte à peu près les mêmes horaires à Paris. Il quitte généralement son bureau peu avant 13 heures ou 20 heures, passe par une petite antichambre qui servait autrefois de salle de bains Empire et dont la baignoire est couverte sous forme de banquette, rejoint son appartement privé pour deviser avec ma mère, regarder la télévision, lire, méditer ses discours ou quelque problème qui le préoccupe, répondre à son courrier personnel, sauf naturellement s'il est retenu à l'extérieur par un déjeuner ou un dîner officiel, un déplacement ou une cérémonie, ce qui est le cas à peu près tous les deux ou trois jours. Il commence souvent la matinée en redingote, le ministre des Affaires étrangères, longtemps Maurice Couve de Murville, et le chef du Protocole à ses côtés dans la même tenue, afin de recevoir les ambassadeurs étrangers venus présenter leurs lettres de créance. Ils sont plus de cent vingt, dont la moitié environ permutent à Paris au cours de l'année.

Autour de la pièce centrale présidentielle sont répartis les bureaux des aides de camp, le lieutenant-colonel Jean Teisseire, puis le lieutenant colonel Albert Lurin, le capitaine de frégate François Flohic, placés sous la direction du lieutenant-colonel Gaston de Bonneval. Cette pièce centrale contient, dans un placard situé derrière une boiserie décorée à l'ancienne, les transmissions à destination de Taverny et des autres centraux de la force stratégique nucléaire, ceux du directeur de cabinet (Georges Galichon après René Brouillet) dans l'ancienne chambre de la Reine, du secrétaire général de l'Elysée (Etienne Burin des Roziers après Geoffroy de Courcel), de Pierre Lefranc, conseiller technique après avoir été chef de cabinet à Matignon, et la salle du Conseil des ministres.

Au rez-de-chaussée se trouvent les salons d'attente ou de réception, une salle à manger d'apparat, la salle des fêtes et les bureaux des collaborateurs où ni ma mère, ni les miens ni moi ne mettrons les pieds. En sous-sol, les cuisines, offices, locaux des personnels et une salle de gymnastique nouvellement installée, et le plus souvent utilisée par les gardes républicains.

Sous les ordres des lieutenants-colonels de gendarmerie Robert Pol-Dupuy puis Ernest Laurent, ancien de la France Libre, les effectifs des gardes ont été sensiblement renforcés et rajeunis, pour des raisons à la fois de sécurité et d'apparat. Un garde se tient en permanence à chaque lieu de passage obligé, au premier étage comme au rez-de-chaussée du Palais, et plusieurs naturellement dans l'entrée. Quelques-uns assurent discrètement les rondes dans les allées, à l'intérieur du parc, la surveillance extérieure étant laissée à la police parisienne et celle des souterrains aux sapeurs-pompiers de Paris. Deux factionnaires, en grande tenue, se relèvent de chaque côté de la porte, doublés par des cavaliers les jours de cérémonie. De même, la musique et deux compagnies à pied, en shako noir et plumet rouge, rendent-elles les honneurs devant le tapis écarlate déroulé dans la cour d'entrée lors des visites officielles. A part les accréditations du moment, cet espace est maintenant dégagé des voitures ou de la foule des journalistes qui avaient pris l'habitude d'y stationner auparavant. On peut dire que l'arrivée du Général a rétabli au Palais un apparat dont, comme toujours, le cérémonial militaire fournit l'essentiel.

Le parc qui sierait mieux à une grande ambassade est trop petit pour une Présidence. Il s'étend derrière le bâtiment, vers l'avenue des Champs-Elysées, sur environ deux cents mètres de long et cent mètres de large, planté au hasard des temps de grands arbres à feuilles caduques et de beaucoup de buissons pour cacher le mur d'enceinte haut d'environ trois mètres cinquante. Une roseraie clairsemée subsiste dans l'angle de l'aile des appartements privés. Une grande pelouse descend jusqu'à la Grille du Coq, à la sortie vers les Champs-Elysées. Juste devant un étang miniature qui crée quelques servitudes, d'abord pour son entretien, ensuite à cause des grands cygnes blancs dont les mâles se mettent à charger toute personne qui tente d'approcher les femelles en train de couver ou de conduire leurs petits. Les cygnes iront bientôt rejoindre le zoo du jardin des Plantes, l'étang sera comblé et une grande allée tracée pour les véhicules, tout droit vers la Grille du Coq que mon père, le premier, utilisera de manière régulière.

Comme il était prévisible, le premier président de la Ve République a rencontré quelques problèmes de personnes en arrivant à l'Elysée. Des errements, et par conséquent des abus, s'y étaient petit à petit créés au temps des faibles présidences qui ont précédé la sienne — certains, aussi anciens que la IIIe République elle-même. Le président Coty s'en était bien rendu compte mais, demeuré en fonction trop peu de temps, il n'avait pu ou voulu y remédier.

D'abord, il fallut prier une soixantaine de personnes de quitter le logement qu'elles occupaient indûment dans les dépendances de l'Elysée, quai Branly ou ailleurs, et même à l'intérieur du Palais avec femme, parenté ou maîtresse parfois célèbre : anciens ministres, anciens collaborateurs présidentiels, grands ou petits fonctionnaires en retraite, personnalités du monde des arts et des lettres, actrices notoires mais sans moyens, amis politiques...

Ensuite, les personnels de service de la Présidence aussi bien que des ministères étaient les véritables permanents de ces institutions avec leur fraternité, leurs habitudes, leurs cooptations propres et leurs syndicats. Certains considéraient leur fonction comme un véritable fermage, tel ce sommelier qui préféra s'en aller en déclarant que sa charge n'avait désormais plus d'intérêt. La cave présidentielle contient en effet pour plusieurs millions de francs de grands vins pour les repas officiels : les inventaires et les comptabilités en ont été confiés à un commissaire de la Marine.

L'incompatibilité de l'ancien système avec le nouveau éclate lorsque le chef des personnels de service vient proposer au général de Gaulle, après le 14 juillet, de passer l'été au château présidentiel de Vizille, comme tous ses prédécesseurs, afin que ces personnels puissent prendre leurs congés. Le nouveau Président lui fait aussitôt comprendre qu'il se trompe de République. Mon père ne fera jamais usage du château de Vizille, qui sera versé au département de l'Isère, à la grande satisfaction de ma mère qui usera toujours de son influence pour qu'aucune résidence présidentielle ne puisse détourner son mari de « La Boisserie », où elle pouvait le garder pour elle au milieu des siens.

Ainsi, à mon instigation et celle du capitaine de frégate François Flohic, dont le dévouement est sans faille, a-t-on fait venir des marins pour le service personnel du Président. En premier, le chef de rang du paquebot *Ile-de-France*, M. Lefevre, pour diriger les déjeuners et les dîners officiels et un commissaire principal de la Marine pour gérer l'ensemble avec rigueur et précision. C'est ainsi que, après l'inventaire de la cave à vins, ce dernier découvrira que des gens de l'Elysée tiraient personnellement parti des tarifs préférentiels consentis au président de la République pour l'achat des pneus de ses voitures de fonction. Cette habitude prit fin aussitôt.

Pour s'occuper des tenues vestimentaires, en particulier durant les voyages officiels, mon père dispose d'un premier maître de la Marine faisant fonction de valet de chambre (Hennequin, puis Lamidey) et ma mère d'une femme de chambre (Mme Hennequin, puis, venue de Calais, Jeanne Prudhomme, qui a une cinquantaine d'années et que ma famille connaît depuis longtemps). L'un et l'autre se déplacent au besoin en avion avec mes parents. Ils ne sont pas employés à Colombey-les-Deux-Eglises où l'on n'utilise qu'un personnel privé.

Entre autres cérémonies, les visites officielles des chefs d'Etat sont accompagnées de grands dîners suivis d'une réception et fréquemment d'une soirée à l'Opéra. Lorsque nous nous trouvons dans la capitale, Henriette et moi, y sommes invités une fois par an seulement lorsque la haute personnalité reçue vient d'une puissance secondaire qui n'attire pas un concours important de gens des Affaires étrangères et de personnages de l'Etat.

Le nombre de convives au-delà duquel le niveau gastronomique, la disposition sur les nappes des pièces d'apparat, l'espace laissé entre les chaises et la rapidité du service sont jugés insuffisants, est fixé à cent vingt personnes. Elles sont réparties le long d'une grande table en U, dont les plus hautes personnalités occupent la base sans vis-à-vis. De cette rangée d'honneur, le Général est servi le dernier. Les plats sont naturellement bien garnis, mais il arrivera un jour que, la suite de quelque chef d'Etat s'étant révélée beaucoup plus importante que prévu, la dernière part disparaisse avant d'arriver à mon père. « Quelle chance ! murmura ce dernier au maître d'hôtel catastrophé, je vais enfin pouvoir manger une grillade. »

Je me souviens qu'étant assis non loin de deux académiciens, Maurice Genevoix et André Chamson, je les interroge sur l'art de bien écrire. L'écriture, me répondent-ils, exige qu'on lui sacrifie toute autre préoccupation et qu'on dispose de trois ouvrages : une grammaire française, un dictionnaire sérieux genre Littré et un dictionnaire de synonymes pour éviter les répétitions et ne pas trop perdre de temps à la recherche d'un mot approprié. Bien entendu, la lecture des bons auteurs est une nécessité permanente afin d'alimenter son vocabulaire.

Pendant les dîners, un orchestre de la Garde républicaine joue en sourdine à l'extrémité de la salle, et la Comédie-Française, que mon père entend soutenir, présente souvent une scène du répertoire classique sur une petite estrade en renfoncement de la salle des fêtes, estrade qui sert aux conférences de presse présidentielles.

De même, bien que ni le Général, qui pourtant apprécie les grandes orchestrations, ni son épouse ne soient mélomanes, l'Opéra est-il toujours mis à l'honneur dans le cadre des visites officielles. Tandis que les cavaliers de la Garde républicaine, en casque doré à cimier et sabre au clair, à cheval à l'extérieur et à pied de chaque côté des grands escaliers à l'intérieur, accueillent les invités et leur rendent éventuellement les honneurs par des sonneries de trompettes, le corps de ballet en entier fait son entrée sur scène. Après une présentation solennelle des plus petites danseuses jusqu'aux étoiles au son d'une marche, éclatent les grands morceaux du répertoire français. Sur le visage des hôtes orientaux ou africains, l'étonnement et l'amusement se lisent facilement au spectacle de demoiselles en tutu faisant des pointes ou de danseurs les soutenant avec beaucoup de manières lorsqu'ils ne bondissent pas devant elles.

Les réceptions à l'Elysée réunissent plusieurs centaines d'invités. Lors d'une soirée « des Arts et des Lettres », formule inaugurée par le général de Gaulle je crois, les actrices font assaut d'amples atours et de grands décolletés. A l'inverse, Brigitte Bardot profite de son allure svelte pour entrer, d'un pas décidé, en tunique de hussard à col montant et brandebourgs, au-dessus d'un pantalon à passepoil, vêtement que les femmes ne portent guère, en tout cas pas le soir. Ravi, le Président s'exclame : « Tiens, un militaire ! » Au producteur et acteur Jacques Tati, dont il avait vu le film *Mon oncle* quelques jours auparavant à l'Elysée en compagnie de ses petits-enfants, mon père dit : « Faites donc compliment à votre oncle ! »

*

Le 14 janvier 1962, après une longue résistance de la France qui a refusé de siéger jusqu'à obtenir satisfaction, prouvant que sa volonté incarnée par le général de Gaulle est déterminante dans toute entente européenne, le Conseil des ministres des six Etats du Marché commun décide l'extension du Marché commun aux produits agricoles dont notre pays est de loin le plus grand producteur.

Le 8 février, des organisations communistes déclenchent une manifestation. Il s'agit, d'après elles, « de forcer le gouvernement à faire la paix en Algérie et de protester contre les exactions de l'OAS » (*sic*). Le ministre de l'Intérieur l'a interdite comme « inutile et dangereuse ». Plusieurs milliers de personnes se rassemblent néanmoins dans le quartier de Charonne. La démonstration étant en principe non violente, la police a l'ordre de quadriller les rues par barrages statiques pour l'empêcher de s'étendre hors du quartier. Des complicités syndicales laissent ouvertes des stations de métro, qui auraient dû être fermées dans la zone de la manifestation. De jeunes gauchistes s'amusent à narguer les policiers en courant d'une station à l'autre. Ils entraînent progressivement de plus en plus de monde jusqu'à ce que, effrayés de ces cavalcades imprudentes sur les quais où les métros continuent de circuler, des employés du métro Charonne ferment la grille au moment où un groupe important commence à dévaler vers eux. Neuf jeunes gens, dont deux fortuitement emportés par eux, sont écrasés par les manifestants qu'ils entraînent. Pour détourner les responsabilités, une propagande mensongère prétendra plus tard qu'une charge de police avait provoqué un mouvement de foule. J'ai même vu dans un film un acteur dans un uniforme de gardien de la paix, à cheval sur la rampe de descente d'une station de métro, en train de matraquer les gens passant au-dessous de lui ! On retrouvera ce genre de montage dans une relation « engagée » des manifestations de Mai 68 : au premier plan, un soi-disant gardien de la paix vu de dos en casque et en ciré ; au second plan, défilant devant lui les mains sur la nuque comme des prisonniers de guerre ou des déportés, des « étudiants » — garçons et filles — prétendument en train de sortir de la Sorbonne, images fabriquées de toutes pièces par des figurants pour les besoins de l'« agitation-propagande ».

Interrompus fin juillet de l'année précédente à la suite du conflit de Bizerte, les pourparlers avec la révolution algérienne reprennent aux Rousses (Jura) en février, puis à Evian en mars. Conformément à ses principes, le général de Gaulle ne veut traiter avec l'adversaire qu'en situation de force. A ce moment-là, l'organisation militaire du FLNA a été complètement éradiquée en Algérie où elle ne peut même plus infiltrer de petits groupes sans qu'ils soient immédiatement détruits ou capturés. Ce qui en subsiste s'est réfugié depuis longtemps au Maroc et surtout en Tunisie, de l'autre côté des barrages frontaliers qui sont électrifiés. En revanche, les agitateurs et les hommes de main de la rébellion sont toujours très actifs. La France a écrasé son adversaire militaire mais a perdu la bataille politique avec ses prolongements internationaux. À l'ONU, tout le monde vote contre nous sauf l'Afrique du Sud et le Portugal. L'Espagne s'abstient. John Kennedy, le nouveau président des Etats-Unis, fait au Congrès une déclaration antifrançaise.

Cependant, les négociations à Evian butent sur trois points principaux : d'abord le maintien des Français d'Algérie, autrement dit des « Pieds-noirs ». Le FLNA le souhaite et propose même leur participation minoritaire à son gouvernement, car il sait bien que leur départ massif perturberait brutalement l'économie algérienne. Mais l'OAS s'emploie sans relâche à empêcher cette solution et la haine entre les deux communautés s'accroît au fil des mois.

On envisage ensuite la création d'une zone de repli pour les Européens. Ce serait à court terme le prodrome d'un conflit permanent de frontières et d'un nouveau terrorisme, tant la prospérité du « secteur réservé » contrasterait bientôt avec le sous-développement du reste.

Enfin, le FLNA revendique absolument le Sahara et les puits de pétrole qui représentent (grâce aux Français) près de la moitié des ressources de l'Algérie. Faute d'en disposer, le nouvel Etat algérien ne s'estime pas viable. Dans la mesure où les conduites de carburants passent sur son sol, il lui serait par trop facile de saboter ou de couper celles d'un éventuel Etat saharien autonome. Le général de Gaulle sait que la France peut obtenir du pétrole à meilleur marché partout dans le monde et qu'elle pourra utiliser de plus en plus de nouvelles énergies, comme le nucléaire. « Les rebelles ne savent pas encore à quel point l'Algérie va être pauvre sans les Français, même avec le gaz et le pétrole qu'on leur laisse. C'est elle qui vivait de la France et non l'inverse ! Quant à nous, puisqu'on veut que nous partions, nous allons être débarrassés d'un grand poids ! Nous ne serons pas comme l'Espagne à la fin du XIXe siècle : ruinée par son empire en dépit de quelques galions d'or symboliques. Quand Napoléon l'a envahie, elle avait un demi-million de soldats outre-mer, mais seulement trois régiments pour se défendre chez elle ! »

Les pourparlers aboutissent finalement le 18 mars 1962 à une convention de cessez-le-feu immédiat. Le général de Gaulle en rend compte par une allocution radiotélévisée, suivie d'un message présidentiel au Parlement, convoqué en session extraordinaire, et de l'annonce d'un prochain référendum portant sur l'approbation des « Accords d'Evian ».

Mais si le cessez-le-feu est respecté par les deux parties signataires, le 23 mars, à Alger, le quartier populaire européen de Bab-el-Oued entre en insurrection armée, tandis que divers attentats à l'arme automatique ou au lance-roquettes sont perpétrés contre nos soldats et divers civils. L'OAS proclame la « politique de la terre brûlée » en incendiant ou détruisant à l'explosif des établissements publics, industriels ou portuaires, des facultés, hôpitaux ou bibliothèques... Elle se sert pour ces exactions non seulement d'anciens militaires détournés de leur devoir ou de civils exaspérés, mais aussi de truands recrutés parmi les nombreux « interdits de séjour » en métropole qui s'étaient établis en Algérie. La police n'a pas manqué d'y trouver des indicateurs, du moment que la volonté politique de poursuivre les crimes et délits est fermement maintenue.

Le 23 mars, l'ex-général Jouhaud, l'un des principaux chefs de l'OAS, est capturé et condamné à mort le 13 avril suivant par le Haut Tribunal militaire.

Le 26, une deuxième allocution radiotélévisée du général de Gaulle confirme le prochain référendum. Les partisans de l'« Algérie française » déclenchent à nouveau de violentes émeutes dont l'une, rue de l'Isly à Alger, visant à dégager le quartier de Bab-el-Oued encerclé par la troupe, se solde par quarante-sept morts. Un détachement de soldats français du contingent, après avoir été lui-même la cible de tirs de provocation depuis un immeuble voisin qui lui ont valu deux morts et sept blessés, a riposté au moment où il allait être submergé.

Après une troisième allocution radiotélévisée du président de la République l'avant-veille du référendum, le peuple français approuve, le 8 avril, les « Accords d'Evian » par plus de 90 pour cent des suffrages exprimés. Mon père exprime, en privé, des réflexions sereines mais désabusées :

« J'avais rêvé d'une confédération de peuples libres en Afrique. L'Algérie y aurait occupé l'une des premières places ou la première, non de droit, mais de fait. Nous aurions conservé un attachement réciproque et aurions constitué une forme d'entente avec eux, dont notre Union française n'était qu'une première réalisation évolutive. Hélas ! sauf à bénéficier d'abondantes subventions de la France, ni les Métropolitains, ni les Pieds-noirs, ni les Arabes ou les Kabyles, ni les Noirs n'en voulaient. Alors, les choses étant ce qu'elles sont, que quelqu'un veuille bien me dire ce qu'on pouvait faire d'autre ! »

Le 14 avril, Georges Pompidou, que je ne connais pas personnellement, succède à Michel Debré comme Premier ministre, afin de relever un fidèle, qui s'est épuisé à la tâche.

Le 20 du même mois, l'ex-général Salan est arrêté à son tour en Algérie. Transféré à Paris, il encourt le 13 mai une condamnation de réclusion à perpétuité. Il échappe à la peine de mort grâce à la défection d'un des jurés du Haut Tribunal militaire auquel il semble en avoir anonymement appelé par des mots de reconnaissance entre initiés d'une même fratrie. Le tribunal, par un raisonnement au second degré, comme les Français en font souvent en politique avec des résultats inverses au but recherché, a précédemment condamné à mort Jouhaud en escomptant sa grâce. Mais craignant que celle-ci ne soit pas accordée à Salan, les juges lui avaient évité cette ultime condamnation.

Cette manœuvre vise à forcer la main au général de Gaulle. Ce dernier entre en fureur : « Nous sommes devenus un pays complètement décadent ! N'importe qui serait condamné à mort en Grande-Bretagne, aux Etats-Unis, en Allemagne pour rébellion armée, assassinats ou multiples tentatives, y compris contre le chef de l'Etat lui-même ; mais en France, on vous envoie jouer au ballon dans la cour de la prison de Tulle. Incroyable ! Puisqu'il en est ainsi, je vais laisser fusiller Jouhaud ! » Tandis que les préparatifs de l'exécution sont faits, un vent de panique souffle sur les hautes instances de la Justice. Jean Foyer, le garde des Sceaux, s'efforce de gagner du temps par des arguments de procédure. Au bout de deux ou trois jours, Jouhaud est finalement gracié. « Peut-être, je dis peut-être, n'aurais-je pas empêché l'exécution de Salan, personnage retors et compliqué. De toute façon, on ne m'a même pas laissé me poser la question, mais j'aurais en tout cas gracié Jouhaud qui est un pauvre “Pied-noir”, dont les parents reposent dans un cimetière en Algérie. Cependant, étant donné tout ce qui s'est passé, je ne pouvais naturellement pas le déclarer à l'avance », nous explique mon père, en privé.

Le 8 juin, à nouveau lors d'une allocution radiotélévisée, le président de la République propose aux habitants d'Algérie un référendum sur leur autodétermination. Le 17, on ne l'a jamais assez dit, c'est l'OAS lui-même qui entre en pourparlers de trêve avec le FLNA et décide, le 26, de mettre fin à ses activités en Algérie. Salan, incarcéré, fait connaître son approbation à la presse, mais une minorité d'irréductibles décident malgré tout de poursuivre leur criminelle et stérile action.

Durant le même mois de juin, tous les Etats africains et l'Etat malgache demandent leur indépendance en restant rattachés à la zone stratégique et monétaire de la France.

Le 1er juillet, l'Algérie vote son indépendance par 99 pour cent des suffrages exprimés. La plupart des Européens locaux, environ 850 000 à l'origine, soit près d'un dixième de la population, s'abstiennent. Des lois et décrets spéciaux sont pris pour leur emploi, leur logement en priorité sur les métropolitains, des aides financières par allocations ou par prêts importants à taux préférentiels (dont la plupart ne seront jamais remboursés). Tous seront recasés, mais en Algérie les colons perdront leurs terres, les propriétaires leurs immeubles, les commerçants leurs magasins et beaucoup leur mobilier. Leur accueil par les métropolitains, s'il fut matériellement bien plus généreux que pour n'importe quels réfugiés à n'importe quelle époque, fut néanmoins assez froid du fait des crimes et des exactions (près de 2 000 bombes en métropole) de l'OAS. De plus, les Français sont las des guerres coloniales et, en général, de la guerre tout court. Le Général leur apporte enfin une paix durable pour la première fois de leur histoire.

La France reconnaît l'indépendance de l'Algérie le 3 juillet 1962, tout en conservant provisoirement (jusqu'en 1968) la base de Mers-el-Kébir comme moyen d'évacuation et du fait de ses expérimentations nucléaires et de missiles dans le Sahara. A ce stade, les commentaires de mon père sont peu amènes :

« Quand on est venu me chercher à cause de l'Algérie, il m'a d'abord fallu tenter de faire basculer les Arabes de notre côté. J'ai rétabli la souveraineté de nos forces et instauré les commandos de chasse pour traquer la rébellion, ce qu'on ne faisait pas à l'époque, où on se contentait de barrer et de quadriller. Autrement dit, la défense, alors que seule l'attaque peut gagner. Au contraire de ce qui s'est passé en Indochine, nous avons écrasé nos adversaires, qui n'existaient plus militairement, mais qui, soutenus de l'extérieur par la quasi-totalité des pays et même de l'intérieur du nôtre par quelques agents marxistes, ont réussi à s'étendre politiquement. En même temps, j'ai tout employé pour le développement de l'Algérie : écoles, hôpitaux, équipements des ports et des aérodromes, constructions massives de logements, impulsions économiques et sociales. Le tout, à grands frais, de la métropole. Impressionné, le FLNA m'a même envoyé des émissaires pour négocier, mais ça n'a jamais été plus loin et j'ai dû constater assez tôt que je n'arriverais pas à la solution la plus française. Il était trop tard et les Européens d'Algérie, tout en criant “Intégration” la refusaient, voulant en réalité le *statut quo ante* qui n'était plus possible. Je n'ai plus eu ensuite que la solution de l'Algérie autonome mais aidée par la France.

J'ai exercé la menace de la partition des territoires sur le FLNA. Ce dernier était bien conscient qu'une séparation avec les Européens aboutirait à la ruine des Algériens. Je suis presque arrivé à faire cesser les combats qui accroissaient chaque jour un peu plus la haine entre les communautés et je suis presque parvenu à faire admettre à nos adversaires arabes un Etat mixte provisoire d'une dizaine d'années avec la France, au cours desquelles les problèmes auraient petit à petit trouvé leurs solutions. Mais, à chaque fois que je parvenais à un accord avec le FLNA, l'OAS se livrait à des exactions qui faisaient douter de notre bonne foi et de notre capacité à tenir nos engagements. Chaque fois, nous étions obligés de monter d'un cran nos concessions pour la paix. L'OAS a saboté toutes les chances des Européens, qui se sont littéralement suicidés. »

C'est François Mauriac qui a le mieux résumé le problème : « La question n'est pas de savoir si, dans l'absolu, il eût mieux valu pour la France et s'il eût été plus agréable aux Français d'Algérie de ne pas subir l'épreuve de l'autodétermination, mais si en fait, et le monde étant ce qu'il est, la France a le choix entre cette politique et une autre, et laquelle, et s'il dépend d'un million d'Européens de pouvoir dominer encore une race dix fois plus nombreuse et qui le sera vingt fois plus... résolue à l'indépendance, soutenue par les Soviets et par la Chine, et par le monde arabe, et par une complicité universelle. »

Ainsi, le général de Gaulle a-t-il été obligé, en peu de temps et faute qu'on ait rien accompli de sérieux avant lui, d'inverser à mots comptés et pas à pas inéluctables la doctrine algérienne : de l'intégration à l'autodétermination, puis de l'autodétermination à l'interdépendance et enfin de l'interdépendance à l'indépendance acquise en cette année 1962. Il n'y avait rien d'autre à faire, comme la plupart des observateurs le constateront dans l'immédiat, et tous plus tard.

A la fin de l'« affaire algérienne », dont le conflit armé a duré sept ans, huit mois et quelques jours, les effectifs de l'armée française proprement dite sont d'un peu plus de 550 000 hommes (512 000 venus de métropole et 38 000 musulmans) auxquels s'ajoutent 240 000 auxiliaires locaux (miliciens autochtones, dits « Harkis », gardes-champêtres, agents de police, gardiens, etc.). Les chiffres des pertes ont été l'objet de tant de légendes et de polémiques qu'il faut rétablir la vérité [1]. Dans notre armée, 15 583 militaires ont été tués, dont 4 545 soldats ou supplétifs musulmans, 9 000 Français de souche, 1 200 légionnaires, 510 Africains et 328 d'autres origines. A ces pertes au combat se sont ajoutés 9 031 morts d'accidents ou de maladies. Les civils européens ont eu 3 663 tués ou disparus. Après le cessez-le-feu du 19 mars 1962,

1. *Journal officiel* du 23 janvier 1971 ; rapports de Broglie du 24 novembre 1964 et Santini du 9 novembre 1964.

les pertes militaires françaises ont encore été de 366, dont les deux tiers par accident ou maladie, et celle des civils européens de 2 736 morts ou disparus, dont 218 à Oran pour la seule journée du 5 juillet 1962. A ces pertes, il faut ajouter celles dues à l'action subversive de l'OAS qui a coûté la vie à plusieurs centaines de civils ou de militaires en métropole ou en Algérie. D'autre part, environ un millier de partisans de l'OAS ont disparu, passés à l'étranger ou entrés dans la clandestinité. Parmi ces derniers, les colonels Argoud, Broizat, Lacheroy et Godard, qui sont condamnés à mort par contumace.

Officiers généraux, supérieurs ou subalternes appartenant à l'OAS ont invoqué l'impossibilité pour eux d'abandonner des populations musulmanes auprès desquelles ils s'étaient personnellement engagés bien au-delà de ce qui leur avait été demandé. Ils avaient, plus souvent de leur propre chef, recruté sur place les trois quarts des Harkis, constituant ainsi leur propre milice locale, créé des écoles, des cantines, des dispensaires médicaux, des liaisons routières, postales et téléphoniques, avec les moyens de l'armée ou du gouvernement général de l'Algérie. Certains ont excipé devant les tribunaux d'avoir été trompés par le général de Gaulle, qui leur aurait notamment assuré que, lui vivant, « jamais le drapeau du FLNA ne flotterait sur Alger » !

Mon père réagit rudement à ces propos :

« Il faut bien qu'ils se défendent, mais me prennent-ils pour un imbécile ? C'est probablement Salan ou ses complices qui ont eux-mêmes affirmé cela ou interprété mes propos à leur manière. Suis-je le capitaine Bravache ? Croient-ils donc que je sois à tel point ignare de notre Histoire pour avancer que jamais tel drapeau ne flottera sur une ville ? Mon grand-père a vu les Alliés, nos ennemis, défiler à Paris en 1814 et en 1815 ! Mon père y a vu les Prussiens en 1871 ! Les Allemands ont failli le faire en 1914 ou 1918 ! Les nazis y ont hissé leurs couleurs en 1940 ! Qui peut dire que jamais un drapeau ne flottera sur quoi que ce soit ? En réalité, ces Français, dont tous les motifs n'étaient certes pas bas, ont voulu maintenir et renforcer le *statu quo* en Algérie et refuser toute transformation. De toute façon, c'était trop tard et devenu impossible. Alors, ils auraient mieux fait, pour tout le monde, de m'aider au changement au lieu d'en saboter les chances. »

Les pertes humaines côté musulman faisaient chaque fois, par ordre, l'objet de procès-verbaux de la gendarmerie, même en opérations. Elles sont sujettes elles aussi à beaucoup de légendes et de propagandes. La guerre d'Algérie s'est soldée par environ 186 000 morts, toutes origines confondues. Il faut se souvenir des épurations féroces surgies à l'intérieur du FLNA, comme celle du colonel Amirouche « liquidé » en 1962, après avoir décimé la moitié de ses propres troupes pour prévenir tout revirement. Longtemps après, la presse du gouvernement algérien ira jusqu'à avancer le chiffre invraisemblable d'un million, voire un million et demi de victimes, c'est-à-dire, rapporté à la population de neuf millions, six à huit fois plus que la guerre des tranchées en France où près d'un millier de divisions antagonistes, entassées sur douze départements, se sont pilonnées avec plus de soixante mille canons durant les quatre années de guerre de 1914 à 1918 ! On voit les ravages que ces incroyables contre-vérités peuvent laisser dans l'esprit des ignorants et des fanatiques.

La fin de la guerre d'Algérie et plus généralement la suppression de nombreuses garnisons ou services divers dans des Etats du continent africain nouvellement indépendants entraînent déjà le repli en France de plusieurs dizaines de milliers de civils et surtout de militaires. A quoi s'ajoute naturellement l'évacuation principale : celle de l'armée française qui durera jusqu'au milieu de l'année 1964. La presque totalité des 800 000 Européens de ce pays, à l'exception d'une soixantaine de milliers d'entre eux — souvent les plus âgés —, s'en iront dans la panique, sous l'appellation impropre de « rapatriés ». La plupart n'ont jamais vécu dans l'Hexagone. Les troupiers musulmans et les miliciens dits « Harkis » ont le choix entre trois solutions — rester avec l'armée française et gagner la métropole ; être démobilisés en Algérie avec un important pécule ; ou s'accorder six mois de réflexion soldés sur place avant de fixer leur choix. Près de 38 000 d'entre eux, s'estimant menacés, préfèrent immédiatement la première solution ; les autres, généralement sous la pression de leur famille, choisissent les deuxième et troisième solutions, quitte à changer d'avis ensuite.

Aux 350 000 Algériens qui se trouvaient déjà en métropole sous contrat à durée déterminée et sans leur famille s'ajouteront donc 138 000 nouveaux. Beaucoup de Harkis craignent l'hostilité de leurs coréligionnaires depuis longtemps travaillés par le FLNA. Issus de villages où ils ont été recrutés souvent parce qu'ils n'avaient aucune occupation déterminée, ils savent leur inadaptation au monde industriel de la métropole et demandent à rester groupés avec leurs propres chefs coutumiers et leurs écoles coraniques, pourtant insuffisantes. Ce repli sur soi ne facilitera pas leur intégration. Elle laissera les plus jeunes générations sans encadrements appropriés en perpétuant une situation d'assistance organisée sans préparation véritable à la vie moderne, comme s'ils devaient être indéfiniment « soldés comme Harkis ». Les métropolitains revoyés chez eux après avoir servi en Algérie ont été beaucoup moins ménagés. Il est vrai que leur adaptation sociale était en principe déjà acquise.

Près d'une centaine de milliers d'auxiliaires ou de militaires musulmans, membres de l'ancienne armée française ou de la « force intermédiaire » de l'exécutif provisoire mixte, resteront en Algérie. Ces anciens, qui étaient auparavant de notre côté, seront incorporés en renfort des contingents du « gouvernement provisoire de la République algérienne » (GPRA) qui n'aurait disposé sans eux que d'un peu plus de dix mille hommes en uniforme accourus des barrages frontaliers de l'Algérie ; chiffre insuffisant pour assurer le seul ordre public d'un pays de près de neuf millions d'habitants.

Sur les 240 000 Harkis dénombrés et les 38 000 soldats musulmans de l'armée française, la différence entre les 138 000 qui sont venus en France et la centaine de milliers qui s'est intégrée à la nouvelle armée algérienne laisse apparaître quelque quarante mille disparus, émigrés ou victimes des convulsions révolutionnaires du jeune Etat.

Là aussi, cette tragédie fut délibérément grossie par les anciens de l'Algérie française soucieux de culpabiliser leurs compatriotes qui avaient cessé d'y croire.

Le 20 juillet, la France rétablit ses relations diplomatiques avec la Tunisie et, dans les mois suivants, avec tous les pays arabes. A l'ONU, on cesse de voter des résolutions quasi unanimes et répétées pour nous condamner.

Jusqu'à la résolution du problème algérien, peu de gens chez nous contestent la politique du général de Gaulle, qui bénéficie d'approbations électorales massives et répétées, en dépit des excès polémiques des extrémistes et des critiques de principe inhérentes aux politiciens professionnels qui ne proposent d'ailleurs rien de concret à la place.

Mais, dès que la fin du drame qui empoisonnait la vie nationale est devenue pratiquement acquise, les difficultés politiques recommencent pour le président de la République. En mai, les cinq ministres issus du Mouvement républicain populaire démissionnent sur une boutade présidentielle ironisant sur le « volapük ou l'esperanto intégrés » à propos de l'Europe. Les parlementaires du Centre national des Indépendants se démarquent du gouvernement. En juin, plus de la moitié des députés signent un manifeste condamnant la politique étrangère du Général. Pourtant, en accord notamment avec le chancelier Adenauer, reçu à l'Elysée le 2 juin, mon père fait avancer la question européenne comme jamais auparavant et porte au plus haut le prestige de la France dans le monde.

*

Le mardi 14 août, après avoir reçu le général et Mme Eisenhower, en visite privée à l'Elysée, la voiture présidentielle conduit mes parents à Colombey-les-Deux-Eglises. Pour permettre le congé des aides de camp, j'ai pris place en civil à côté du chauffeur. Au moment où nous débouchons sur l'esplanade des Invalides, une camionnette Renault en tôle ondulée que je surnomme « camionnette junker », du nom d'un ancien avion allemand à structure similaire, vient par un virage audacieux s'intercaler entre les deux motocyclistes d'escorte avant et nous. Puis elle sort de notre colonne en rabattant à droite. « Quel culot ! » nous exclamons-nous. Je me suis toujours demandé s'il ne s'était pas agi d'une reconnaissance en préparation d'un attentat.

Le 22 août, c'est au tour de mon beau-frère Alain de remplacer les aides de camp au départ de Paris, après l'un des multiples conseils de la magistrature que le Général vient de présider. La DS présidentielle, protégée par la légère escorte d'une voiture d'accompagnement et de deux motocyclistes, qui se trouvent à l'arrière cette fois, est conduite par le maréchal des logis de gendarmerie Francis Marroux, le même qui servait de chauffeur lors de l'attentat du Pont-de-Seine, moins d'un an auparavant.

Vers 20 h 15, à l'approche de la côte du Petit-Clamart, le cortège en route vers l'aérodrome de Villacoublay, où l'attend l'avion présidentiel, roule vite. Un premier conjuré, l'ingénieur en chef de l'armement Bastien-Thiry, en vérité le chef de l'opération, n'a que le temps de lever un journal pour avertir ses complices du passage du véhicule du général de Gaulle, dont l'arrivée rapide et soudaine par visibilité médiocre l'a surpris. Ses acolytes agissent avec précipitation et tirent mal. Les deux premiers, presque dans l'axe d'arrivée, usent d'un pistolet-mitrailleur depuis l'arrière d'une camionnette dont les deux portes ont été brusquement ouvertes ; deux autres tirent avec la même arme, d'une DS dont les glaces ont été descendues — DS qui s'est postée dans une voie de traverse deux cents mètres après la camionnette, en vue de barrer la route à la voiture présidentielle et d'achever ses occupants à la grenade. Ils n'ont pas le temps d'effectuer cette manœuvre et ne réussissent qu'à arroser la voiture au passage. « Foncez droit devant », crie mon beau-frère Alain au conducteur qui parvient à maintenir son véhicule à grande vitesse et au milieu de la chaussée malgré les pneux crevés par les premières rafales tirées dans l'axe. « Baissez-vous », crie encore Alain à ses beaux-parents, assis à l'arrière de la voiture, ma mère à droite et mon père à gauche. Ceux-ci s'exécutent aussitôt et plusieurs projectiles viennent frapper l'intérieur du véhicule à hauteur de leur tête. Ils sont couverts d'éclats de verre, dont l'un blesse légèrement mon père au cou.

Ces tirs, fort mal ajustés, n'atteignent sans gravité qu'un des motocyclistes et le conducteur d'une Panhard, arrivant en sens inverse avec sa famille.

Peu après, à l'arrivée sur l'aérodrome de Villacoublay, tous reconnaissent que « le Général a une chance incroyable ! Comment a-t-il pu échapper à ces tirs d'armes automatiques ? ». Mon père, quant à lui, constate qu'ils « ont tiré comme des cochons ! ». Et, comme si rien d'anormal n'était survenu, il va passer en revue la garde d'honneur qui l'attend.

Ma mère s'exclamant : « Pourvu que les poulets n'aient rien ! », les témoins croient qu'elle s'inquiète du sort des policiers, mais elle n'utilise jamais de mot d'argot : il s'agit seulement des volailles de Bresse qu'elle a achetées chez Fauchon, place de la Madeleine, et fait mettre dans la malle arrière de la voiture pour un prochain repas familial à « La Boisserie ».

Tous les auteurs de cet attentat manqué seront pris et traduits en justice, à l'exception du dénommé Watin, dit « la Boiteuse », parce que claudiquant bas, ex-patron d'une grande brasserie à Alger, herculéen et fort en gueule. Il réussira à s'échapper en Amérique du Sud où des anciens de l'OAS lui feront discrètement parvenir des subsides, de peur qu'il ne se mette à parler s'il revenait en France. Il en aura été de même pour certains collaborateurs qui, à la Libération, s'étant esquivés à l'étranger, en Suisse, en Espagne ou en Amérique latine, y seront secrètement secourus et entretenus pour empêcher qu'ils ne rentrent s'expliquer en France et compromettre ainsi quelques-uns de ceux avec lesquels ils avaient travaillé. Une forme de rançonnement en quelque sorte.

*

Je suis présent à Colombey un après-midi de ce mois d'août 1962 lorsque l'ambassadeur d'URSS, M. Vinogradov, très apprécié à Paris où il est en poste depuis une dizaine d'années, se présente à l'improviste à « La Boisserie ». Il vient remettre en main propre au général de Gaulle une lettre urgente du Praesidium du Soviet suprême pour stigmatiser l'alliance de la France avec la République fédérale d'Allemagne et la réalisation en cours de notre force nucléaire stratégique, dirigée, selon lui, contre la Russie. Mon père fait asseoir l'ambassadeur dans la bibliothèque et va lire la missive dans son bureau. Vinogradov a à peine le temps d'absorber la tasse de thé qu'on lui a servie que mon père revient brusquement pour le congédier sans aménité. « Monsieur l'ambassadeur, êtes-vous venu à mon domicile privé, où je ne reçois personne, pour me dire que la France telle qu'elle est menace l'Union soviétique, géant géographique, politique, nucléaire et militaire ? Quant à la paix du monde, je compte bien que votre subordonnée la République démocratique allemande ne la menacera pas plus que notre voisin d'outre-Rhin dans son rapprochement avec nous. » L'ambassadeur n'est pas resté plus d'une dizaine de minutes.

Je pressens alors — mon père ne nous disant rien formellement et préférant les compréhensions implicites — que le projet d'un prochain voyage officiel en Allemagne est en préparation. Je n'ai jamais accompagné mon père nulle part, sauf d'une manière occasionnelle et privée lors d'un de ses déplacements au Maroc ou dans la région de Toulon pour le retrouver à l'hôtel de la Corniche au Mourillon ou à l'abbaye de La Celle, près de Brignoles, où il avait fait étape avec ma mère.

« Depuis l'avant-guerre, au temps où vous étiez à l'armée française du Rhin, lui dis-je, à part quelques officiers d'état-major, je n'ai pratiquement jamais revu les Allemands sinon comme cibles ou comme prisonniers, ce qui ne les a d'ailleurs pas empêchés de me tirer dessus à l'occasion. Dans la conjoncture, j'ai beaucoup à faire pour me mettre à jour ! Je n'ai actuellement qu'un poste à l'état-major à Paris et je ne suis donc retenu par aucune obligation maritime. Emmenez-moi avec vous pour une fois ! » Il en est d'accord et, du 4 au 9 septembre 1962, j'accompagne mes parents en Allemagne fédérale.

A Cologne, dont la cathédrale, détruite par les bombardements, a été complétement reconstruite à l'identique, nous assistons à l'office solennel du dimanche avec le cardinal-archevêque. A Bonn, le président de la République, M. Luebke, me remet la grand-croix de la République fédérale d'Allemagne en nous accueillant dans un de ses salons. Ce sont donc les Allemands, nos anciens ennemis, qui me font l'honneur de m'attribuer une décoration personnelle, ce que ni les Américains ni les Anglais n'ont jamais fait, dont j'ai pourtant partagé les combats de près.

A Bonn, circule au milieu des officiels sans paraître en remarquer aucun un personnage distingué, portant beau dans le style d'avant guerre, avec de petites moustaches cirées en pointe. C'est André François-Poncet, ancien ambassadeur de France en Allemagne à la fin des années 30. Il semble être là autant à titre de chroniqueur de presse qu'à titre personnel. Il s'estime, m'en disent nos hôtes auxquels je m'enquiers à son sujet, comme le seul vraiment qualifié pour bien connaître les Allemands et considère le général de Gaulle en particulier comme un parvenu assez inculte en ce domaine. « Il fait très "Noblesse Troisième République" ! » ironise un autre diplomate français de haut rang.

A Rohndorf, le chancelier nous accueille chez lui, en petit comité, entouré de sa proche famille dont un de ses fils, maire de Munich, un autre, prélat d'une paroisse catholique, une fille qui gère la maison bourgeoise à un étage entourée d'un petit jardin séparé des voisins par un simple grillage où le chancelier, veuf, vit depuis longtemps. Adenauer m'y fait cadeau d'une petite gravure encadrée représentant Cologne au XVIIIe siècle.

A Hambourg, nous sommes d'abord reçus à l'hôtel de ville dans la monumentale salle de réception surplombée de lustres circulaires colossaux dont la couronne en bronze est hérissée de chevaliers Teutoniques de deux mètres de haut ; puis nous nous rendons à l'Ecole supérieure de guerre où le directeur, le général major de Maizières, nous fait un exposé stratégique en un français parfait. Depuis 1814, sa famille et lui nous ont combattus lors de toutes les guerres. Comme toujours, ce descendant de Français est réputé être arrivé avec les huguenots chassés lors de la révocation de l'Edit de Nantes par Louis XIV, mais la plupart d'entre eux proviennent, en réalité, de l'émigration provoquée par la Révolution française. Le général de Gaulle lui répond sur le thème de « Je ne suis pas venu parler de la stratégie du passé, mais de celle du nucléaire que nous devons examiner pour le présent et l'avenir ». Après cette conférence, je suis approché par le colonel et des officiers d'un régiment allemand qui me déclarent que leur unité nous a pris un drapeau durant leur campagne victorieuse de 1940, mais qu'ils souhaiteraient, au titre de la réconciliation, nous le restituer par mon intermédiaire en lui rendant les honneurs militaires. Bien que je n'aie pas l'esprit de repartie et que je sois pris à contre-pied par cette proposition imprévue, je crois trouver aussitôt la bonne réponse : « Conservez-le soigneusement. Les occasions de prendre un drapeau français sont rares. Puisque vous l'avez enlevé, surtout gardez-le bien ! » Leur intention est sans doute louable, mais leur proposition aurait un effet publicitaire néfaste en rappelant leur exploit de 1940. Je ne saurais donc m'y associer tout en étant quasi certain de partager instinctivement la façon de penser de mon père en ce domaine, sans encore connaître la directive qu'il avait écrite le 8 janvier précédent : « Il ne saurait être question, ni de faire participer nos troupes à la commémoration d'un revers français, ni de donner à un Etat étranger les trophées que nos troupes ont enlevés en combattant [1]. »

Partout, des détachements allemands à trois bataillons, respectivement de l'armée de Terre, de la Marine et de l'Aviation, tous de la même taille, rendent les honneurs en rangs serrés, imposants, avec un maniement d'armes impeccable. La nuit, le général de Gaulle a droit aux retraites aux flambeaux avec fifres et tambours comme autrefois pour Frédéric le Grand. Pourtant, tous portent un béret comme si un casque n'eût que trop évoqué un aspect guerrier. Notons que mon père repoussera toujours l'idée de se rendre dans les nécropoles allemandes ou d'inviter les Allemands à venir à Verdun. « Je ne vais tout de même pas les amener devant le monument à la garde prussienne que nous avons décimée à Saint-Privat en 1870 ! » s'exclame-t-il.

Après Munich, notre séjour se termine à Stuttgart, puis au terrain de manœuvres de Münsinger, où une division de notre 1re Armée française, présente dans ce camp depuis 1945, fait une démonstration de blindés et d'aviation d'appui suivie d'une grande prise d'armes. L'armée allemande n'y participe pas.

Durant sa visite officielle, le général de Gaulle est partout accueilli par une foule énorme qui souvent se précipite pour lui serrer la main. Sur certaines places, comme à Cologne, des vitrines de magasins explosent sous la pression des gens. Certains barrages de schupos sont enfoncés au grand déplaisir d'Adenauer, qui trouve que cela fait désordre. Durant la descente du Rhin, de Cologne à Düsseldorf, sur un bateau-pilote qui a hissé un pavillon à croix de Lorraine, le Général doit se tenir debout pour répondre aux acclamations des populations qui se sont massées sur les rives malgré une pluie d'orage. Mon père leur rend la visite qu'ils attendaient et leur tient partout le langage de la coopération franco-allemande pour une Europe de l'Atlantique à l'Oural. Il est le seul Français, vainqueur de la Seconde Guerre mondiale, à pouvoir les déculpabiliser de leur invasion et de leur occupation. Une fausse note dans les derniers rangs à Bonn : des contestataires

1. Voir *Lettres, notes et carnets, 1958-1970, op. cit.*

ont déployé des banderoles pour rappeler la captivité du général de Gaulle au fort IX, en Allemagne, en 1917.

A chaque étape, ce dernier a tenu à s'adresser à la foule en allemand et souvent pour une véritable allocution, comme celle aux cinq ou six mille ouvriers de Thyssen rassemblés dans un immense hangar. Il possède cette langue relativement bien, du moins en termes directs depuis les séjours de son adolescence en Souabe et en Bavière, depuis Saint-Cyr, la Première Guerre mondiale, ses affectations à l'armée du Rhin, ses lectures de Goethe, de Falkenhayn, de Ludendorff. Derrière lui, son interprète officiel M. Meyer est prêt à lui souffler le mot qui lui aurait échappé. Naturellement, le fait qu'il se soit fréquemment exprimé en allemand a donné lieu à des commentaires ironiques dans les presses satiriques. Ainsi aurait-il remercié l'officier supérieur venu lui présenter la musique et les bataillons d'honneur en l'appelant « Ober », ce qui signifie « Garçon ». Or, il sait mieux que personne ce qu'est un colonel et j'étais suffisamment près de lui pour l'avoir entendu clairement dire « Oberst ».

*

Après l'attentat du Petit-Clamart à la fin d'août, le général de Gaulle avait annoncé au Conseil des ministres qu'il envisageait de proposer une modification de la Constitution pour l'élection du président de la République au suffrage universel. La menace récente de sa disparition ravive en lui cette question qui, au fond, le préoccupe depuis des mois. Clé de voûte des institutions de la Ve République, il veut obliger tous les Présidents après lui à l'être vraiment, et à avoir d'autant plus le statut d'un élu de la Nation tout entière qu'ils n'auront sans doute plus son charisme historique. Le chef de l'Etat est l'élu de quelque deux cent mille élus locaux, c'est-à-dire les mêmes que ceux du Sénat. Il est à craindre que le Parlement après lui ne retourne instinctivement à son réflexe parlementariste pour ne retenir que des candidats à sa merci.

Après avoir consulté officiellement le Conseil constitutionnel le 28 août, il présente son projet au Conseil des ministres où il enregistre deux défections. Le Général propose alors que celui-ci soit soumis au référendum le 28 octobre suivant. Après un message présidentiel au Parlement le 2 octobre, puisque le président de la République n'a pas le droit de s'y rendre, et une nouvelle allocution radiotélévisée le 4, le Sénat manifeste son opposition et l'Assemblée nationale vote une motion de censure contre le gouvernement de Georges Pompidou le 5 octobre.

Il faudrait un livre pour exposer et discuter les thèses de chacun, mais c'est bien la conception parlementariste qui se heurte à la notion présidentielle, c'est-à-dire à l'essence même de la Ve République ; preuve que cette notion n'est pas encore bien admise par tous les politiques. Pour le général de Gaulle, les choses sont claires, même si, à son insu, la complicité des juristes de tout bord avait pu en dévier quelque peu la rédaction. Les parlementaristes excipent de l'article 89 traitant de la « révision de la Constitution par les deux Assemblées », titre à vrai dire rajouté au texte fondamental qui n'a pas été assez bien rédigé, sciemment sans doute par les juristes. Le Général, qui pense que l'article 89 ne portera jamais que sur des ajustements de détail, le Parlement étant incapable de se réformer lui-même, appuie son projet sur l'article 11, qui est l'esprit et la lettre mêmes de la Constitution : seul le suffrage universel peut instaurer et modifier fondamentalement la Constitution.

« Après tout, cette Constitution, je la connais mieux que personne. C'est moi qui l'ait faite, même si j'ai abandonné aux juristes sa rédaction. Alors, on m'accuse de la violer ! Est-ce qu'on viole sa femme ? »

C'est un déchaînement dans l'opposition. Mitterrand écrit *Le Coup d'Etat permanent.* « Forfaiture », déclare Gaston Monnerville à la sortie d'un chaleureux « banquet radical-socialiste » (*sic*). A vrai dire, le président du Sénat, qui avait pourtant apprécié l'action constante du Général en faveur de la Haute Assemblée et, par conséquent, appuyé son retour au pouvoir en 1958, ne pouvait pas lui pardonner de priver ainsi le Sénat de ce qu'il considère comme son principal privilège : de fait, depuis le maréchal de Mac Mahon et jusqu'à René Coty, c'est le Sénat qui choisissait en son sein le président de la République. C'est et cela restera longtemps le grief fondamental, même s'il se dissimule sous d'autres objections.

A la Chambre des députés, c'est le vieux Paul Reynaud qui est hissé à la tête de l'opposition. Mon père avait fait en sorte que le dernier président du Conseil de la IIIe République, qui avait soutenu son « corps de manœuvre cuirassé » avant guerre et l'avait intronisé à la vie politique en le nommant sous-secrétaire d'Etat en juin 1940, fût élu dans le département du Nord. Il est navré de son incapacité à sortir d'une conception parlementariste d'avant 1939, ce en quoi ses propres électeurs ne manqueront pas de le désapprouver bientôt.

Le 10 octobre, le général de Gaulle dissout l'Assemblée nationale et prononce deux autres allocutions radiotélévisées les 18 et 26 octobre. Le 28, les Français adoptent la modification constitutionnelle proposée par plus de 62 pour cent des suffrages exprimés.

Durant la dernière semaine d'octobre éclate la crise de Cuba. Les Soviétiques y ont installé un dispositif de fusées nucléaires dirigées contre les Etats-Unis. Que ces derniers aient pu laisser cette île si proche d'eux et où ils avaient tant d'influence et d'intérêts dévier hors de l'orbite de la bannière étoilée et y laisser se développer une menace immédiate constitue pour le général de Gaulle une énigme. Mais, bien qu'intervenir dans une grave tension à l'étranger soit tout à fait contraire à l'esprit politique français dont la tendance est le plus souvent d'assurer la paix à tout prix, mon père apporte immédiatement son soutien au jeune président Kennedy, prévenant ainsi sensiblement les autres puissances alliées qui ne se manifesteront qu'après des délais prudents. Les Russes devront finalement retirer de Cuba leurs missiles et leurs troupes dans les mois suivants.

En France, l'opposition – on voit bien laquelle – fait naturellement campagne sur les thèmes de la dictature, du pouvoir personnel, du fait accompli et de la guerre. Au contraire, le Général prend bien soin d'informer le peuple français sur les véritables enjeux. Personne n'informera l'opinion aussi complètement et aussi souvent que lui. Le 7 novembre, en sus de bien d'autres déclarations, il prononce une nouvelle allocution radiotélévisée sur les élections législatives prévues les 18 et 25 novembre suivants. Elles donnent 237 sièges sur 465 aux députés qui soutiennent le président de la République. Le 28 novembre, Georges Pompidou se succède à lui-même.

Les menaces d'attentats n'ont pas empêché le Général de poursuivre la visite systématique de vingt-trois départements métropolitains ou d'Outre-Mer et de la Principauté de Monaco durant l'année 1962. Jamais avant lui, sous la Monarchie, la République ou l'Empire, et jamais encore après lui à l'heure où j'écris ces lignes, aucun chef d'Etat n'a visité ou ne visitera autant de fois tant de territoires français. En outre, dans le monde il est vraiment la personnalité que tous veulent rencontrer, ce qui est, il faut le dire, assez nouveau pour un président de la République française.

A cette époque, la presse fait état, généralement avec plus ou moins de désapprobation, et avant tout parce que c'est contraire aux usages parlementaires, de l'attitude de Mitterrand resté seul assis alors que tous les parlementaires se sont levés pendant la lecture du message du président de la République à l'Assemblée nationale le 11 décembre 1962 par son président Jacques Chaban-Delmas.

Lorsque je me trouve dans la capitale, il m'arrive d'être invité, en fin de saison, soit à Rambouillet, soit à Marly, à une chasse dite « d'écoquetage » : il s'agit de ne laisser subsister qu'un coq faisan pour sept ou huit poules, faute de quoi les mâles se battent pour délimiter leur territoire et se réserver les femelles. Sur ces deux propriétés de l'Etat, les Eaux et Forêts, sous la direction de l'ingénieur général Vidron, qui a perdu son fils unique en Algérie, élèvent environ trois mille cinq cents faisans par an. Un tiers est tué, un tiers est conservé pour la reproduction et le troisième tiers est envoyé repeupler les départements.

Je suis présent lorsque Harold Mac Millan est convié à une chasse à Rambouillet les 15 et 16 décembre 1962. Les chasses présidentielles ont naturellement pour objet des contacts informels avec des chefs d'Etat ou de hautes personnalités de l'économie, de l'industrie, des armées, etc., et non, comme les considérait ce bon Vincent Auriol, pour ramener du gibier. Le Général, qui n'aime pas tuer les animaux, comme je l'ai déjà dit, est handicapé par sa vue et n'est plus un chasseur entraîné. Il a renoncé à tirer et préfère accompagner ses invités afin de s'entretenir avec eux ; ce qui les gêne souvent dans leurs performances cynégétiques. Le passage à Paris du Premier ministre britannique fait suite au voyage officiel de mes parents à Londres en avril 1960 et à une visite privée de mon père en novembre 1961 chez Mac Millan, puis de ce dernier au château de Champs du 3 au 5 juin 1962. C'est dire que les contacts avec les dirigeants anglais sont alors bien plus proches que la presse ne le prétend en vilipendant l'isolement et l'intransigeance du Général.

Après avoir admiré le tableau de chasse, plusieurs centaines de pièces dont la moitié est à mettre au compte du Premier ministre britannique, qui tire très bien, je l'accompagne avec mon père jusqu'au petit salon qu'on m'a demandé de trouver. Mac Millan et Charles de Gaulle, cordiaux comme deux vieux compagnons de lutte, s'asseoient côte à côte, chacun dans un fauteuil de style. Avant que je ne quitte la pièce pour les laisser seuls, le Premier ministre anglais sort de sa poche et tend à son interlocuteur le texte d'un accord de coopération nucléaire semblable à celui que la Grande-Bretagne vient d'accepter des Etats-Unis pour elle-même. A condition de se soumettre à leur contrôle de fait, et en dépit de quelques réserves de pure forme, les Américains fourniraient aux Français, comme aux Britanniques, les missiles nucléaires qui leur seraient nécessaires. Notre récente accession, par nous-mêmes, au nucléaire ne laisse pas en effet d'inquiéter nos grands alliés qui craignent d'en perdre le monopole occidental. En somme, mon père n'aurait donc plus qu'à signer le papier par lequel tous ses efforts seraient aussitôt annihilés. Je sors avant qu'il ne l'ait rendu presque aussitôt à Mac Millan, mais tout le monde sait qu'une réponse négative ne saurait tarder.

Un autre sujet sur lequel Mac Millan aurait bien voulu obtenir satisfaction est le Marché commun, qui a commencé d'exister concrètement avec son acceptation par le général de Gaulle moyennant les exigences du « compromis de Luxembourg », c'est-à-dire l'unanimité et non la « majorité qualifiée », et celle de son extension à l'agriculture malgré les réticences de l'Allemagne. La Grande-Bretagne n'est pas prête, pour des raisons économiques, à y adhérer. En particulier, elle subventionne fortement son agriculture îlienne très minoritaire, et fait la moyenne en important à bas prix du blé, du bétail et autres denrées du Canada, de l'Australie et de la Nouvelle-Zélande, notammennt.

Nouveau refus du Général au motif que « les Anglais veulent entrer au club sans en payer les cotisations ».

L'allure un peu triste et compassée du Premier ministre, encore aggravée par le double échec de son voyage en France, excite la verve des chansonniers. Edith Piaf chante « Ne pleurez pas, milord ! ». Mais

Mac Millan n'était pas du genre à manifester son affliction et ses rapports personnels avec le général de Gaulle resteront toujours empreints de courtoisie et aussi amicaux que le permettaient les intérêts qu'ils défendaient pour leurs pays respectifs.

Cependant, la presse et la partie anglophile de l'opinion critiquent vivement le Général. « Quand on dit ce qui est, rétorque ce dernier, on fait scandale. Si on dit que l'Angleterre est une île, personne n'en revient. Si on dit que l'OTAN a un commandement américain, tout le monde est choqué. C'est pourtant la vérité. »

Peu après le 20 décembre, le général Norstadt, commandant suprême en Europe des forces atlantiques, vient s'entretenir à l'Elysée avec le général de Gaulle. Il lui annonce qu'il démissionne de son poste parce que le gouvernement américain ne veut pas lui consentir une délégation, même limitée, d'emploi des armes nucléaires tactiques en cas d'attaque des Soviets. « Dans ces conditions, explique-t-il, ces derniers auraient tout le temps d'infiltrer nos forces avec des moyens classiques considérables avant que le Président et le Congrès des Etats-Unis ne se décident à me donner les autorisations nécessaires. J'aurais déjà perdu la bataille du continent européen et je serais un commandant suprême floué avant même d'avoir commencé. Comme Américain loyal, je ne puis pas le dire publiquement, mais comme général, je puis tout à fait approuver en privé la volonté des Français de disposer de leur propre arme nucléaire pour se défendre. Ils ajoutent un atout à la dissuasion de l'ennemi en général : l'incertitude créée par leur propre force stratégique indépendante. »

A Bruxelles, en fin janvier 1963, les Six du Marché commun refusent à la Grande-Bretagne l'association économique qu'elle demande en contradiction, d'ailleurs, avec l'avis d'une partie du Commonwealth britannique. Des négociations s'engagent néanmoins qui finiront par aboutir en juillet à un accord de contrats périodiques dans le cadre de l'Union européenne occidentale.

C'est en janvier également qu'un appel téléphonique anonyme livre à la police l'ex-colonel Argoud, retrouvé au petit matin garotté dans le fond d'une camionnette devant Notre-Dame de Paris. Ce dernier accuse les services secrets français de l'avoir illégalement capturé en Allemagne où il séjournait irrégulièrement. La République fédérale proteste contre cette ingérence française sur son territoire, hors zone d'occupation des Français. En réalité, malgré ces dénégations de principe, c'est la police allemande qui a saisi Argoud à son hôtel et qui nous a discrètement livré ce personnage encombrant, agitateur et comploteur permanent.

Bien que la France ait fini par se dégager d'une suite ininterrompue de conflits armés depuis 1939 et que la responsabilité de la nouvelle Algérie (et même, d'une manière moins directe, de ses autres anciennes dépendances en Afrique) ne lui incombe plus, les charges politiques, économiques et sociales des séquelles coloniales demeurent considérables. L'évacuation ou le rapatriement en métropole de plus de deux millions de personnes — troupes comprises — ont dû faire l'objet de mesures spéciales d'adaptation ou de réadaptation (lois de décembre 1961 sur les rapatriés). Particulièrement favorables aux intéressés, elles suscitent le mécontentement de beaucoup de métropolitains.

Malgré d'importants problèmes psychologiques, sociaux et techniques, cet afflux de gens souvent traumatisés, ces arrivants d'Algérie — il faut ajouter plusieurs dizaines de milliers de civils et militaires de Tunisie, du Maroc et d'Afrique noire — se sont relativement et rapidement bien intégrés aux quelque quarante-neuf millions d'habitants des territoires de métropole ou, en nombre réduit, d'Outre-Mer, et dans une économie heureusement (mais non pas fortuitement) en plein essor où le chômage est réduit au minimum technique incompressible d'environ soixante-cinq mille personnes pour la première fois de notre histoire. Pourtant, plus de deux millions cent mille étrangers séjournent chez nous sous passeport ou y travaillent sous contrat : trois cent cinquante mille Algériens autres que les Harkis ; quatre-vingt-dix mille Marocains et Tunisiens ; soixante mille Noirs de la seule Afrique francophone ; six cent quatre-vingt mille Italiens ; cinq cent mille Espagnols et quatre-vingt-dix mille Portugais. Ces transits ou apports d'étrangers encore nécessaires à l'économie resteront bien contrôlés jusqu'en 1970. Le regroupement familial n'est admis que pour les réfugiés menacés, les étudiants patentés et ceux devenus français par naturalisation, à raison d'environ trente mille par an, en grande majorité d'origine européenne. D'autre part, les naissances l'emportent de 7 pour cent par an sur les décès dans les foyers français. Une politique nataliste encourage les femmes à la maternité, et ceci indépendamment des allocations aux plus modestes qui sont d'une autre nature.

Cette augmentation rapide de la population par natalité, naturalisation ou immigration régulière et cette expansion accélérée des activités viennent créer une certaine surchauffe économique induisant une inflation qui, tombée à un miminum technique depuis 1959, menace de remonter à 4 ou 5 pour cent. Le général de Gaulle est conduit à faire adopter un plan de stabilisation le 12 septembre.

Prenant prétexte de cette inflation, les mineurs déclenchent une grève générale le 1er mars. M. Pompidou promulgue leur réquisition. Le général de Gaulle soutient son Premier ministre, mais la réquisition reste pratiquement sans effet. Les mineurs reprennent le travail près d'un mois après, le 5 avril, après l'obtention de quelques avantages. « Ils proclament avoir gagné, commente mon père, ce qui n'est vrai qu'en apparence à court terme. En réalité, ils viennent de faire constater à tout le pays que, pour la première fois de notre histoire industrielle, le charbon autrefois fournisseur obligatoire d'énergie se trouve progressivement détrôné, non seulement par des importations de sources multiples et par les grandes centrales hydrauliques, mais surtout par le pétrole et le nucléaire. »

Le 4 mars 1963, les auteurs de l'attentat manqué du Petit-Clamart sont condamnés à mort par la Haute Cour de Justice, puis graciés, à l'exception de l'ingénieur d'armement Bastien-Thiry, qui sera exécuté le 11 mars. Le général de Gaulle a été très hésitant à son sujet. A mon avis, il penchait plutôt pour la clémence, malgré le fait que les conjurés n'aient pas hésité à tirer sur son épouse. Mais l'OAS assassine dans le même temps à Neuilly le banquier Henri Laffont que mon père vient de recevoir pour un entretien à l'Elysée. Henri Laffont faisait partie des nombreuses personnalités auxquelles l'organisation criminelle avait envoyé le 12 décembre précédent une « lettre aux collaborateurs du pouvoir » pour les avertir qu'« ils auraient à payer le jour venu d'être au service d'un scélérat ». « Si tous ceux qui viennent voir le Général se font assassiner, où va-t-on ? » s'exclame mon père. Le meurtre ne sera donc pas sans conséquence sur sa décision de ne pas gracier Bastien-Thiry. On apprendra par la suite que celui-ci avait suivi un traitement psychiatrique peu d'années auparavant, argument mal exploité devant les jurés et qui aurait peut-être pu modifier leur verdict, bien que la responsabilité de l'accusé au moment des faits ait été jugée pleine et entière.

« Dans les cas de procès politiques avec ou sans attentats, les inculpés ont affaire à deux sortes d'avocats, nous dit mon père. Les vrais s'efforcent de sauver ceux qu'ils défendent au besoin au détriment de la cause qui les a animés ; les autres, qui sont des partisans, sacrifient en réalité leurs clients afin de magnifier leur cause. »

Le 21 juin 1963, la France, qui demeure membre permanent du Conseil de Sécurité de l'ONU, retire à l'Organisation militaire du Traité de l'Atlantique Nord (OTAN) la disposition de ses forces aéronavales de l'Atlantique et de la Manche. Ce retrait est dû à l'impossibilité faite à notre pays, qui s'est considérablement renforcé sur le plan militaire en accédant à l'arme nucléaire et en reconcentrant en métropole les moyens importants consacrés jusqu'alors au conflit algérien, d'obtenir la plus petite modification dans les répartitions des commandements et des zones d'affectation des forces de l'OTAN.

Rattaché momentanément à son état-major, j'ai l'occasion d'accompagner le général Ailleret, notre chef d'état-major des armées, au siège central de l'Organisation, à Paris. L'atmosphère y est condescendante et désagréable pour les Français qui prétendent exister en face des Américains et des Britanniques, étant entendu que les autres Européens : Allemands, Hollandais, Italiens, Belges et Luxembourgeois, suivent en silence. D'abord, notre accession en toute indépendance à l'arme atomique a excédé les Anglo-Saxons. En séance, lorsqu'il est question de leur emploi, lord Louis Mountbatten, qui représente la Grande-Bretagne, se tourne ostensiblement vers le général Ailleret pour dire : « Il est évident que la détention d'armes atomiques ne peut exister que pour des gens reconnus par tous comme particulièrement sages et réfléchis. »

Le général Ailleret demande le texte de la déclaration qu'il vient de faire en français, l'une des langues officielles de l'Organisation. Le bureau de traduction ne dispose que de la version anglaise. Il faut la retraduire en français et on s'aperçoit alors que le texte ainsi obtenu n'a pas le même sens que l'original. Colère du général Ailleret : ce que dit la France n'a pas d'importance. Mais la rupture viendra de l'affaire d'Iberlant. C'est le nom d'une sous-zone d'Eastlant en Atlantique Nord, dont le commandement est britannique. Tous les ans, les Français demandent sans succès le commandement de cette sous-zone qui va du golfe de Gascogne aux côtes marocaines, sauf Gibraltar. Ils en fournissent les seules forces aéronavales permanentes et conséquentes. Le poste de commandement est à Lisbonne qu'ils arment pour l'exercice annuel en y transportant leurs moyens de transmissions, ceux des Portugais étant pratiquement limités à des locaux. Ce sont encore les Français qui tiennent la zone mitoyenne en Méditerranée.

Les Américains consentiraient assez volontiers l'attribution d'Iberlant aux Français, mais les Britanniques y font obstacle, craignant que leur influence n'en soit diminuée d'autant et que, à la suite des Français, les Allemands ou d'autres ne viennent à revendiquer eux aussi quelques modifications.

On sait que la France a déjà dû retirer de l'OTAN ses forces aéronavales en Méditerranée à la suite du refus de ses alliés de les voir utilisées pour la guerre d'Algérie. Mais, cette fois, après une demande solennelle de plus restée sans résultat, le général de Gaulle retire celles de l'Atlantique le 21 juin 1963.

Un jour plus tôt, le 20 juin 1963, vient au monde à l'hôpital Foch mon quatrième et dernier fils, Pierre — dix ans après le troisième, Jean. C'est dire qu'il a été très attendu. Il est ce qu'on appelle dans la famille un « petit ravisé ». Mes parents, quoique très émus, évitent de trop manifester leur joie devant ma sœur, de crainte de marquer le privilège que le sort m'accorde sur elle qui n'a qu'un enfant.

Mon père considère comme un avantage en soi d'avoir quatre fils mais, toujours soucieux d'une politique de natalité pour contrecarrer ce qu'il considère comme l'une des principales causes de la décadence des Français depuis la fin de la monarchie, il me demande mon avis sur les conditions d'existence des familles françaises, pour ce que j'en sais.

« Il est avéré qu'au troisième enfant le niveau de vie diminue d'environ 40 pour cent et qu'au quatrième de la moitié sans doute, lui dis-je.

— En conséquence, observe mon père, les impôts sur le revenu et les successions devraient être divisés du coefficient correspondant pour ne pas décourager la femme, quelle que soit sa condition, d'avoir des enfants sans crainte de voir diminuer son niveau de vie d'autant. Il faut y ajouter une politique de soutien aux plus pauvres qui ne paient pas d'impôts de succession ou sur le revenu, ou guère, en leur versant les allocations nécessaires au maintien de leur niveau de vie.

— Comment faire la péréquation entre les défiscalisations et les allocations ?

— Nous n'avons pas le temps de nous livrer à des discriminations qui feraient perdre trop de temps à l'administration qui, de toute façon, n'est pas juge. Tous sont défiscalisés quand ils le peuvent et tous sont allocataires selon le nombre de leurs enfants, étant entendu que toutes les ressources sont additionnées d'où qu'elles viennent. L'impôt proportionnel et fortement progressif se charge d'écluser tout ou partie des allocations des riches. »

Ma mère, qui intervient naturellement dans la discussion sur un sujet qui l'intéresse, approuve en faisant remarquer qu'il reste encore beaucoup d'ajustements avant que ces orientations entrent dans les mentalités.

Le 10 avril 1963, le pape Jean XXIII (Ange-Joseph Roncalli) publie l'encyclique « Paix sur la Terre » consacrée au désarmement ainsi qu'aux droits et aux devoirs de l'homme qui sont consubstantiellement liés. Il meurt le 3 juin à l'âge de quatre-vingt-deux ans sans avoir pu conclure le Concile Vatican II qu'il avait réuni le 11 octobre précédent. Il s'agit d'adapter l'Eglise catholique au monde moderne sans renoncer à sa foi fondamentale. Sa disparition laissant nombre de questions en discussion, des « progressistes » ne manqueront pas d'en pousser imprudemment les applications jusqu'à chercher à adapter l'Eglise catholique aux expériences à la mode. Les successeurs du pape défunt auront souvent du mal à en corriger les errements.

C'est une coutume sage et séculaire pour le Sacré Collège des cardinaux de demander l'avis des gouvernements, même laïques, des pays de civilisation chrétienne avant l'élection d'un nouveau pape. Bien que cet avis soit en réalité accessoire, mieux vaut savoir à l'avance quelle faveur, quelle indifférence ou quelle hostilité l'élection de tel pontife rencontrerait chez un peuple. Mon père exprime le souhait auprès des cardinaux français, sud-américains, africains et de certains européens que le cardinal Montini, d'une grande culture française, soit élu. Il le sera sous le nom de Paul VI. Le nouveau pape mettra pourtant fin à cette procédure de consultation, pour notre gouvernement du moins, comme s'il avait voulu « compenser » la bienveillante influence des Français exercée en sa faveur.

Je suis encore à Colombey ce 15 août 1963, date décidément propice à mes remplacements d'aide de camp, lorsque je reçois au téléphone l'appel au secours de Fulbert Youlou, président du Congo-Brazzaville, encerclé dans son palais par un soulèvement populaire. Je passe la communication à mon père qui écoute pendant de longues minutes. Je comprends que Fulbert Youlou demande que les troupes françaises (une compagnie et demie) qui sont encore aux environs de Brazzaville dégagent le palais présidentiel. « Vous avez vous-même dénoncé les accords militaires d'assistance réciproque, lui répond mon père, et vous avez vous-même demandé que nos troupes quittent le Congo. En conséquence, elles n'interviendront pas. » Il ajoute à mon intention : « Cela servira peut-être de leçon à d'autres Etats africains. Cet abbé Fulbert Youlou est une intelligence brillante mais parfois dépourvue de bon sens. Je le regrette pour lui, mais sa mésaventure ne m'étonne pas. » Vivant d'une manière peu ecclésiastique, l'abbé arborait des soutanes de soie crème, bleu pâle ou rose pâle qui agaçaient mon père. Il me fit cependant reprendre le téléphone pour qu'un message soit adressé au chef des putchistes, M. Massembat-Debat. Il le tient pour responsable personnellement du sort du président congolais lors de sa reddition hors du palais, ce qui sera respecté.

En Algérie, Ahmed Ben Bella devient le chef du gouvernement provisoire. Il a évincé Ben Khidder, qui avait lui-même écarté Ferhat Abbas, le vieux chef de la rébellion, et s'efforce, au milieu des rivalités et des convulsions inhérentes aux révolutions, d'établir un pouvoir et des institutions plus stables. Il est très vite conduit à des surenchères politiques et électorales : exagérations des dommages causés par la récente « guerre d'indépendance » et occultation des acquis de l'ancienne tutelle ; protestation contre les essais nucléaires dans les bases françaises du Sahara, pourtant prévus dans les Accords d'Evian ; demandes de révision de ces derniers ; expropriations de tous les agriculteurs français contrairement à nos accords, peu de temps après avoir obtenu une aide financière de la France, en plus de son aide technique. En effet, cette dernière s'efforce d'aider avec autant de bienveillance que possible à l'instauration du nouvel Etat nord-africain qui n'a jamais historiquement existé avant son indépendance en 1962. De plus, nous avons encore près de soixante mille compatriotes résidant toujours en Algérie.

Le 22 novembre 1963, John Fitzgerald Kennedy est assassiné à Dallas. Mon père soupçonne Cuba d'être l'incitateur de l'attentat, même si celui-ci est passé par l'action de criminels ou de Sudistes américains mécontents. Bien que le président des Etats-Unis ne l'ait jamais soutenu et qu'il l'ait le plus souvent contré, en particulier pour l'Algérie, le nucléaire, la stratégie et l'économie, mon père, qui reconnaît en lui les qualités et les défauts de la jeunesse, se rend à ses obsèques les 24 et 25 novembre.

Le 3 décembre 1963, le général de Gaulle crée l'Ordre national du Mérite. De ruban couleur bleu de roi comme l'ancien Ordre du Mérite militaire de la Monarchie plus accessible que l'Ordre du Saint-Esprit, dont le ruban est rouge, cette nouvelle décoration est destinée à récompenser les services émérites, alors que la Légion d'honneur, à forte connotation militaire, est la marque de l'exceptionnel et de l'héroïsme.

Aussi, le Général a-t-il donné des instructions pour résorber petit à petit, mais de manière significative, l'inflation dont ce premier Ordre, créé par Napoléon, a souffert depuis la Première et surtout la Seconde Guerre mondiale. Avant lui, des ministres de la IVe République avaient même fini par en attribuer sans vergogne à leurs partisans et leurs agents électoraux.

Cette démagogie des décorations proliférait en outre à travers une vingtaine de médailles propres à toutes les activités. Leur suppression a depuis longtemps été demandée par la chancellerie de la Légion d'honneur. Mon père l'a donc prévue au début de 1964, non sans que cette extinction lui pose des problèmes de conscience puisqu'il en parle à ses proches. Je lui fais remarquer que beaucoup de ces décorations vont aux gens les plus simples qui n'accèdent pas le plus souvent à la Légion d'honneur, qu'elles récompensent des mérites spécifiques à certaines professions. Ainsi, de la médaille des Sapeurs-Pompiers qui ne sont pas décorés de la croix de Guerre malgré les risques encourus en cas de bombardements par exemple ; ainsi le mérite maritime ou la médaille d'aéronautique ; ainsi les médailles de sauvetage, du mérite agricole, des arts et lettres, du travail, des familles nombreuses. Mon père convient de maintenir ces dernières et y trouve des raisons supplémentaires pour créer un deuxième ordre national : le Mérite, mieux contrôlé par la Chancellerie, qui remplacera toutes les autres et sera plus accessible que la Légion d'honneur, généralement accaparée en temps de paix par les administrations et les hauts personnages.

En même temps, il donne des instructions aux Affaires étrangères, au grand déplaisir de leurs personnels, pour mettre fin à la coutume des échanges de décorations quasi automatiques avec les pays où ils sont en représentation. Ne sont plus attribués, non plus, les ordres originaires de nos anciennes colonies, dont certains sont fort décoratifs. Nombreuses sont les critiques à ce sujet comme à celui des décorations attribuées aux femmes : « Depuis la guerre et surtout maintenant, la République décore beaucoup de femmes ! Et pourtant, elles portent déjà bijoux et rubans. Faut-il leur en rajouter d'autres ? »

En janvier 1964, survient un changement en apparence mineur dans la hiérarchie élyséenne, mais important à titre personnel. Les aides de camp sont les collaborateurs les plus proches du président de la République sur lequel ils veillent en permanence, réglant l'essentiel de sa vie quotidienne au prix d'une disponibilité de tous les instants et du sacrifice de leur vie de famille. Ils sont ceux que je connais le mieux aux côtés de mon père. Le capitaine de frégate Flohic, nommé au commandement de l'escorteur d'escadre *La Bourdonnais*, est remplacé par le capitaine de frégate René Besnault, ancien des Forces navales françaises libres, comme lui et comme moi.

La France et la République populaire de Chine font connaître le rétablissement de leurs relations diplomatiques le 27 janvier. Le général de Gaulle, qui y a travaillé avec son pragmatisme habituel, estime qu'il est normal d'avoir des rapports avec un pays dont la population dépasse le milliard d'habitants et dont la culture a marqué le quart de la terre, dès lors qu'aucun conflit direct ou indirect n'existe plus avec lui. Cette reconnaissance n'implique nullement l'approbation d'un régime totalitaire. Mais peut-il en être autrement dans un pays aussi gigantesque ? Si l'on excepte les « relations de fait », mais non officielles, que la Grande-Bretagne entretient depuis longtemps par Hong-Kong avec l'Empire du Milieu, la France précède tous les autres pays occidentaux dans la reconnaissance publique de la Chine communiste.

L'augmentation du coût de la vie en France, qui était de 15,09 pour cent en 1958, année du retour au pouvoir du général de Gaulle le 1er juin, passera à 3,29 pour cent à la fin de 1964, après la mise en place un an plus tôt de mesures de stabilisation pour ralentir la surchauffe due au rapatriement, ou apatriement sur la métropole de près de deux millions de personnes, au repli sur cette dernière ou au démarrage de multiples activités dans tous les domaines : constructions massives de logements (plus de 650 000 par an), d'écoles, d'autoroutes et de routes, d'équipements industriels urbains ou ruraux ; communications, informatique, aéronautique, nucléaire, transformation de l'industrie lourde ; commerce intérieur et extérieur ; développements de l'agriculture qui vient de forcer son entrée et doit se maintenir dans le Marché commun sous la pression, on peut le dire, du chef de l'Etat français vis-à-vis de nos partenaires européens.

Un des signes caractéristiques de la confiance retrouvée est le taux de fécondité des Françaises, le plus élevé depuis le début du siècle, soit presque trois enfants.

Les développements démographiques, économiques et financiers poursuivent leur essor sans autres mouvements sociaux que ceux habituels, revendiquant une meilleure répartition de la prospérité générale, souci qui recoupe au demeurant celui du Général lorsqu'il préconise « la participation des travailleurs aux fruits de l'expansion », voie nouvelle entre le communisme et le capitalisme.

On ne saurait ici entrer dans le détail de tout ce qui s'accomplit alors sous l'impulsion de mon père. Retenons cependant : l'établissement d'une politique des revenus ; ses efforts pour l'agriculture (Marché commun des fruits et des légumes, absorption de nos surplus céréaliers, laitiers ou vinicoles, création des Sociétés d'aménagement foncier et d'établissement rural, retraite des agriculteurs âgés, lois sur les calamités agricoles, etc.) ; l'institution des préfets de région et des commissions de développement économique régional ou CODER, qui sont un commencement de l'organisation institutionnelle des régions telle qu'il la proposera, en vain, par référendum cinq années plus tard ; la loi instaurant l'Office de radiodiffusion et télévision française, et enfin la loi réorganisant la Région parisienne — monstre devenu quasi ingérable — en sept nouveaux départements. Présentant le projet, Roger Frey, le ministre de l'Intérieur, signalera au général de Gaulle que ce nouveau découpage tournera à l'avantage électoral des socialistes et surtout des communistes. « Nous avons choisi la meilleure administration possible, déclare ce dernier. C'est ce qui restera. Laissons passer la conjoncture électorale du moment...[1] »

Dans le domaine de la Défense, la France, tout en restant dans l'Alliance atlantique, s'est retirée de son organisation militaire (OTAN) pour reprendre son autonomie, d'autant plus nécessaire qu'elle développe son armement atomique (constitution de la première force aérienne stratégique sous contrôle présidentiel), domaine où elle se présente en intruse aux yeux des trois puissances qui l'ont précédée. Elle poursuit notamment le repli de ses centres d'expérimentation du Sahara vers les sites du Pacifique pour le nucléaire, et de Guyane pour les fusées. A la mi-juin, les troupes françaises auront achevé l'évacuation de l'Algérie, à l'exception d'une dizaine de milliers d'hommes qui se trouvent encore dans ses bases de Mers-el-Kébir et du Sahara.

Dégagée de ses responsabilités directes en Afrique du Nord, la France n'en est pas moins encore confrontée avec les séquelles des conflits passés : expropriations de terres appartenant à des Français avant les échéances, contrairement aux modalités prévues par les accords, difficultés politiques et économiques graves des nouveaux Etats, notamment de l'Algérie, qui s'aperçoit qu'elle a beaucoup plus besoin de la France que l'inverse. Le 13 mars, le deuxième président de la République algérienne après Ferhat Abbas, Ahmed Ben Bella, demande à rencontrer le général de Gaulle, à Paris. Ce dernier n'accepte pas de le recevoir dans notre capitale, mais au château de Champs. Il a même spécifié « sans cortège officiel depuis l'aérodrome d'Orly. Les honneurs militaires rendus à Champs à l'arrivée et au départ. Un entretien de deux heures en dehors des heures de repas ». La propagande antifrançaise est, en effet, toujours violente dans la presse algérienne et les plaies sont encore mal cicatrisées entre les deux pays.

Hors les termes de courtoisie diplomatique, l'entretien est froid. Il indique assez bien le ton des relations politiques du moment, mais aussi

---

1. Voir *Lettres, notes et carnets, 1958-1970*, *op. cit.*

la conduite à adopter par le gouvernement français dans le présent comme dans l'avenir. Aux problèmes posés par Ben Bella, les réponses du président français sont suffisamment explicites pour qu'il ne soit pas utile de reprendre les propos du président algérien. En substance, le discours du général de Gaulle est le suivant : « La France souhaite le succès de la nouvelle République algérienne. Elle a tout intérêt à sa prospérité et d'abord à sa stabilité. Vous avez évoqué les pertes des Algériens aux côtés des Français durant la Première et la Seconde Guerres mondiales, moi-même ne vous ai-je pas personnellement décoré de la médaille militaire sur le front de nos troupes en Italie ? Nous rendons toujours hommage au courage et au dévouement des tirailleurs dans nos combats communs pour les droits de l'homme. Nous leur en rendons grâce, mais il faut ramener ces pertes à de justes proportions : celles des Algériens, rappelons-le, ont été bien moindres que celles des métropolitains proportionnellement aux unités et aux populations respectives, mobilisées à 1 pour cent pour les Algériens contre 16 pour cent pour les Français en Afrique du Nord. Vous savez qu'un peu plus de 70 000 soldats "indigènes" de tous pays confondus de nos anciens territoires coloniaux en 14-18 et 29 928 en 39-45 sont morts dans les armées françaises. Il faut même y ajouter pour la grande Histoire ceux d'un régiment de chez vous : les "Turcos" en 1870-1871. Mais depuis, en nous faisant la guerre, vous avez fait tuer six fois plus d'Algériens qu'en 39-45, et vous nous avez fait perdre plus de vingt-cinq mille hommes en moins de huit ans. Alors, s'il vous plaît, Monsieur Ben Bella, pas de chantage aux anciens combattants ! Nous ne vous devons plus rien, d'autant que vous avez vous-même rendu caducs les accords d'Evian en saisissant unilatéralement les biens de nos compatriotes.

« Il ne faut pas oublier que les Algériens ne nous ont certainement pas jetés à la mer, car nous les avons militairement écrasés, mais qu'ils ont voulu le départ des Français et que ceux-ci, las de se battre en vain, ont donné leur accord depuis Evian. Vous êtes maintenant à la tête d'une nation indépendante. La conséquence claire en est que les Algériens qui n'auront pas encore formellement confirmé leur nationalité française deux ans après votre indépendance, et nous y sommes presque, sont devenus des étrangers. A partir de ce moment, ils ne pourront plus venir, ni résider en France autrement que selon les modalités de réciprocité de tous les autres pays étrangers autour d'elle. Or, vous empêchez les Français d'Algérie européens ou autochtones de revenir voir les leurs dans votre pays.

« De même, les relations économiques et culturelles de la France avec l'Algérie sont-elles dorénavant réglées par contrats de réciprocité comme il en est pour tout autre pays ami.

« Quant à l'aide financière et technique de la France à l'Algérie, cette dernière vient non seulement de saisir la plupart des biens français, mais elle a remplacé nos techniciens par des gens d'autres pays. Dans ces conditions, la France n'a pas à payer le pétrole et le gaz devenus algériens beaucoup plus cher que n'importe quel autre approvisionnement mondial.

« D'autre part, les Français n'ont plus de raison, au contraire, d'importer du vin algérien alors qu'ils en produisent déjà beaucoup trop chez eux.

« Enfin, comme vous en avez formellement convenu à Evian, la France ne peut pas accepter l'évacuation prématurée de ses bases de lancements de missiles et d'expérimentations nucléaires au Sahara ou de ses relais maritimes et aériens à Mers-el-Kébir et à Oran-La Sénia avant d'avoir pu les réinstaller en Guyane et en Polynésie. »

A vrai dire, Ben Bella, aux prises avec des rivalités internes au nouveau pouvoir, avait été entraîné, malgré lui, à des surenchères révolutionnaires et nationalistes. Ce qu'il était venu, en vain, demander aux Français de prendre en compte, sans animosité, n'était tout de même plus leur affaire. Après le général de Gaulle, des gouvernements trop faibles se laisseront aller à d'autant plus de concessions aux Algériens que ceux-ci leur manifesteront plus d'exigences et de mépris que de justice et d'amitié. En particulier, l'immigration extraordinairement abusive en provenance de ce pays deviendra un des scandales de notre société à partir des années 1980.

Aussi bien pour l'Algérie que pour les autres Etats du continent africain, la France contribue, dans l'intérêt général, à la stabilisation de ses anciennes dépendances d'Outre-Mer. Le président de la République continue à apporter tous ses efforts à l'équilibre de l'Afrique Noire, en particulier des pays qui lui sont amis ou associés. Il aide le président du Gabon Léon M'Ba menacé par un coup d'Etat militaire, reçoit en visite officielle Gruniszky, le président du Togo, qui a connu la tutelle de l'empire allemand jusqu'à la fin de la Première Guerre mondiale et s'entretient à l'Elysée avec la plupart des chefs d'Etat africains. « Le continent africain après son indépendance, prédit mon père, va éprouver des convulsions et des guerres internes comme les Amériques centrale et du Sud au XIXe siècle après la leur. »

*

Bien avant le voyage officiel qu'il effectue du 15 au 25 mars 1964 au Mexique, aux Antilles françaises et en Guyane, mon père a prévu en secret de se faire opérer de la prostate dans le mois suivant son retour. Or il envisage un autre voyage de près d'un mois en Amérique du Sud après l'été. Certains ont prétendu que le Général dut porter un drain à Pointe-à-Pitre, à Cayenne et à Mexico pendant dix jours. Je ne crois pas qu'il aurait pu assumer tant de manifestations officielles et de déplacements dans de telles conditions.

Le dimanche 12 avril 1964, mon père m'informe, en tête à tête, de l'opération qu'il a prévu de subir le 17, à l'hôpital Cochin, avec cette réflexion inattendue : « L'inconvénient en est qu'on ne peut plus avoir d'enfant ! » Je lui réponds qu'à son âge et dans son cas cela n'a guère d'importance. « Si, tout de même ! » me rétorque-t-il.

Il me remet une lettre dont l'enveloppe porte en manuscrit : « Personnelle et confidentielle — 13-4-64 — M. le capitaine de frégate de Gaulle — Ci-inclus : une lettre — une déclaration — S'il ne “m'arrive” rien d'ici au 15 mai prochain, garder la lettre et me rendre la Déclaration. Ch. de Gaulle. »

Le texte en est plus affectueux que de coutume, comme si le rédacteur avait conscience de risques opératoires, encore non négligeables.

« Mon cher Philippe,

S'il devait arriver que je disparaisse prochainement, sans avoir directement fait connaître qui, dans les circonstances présentes, je souhaite que le peuple français élise pour mon successeur immédiat comme président de la République, je te confie le soin de publier aussitôt la déclaration ci-jointe.

Je dis : mon successeur immédiat, parce que j'espère qu'ensuite, c'est toi-même qui voudras et pourras assumer à ton tour la charge de conduire la France.

Ton Père très affectionné. »

J'interprète naturellement la dernière phrase comme un bienveillant encouragement, sachant que l'auteur ne l'aurait pas rédigée en ces termes si j'avais pu les prendre pour argent comptant. En République, le fils d'un grand homme n'est jamais appelé à lui succéder, en admettant qu'il en ait les qualités.

Je rendrai la déclaration sans l'ouvrir et donc sans savoir quel successeur éventuel avait été désigné. J'ai de bonnes raisons de penser qu'il s'agit de Georges Pompidou, sans certitude aucune.

Je vais voir mon père au premier étage de l'hôpital Cochin. Peu après avoir récupéré de l'anesthésie, il paraît satisfait. Nous échangeons quelques mots. Je retourne le voir quelques jours après, alors qu'il commence à se lever appuyé au bras de l'infirmière. Il me manifeste alors son déplaisir qu'on le voie longtemps dans cet état.

Le 30 avril, le professeur Pierre Aboulker, l'urologue qui l'a opéré, publiera avec son accord le communiqué suivant : « Le général de Gaulle a été opéré, il y a treize jours, d'un adénome prostatique dont les examens histologiques ont confirmé le caractère bénin. Les suites opératoires ont été simples. Le Général s'est rétabli sans aucun incident ni changement dans les délais prévus et il quitte aujourd'hui l'hôpital en excellent état. » C'est dire qu'il peut donc continuer à gouverner et reprendre son marathon national et international. On peut être certain qu'il eût quitté ses fonctions presque immédiatement, s'il avait été atteint d'un cancer.

Le 8 mai, il préside au défilé des troupes pour la cérémonie commémorative de la fête de la victoire de 1945 à l'Arc de Triomphe. Les 25 et 26 mai, il se rend à Metz et inaugure le canal de la Moselle qu'il descend d'Apach à Trêves avec la grande-duchesse de Luxembourg et Heinrich Luebke, le président de la République d'Allemagne. Il prononce une allocution à Trêves sur la coopération franco-allemande et le fait européen. Le 31 mai, il assiste à la messe pontificale à Notre-Dame de Paris pour le VIIIe centenaire de la cathédrale. Du 11 au 14 juin, il visite l'Aisne, la Somme et l'Oise ; le 18, il préside au mont Valérien la cérémonie commémorative aux morts de la Résistance française... et ainsi de suite jusqu'aux voyages officiels des 3 et 4 juillet à Bonn et du 20 septembre au 16 octobre aux Antilles françaises, au Venezuela, en Uruguay et au Brésil. Au cours de ses allocutions, il prononce à plusieurs reprises quelques phrases en espagnol, mots qui, séparés du contexte enthousiaste des foules qui se pressent à sa rencontre, font l'objet de remarques ironiques d'une partie de la presse française.

A la mi-octobre 1964, le chef de l'Etat soviétique, Nikita Khrouchtchev, est destitué par une « troïka » composée de Leonid Brejnev, Alexis Kossyguine et Nicolai Podgorny. Les raisons avancées sont les « mauvaises manières » de Khrouchtchev. Une autre est qu'il aurait transmis la bombe atomique aux frères communistes chinois, ce que les Russes jugent inadmissible. De fait, la Chine expérimente la sienne à la mi-octobre. Mon père remarque que le remplacement au Kremlin d'une équipe au pouvoir par une autre s'est fait en apparence sans exécutions sommaires ni substitutions violentes. C'est pour lui un indice de l'affaiblissement du régime.

Les séquelles immédiates de l'« affaire algérienne » s'effacent au cours de l'année 1964. Les principaux chefs de l'OAS ont été jugés et incarcérés, en particulier les anciens généraux à la prison de Tulle. Sur plusieurs centaines de comploteurs arrêtés, quatre d'entre eux ont été fusillés, dont le chef du commando Delta, bande armée responsable de plusieurs centaines d'assassinats au cours des vagues d'attentats d'août, septembre et novembre de l'année précédente. La conviction que le sort de l'Algérie est devenu irréversible, que le gouvernement est invulnérable, que la Haute Cour de Justice est ferme, conduit à décourager tout autre velléité de rébellion.

Le général de Gaulle, et à l'occasion ses proches, a été l'objet d'une dizaine de projets sérieux d'attentats. Deux au fusil à lunette ont été déjoués par la police, l'un depuis un immeuble situé en face de l'Elysée, rue du Faubourg-Saint-Honoré, et l'autre à l'Ecole militaire, près du Champ-de-Mars. Ceux, par explosifs à Pont-sur-Seine et mitraillage au Petit-Clamart, n'ont pu être empêchés et seuls la providence et le sang-froid les ont fait échouer. Il reste, le 15 août de cette même année, un dernier attentat en préparation au monument commémoratif de la Résistance et des combats de la Libération, au pied du mont Faron, où une grande jarre de fleurs en terre provençale a été piégée à l'explosif en haut d'un jardin, qui descend en espalier.

Au passage du Général, venu déposer une gerbe à proximité, une charge importante aurait été mise à feu par un dispositif électronique commandé à distance, si un jardinier consciencieux ne l'avait noyé en arrosant les fleurs avant notre arrivée. Non seulement mon père et les officiels, mais aussi ma mère, mes trois fils aînés et moi-même qui étions tout contre et une dizaine d'autres personnes au moins auraient été fauchés si l'engin avait pu être déclenché.

Tandis qu'Henriette et nos fils, ignorants du danger auquel ils ont échappé, regagnent les environs de Toulon, j'accompagne mes parents qui doivent passer la soirée et la nuit au Fort de Brégançon, près du cap Bénat.

Il s'agit de faire l'essai d'une résidence présidentielle sur la Côte d'Azur. Cette carence s'est révélée lors du passage en France du général Eisenhower ou de Nikita Khrouchtchev. De Marseille jusqu'à Nice, les préfectures sont trop petites ou inadaptées, voire trop enclavées dans la ville et donc exposées à d'éventuels attentats.

Le Fort de Brégançon a été laissé durant cinquante ans, avec un bail symbolique, par la IIIe République, au sénateur Bérenger qui, à vrai dire, n'y venait plus guère et ne fit donc aucune difficulté pour le rendre à l'Etat. Edifié en haut d'une presqu'île rocheuse et restaurée sous le Premier Empire, cette construction se détache de la côte pour s'avancer en rade d'Hyères, dont elle assurait la défense. On y accède par une route sur une digue étroite permettant le passage d'une voiture jusqu'à une poterne qui s'ouvre sur une petite cour avant l'entrée voûtée du fort, et mène à la terrasse où sont répartis les bâtiments d'habitation et les casemates. L'artillerie était autrefois répartie tout autour d'un épais rempart circulaire surplombant une dizaine de mètres de roches abruptes jusqu'à la mer, à l'exception d'une petite anse à usage de plage où on peut descendre par un étroit escalier.

Une pièce de réception servant de salle à manger et une chambre ont été aménagées pour mes parents à la manière d'un décor de théâtre avec des tentures et des meubles rapidement disposés. Mais la suite présidentielle, dont je fais provisoirement partie, campe dans les casemates ou des locaux sommaires malgré son effectif réduit. La pièce où je loge avec l'aide de camp est éclairée par une ampoule pendue au bout d'un fil électrique. Deux lits-divans avec moustiquaire — car il y a des moustiques — viennent d'y être posés, encore imprégnés de l'odeur du magasin. Deux cuvettes ne sont utilisables qu'après avoir été remplies d'une eau prélevée dans la cour, à côté de la porte.

Mon père est séduit par la vue, le site, la tranquillité des lieux. Ma mère, sujette au vertige — sauf en avion ou en hélicoptère —, déclare la résidence impossible, les parois à pic étant trop dangereuses pour y recevoir ses petits-enfants, même avec quelques aménagements. En réalité, elle est fondamentalement hostile à tout projet qui pourrait détourner son mari et sa famille de « La Boisserie ».

Dès lors, mon père n'y viendra plus, malgré de nombreux déplacements dans la région. Les aménagements du Fort de Brégançon seront tout de même poursuivis petit à petit durant les années suivantes, jusqu'à ce que Georges Pompidou, devenu président de la République, décide d'y séjourner vraiment.

CHAPITRE 4

DES PROJETS, DES AMBITIONS POUR LA FRANCE

A la fin de novembre 1964, je quitte l'état-major interarmées de la rue Saint-Dominique, où je ne suis pas venu de mon propre gré comme la plupart des marins qui y ont été affectés. Je reconnais que ce séjour n'a pas été sans intérêt de par ses travaux en commun avec les autres armées, les problèmes multiformes qu'il y avait à résoudre et l'expérience des états-majors aux plus hauts échelons. On m'a d'abord averti que j'aurais à prendre le commandement de la base aéronautique navale d'hélicoptères de Saint-Mandrier, en face de Toulon. J'y remplaçais mon camarade et aîné de l'Aviation embarquée, le capitaine de vaisseau Antoine Sanguinetti. Lors de mon commandement de l'escorteur rapide *Le Picard*, j'avais profité de l'obligation faite à un officier d'aéronautique de maintenir un entraînement aérien, quelles que soient ses autres activités, et de la proximité de Saint-Mandrier, durant les courts séjours à Toulon de mon bâtiment, pour me faire lâcher sur Alouette II. Je prévoyais, en outre, la mise en œuvre prochaine d'hélicoptères à partir de tous les bâtiments de surface. Mieux valait s'y préparer. Mes bagages étaient prêts quand ma destination fut soudain changée. C'est l'Aéronautique navale de Dugny-Le Bourget, aux environs de Paris, qu'on m'envoie commander. J'ignore quelles interférences ont pu provoquer ce changement d'affectation. Je soupçonne qu'on ait pu juger ma présence gênante à Toulon, qui a dû intégrer ces dernières années quatre-vingt mille Pieds-noirs. Beaucoup éprouvent de la haine pour le général de Gaulle, qui n'a su les maintenir en Algérie comme ils l'exigeaient. Des mesures de sécurité ont déjà dû être prises quand ma femme et mes enfants y habitaient encore. D'autre part, bien qu'il ne soit en rien intervenu dans cette affaire, on a probablement jugé préférable que je ne sois pas loin du Général pour sa satisfaction et sa commodité familiales.

Il peut paraître curieux que l'Aéronautique navale entretienne une base aux environs de Paris. On ignore généralement que la Marine y a été propriétaire en 1918 des terrains d'Orly et du Bourget où plusieurs milliers de ses aéronefs sont passés. Elle partage maintenant ces deux aérodromes avec l'armée de l'Air et surtout l'aviation civile, toutes deux apparues entretemps, pour la réception et le convoyage de ses avions, la plupart sortis des industries des environs de Paris, en particulier les Etendard et les Bréguet-Atlantic. Elle assure les transports de personnels, de matériels, de pièces de rechange avec ses propres avions légers ou à long rayon d'action, les transports aériens des personnels civils et militaires de la Marine dans toute la France et dans le monde, jusqu'en Guyane et en Polynésie où nous sommes en train de monter les bases d'essais nucléaires et de lancements de missiles. Elle les organise au besoin avec le concours de l'armée de l'Air et surtout les compagnies d'aviation civiles sises de l'autre côté du terrain. Un important service de Dugny Marine met en caisse et expédie en urgence toutes les pièces de rechange pour ses avions, pour les bâtiments de surface ou les sous-marins où qu'ils soient dans le monde. Outre les compléments obtenus de l'extérieur, je dispose en propre de deux escadrilles de liaisons (Morane MS760 monoréacteurs — SO 95 Corse bimoteurs) et de deux formations de transport (bimoteurs SO 30P Bretagne, quadrimoteurs Avro York Lancaster ou DC 6 Constellation). Une annexe se trouve à Buc, près de Versailles, qui gère et emmagasine des centaines de milliers de pièces de rechange pour le compte du Service central de l'Aéronautique navale.

La proximité de la Région parisienne et le fait que le Nord, l'Est et le Centre de la France ne disposent plus d'aucune préfecture ou arrondissement maritime imposent à la base de Dugny-Le Bourget les servitudes de la Marine relatives à toutes ces zones : hébergements des contingents de passage à Paris ; incarcérations de disciplinaires ; transports sanitaires ; instances de réforme, etc. J'y dispose donc de locaux appropriés, d'un centre hospitalier, d'une compagnie de pompiers et d'un fort contingent de gendarmes maritimes.

Je dois souvent intervenir personnellement dans l'immense bidonville qui s'étend des confins de ma base jusqu'à Gonesse où végète une population du quart-monde : rixes, accidents, incendies s'y produisent quotidiennement, réclamant nos gendarmes, nos pompiers, nos médecins, nos assistantes sociales, nos charpentiers... Un plan lancé par Michel Debré s'efforce de résorber ce « marécage » humain et de reloger la population dans des immeubles collectifs, au fur et à mesure de leur construction à proximité, non sans devoir subir des dégradations et des déboires immédiats.

Malgré le découragement qui les saisit parfois à juste titre, nos assistantes sociales se rendent fréquemment dans les taudis pour y aider les familles, ou ce qu'il en reste. L'éducation des parents est le plus souvent inexistante. Le refus de se prendre en compte et d'assumer ses responsabilités est souvent à l'origine même de leur misère. Cette constatation quasi quotidienne m'a rendu beaucoup plus méfiant envers ce qu'on appelle l'indigence et à quoi la charité ne saurait être la seule réponse. Nous nous efforçons d'attirer les enfants hors de leur milieu et de les faire scolariser.

Dans ce bidonville, la plupart sont français. Les Portugais n'y restent pas six mois, au bout desquels ils trouvent du travail et un logis convenables.

Pour compléter ma connaissance des multiples aspects de la société, ce que nous faisons en réalité toute notre vie, deux accidents surviennent à quelques mois d'intervalle, sans trop de gravité, à l'un de nos véhicules de la Marine, près de la sortie de « La Française des ferrailles », à Saint-Denis. Je traverse cet endroit tous les matins, vers 7 heures en arrivant de mon domicile parisien, lorsque je ne suis pas obligé de passer la nuit à la base, comme il arrive deux à trois fois par semaine. J'observe que lorsqu'un matelot renverse un cycliste ou un piéton au sortir de l'usine, il est chaque fois rendu responsable. La gendarmerie maritime que j'envoie aussitôt sur place me rend compte de l'état d'ébriété de la plupart des victimes. Qu'importe : le juge d'instance me déclare sans ambages qu'il faut condamner le conducteur du véhicule, lui seul étant assuré. Curieuse conception où le magistrat est là non pour rendre la justice en toute équité, mais pour favoriser l'indemnisation sociale au détriment de l'innocent.

Il m'arrive assez souvent d'être présent au départ ou à l'arrivée de personnalités militaires, parfois très tôt le matin ou tard dans la soirée. C'est probablement la discrétion que certains recherchent en venant sur cette base, à l'écart des courants de circulation, au bout du terrain du Bourget. Des officiers américains ou russes y embarquent ou débarquent des cantines si lourdes — des papiers, disent-ils — que les amortisseurs arrière de leurs grosses voitures cognent sur butées. Est-ce des armes pour les ambassades ? De l'or pour les partis frères ? Une délégation russe, dirigée par des officiers de haut rang, sera la cause d'un incident mémorable. Les Soviétiques, toujours imprégnés d'espionnite, ont pris l'habitude de fournir au contrôle aérien du Bourget, qui est civil, un indicatif de leur avion chaque fois différent, jusqu'au jour où l'informatique leur refuse le décollage, l'indicatif du départ ne correspondant pas à celui donné précédemment. Furieux, les officiers russes me somment de donner l'ordre au contrôle aérien de faire décoller leur aéronef. Lorsque je leur explique que je n'en ai pas le pouvoir, ils ne me croient pas ; les militaires imposent, chez eux, leur loi aux civils. Ils décolleront avec une demi-heure de retard, le temps que je me rende de l'autre côté du terrain pour expliquer le problème.

Au début de l'année 1965, dix millions de téléviseurs noir et blanc fonctionnent en France avec une seule chaîne et 20 pour cent du territoire reçoit la seconde chaîne en couleur. Quatre vingts pour cent des foyers disposent d'une voiture et d'une machine à laver.

La prospérité revenue n'empêche pas que les syndicats organisent, par principe, des journées de grève dans la fonction publique, les transports en commun, l'agriculture pour laquelle pourtant il a beaucoup été fait, et la métallurgie. Dans cette dernière branche, toujours à l'avant-garde des revendications, la modernisation, et partant la concentration nécessaire des hauts fourneaux, inquiètent et dérangent. « On ne peut plus indéfiniment prolonger l'organisation inefficace et ruineuse d'avant guerre, au temps où les salaires élevés grignotaient peu à peu le capital, quitte à faire perpétuellement appel aux investisseurs qu'on ruinait ainsi sournoisement en les accusant, par-dessus le marché, d'être des profiteurs. Aujourd'hui, c'est principalement l'Etat, c'est-à-dire l'ensemble des Français qui font les frais de ces opérations », commente mon père avec un mélange d'irritation et d'ironie. Plus tard, un parent des Wendel, qui avait perdu la propriété des usines qu'ils avaient créées, me racontera que le personnel défilait tous les ans scandant des cris hostiles devant le château des anciens ex-maîtres de forges, alors qu'il était vide depuis longtemps.

Notre pays, qui est prospère, convertit cent cinquante millions de dollars en or. Le général de Gaulle critique le système monétaire international établi, en 1944, à Bretton Woods. Chaque membre souscrit un fonds monétaire international partie en or, partie en monnaie nationale qui détermine sa capacité d'emprunt. En réalité, la puissance américaine dévoie le système en passant d'une forme étalon-or à l'étalon-dollar, ce qui lui permet, sur simple décision de sa part, d'exporter son inflation en achetant ce qu'elle veut en Europe. Mon père propose le retour à l'étalon-or, qu'il considère comme la seule monnaie commune.

En février, la France sort du « Gold Exchange Standard » et entreprend jusqu'en juin le remboursement anticipé de sa dette extérieure.

A la fin de janvier 1965, mon père se rend à Londres aux obsèques de Winston Churchill. Pour mon père, une telle démarche ne peut aller sans convictions. Les sentiments que lui inspire la disparition de Churchill sont profonds. L'admiration d'abord. Durant le dernier conflit mondial, il a été pour les Anglais le « Père la Victoire ». Une affection rentrée ensuite, malgré les heurts violents qui les avaient opposés, parce que de toute évidence les intérêts britanniques n'étaient pas ceux des Français. La reconnaissance du génie enfin. Churchill a bien été le seul qui ait remarqué le général de Gaulle, dès juin 1940, ce dont ni les Américains, ni les Russes, ni même les Français, n'ont d'abord été capables. Et même lorsque Churchill a cherché à se débarrasser du Général, il a été assez clairvoyant pour comprendre qu'il ne pourrait rencontrer d'allié aussi valable chez les Français. En bref, il a été le génie de la Seconde Guerre mondiale sans lequel non seulement la Grande-Bretagne mais aussi toute l'Europe et une grande partie du monde eussent été vaincues. Comme souvent dans l'aristocratie anglaise, depuis le début du siècle, il possédait à l'évidence une certaine expérience de la France et des Français. Tout cela valait bien qu'on lui rendît hommage à titre personnel et bien au-delà des inévitables désaccords entre Etats.

A cette même époque — début février — des bombardements aériens sur le Nord-Vietnam ont lieu et les Américains commencent en mars à débarquer des troupes au Sud. Si la Grande-Bretagne les approuve, la France pense en revanche que les Etats-Unis s'engagent dans une affaire sans fin. Au cours de l'été, le gouvernement de Saigon envoie néanmoins une délégation à Paris et un petit panneau en laque finement décorée à Colombey-les-Deux-Eglises. A cette délégation qui lui demande quel peut-être, selon lui, l'avenir du Vietnam, le Général répond : « Aucun ! Puisque, depuis M. Ngô Dinh Diêm, vous avez rompu avec la France dont les soldats ont pourtant beaucoup souffert pour vous ! »

En mai, le gouvernement français généralise la quatrième semaine de congés payés et en juillet propose, par la voix de Louis Vallon, une loi au Parlement portant la participation des salariés aux plus-values en capital dues à l'autofinancement des entreprises, mesures conformes aux vues politiques formulées de longue date par le général de Gaulle.

A Alger, en juin, Houari Boumediene chasse de la présidence Ahmed Ben Bella. On comprend mieux les surenchères de ce dernier auprès du Général l'année précédente. Tout en se gardant d'intervenir dans les affaires intérieures de ces anciens départements français, dont nous n'avons plus la responsabilité ni la charge, mon père est cependant désireux que son voisin d'« outre-Méditerranée » parvienne à trouver son équilibre dans l'intérêt de tous, en particulier de la France. Il accepte un contrat sur les hydrocarbures à des conditions privilégiées pour nous et un prêt d'équipement à l'Algérie d'un milliard de francs.

Mes parents suivent avec attention les études de mes fils qui fréquentent le collège d'enseignement libre de Saint-Jean-de-Passy, dans le quartier où ont habité les miens depuis plus d'une dizaine d'années maintenant. Je séjourne outre-mer fin juin 1965 lorsque ma mère me fait parvenir un mot au sujet de mon fils aîné, candidat au baccalauréat : « Charles est admissible à l'écrit avec 17 et 11 points, ce qui lui donne 8 points d'avance pour l'oral. Ses camarades ont tous échoué, sauf un. » On n'est plus avant guerre, au temps — le mien — où il y avait 38 pour cent de reçus au total en additionnant ceux des sessions de juillet et d'octobre des baccalauréats première et deuxième parties à l'université de Paris, mais on n'en est pas encore à celui — le temps où j'écris ces lignes — qui prétend compter 80 pour cent de reçus pour un baccalauréat unifié, avec un nombre de candidats cinquante fois plus important.

Le 29 octobre 1965, à midi, à Paris, devant la brasserie « Lipp », le leader de l'opposition marocaine, Mehdi Ben Barka, est enlevé alors qu'il était accompagné d'un prétendu étudiant marocain, d'un ou deux inspecteurs des Renseignements généraux, qui semblent avoir servi de dupes, de Bernier, un journaliste ou se prétendant tel, et de Lopez, bagagiste à Orly et indicateur du Service de Documentation et de Contre-Espionnage (SDECE). Nul ne sait ce que Ben Barka est devenu.

Ce disparu était le plus résolu des adversaires du gouvernement marocain. Animateur de mouvements révolutionnaires tiers-mondistes et promoteur d'un congrès qui allait se tenir à La Havane aux fins d'organiser des mouvements de libération en Afrique, en Asie et en Amérique latine, on le soupçonne de détenir pour ce faire dans quelques coffres ailleurs qu'en France des fonds d'importance. Peut-être est-il mort sous la torture, refusant de livrer les lieux et chiffres de ces coffres ?

L'enlèvement de Ben Barka a été organisé totalement à l'insu du gouvernement français et entièrement à l'instigation du ministre de l'Intérieur du Maroc, le général Oufkir, et de son chef de la Sûreté, le commandant Dlimi. Quelques années plus tard, le premier sera « suicidé » sur ordre du roi du Maroc après un attentat contre l'avion royal, et le second se tuera dans un mystérieux accident d'auto.

La disparition de Ben Barka ayant eu lieu en territoire français où il était réfugié, notre police procède aux enquêtes et lance les mandats internationaux nécessaires. Un an plus tard, Oufkir et quatre truands — Boucheseiche, Le Ny, Palisse et Dubail, tous quatre portés disparus au Maroc ensuite — sont condamnés par contumace à la réclusion criminelle à vie ; un cinquième, Figon, se suicide au moment où son appartement est cerné ; le policier Souchon est condamné à six ans de réclusion et Antoine Lopez à huit.

L'affaire n'aurait été qu'un fait divers si François Mittterrand et quelques journalistes « de gauche » ne l'avaient exploitée à outrance afin de discréditer, mais en vain, le « régime » du Général. Arrivés au pouvoir en 1981, ils ne réussiront pas davantage, en fouillant dans les dossiers, à prouver la moindre culpabilité d'un gouvernement qui avait traduit en justice les coupables ou les suspects et fait condamner, pour la première fois dans l'Histoire, le ministre étranger d'un pays ami et ses complices.

Le 26 novembre 1965, la fusée française « Diamant » met sur orbite le premier satellite français « Asterix », inaugurant une série de lancements qui se poursuivra à Kourou, en Guyane. Encore une des manifestations de la « politique de grandeur » du général de Gaulle auquel on prête, avant chaque réalisation importante qu'il initie, la formule suivante : « L'intendance suivra. » Bien entendu, aucune orientation n'a été prise par lui qu'il n'en ait au préalable soigneusement et longuement fait évaluer le coût. Aucun de ces choix n'aurait été fait avant que le chef de l'Etat se soit assuré de ne pas obérer par là même les développements économiques et sociaux futurs de la nation. Ceci est vrai en particulier dans le domaine nucléaire, le plus contesté par ceux qui ne veulent rien assumer. Au temps du général de Gaulle, « l'intendance » a toujours précédé toute opération. Mais, dans notre pays, ce sont les plus fausses légendes qui sont les plus persistantes.

Le mandat présidentiel du général de Gaulle arrive à échéance en cette année 1965, soit un peu plus de deux ans après le vote par référendum (62 pour cent des suffrages exprimés) de l'élection du président de la République au suffrage universel majoritaire direct, réforme destinée à faire véritablement du chef de l'Etat l'élu de tous les Français.

A cette date, mon père est entré dans sa soixante-seizième année. Contrairement à certaines légendes, il a bien la tentation de s'arrêter pour s'adonner à sa seconde vocation qui est l'écriture. Ma mère, qui aspire comme toujours à une vie plus tranquille, l'incite à déposer le fardeau et laisser les risques à d'autres. J'éprouve la même impression. Depuis 1940, et même avant, je me sens toujours dans le même train qu'eux. Quand d'autres vont-ils enfin à leur tour monter en première ligne pour nous remplacer ? Probablement ma sœur Elisabeth et mon beau-frère Alain pensent-ils aussi de même. Parents, amis et partisans poussent au contraire mon père à poursuivre. Jusqu'à quand ? Sans doute jusqu'à leur propre réussite. Mais il faut bien convenir que l'élection du président de la République au suffrage universel risque de ne pas entrer dans les mœurs — et tous les politiciens cherchent à retrouver un passé qui favorisait mieux leurs jeux — si l'inventeur ne se soumettait pas d'abord lui-même à la nouvelle règle. Cette raison conduit mon père à admettre l'éventualité d'un second engagement — non sans mûre réflexion, ni réticence. C'est dire à quel point il est inexact d'affirmer qu'il n'attendait en réalité que de se précipiter dans la prochaine élection. L'attentat du Petit-Clamart a suffi à lui rappeler brutalement que mieux valait ne pas différer plus longtemps une réforme à laquelle il pensait depuis plusieurs années et qu'il avait souvent mentionnée comme un complément nécessaire à la Constitution de la Ve République, non pour lui-même qui n'en avait pas besoin, mais pour ses successeurs.

Il n'échappe pas à mon père cependant qu'il ne recueillera probablement pas les mêmes suffrages qu'auparavant. La guerre d'Algérie achevée depuis trois années, la paix complète retrouvée pour la première fois depuis presque un siècle et demi et la prospérité nationale en marche, il n'a personnellement plus rien à gagner à porter plus longtemps une charge qu'un trop-plein de successeurs potentiels se déclarera prêt désormais à assumer, sans guère d'autres programmes que l'ambition personnelle et la critique de ce qui a pu être accompli. Par ailleurs, aucun de ses partisans confirmés ne se trouve encore en position de l'emporter à coup sûr. Au moins, pourrait-on faire l'économie à la nation d'une campagne électorale trop longue, puisque les Français ont déjà eu pleinement connaissance de tous les éléments pour en juger. Mon père prononce néanmoins trois allocutions radiotélévisées pour s'expliquer les 4, 30 novembre et 3 décembre avant le premier tour des présidentielles. La suite montrera que ces exposés étaient insuffisants face à des adversaires ayant toute possibilité de s'exprimer.

Le 5 décembre, le premier tour met le Président sortant en ballottage avec 44,64 pour cent des suffrages exprimés. Devant des résultats qu'il estime être un désaveu, il rédige sa lettre de démission. Il s'en faut de très peu — j'en suis l'un des témoins — qu'il ne la publie. La crainte que les institutions récentes de la Ve République soient compromises, et les objurgations discrètes de certains groupes politiques qui ont cru pouvoir faire défaut pour « donner un avertissement » au premier tour, l'incitent à maintenir sa candidature pour un deuxième tour qu'il remporte alors le 19 décembre avec 54,49 pour cent des suffrages exprimés, résultats décevants, compte tenu des services rendus depuis 1958 et avant. Encore s'était-il résolu à « faire campagne » entre les deux tours avec l'aide de Michel Droit, puisque les Français exigeaient qu'on leur exposât une fois de plus ce qu'ils avaient pourtant déjà bien appris et compris.

C'est Jean Lecanuet, un centriste, qui a empêché le général de Gaulle d'être élu au premier tour, en détournant 15 pour cent des voix sur sa candidature. N'ayant aucun véritable programme à opposer au Général, M. Lecanuet avait surenchéri sur l'Europe, sujet facile et indéfini, cette entité quotidienne contenant un futur politique encore à réaliser. « Une partie de l'électorat de M. Lecanuet correspond malheureusement, commentera mon père, à une constante dans l'opinion de notre pays qui est de s'en remettre toujours à l'étranger pour régler nos problèmes. Il en est ainsi depuis Fachoda. C'est la Grande-Bretagne qui a conduit la politique étrangère de la France jusqu'en 1919. A ce moment-là, les Etats-Unis ont pris le relais et nous les avons suivis avant qu'ils ne s'isolent de nouveau. Pendant l'Occupation, beaucoup de gens de bonne foi se sont résignés à ce que les Allemands règlent leur sort. Ensuite, les mêmes se sont rués vers les Américains pour soutenir leur économie et diriger leur existence. Il est vrai que d'autres étaient prêts à se placer sous la tutelle des Soviets. Aujourd'hui, les mêmes encore s'en remettent à l'Europe pour régler tous leurs problèmes. »

En janvier 1966, le général de Gaulle entame son second septennat. Il confie à nouveau les fonctions de Premier ministre à Georges Pompidou et accepte un remaniement ministériel important, qui entraîne le remplacement de Valéry Giscard d'Estaing par Michel

Debré. Le ministre sortant, qui au temps d'Antoine Pinay faisait déjà l'essentiel du travail, tient les Finances et le prestigieux appartement de la rue de Rivoli pour siens. Il est notoire dans les cercles les plus proches du gouvernement que le Premier ministre en est agacé et que les rapports entre les deux hommes sont parfois tendus. M. Giscard d'Estaing a refusé le poste pourtant très important de ministre d'Etat chargé de l'Economie, du Plan, de l'Equipement et de l'Aménagement du territoire que le Général, qui apprécie hautement ses qualités intrinsèques et regrette son départ, aurait taillé à sa mesure. Au demeurant, la formation politique à laquelle il appartient a commencé à prendre quelque distance avec le pouvoir depuis la fin de l'affaire algérienne.

En février et mars, le gouvernement publie un programme économique comportant notamment des mesures en faveur des agriculteurs, des éleveurs et des vignerons (retraite, salaire minimum garanti, etc.) et des « contrats de cinq ans » portant sur la discipline des prix industriels. Sans que le climat social s'en trouve gravement perturbé, des grèves importantes se produisent pour la première fois depuis 1958 dans la fonction publique et certaines entreprises nationalisées, jusque-là épargnées.

La croissance de l'économie et les finances étant maintenant assurées grâce au général de Gaulle, le drame algérien jugulé grâce à lui, les Français, volontiers oublieux, pensent le moment venu de se relâcher et de prêter l'oreille aux politiciens du moment, restés fort discrets jusque-là, et pour cause.

A la fin janvier intervient une mesure importante concernant les règles de vote au sein du Conseil des ministres de la Communauté économique européenne (CEE). Le général de Gaulle y impose le « compromis de Luxembourg », substituant la règle de l'unanimité à celle de la « majorité qualifiée » chaque fois qu'un intérêt primordial d'un des pays participants se trouve en cause. La suite montrera la sagesse d'une telle disposition qui, loin d'affaiblir la CEE, la confortera au contraire en donnant confiance aux participants pour aller de l'avant dans l'organisation européenne, du moment que chacun sait qu'aucune clause dommageable pour lui ne saurait être adoptée contre son gré.

Au début de mars 1966, par un message personnel du général de Gaulle au président des Etats-Unis Lyndon B. Johnson et une déclaration du gouvernement aux quatorze membres de l'Organisation militaire de l'Atlantique Nord, la France fait connaître qu'elle quitte définitivement cette organisation, mais entend demeurer dans l'Alliance atlantique. Les Etats-Unis décident de retirer leur quartier général de la région parisienne pour l'installer à Bruxelles. Le chancelier Erhard demande à la France de maintenir ses troupes stationnées en Allemagne, ce que les Français acceptent à condition d'y maintenir le statut par lequel leurs garnisons y sont chez elles en extraterritorialité et en autonomie civile, judiciaire et militaire. C'est l'ancien statut d'occupation depuis 1945 avec la contrainte sur les Allemands en moins et quelques aménagements en plus (paiements de loyers).

A la fin de mars 1966, mes fonctions dans l'Aéronautique m'amènent à côtoyer anonymement, à l'aérodrome du Bourget, Indira Gandhi, Premier ministre de l'Union indienne, venue s'entretenir avec le chef de l'Etat français de la situation politique en Asie. La noblesse de son maintien fait impression, mais on me glisse en coulisse que, « lorsqu'une femme est chef d'Etat, ce sont les militaires qui gouvernent ». Au moment où elle quitte le salon d'accueil des personnalités pour prendre son avion, une formation de réacteurs français passe fortuitement à basse altitude. Un de ces journalistes à la tenue négligée pour faire plus « intellectuel prolétaire et pacifiste » lance tout haut à la cantonade : « Ah ! tout cet argent gaspillé pour ces engins qui pourrait être utilisé à combattre la faim dans le monde » ; Indira Gandhi se tourne vers lui en le fusillant du regard et rétorque en français : « Quand l'Inde sera capable de construire elle-même ces avions, alors elle n'aura plus d'habitants qui mourront de faim. » Elle rappelle ainsi que la misère a, sauf accident naturel, sa source essentielle dans l'incapacité.

*

Au tout début d'avril 1966, je suis promu capitaine de vaisseau dans ma quarante-cinquième année et après vingt-six ans de service environ. Cette promotion passe quasi inaperçue des miens et je n'en fais pas état. Un peu plus tard, mon père l'évoquera sous forme d'une boutade : « C'est à ce stade qu'on commence à vous mettre à table au centre. C'est embêtant. On ne peut plus rien dire. Crois-en ma vieille expérience, c'est toujours mieux d'être placé en bout de table, et de toutes les tables successivement. Cela prouve qu'on est resté le plus jeune. »

Au début d'avril, à l'occasion des vacances de Pâques à Colombey, mon père m'informe de son prochain voyage officiel en URSS. Ma mère doit l'accompagner, mais il me demande de faire partie de la délégation, mon commandement de l'Aéronautique navale à Dugny-Le Bourget ne rendant pas ce déplacement impossible. Je ne m'attendais pas du tout à cette invitation, les cinq jours passés en Allemagne à ses côtés semblant pour moi une occasion qui ne se représenterait pas.

Je comprends que mon père souhaite la présence de ses proches dans un pays que ses structures et ses mentalités rendent extrêmement pesant et où il sera à peu près coupé de tout au cours d'un déplacement assez long. Le régime soviétique est passé maître dans l'isolement des représentants des Etats étrangers afin de mieux peser psychologiquement sur eux et leur faire accepter les clauses qu'il cherche à imposer. De fait, nous serons logés dans des palais ou de vastes datchas où nous serons accueillis et servis avec beaucoup de représentation et de courtoisie. Mais nous ne cesserons d'y être soumis aux regards et aux « écoutes » partout et à tout moment. Pas une porte de chambre qui puisse fermer. Le contenu de nos poches de vêtements est connu. Les siphons des salles de bains sont démontés après notre passage. Au sous-sol même de nos logements, les services suivent toutes nos conversations tandis que des détecteurs captent nos propos à distance ou radiographient les textes dans nos porte-documents. Avant de quitter Paris, j'aurai la consigne de n'emporter avec moi ni agendas contenant des renseignements ni papiers civils ou militaires reproductibles en faux — à l'exception d'un ordre de mission et de ma carte de Sécurité sociale comme moyens d'identification. Par défi, un officier russe me citera avec ironie le numéro intérieur aux armées de notre Sécurité militaire ; ce dont j'avertis aussitôt cette dernière à mon retour. Ayant emporté un réveil-matin, je m'apercevrai en arrivant à Moscou qu'il ne fonctionne plus : il a été démonté et remonté sommairement durant le transit de ma valise. A l'ambassade de France à Moscou, face à un grand immeuble des services spéciaux du NKVD, successeur de la Guépéou, pour s'entretenir en secret avec l'ambassadeur, on devait s'asseoir en face de lui et lui parler à l'oreille dans une petite cabine entièrement constituée de toiles métalliques qui l'isolaient comme une cage de Faraday.

Le 20 juin, nous arrivons en Super-Caravelle à Moscou. La suite du Général, comme à l'habitude, est réduite à une douzaine de personnes : Maurice Couve de Murville, ministre des Affaires étrangères, Etienne Burin des Roziers, secrétaire général de la présidence de la République, l'ambassadeur de France à Moscou, le prince Andronikov, interprète français, le vice-amiral d'escadre Philippon, chef d'état-major particulier, le capitaine de vaisseau Flohic, aide de camp, trois ou quatre subordonnés de l'Elysée, l'ambassadeur d'URSS à Paris et son interprète, enfin ma mère et moi.

Le président de la République est accueilli par la « troïka », c'est-à-dire Nicolai Podgorny, président du Praesidium du Soviet suprême de l'URSS, Alexis Kossyguine, président du Conseil des ministres de l'URSS et Leonid Brejnev, secrétaire général du Parti communiste de l'URSS. De nombreux maréchaux, tous glabres, à la casquette gigantesque et à la stature massive comme si tel était le critère de leur promotion, arborent les multiples décorations de la Seconde Guerre mondiale. A leur tête, le maréchal Boudienny, vieux bolchevique survivant de la Première Guerre mondiale et ancien adversaire de mon père en Pologne en 1920, est seul à arborer de grandes moustaches au-dessus d'une petite taille de jockey.

Une nombreuse délégation de la ville de Moscou en tenue sombre et plusieurs groupes en costumes folkloriques nous offrent de petits bouquets de fleurs. Les épouses de ministres viennent saluer ma mère tandis que je suis cordialement invité à me joindre au maréchal Voronov, ancien commandant de l'artillerie russe à Stalingrad en 1942 et à deux ou trois officiers dont l'un, habillé en officier de marine et parlant le français, me paraîtra en réalité moins familier des bâtiments de guerre que des services spéciaux. Le temps est très beau, plutôt chaud. Il le restera durant tout notre séjour.

Les saluts échangés, éclatent les hymnes nationaux et resplendit une grandiose présentation militaire. Une musique nombreuse, compacte et rutilante, gros cuivres en tête, rythme avec une ampleur grave des marches impressionnantes, tandis que les bataillons carrés de la garde d'honneur défilent en rangs serrés au pas de parade en arborant des plastrons d'uniformes bleus, vermillons, verts et des bottes vernies. Les armes sont portées à la prussienne. Le spectacle est véritablement splendide et émouvant. La télévision française en diffusera quelques images, non sans un impair, qui provoquera à notre retour la protestation de l'ambassade russe à Paris. Faute de mieux ou par malice, un « ingénieur du son » plaquera la musique d'une marche allemande célèbre sur le défilé au pas de parade des soldats soviétiques !

Depuis notre arrivée à l'aérodrome de Moscou-Vnoukovo jusqu'à notre départ, nous sommes pris en charge, encadrés, enserrés par nos hôtes. Logé au Grand Palais du Kremlin avec sa suite, mon père y a son premier entretien avec les dirigeants soviétiques en présence de M. Gromyko, leur ministre des Affaires étrangères. Les propos du général de Gaulle sont sans détours et souvent brutaux. Il conteste d'abord le maintien de l'empire soviétique sur l'Europe centrale mais s'accorde avec ses interlocuteurs sur deux points importants : le refus de donner des armes atomiques aux deux Allemagnes et la reconnaissance de la ligne Oder-Neisse.

J'assiste à ce premier entretien qui a lieu autour d'une grande table où sont disposées des bouteilles d'eau minérale. Nous nous rendons ensuite à l'hôtel de ville de Moscou où le Général, depuis le balcon, s'adresse à la foule en prononçant quelques phrases en russe. Le long du parcours, comme partout ensuite, la population est nombreuse, pas seulement sur ordre de service, mais par sympathie envers l'ancien allié de la Grande Guerre patriotique, et aussi par curiosité et avidité de contact avec l'extérieur.

Le soir, mes parents, mon camarade Flohic et moi, nous nous retirons dans les appartements qui nous sont réservés. Tout au long de la journée, l'atmosphère a été cordiale et bienveillante même si, parmi les gens de la suite, on a pu détecter quelques clins d'œil et gestes ironiques. Mais ici, au cœur du vieux Kremlin, en face de l'antique repaire d'Ivan le Terrible et de la prison de la Loubianka où tant de milliers de gens ont disparu sans laisser de traces, l'ambiance est pesante et sinistre. Comme prévu, les portes de nos chambres ne peuvent être fermées à clef ou au loquet. Un buffet abondant et fin, des vins et cognacs de Crimée, très proches des nôtres, des plats de caviar, de gelinottes et de poissons fumés, est servi à toute heure du jour ou de la nuit, partout où nous serons logés, en plus des repas officiels.

Le lendemain 22 juin, après un nouvel entretien avec les dirigeants soviétiques, nous nous rendons à l'université d'Etat Lomonossov. Mon père y prononce une allocution en hommage à l'effort scientifique et culturel de l'Union soviétique.

Les Soviétiques insistent assez lourdement dans les propos informels qui suivent sur le caractère égalitaire de leur culture et de leur enseignement. Mon père en profite pour les piéger à deux reprises. Il leur demande d'abord où sont recrutés les étudiants de leur meilleure université :

« Les fait-on venir des autres Etats de l'Union ?

— Ce serait inutile et déraisonnable, lui répond-on, puisque nous avons sur place à Moscou tous les candidats qu'il nous faut.

— Votre système est à peu près identique au nôtre, rétorque mon père, il donne plus de chances à ceux qui sont à proximité des grandes universités qu'à ceux qu'il faut aller chercher au fond des provinces. »

Il questionne ensuite le président de l'université Lomonossov sur le lieu où son fils fait ses études.

« A Leningrad, lui indique-t-on. Ainsi le diplôme d'ingénieur-chimiste auquel il pourra accéder sera-t-il plus coté mais plus onéreux à obtenir qu'à Novosibirsk par exemple.

— Autrement dit, votre système n'est guère différent de ce qu'il y a en France où les privilégiés sont issus des dirigeants après plusieurs générations, sauf exceptions. Il n'y a pas de miracle ! » conclut mon père.

Nous nous retrouvons en soirée au Bolchoï, sous la conduite de Mme Fourtseva, ministre des Arts et de la Culture, ancienne danseuse étoile et encore jolie femme. On y présente, en particulier, la scène du grand ballet de *Roméo et Juliette* de Prokofiev, dont les pas solennels et hiératiques, les costumes richement brodés sont splendides et la musique d'une amplitude qui emporte. On m'a d'abord placé au premier rang, sans doute pour que je suive mieux les danseurs et danseuses à côté d'une guide qui me vante en français la chorégraphie de notre compatriote Marius Petipa, à l'origine de toute la culture russe des ballets. Mais mes parents, inquiets que je puisse m'être égaré dans les coulisses, me font chercher pour que je les rejoigne dans leur loge officielle.

Le 23 juin, nous embarquons dans un bimoteur russe Antonov, accompagnés de Nicolai Podgorny. Nous nous posons à Novosibirsk, capitale de la Sibérie, où nous logeons dans une grande datcha au milieu d'une forêt de bouleaux et de conifères et au bord du fleuve Ob, qui fait un kilomètre de large. Des bateaux chargés de touristes y circulent. Malheureusement aussi quelques gros moustiques. C'est en principe une journée de repos. Flohic et moi en profitons pour quitter la villa. D'antiques automobiles, style 1925, sont disponibles pour nous emmener faire un tour à la demande. Nous dirigeant vers les voitures, par un soupirail, nous apercevons en sous-sol des opérateurs, écouteurs sur les oreilles, devant des tableaux téléphoniques. Novosibirsk est une ville moderne et sans cachet ; il n'y a rien à voir hormis un ours brun muselé que son gardien tient par une chaîne, le montrant aux passants. Une grande gare de triage débouche dans l'agglomération. Au passage à niveau automatique, surveillé par un poste de contrôle à étage, une petite guérite en bois abrite une femme assise tandis qu'une autre, debout, lève un drapeau rouge au passage des trains à vitesse lente. Tâche inutile mais qui rapporte l'équivalent de six cents francs par mois aux opératrices, me dit-on. En régime communiste, il n'y a pas de chômage, tout le monde est casé, mais à bien moindre prix qu'un chômeur en France. De même, verrons-nous dans des usines diverses un personnel trois ou quatre fois plus nombreux que nécessaire, en particulier en métallurgie. En revanche, les équipes d'accueil des visiteurs et des relations publiques sont actives, cultivées et parlent un français presque parfait. Dans la campagne environnante, nous croisons quelques troupiers russes en tenue de campagne, non pas de ceux resplendissants des gardes d'honneur, mais des soldats au calot enfoncé jusqu'aux oreilles, à la blouse d'uniforme tachée et aux bottes fatiguées.

Le 24 juin, nous visitons l'usine de matériel électrique lourd d'Academgorod, qui est une filiale sibérienne de l'académie des Sciences. Le Général y exprime dans une allocution le souhait de voir se développer la coopération franco-soviétique dans les domaines scientifiques.

Le 25 juin, le Général est le premier chef d'Etat étranger à se rendre, avec son seul aide de camp, au cosmodrome de Baïkonour, dans le sud-ouest du Kazakhstan, base secrète de lancement de fusées. Il assiste au départ de l'une d'elles. Il aurait préféré que je l'accompagne au lieu de Flohic, mais les Soviétiques semblent avoir écarté systématiquement toute personne capable de détecter des indices techniques de lancement de fusées. Or, j'étais le seul qui avait eu à en connaître auparavant à la Division des forces stratégiques nucléaires de notre état-major des armées.

Le soir, nous partons pour Leningrad où nous sommes reçus par le président du Comité exécutif du soviet local. Nous sommes logés dans l'un des palais de la ville d'où nous avons vue sur l'un des principaux canaux de la ville sillonné par des équipes d'aviron jusque tard dans la nuit, ou plutôt la journée, car nous sommes en pleine saison des « nuits blanches de Saint-Pétersbourg ».

Le 26 juin est un dimanche. Le Général a exigé d'assister à la messe. Elle a lieu dans l'ancienne cathédrale catholique dont les peintures ont été fraîchement restaurées. On a fait venir un chœur d'opéra, qui chante en latin une partie de la liturgie et un prêtre lituanien, très pâle et tremblant, pour dire l'office qui semble bien conforme au droit canon. Mon père, qui a communié — ce qu'il ne fait jamais en public en France, sauf à Colombey —, va le saluer. « J'espère que ce prêtre est bien consacré, nous dit-il après coup. Peut-être l'a-t-on fait sortir de prison exprès pour nous. » Dans l'église, beaucoup de vieilles femmes et de gens des consulats étrangers. Dans le fond, s'entassent les escortes russes plutôt amusées de ces rites, à leurs yeux d'un autre âge.

Nous nous rendons ensuite au cimetière-mémorial de Piskazevakoe où le Général dépose une gerbe portée par mon camarade Flohic et moi. Grande prise d'armes à la mémoire d'un million de morts, militaires et civils, victimes de la faim et du froid, au siège de Stalingrad. Aussitôt après, on nous conduit, nous les deux marins, à bord du croiseur léger *Aurora*, mouillé devant le palais d'Hiver. Les superstructures et l'artillerie de ce vétéran de la bataille de Tsushima contre les Japonais en 1905 et de la Révolution ont été soigneusement entretenues. En 1917, son équipage, trop longtemps demeuré dans l'arsenal, avait refusé d'appareiller et d'aller en opérations. Les mutins s'étaient contentés de conduire leur bateau tirer deux ou trois coups de canon sur le palais d'Hiver où s'étaient retranchées les dernières troupes fidèles au tsar, provoquant ainsi leur reddition.

L'après-midi, après un tour de la ville qui nous paraît belle — assez épargnée en réalité par les projectiles allemands qui ont davantage atteint les défenses périphériques —, on nous montre le musée de l'Ermitage. Les Soviétiques n'admettent que des peintures figuratives.

Le soir, nous avons droit à un nouveau ballet sur une musique de Tchaïkovski cette fois. Le public est en grande partie composé de braves gens venus, endimanchés, de leurs campagnes et dont certains, qui ont trop chaud, tombent discrètement la veste dans la demi-obscurité de la salle bondée.

Nous entreprenons le 27 juin la visite, en compagnie d'Alexis Kossyguine, de l'usine des turbines électriques « XXIIe Congrès ». C'est la plus moderne d'URSS, mais nous comprenons, d'après les explications imprécises qu'on nous fournit, que la notion de coût de fabrication, qui peut, ici, changer du simple au quadruple, est assez étrangère à un régime qui vit en autarcie en exploitant les pays d'Europe centrale placés sous sa domination.

Après une visite assez rapide du parc et des fontaines de Petrodvoretz, l'ancienne résidence d'été du tsar Nicolas II, suivie d'une réception par la municipalité de Leningrad, nous partons pour Kiev avec Nicolai Podgorny. L'Ukraine tient, par son accueil, à marquer sa différence avec le reste de l'Union soviétique. Accueil à l'aérodrome par des groupes de danseurs en costumes folkloriques et une imposante garde d'honneur qui manie les armes et défile à un pas sensiblement plus rapide que les autres troupes du pays. Ce sont les Méridioniaux de l'URSS.

Dans l'après-midi, nous nous rendons sur le champ de bataille de

Volgograd (ex-Stalingrad) où s'élève, sur un tertre, le monument de Mamaiev Kourgane. Le général Voronov décrit sommairement les péripéties de l'extrême avance allemande de 1942. Mon père s'exclame : « Quel peuple dont les soldats sont parvenus si loin de chez eux ! » Les maréchaux soviétiques sont interloqués avant de comprendre que les vainqueurs sont indirectement glorifiés par la qualité des vaincus. Voronov explique que Stalingrad, occupée en entier, sauf quelques îlots de résistance dans les caves, par la progression fulgurante des Allemands commandés par von Choltitz (le futur commandant du « Gross Paris », en août 1944), a été écrasée par l'artillerie russe qu'il commandait (six mille pièces de canon et de mortiers lourds sur les onze mille de toute l'armée soviétique), mise en batterie sur le pourtour de la boucle du Don et tirant concentriquement à l'intérieur où l'ennemi tentait de s'installer. Les Soviétiques n'avaient pratiquement pas d'infanterie pour défendre leurs batteries, mais la rivière était si large que les Allemands ne pouvaient les attaquer.

Dans la grande limousine noire Ziss qui nous ramène, nous sommes quatre à l'arrière avec les maréchaux vétérans Voronov et Joukov, et un interprète russe. Je leur demande, comme un conseil, quels genres d'hommes il faut pour faire une bonne armée. Réponse : « Un excellent chef d'armée et de bons troupiers de deuxième classe. Entre ces deux extrêmes, on remplit comme on peut. Cela n'a pas beaucoup d'importance et l'expérience montre que cela marche très bien, du moins en Union soviétique. »

Je ne sais comment la conversation est venue, de mon fait, sur le rôle des fils de Staline pendant la guerre. On me répond avec un certain embarras. L'aîné était commandant d'artillerie. Il a été fait prisonnier dans un corps d'armée russe encerclé par surprise dans les marais du Pripet, dans les premiers jours de l'attaque allemande en juin 1941. Coupé de tout, dans une petite cabane au milieu du camp, il y est mort au bout d'un an sans que Staline ait rien fait pour lui, pas plus que pour les autres Soviétiques capturés. Il n'y avait pas non plus pour eux de secours de la Croix-Rouge ; l'Etat soviétique ne l'avait pas reconnue. Le second fils de Staline était pilote ; il a participé avec mérite aux opérations aériennes. Général avant trente ans, il commandait les formations de chasse de la défense de Moscou à la fin de la guerre. Il aurait ensuite mené une vie de luxe et de distractions avec ses femmes, ses chiens, ses villas et ses voitures. Il aurait disparu, détruit par l'alcool. J'ajoute en moi-même : « Ou bien, l'aurait-on fait disparaître après la mort de Staline, comme tant d'autres avant lui. »

Le 29 juin, en compagnie d'Alexis Kossyguine, on nous fait visiter la gigantesque centrale hydroélectrique « Voljskaya », puis nous rentrons à Moscou dans la soirée. Mon père en profite pour donner au Premier ministre une liste d'environ douze cents Français — Alsaciens et Mosellans — qui ont été incorporés de force dans l'armée allemande pour la plupart, mais aussi quelques dizaines d'autres qui avaient par naïveté rallié la « patrie soviétique » dont ils ne peuvent plus sortir, ou qui s'y trouvaient encore, égarés, sans pouvoir donner de leurs nouvelles. Le général de Gaulle applique avec ténacité cette méthode discrète qui est la seule efficace en l'occurrence, quel que soit le pays. Il juge déplorable les manifestations et injonctions tonitruantes des professionnels des « droits de l'homme », qui ne font que braquer leurs interlocuteurs et rendre plus hermétiques encore les Etats concernés. En 1945, il avait réussi à faire relâcher près de deux mille cinq cents prisonniers de guerre en leur recommandant de ne pas en faire état. Mais quelques-uns d'entre eux n'ayant pu s'empêcher de raconter aux journalistes leurs malheurs, les Soviétiques avaient aussitôt interrompu leurs relaxes.

Le 30 juin, en présence du maréchal Malinowsky, ministre de la Défense et ancien commandant en chef des armées soviétiques à la fin de la Seconde Guerre mondiale, nous assistons à une démonstration militaire dans un grand champ de manœuvres, aux environs de la capitale russe. Après une impressionnante préparation d'une artillerie très concentrée, on assiste à une attaque massive de la position supposée par des vagues de chars et d'infanterie appuyée par l'aviation d'assaut, tandis qu'un millier de parachutistes sont lâchés derrière nous. Puis nous sommes accueillis aux environs de Moscou à la Maison des Officiers auxquels mon père s'adresse.

On nous montre ensuite une exposition où les Soviétiques ont reconstitué le panorama en relief de la bataille de Borodino contre Napoléon, en 1812. Une victoire, affirment les Russes, car ils ont un moment contre-attaqué et repoussé les Français. Nous rétorquons que le vainqueur est celui qui est resté maître du champ d'une bataille que nous avons appelée « la Moscova », car elle nous a ouvert la route de Moscou. Nos hôtes font semblant de ne pas nous entendre et il serait malséant d'insister.

Les pertes françaises ont été lourdes. Celles des Russes effroyables. Encore aujourd'hui, je pense à ces maheureux serfs conduits en rangs serrés au combat par leurs officiers, c'est-à-dire leurs seigneurs, résignés et dévoués, l'ordre séculaire des choses voulant que tous défendent héroïquement la « sainte Russie ». Avant la bataille, les popes venaient les bénir, tandis qu'ils chantaient en chœur « Notre Père qui êtes aux cieux, Que Ta volonté soit faite » sur un air populaire que Rimsky-Korsakov a mis plus tard en partition. C'est un cantique que l'on reprend aujourd'hui dans les églises françaises, et moi qui ne chante jamais, parce que trop mal, je joins ma voix à celle des autres en pensant chaque fois aux pauvres soldats qui l'ont entonné avant de mourir.

Nous allons ensuite au monument sur les bords de la Moscova en mémoire du groupe de chasse « Normandie-Niemen » de la France

Libre. Cette formation « Héros de l'Union soviétique » a totalisé deux cent soixante-treize victoires aériennes, dont vingt-trois pour le seul lieutenant Marcel Albert, sous les ordres des commandants Jean-Louis Tulasne (tué) et Pierre Pouyade. Quarante-deux de ses pilotes sont morts au combat sur les quatre-vingts qui y ont été affectés.

Dans la soirée, nous dînons à l'ambassade de France à Moscou. Un palais ancien assez beau, mais enserré dans la ville et trop petit pour être autre chose que la résidence personnelle de l'ambassadeur. Ce dernier nous confie combien il se sent écouté et épié par tout le système policier russe. Il n'est pas sûr de son propre personnel domestique, en général en totale osmose avec les Soviétiques.

Le Général est ensuite reçu au Kremlin par le Praesidium du Soviet suprême et le gouvernement de l'URSS. A cette occasion, il prononce une allocution à la radiotélévision soviétique où il parle de l'entente d'une Europe de l'Atlantique à l'Oural. Il signe trois accords franco-soviétiques : le premier sur la coopération scientifique, technique et économique ; le deuxième pour l'étude et l'exploration de l'espace à des fins scientifiques ; le troisième sur l'établissement de réseaux de télévision, domaine dans lequel nous sommes les plus performants au monde, en particulier grâce à notre définition de l'image en 819 lignes.

Une déclaration franco-soviétique commune traduit ensuite l'accord des deux gouvernements sur la sécurité européenne, la coopération entre la France et l'Union soviétique et, enfin, la paix au Vietnam.

Je ne me souviens plus quel jour j'ai pu m'esquiver du Kremlin pendant les longs entretiens officiels où je n'avais rien à faire. J'ai quitté l'enceinte seul, en uniforme, par la porte principale. En me voyant sortir, le poste de garde manifestant un certain désarroi s'est mis aussitôt à téléphoner. Personne ne m'a retenu, mais j'ai été suivi à distance par deux hommes de la milice.

Après être descendu d'environ un kilomètre le long de la Moscova, je parviens à une agglomération faite de petites maisons à un étage, partiellement en bois, et toutes surmontées d'une antenne de télévision. Leur aspect villageois modeste contraste avec les imposants bâtiments modernes des environs. A un coin de rue, une voiture légère, tirée par un petit cheval, porte une grande barrique. Les gens viennent avec des pichets en tirer du kvass, sorte de bière légère obtenue avec des croûtes de pain noir fermenté. Plus loin, des ménagères attendent patiemment à la porte d'une boulangerie le bon vouloir des deux employées qui discutent entre elles. Ce sont, comme toutes les vendeuses en URSS, des fonctionnaires de la ville et elles le font sentir. Ailleurs, un magasin présente en vrac des paires de chaussures ordinaires de deux ou trois modèles seulement. Aucun effort de présentation en devanture. Les clients ressortent avec leurs achats enveloppés dans des papiers grossiers. Les gens qui circulent et me regardent en passant, sans rien manifester, sont vêtus de façon modeste et sans élégance, mais ne paraissent pas pauvres, sauf un clochard qui siffle au goulot une demi-bouteille de vodka. L'uniforme des militaires tranche avec l'aspect terne du reste de la population. Les officiers supérieurs tiennent visiblement le haut du pavé : on leur cède le pas, ce qui n'empêche pas quelques-uns de porter un cabas. Il ne faut pas, me dira-t-on plus tard, laisser passer la moindre occasion d'achat qui ne se présentera plus les jours suivants.

Au bout d'une demi-heure, je suis rattrapé par un milicien accompagné d'un homme en civil qui me dit dans un français approximatif craindre pour ma sécurité personnelle et m'invite à retourner au Kremlin, ce que je fais en leur compagnie, non sans avoir acheté un bonnet de fourrure.

Le 1er juillet, je rejoins mes parents et leur suite à l'aérodrome de Moscou où nous attend la Super-Caravelle présidentielle. Sachant que je suis moi-même pilote, les Soviétiques prennent le temps de me faire visiter en détail la carlingue d'un des intercepteurs Mig 21, qui attendent de décoller. Après les adieux à la « troïka » et une dernière grande parade militaire, ces avions soviétiques nous font escorte jusqu'à la limite des deux Allemagnes, afin de bien manifester leur zone de souveraineté.

Après le départ de l'ambassadeur des Soviétiques, à Paris, mon père livre ses premiers commentaires au cours d'un déjeuner en petit comité, à l'Elysée. « L'URSS est un contrepoids utile dans le monde, et sans rien lui céder, il vaut mieux rester en bons termes avec elle. L'énorme faute d'avoir été complices des Allemands au début de la Seconde Guerre mondiale — ce qui, entre parenthèses, était conforme à la logique de Lénine à la fin de la Première Guerre —, ils l'ont réparée avec beaucoup de pertes et d'héroïsme en cassant les reins de l'armée allemande, et ont été assurément nos alliés, sauf à Yalta toutefois. Trente ans après, la vie quotidienne de leur peuple ne s'est guère développée. La situation de leurs logements est catastrophique et celle de leur agriculture, qui était exportatrice avant 1914, est scandaleusement déficitaire. On ne peut pas toujours en attribuer les responsabilités à la guerre tant d'années après : ces carences proviennent du régime lui-même.

« Ce régime autarcique, où plus aucune activité n'est rentable, est condamné à terme. Il n'a pu tenir jusqu'à présent qu'en faisant travailler pour lui les pays d'Europe centrale sous sa tutelle et des dizaines de millions d'esclaves dans les goulags. Mais ces derniers sont en train de disparaître, tandis que les gouvernants soviétiques se succèdent désormais à travers des révolutions de palais, l'oligarchie communiste ne se décantant plus à coups de revolver. Dès lors, comme les maîtres des empires grec et romain ont fini par gouverner en s'appuyant sur des fonctionnaires de plus en plus puissants et nombreux, qui commettaient des lois de plus en plus complexes et difficiles à appliquer, le système soviétique se sclérose de proche en proche, car il n'y a plus aux extrémités ce qui fait l'équilibre de conservation biologique de tout corps vivant : le plaisir et la douleur, l'offre et la demande.

« Mais leurs convulsions peuvent être dangereuses, surtout si le pouvoir en place ne voit plus que le conflit pour réagir contre la déliquescence. Raison de plus pour que nous Français, nous maintenions avec les Russes la détente, l'entente et la coopération.

« L'URSS n'est pas une puissance économique et financière malgré d'énormes ressources naturelles dans un climat rude. Mais elle demeure une menace par sa masse territoriale et démographique, par son énorme puissance militaire qui, comme ses réalisations spatiales, absorbent une trop grande partie de ses ressources. Son action internationale contribue à la ruiner par toutes les prestations qu'elle fournit aux partis frères et aux activistes. Son peuple a des capacités d'abnégation et de souffrances incomparables. »

Après son retour en France, mon père exploite les retombées de son voyage en URSS en envoyant Maurice Couve de Murville, son ministre des Affaires étrangères, en Tchécoslovaquie et en Hongrie dans le cadre du rapprochement de la France avec les pays de l'Est.

Du 25 août au 13 septembre, cet homme infatigable repart, avec son épouse, en voyage officiel en Somalie, en Ethiopie, au Cambodge, en Nouvelle-Calédonie, aux Nouvelles-Hébrides, en Polynésie française et en Guadeloupe. C'est à Pnom-Penh (le 1er septembre) qu'il prononce devant le prince Norodom Sihanouk, chef de l'Etat cambodgien, et quatre-vingt mille personnes rassemblées dans le stade de la capitale et figurant son portrait géant avec des panneaux, le discours célèbre condamnant l'intervention américaine en Indochine et proclamant le droit des peuples d'Asie à l'autodétermination.

J'eusse volontiers pris part à ce voyage en Extrême-Orient dont je conservais la nostalgie mais, après mon récent déplacement en URSS, c'eût été un voyage de trop.

C'est peu après notre retour en France que la première bombe H (thermonucléaire) est expérimentée en Polynésie. Mon père a probablement fait retarder cet événement de quelques jours afin que les Soviétiques ne puissent en tirer argument contre la France directement ou indirectement durant le séjour du président français chez eux.

*

En janvier 1967, je quitte Paris où, selon une coutume désormais bien établie, je laisse ma famille pour prendre à Lorient le commandement du premier de la série la plus moderne de nos bâtiments de guerre, la frégate lance-missiles *Suffren*, appellation ancienne qui désignait autrefois des croiseurs.

D'un peu moins de 6 000 tonnes à pleine charge, le *Suffren*, qui cale 6 mètres, a 158 mètres de long et 15,5 mètres de large. Quatre turbines à fonctionnement automatique et deux hélices assez rapprochées lui permettent d'atteindre 34 nœuds de vitesse maximale et un rayon d'action de 5 000 milles à 18 nœuds. Sa coque est profilée pour en faire un coursier des mers avec l'inconvénient d'un grand rayon de giration. Deux stabilisateurs de chaque bord tendent à limiter le roulis, ce qui renforce d'autant les dispositifs d'autostabilisation des armes et des détecteurs. Un radar tridimensionnel, dont la grande antenne est protégée par un dôme, permet de détecter jusqu'à 180 milles. Il est renforcé par un radar de veille surface et un autre de veille navigation. Deux radars de guidage pour les deux missiles antiaériens ou anti-surface sur rampes rechargeables « Masurca » et un troisième pour le guidage des torpilles anti-sous-marine « Malafon » autorisent la mise en œuvre des armes principales, complétées par deux canons automatiques de 100 mm sous tourelle et deux canons automatiques à tir rapide de 30 mm pour la défense rapprochée. Sans parler des systèmes de brouillage électronique et de leurres anti-missiles, un détecteur d'étrave et un autre remorqué assurent la détection sous-marine. L'originalité de ce bâtiment prototype est son système d'exploitation navale des informations tactiques qui permet d'identifier, de concentrer et de suivre en permanence toutes les données provenant de deux cents mobiles ou points fixes à la fois et qu'un dispositif de liaisons électroniques permet quasi instantanément de transmettre sur les écrans d'autres bateaux ou avions possédant tout ou partie du même système codé, ou de recevoir sur ses propres écrans les renseignements fournis par d'autres.

Après le capitaine de vaisseau Alain Cussac, mon prédécesseur qui a effectué les premiers essais, je vais avoir le privilège d'effectuer les tirs de qualification, les croisières d'endurance et l'entraînement opérationnel pour l'entrée en escadre du *Suffren*. Ma qualité d'« aviateur » dans une double chaîne de commandements d'aéronautique et de bâtiments de surface ne me vaudra d'assumer cette tâche passionnante que pour un an en principe (en fait quatorze mois), mais le délai est suffisant pour que j'en tire le meilleur parti. Le plus délicat est d'abord de sortir fréquemment, de jour comme de nuit, un bâtiment que ses dimensions n'autorisent à se retourner dans la rivière Scorff que par marée haute et à quelques dizaines de mètres près. C'est un exercice que le commandant est tenu, ès qualités, d'effectuer personnellement comme tous les appareillages, accostages et manœuvres délicates. Mon prédécesseur, pourtant expérimenté, l'a effectué non sans appréhension et en s'exerçant d'abord à descendre ou remonter la rivière à bord d'un cargo caboteur, familier des lieux. Il ne faut pas manquer un virage ni un alignement sous peine d'échouage qui mettrait fin à la carrière du commandant. Effectuant directement ces manœuvres avec le *Suffren*, je finirai par devenir un expert d'une côte réputée difficile.

La vie à bord de cette nouvelle frégate n'est pas confortable pour le personnel, malgré son tonnage. On vit enfermé dans une coque qui n'ouvre sur l'extérieur que par un seul petit hublot dans la chambre du commandant afin d'éviter à ce dernier de devoir monter à la passerelle chaque fois qu'il souhaite jeter un coup d'œil au-dehors. La défense contre les radiations et les poussières nucléaires impose dorénavant cette manière de vivre à bord d'un bateau de surface presque comme à bord d'un sous-marin. L'équipage respire un air ventilé qui lui parvient en permanence par un système bruyant muni de filtres. Comme le *Suffren* est un prototype, on y a entassé tous les équipements modernes possibles, de sorte qu'il ne reste plus guère de place pour les personnels qui y vivent confinés et entassés.

La cérémonie de parrainage de mon bateau a lieu à Saint-Tropez, dont l'amiral de Suffren était le seigneur. Elle fut littéralement sabotée par un ordre intempestif de la préfecture maritime de Toulon nous intimant de rattraper je ne sais plus quels excercices avec des bateaux alliés de passage. Mes officiers et mon équipage qui comptaient bien se distraire au moins un soir dans cette station célèbre s'en montrent fort déçus. De là, à soupçonner les états-majors d'avoir cherché à les empêcher de se dissiper, il n'y a qu'un pas.

Bien que les Français soient sortis de l'Organisation militaire occidentale, nos codes interalliés, différents des codes nationaux que chacun garde à usage interne, nous permettent de prendre contact sans préavis avec n'importe quelle unité de l'Alliance atlantique et d'entreprendre sur-le-champ n'importe quels exercice ou opération contre un ennemi commun. Une seule exception à l'application de ces règles de coopération, les Américains n'acceptent jamais de tomber sous le commandement d'un autre allié, fussent-ils fortement minoritaires.

L'une des épreuves fondamentales auxquelles est soumis un bâtiment de guerre entrant en service actif est la croisière d'endurance. Pour le *Suffren*, la croisière part de Toulon vers Brest à travers des exercices d'escadre divers avant de s'élancer d'une traite, après ravitaillement, vers Abidjan, puis le Brésil, pour revenir au bout d'une vingtaine de jours à Lorient, port d'origine du bateau où sont effectués les derniers relevés statistiques et les dernières vérifications. Il s'agit, par exemple, de contrôler la climatisation, maintenue au demi-degré près, de tous les appareils électroniques et informatiques en passant des températures d'hiver européen aux climats équatoriaux.

Notre arrivée sur Recife (anciennement Pernambouc), au Brésil, me laisse le souvenir des risques encourus dans l'approche pleine de hauts fonds et de récifs — comme son nom l'indique. L'état-major de la Marine avait hésité à y envoyer une frégate de cette taille. Beaucoup de cargos se sont échoués ou ont heurté les quais, mais leurs coques arrondies leur ont permis de ne pas subir trop de dommages. Ce ne serait pas le cas avec le *Suffren*, dont les stabilisateurs fixes dépassent la coque très effilée. Les cartes que j'ai pu me procurer ne sont guère à jour. Le pilote brésilien que j'ai été obligé de prendre à bord, loin en haute mer avant les chenaux, selon la règle internationale — source de droits financiers —, est un homme âgé, rendu euphorique par les rafraîchissements qu'il a pris avant de monter à bord. Je m'aperçois aussitôt qu'il n'a aucune idée des conditions de manœuvre d'un bateau tel que le mien. Il ne m'est d'aucune utilité. Je décide de ne tenir aucun compte de ses conseils. Bien m'en a pris : les routes d'entrée et le cap d'approche pour accoster qu'il m'indique passent immanquablement par un haut fond pour les unes et pour l'autre par un rocher immergé près du quai.

A Recife, nous sommes fort bien accueillis par le maire qui m'adresse un assez long discours prononcé dans un français que je ne comprends pas, et qui me donne l'occasion de lui répondre dans un français qu'il ne comprend guère davantage.

A Rio de Janeiro, je dois rendre visite à de hautes personnalités, qui ont brillamment reçu le général de Gaulle en octobre 1964. On me montre brièvement Brasilia, la capitale ultramoderne, impressionnante par ses monuments futuristes, mais encore en chantier, et où aucune population n'est vraiment implantée. Ses habitants y paraissent tous de passage et quittent la ville en avion pour la fin de semaine.

La capitale est au milieu d'une très vaste clairière nouvellement défrichée, d'où l'on parvient vite aux limites de la forêt vierge. Des indiens misérables surgissent qui quémandent de l'alcool et des cadeaux aux touristes qui viennent les voir. Ils sont nus, rongés par l'alcool et des maladies endémiques. Quelques Européens faussement humanitaires les entretiennent dans cet état arriéré en excipant d'une culture qu'il ne faudrait pas laisser disparaître. Je pense, au contraire, qu'on doit les aider à sortir de cette misère ancestrale.

Dans ce vaste Etat de l'Est brésilien, les populations, dans leur ensemble, sont souvent très pauvres. Le cardinal-archevêque Mgr Camara y est presque en rupture avec le clergé catholique. Ses déclarations prônent une « religion libératoire » plus proche de la révolution marxiste que de l'Eglise. Périodiquement, on distribue d'office aux plus démunis une part des grandes propriétés terriennes. Malgré l'aide d'outils agricoles, de semences et de troupeaux, les bénéficiaires retombent le plus souvent dans une misère passive, parce qu'ils sont, en réalité, impuissants à gérer eux-mêmes leur exploitation qui retourne en friche, carence dont certains groupes de pression, certaines mafias ne manquent pas de tirer profit.

En dépit de tout, le Brésil donne l'impression d'un immense territoire au développement humain foisonnant, d'un géant généreux, chaleureux et dynamique, promis au statut de puissance mondiale.

A la mairie de Recife, je n'ai pu éviter les nombreux journalistes locaux auxquels je ne fais naturellement aucune déclaration, sauf pour remercier de l'accueil particulièrement ample et bienveillant que nous avons reçu. Le plus grand journal du soir de Rio de Janeiro titre cependant en énormes caractères, sur le quart de la une : « SON FILS PHILIPPE PROCLAME LE GENERAL DE GAULLE LE PLUS GRAND HOMME DU MONDE » (*sic*). J'apprendrai à mon retour qu'en France les cloportes du journalisme et de l'opposition, qui se confondaient souvent, avaient publié de courts éditoriaux venimeux pour vilipender les propos aussi inconvenants qu'insensés du fils, naturellement imbécile, d'un grand personnage que les mêmes ne défendaient pas pour autant. Une missive[1] du 19 décembre 1967 viendra d'elle-même faire litière de ces commentaires malveillants.

« Mon cher Philippe, cette lettre t'atteindra à ton retour à Lorient. Tout ce que j'ai su, d'abord de tes tirs et exercices en Méditerranée, puis de ta croisière en Atlantique, m'a donné la meilleure impression du *Suffren* et de son commandant. Une fois de plus — et c'était en une très importante occasion — tu m'as donné toutes les raisons qui justifient ma fierté paternelle. Les ragots malveillants que certains ont tâché d'exploiter au sujet de tes propos à Rio n'ont aucune espèce d'importance. Plus tu t'élèves et parais, plus cela arrivera. Il n'y a là rien que de méprisable et d'inévitable. »

Le jour de notre départ de Recife au début d'une matinée splendide, tandis que façades et mâtures se couvrent de pavillons multicolores, qu'éclatent des musiques de samba ou de marches, qu'une foule bigarrée et joyeusement bruyante s'agglutine sur tous les quais, que les officiels et d'autres à titre amical, dont un officier de Marine brésilien prince de Bourbon, viennent saluer, nous nous apercevons qu'un homme fait défaut à l'appel. Notre représentant sur place s'en montre contrarié, car il devra nous le renvoyer aux frais du consulat. Au moment où nous nous apprêtons à larguer les dernières amarres, un tumulte s'élève au milieu de clameurs enthousiastes. C'est une jeune et accorte Brésilienne, coiffée d'un bonnet de marin français, qui se fraye difficilement un passage jusqu'au bord du quai. Elle pousse des cris et agite les bras. Derrière elle, penaud, notre matelot manquant. Nous lui jetons une échelle de corde qu'il gravit sous les acclamations et les quolibets des spectateurs. Je me souviens alors d'un autre ralliement de justesse d'un de nos hommes d'équipage, mais quelque vingt-cinq ans auparavant, sans foule et sur le quai glacé de Saint-Pierre-et-Miquelon. Les temps et l'ambiance changent, mais pas les circonstances.

*

Au début de l'année 1967, les déficits chroniques des finances publiques, la conjoncture économique défavorable, la dépendance vis-à-vis de l'étranger, l'instabilité gouvernementale de l'ancienne

1. Voir *Lettres, notes et carnets, 1958-1970, op. cit.*

IVe République et enfin les conflits coloniaux s'estompent de plus en plus dans la conscience des Français. Ceux-ci se laissent aller de nouveau aux jeux politiciens d'autrefois. Le général de Gaulle leur paraît moins indispensable.

En janvier, les Républicains indépendants se démarquent de la majorité. Les grèves se multiplient, malgré une prospérité générale toujours en progrès et une politique sociale très favorable : salaires minimum interprofessionnel et agricole garantis respectivement relevés de 2,38 pour cent et de 2,78 pour cent ; indice des salaires supérieur de 66 pour cent à ce qu'il était en 1958 ; inflation à 3,1 pour cent bloquée par un emprunt d'Etat ; 97 000 chômeurs pour une durée inférieure à quatre mois ; produit intérieur brut en accroissement de 8 pour cent ; loi foncière ; ordonnances sur la participation des salariés à la capitalisation et aux dividendes des entreprises, ainsi que sur la Sécurité Sociale, etc.

On demande au général de Gaulle : « Ne faut-il donc jamais se mettre en grève ? » Réponse : « Bien sûr ! Une fois tous les quatre ou cinq ans pour rééquilibrer les choses. Et non pas pour satisfaire les professionnels du mécontentement et de l'agitation ! »

Son cabinet lui montre des photos prises par la police lors de diverses manifestations de rue. Quel que soit le corps de métier, on distingue en tête des cortèges une cinquantaine de meneurs, toujours les mêmes, qui défilent tantôt avec les mineurs ou les agriculteurs, tantôt avec les fonctionnaires ou les cheminots. Mon père ricane : « Ce sont, bien sûr, les gens de service des communistes de banlieue. C'est leur profession ; ils sont rémunérés par leurs municipalités ou leurs syndicats. »

Au mois de mars, les élections législatives sont mauvaises : le gouvernement ne dispose que d'une voix de majorité. N'étant plus porté par l'opinion mais seulement juste supporté, il en sera presque paralysé avec les conséquences que cet affaiblissement aura dans les mois suivants.

Le 5 mai 1967, le général de Gaulle effectue une démarche personnelle[1] et directe, mais discrète selon sa manière, et non dans un fracas médiatique qui, braquant l'interlocuteur, ôterait à l'action entreprise toute efficacité, auprès du général Barrientos, président de la République bolivienne, en faveur de Régis Debray, arrêté à la suite de la destruction dans ce pays du commando « Che Guevara » avec lequel il lui est reproché d'avoir été en contact.

Mon père se garde, bien entendu, de porter un jugement sur les faits retenus à la charge du jeune homme puisqu'il n'appartient qu'à la

1. Voir *Lettres, notes et carnets, 1958-1970, op. cit.*

justice de Bolivie d'en vérifier la réalité et d'en apprécier les circonstances. Il estime que les gens qui tentent d'exporter leur révolution doivent en assumer les risques, mais la République ne saurait se désintéresser du sort d'un citoyen français quel qu'il soit. L'intéressé sera relâché peu après.

En mai, la Grande-Bretagne réitère sa candidature au Marché commun. La totalité des Etats de la Communauté européenne constatera l'incapacité anglaise à y entrer. De fait, la livre sterling doit dévaluer de 14,30 % en novembre. Les propagandes attribuent ce refus, qui n'est qu'une constatation d'évidence, à la seule responsabilité française.

Au domaine intérieur français, il convient de signaler aussi le « Plan Calcul » d'informatique français ; le lancement du premier sous-marin atomique *Le Redoutable* à Cherbourg et la mise en route du prototype de moteur marin nucléaire à Cadarache ; l'achèvement du Concorde, premier avion de transport supersonique du monde, à Toulouse ; les plans d'aménagement du Languedoc-Roussillon, de l'Aquitaine, de la Seine-Maritime ; la construction d'usines en location-vente, principalement dans l'ouest ; l'important développement des autoroutes et des routes ; la décentralisation au profit de Toulouse, Grenoble, Toulon et Marseille. C'est cela le gaullisme : des projets, des ambitions pour la France !

Durant la seconde quinzaine de mai 1967, la tension s'accroît sensiblement au Moyen-Orient. Tandis que Nasser établit le blocus d'Akaba, débouché d'Israël en mer Rouge, et qu'il renforce ses troupes dans la bande de Gaza, Golda Meir et le ministre des Affaires étrangères israélien Abba Eban se rendent à Washington et à Paris afin de s'enquérir de l'attitude américaine et française à l'égard de Tel-Aviv dans le cas, non clairement exprimé, où Israël aurait à lancer une guerre préventive contre ses adversaires. Empêtrés dans des considérations de politique intérieure, les Américains ne disent pas clairement aux Israéliens qu'ils la désapprouveraient. Seul le général de Gaulle déclare nettement qu'il condamnerait toute initiative de conflit armé, qu'elle vienne des Israéliens ou des Arabes. Golda Meir repart en croyant à la complicité tacite de Washington et à l'hostilité de principe de Paris, selon le slogan abusif « ceux qui ne sont pas pour nous sont contre nous ».

Au retour d'un voyage officiel en Italie et au Vatican du 29 mai au 2 juin, le chef de l'Etat français reçoit successivement le roi Fayçal d'Arabie Saoudite et une fois encore Abba Eban. Pressentant la guerre imminente au Moyen-Orient, il décide de suspendre les livraisons d'armes aux sept pays arabes et à Israël, tous susceptibles d'être impliqués dans une guerre. Toutefois, la France continuera à fournir discrètement les tranches de rechanges d'aviation et de blindés nécessaires aux matériels déjà réceptionnés, ces rechanges ne concernant que les Israéliens, seuls acquéreurs de matériels français. Ceux-ci ne nous sauront aucun gré de notre respect des commandes souscrites. La France en général et le gouvernement en particulier seront au contraire l'objet, et seulement de leur part, de campagnes de presse hostiles.

Le 5 juin, la guerre des Six Jours éclate. « J'ai tenté en vain, me confie mon père, d'expliquer aux envoyés de Tel-Aviv, qui sont dans un état d'esprit de survie, que leur vocation est de faire la place de leur peuple petit à petit par l'immigration prudente, les négociations subtiles ou appuyées, la supériorité intellectuelle et les soutiens matériels considérables dont ils disposent presque partout à l'étranger, en particulier aux Etats-Unis. Au lieu de cela, les Israéliens, par le "blitzkrieg", vont rassembler contre eux tous les Arabes, qui ne sont pourtant pas d'accord les uns avec les autres. Ils se présentent en agresseurs aux yeux du monde et, à terme, seront finalement obligés d'évacuer les territoires qu'ils ont occupés par la force. – Vous avez parlé de la supériorité intellectuelle des Juifs, lui dis-je. Est-ce pour cela que vous avez employé la formule "Peuple d'élite, dominateur et sûr de soi", formule dont leur propagande hostile a volontairement oublié le premier qualificatif de "Peuple d'élite" ? – Depuis les débuts de l'humanité, les Juifs, qui se marient entre eux et se considèrent comme le "peuple élu" de la Bible, sont peut-être les plus intelligents de la terre, me répondil. Ils ont gardé leur supériorité dans les domaines des sciences, de la médecine, de la musique, des arts et lettres, de l'économie, de la finance, etc. Malgré leur habileté naturelle, et sans doute à cause de leurs partis pris, je ne suis pas convaincu de leurs qualités politiques fondamentales. Peuple d'élite, sûr de soi et dominateur ! J'en voudrais bien pouvoir dire autant pour les Français. »

Le 17 juin 1967, la Chine fait exploser une bombe thermonucléaire un peu plus de deux ans après l'explosion de sa première bombe atomique le 16 octobre 1965. Ces deux bombes résultent de l'aide soviétique dans ce domaine comme dans bien d'autres, à l'instigation de Nikita Khrouchtchev. On nous a laissé entendre lors du voyage récent du général de Gaulle en URSS que cette aide, jugée sévèrement par les Russes, aurait été, plus que les « mauvaises manières » qu'on lui reprochait officiellement, la cause principale de l'éviction de Khrouchtchev et son remplacement par la troïka en octobre 1965. Depuis, les rapports sino-russes n'ont fait que s'envenimer, débouchant même fréquemment en conflits armés aux frontières. Les Chinois, rendus plus indépendants grâce à leur nouveau savoir-faire atomique, récusent même le communisme soviétique pour prétendre au leur propre. En avril 1966, Mao Tsé-toung lance la « grande révolution culturelle prolétarienne » pour reprendre et établir le communisme chinois à sa façon.

Au début de l'été, mon fils aîné Charles, qui a dix-neuf ans, est invité avec d'autres jeunes gens par Johnny Hallyday dans sa propriété en banlieue. Le lieu est un assez joli moulin restauré. Le chanteur est au sommet de sa célébrité ; mais il n'a pas invité Charles dans une intention publicitaire et reste discret. Des gens bien intentionnés rapportent toutefois la chose au général de Gaulle et non à moi, qui ne suis pas choqué par principe. Contrairement à une légende, mon père ne s'en offusque pas davantage. « Johnny Hallyday a du talent dans un genre nouveau, dit-il à son petit-fils. C'est un homme de mérite qui, bien que Belge d'origine, a fait son service militaire dans l'armée française où il a terminé sergent. C'est bien de sa part de t'avoir invité chez lui en privé et toi de t'y être rendu. Mais tu ne peux fréquenter un milieu qui est rarement équilibré du point de vue familial, que la publicité oblige à beaucoup d'artificiel, qui est presque toujours amené à dépenser trop d'argent. Tu n'as pas les moyens de fréquenter ce milieu. »

Après le retour du général de Gaulle au pouvoir, les Québécois n'avaient pas manqué de venir à plusieurs reprises en France attirer son attention sur la tutelle à laquelle ils étaient soumis. Le général Vanier, ami de mon père et longtemps ambassadeur à Paris, puis gouverneur général du Canada, ne le lui avait pas dissimulé tout en s'efforçant de calmer le jeu par loyauté envers la couronne d'Angleterre. L'idée fait son chemin cependant que les Français, qui les ont abandonnés depuis Louis XV, doivent faire quelque chose pour les Québécois en apportant leur soutien au moins moral à leur évolution vers un Etat moderne libéré d'une sujétion d'un autre âge.

Au cours de sa première visite du 20 au 22 avril 1960 en tant que président de la République française, on ne lui avait pas caché les aspirations montantes des Canadiens français, qui ne voulaient plus se contenter de fournir des cultivateurs, des pêcheurs ou des bûcherons. De même, à l'Elysée, le 4 octobre 1961, le 14 mai 1963 et le 12 novembre 1964, Jean Lesage, Premier ministre du Québec ; le 26 juillet 1965 et le 13 février 1967, Jean Chapdelaine, délégué général ; le 27 novembre 1965, MM. Guérin, Lajoie et Laporte, représentants du Québec ; le 20 avril 1966, Jean Drapeau, maire de Montréal ; les 18 et 20 mai 1967, Daniel Johnson, Premier ministre et M. Cardinal, qui lui succédera à cette fonction l'année suivante. Des visiteurs tous plus pressants les uns que les autres.

Le 15 juillet 1967, mes parents s'embarquent sur le croiseur *Colbert* où les appartements du vice-amiral commandant de l'escadre de l'Atlantique ont été sommairement réaménagés pour les recevoir. Je ne me doute pas que je me retrouverai dans cette même fonction et dans ces mêmes locaux quelques années plus tard. Le commandant du bâtiment, dérangé par cette intrusion et qui n'apprécie pas particulièrement le général de Gaulle, se répand en privé en propos désagréables sur le couple présidentiel et sa suite, pourtant réduite à un petit nombre de personnes. Peut-être regrette-t-il au fond que le maréchal Pétain et son épouse ne soient jamais venus à bord d'un grand bâtiment de la Marine nationale, en particulier en 1942 au moment de l'invasion de la zone française dite « libre ». Les circonstances sont, en tout cas, plus glorieuses et plus éclatantes à l'arrivée en rade de Saint-Pierre-et-Miquelon, ancien territoire de la France Libre, puis à l'anse du Foulon à Québec, après la remontée du Saint-Laurent.

Au débarquement, le salut officiel et très britannique des autorités d'Ottawa est marqué par un premier incident. Tandis que le bataillon de la garde en tuniques rouges et bonnets à poil rend solennellement les honneurs, *La Marseillaise* est reprise en chœur par la foule et le *God save the Queen* est couvert de huées.

L'accueil de la population dans la « belle province », sur des kilomètres le long de « l'allée du Roi » par Donna-Cona, Sainte-Anne-de-la-Pérade, le cap de La Madeleine, Trois-Rivières, Louisville, Berthierville et Repentigny, est massif et enthousiaste. La foule agite des enseignes bleues et blanches à fleur de lys du Québec et des drapeaux français, tandis qu'elle montre de nombreux écriteaux « Québec libre ».

Mon père cherchait ce qu'il pouvait faire pour aider les Québécois dans leur marche vers la libre disposition d'eux-mêmes. Soulevé par l'enthousiasme populaire, lui, le « Français libre », lance à la foule du balcon de l'hôtel de ville de Montréal « Vive le Québec ! Vive le Québec libre ! ». Une clameur gigantesque lui répond. Un acte irréversible vient d'entrer dans l'Histoire de ce peuple d'Amérique, français d'origine, tandis que le maire Jean Drapeau ne sait plus s'il doit s'en féliciter ou se mettre en retrait. La réponse du gouvernement fédéral canadien aurait dû être l'impassibilité britannique et l'indulgence courtoise de l'hôte en face de quelque conduite originale d'un invité prestigieux mais incontrôlable. Il arrive aux Anglais de perdre leur flegme. Le lendemain, 25 juillet 1967, le gouvernement fédéral du Canada, froissé, commet l'erreur de publier un communiqué déclarant le discours du Général inacceptable. Le même jour, celui-ci visite l'exposition internationale de Montréal et décide de ne pas se rendre à Ottawa, comme initialement prévu. Le 26, il se rend à une réception à la mairie de Montréal et rentre à Paris le 27. « Je crois que j'ai fait ce que je pouvais pour aider les Canadiens français, me dit-il au retour. Plus rien ne sera comme avant pour eux. Naturellement, je l'ai fait en sachant que le Canada ne serait pas détruit pour autant. Ce n'est pas en Belgique que j'aurais crié “Vive la Wallonie libre !” sachant que j'aurais risqué de faire éclater toute la Belgique. »

Dans la presse française, c'est un tollé des clans anglo-saxons et des polémistes de tout poil contre mon père. La désapprobation est quasi générale de la part des banquiers, industriels et diplomates qui craignent d'être dérangés, sinon dans leurs affaires, du moins dans leur tranquillité. Valéry Giscard d'Estaing condamne le Général en lui reprochant « l'exercice solitaire du pouvoir ».

Par délégation de pouvoirs spéciaux en matière économique et sociale votée en mai précédent par le Parlement, le 18 août paraît l'ordonnance sur la participation des salariés aux fruits de l'entreprise, vieille idée de mon père pour sortir le monde du travail du prolétariat. Cette idée est soutenue par les « gaullistes de gauche », les « vrais », dit-il, « c'est-à-dire ceux qui ont toujours des socialistes contre eux ». Il se heurte naturellement d'une part aux patrons qui craignent d'avoir à trop informer leurs ouvriers dans un contexte de lutte des classes et d'être gênés pour diriger leur entreprise et, d'autre part, aux syndicats ouvriers qui y voient justement un affaiblissement de cette même lutte des classes dont ils font le moteur de leur revendication. Mais la ténacité du général de Gaulle fera petit à petit passer cette participation d'un taux symbolique à un appoint non négligeable pour les salariés, au fur et à mesure des décennies.

Quatre jours plus tard, de nouvelles ordonnances réforment la Sécurité sociale, fondée et organisée par le Général en fin 1945. Ces dernières sont encore en application à l'heure où j'écris ces lignes, ce qui n'empêche pas des malintentionnés de prétendre que le Général, dont l'œuvre sociale a dépassé de loin celle de tous les autres gouvernements d'après-guerre, ne se souciait pas du « bien-être du peuple ». Le plus extraordinaire est que ces « bons apôtres » réussissent encore à le faire croire à beaucoup !

Outre la visite de nombreux départements français, de deux déplacements en Allemagne, d'un voyage officiel en Italie et au Vatican avant celui au Québec, un troisième voyage de plusieurs jours a lieu cette fois en Pologne du 6 au 12 septembre.

A Varsovie, à la sidérurgie de Cracovie, au camp de concentration d'Auschwitz, sur le bassin houiller de Katowice, aux chantiers navals de Gdansk, au port militaire de Gdynia, le général de Gaulle parle des malheurs de la guerre, de l'amitié franco-polonaise, de la nécessité de l'entente, de la coopération européenne et de l'indépendance nationale. Sa présence à la messe solennelle le 10 à la cathédrale d'Oliwa confirme sa démarche prudente mais délibérée d'exalter les caractéristiques propres à la Pologne vis-à-vis du pouvoir communiste incarné par Gomulka. Il fera de même l'année suivante en Roumanie afin d'encourager les pays satellites à s'extraire progressivement du système soviétique. Le pape Jean-Paul II y contribuera de même plus tard, d'une manière particulièrement puissante et éclairée jusqu'à la chute du Rideau de fer en 1989.

CHAPITRE 5

JOURNÉES DE DUPES EN MAI 1968

Tandis que la France continue son ascension dans tous les domaines : démographique, économique, social, national et international, et que toutes les conditions sont réunies pour que la Ve République s'achemine sans heurts vers le dixième anniversaire de sa fondation, la crise, qui a déjà frappé les autres pays du monde industrialisé, atteint les Français à leur tour. Ils s'y laissent aller, avec leurs défauts propres, suscités par la monotonie de leur existence désormais bien ordonnée dans la prospérité générale d'où se sont estompés les guerres, les conflits coloniaux et les drames internes.

La nécessaire adaptation à un monde que le nucléaire, l'audiovisuel, l'informatique et la biologie commencent à transformer à un rythme inconnu jusqu'alors se heurte à leurs tendances naturelles au bien-être et à la routine, ou à leur manie égalitaire et à leur « vieille anarchie gauloise » pour tenter, en vain, d'éviter les inévitables différences naturelles qui ne peuvent trouver de solutions dans la Loi.

Cette inquiétude, voire, chez certains, cette angoisse liée au siècle moderne et provoquée par la crainte de perdre ses repères, vient en particulier de frapper les esprits les plus vulnérables, qui sont les jeunes.

Par suite de l'accroissement démographique important qui a suivi l'après-guerre et des mesures prises pour l'élévation générale du niveau de culture, la Ve République a été conduite à un effort sans précédent de constructions d'écoles, de lycées, de collèges et de facultés, effort qui n'avait pas été prévu ni mis en œuvre par le régime précédent. Parallèlement, le recrutement des instituteurs, maîtres, maîtres assistants ou professeurs a dû être effectué massivement, en passant généralement outre à des critères suffisants de niveaux, de motivations et de formations. Ont été, en particulier, oubliées, voire niées, les conditions fondamentales de tout progrès scolaire depuis que l'humanité existe.

Depuis le « prince-président » Napoléon dont les gendarmes couraient les campagnes et les faubourgs pour envoyer de force les garçons à l'école en admonestant les parents, véritable début de l'enseignement primaire obligatoire consacré par Jules Ferry en 1882, on sait que, à l'exception de sujets brillants et chanceux, il faut trois ou quatre générations pour parvenir de l'illettrisme à l'enseignement supérieur, règle toujours valable. A la Libération, mon père avait prolongé la scolarité obligatoire jusqu'à quatorze ans, ajoutant aussi deux années complémentaires pour l'obtention du certificat d'études primaires ou son équivalent, qui devait normalement être passé à douze ans ; puis, à son retour au pouvoir, il avait prolongé une nouvelle fois l'obligation de scolarité ou d'apprentissage jusqu'à seize ans. Le souhait de beaucoup de parents que leurs enfants deviennent des « cols blancs » s'ajoutant à la démagogie et au laxisme des enseignants devaient entraîner l'abandon du certificat d'études primaires et le choix d'une scolarité fournie au détriment de l'apprentissage. Après quoi, l'enseignement secondaire, puis l'enseignement supérieur, privés des filtres normaux à leur accès, se sont vus encombrés d'une masse de lycéens trop âgés ou d'étudiants inaptes dont la moitié au moins n'a aucune chance d'aboutir. Ils fournissent une masse de mécontents, dont les agitateurs ne peuvent manquer de se servir.

Ainsi, en 1968, trop nombreux sont les enseignants qui, faute de pouvoir faire face à la situation ainsi créée, se sont réfugiés dans le discours démagogique ou la discussion doctrinale, comme autant d'alibis.

Ces faiblesses sont aggravées par la politisation et le corporatisme de leurs syndicats devenus, en plusieurs décennies, par la masse de leurs effectifs et l'esprit de leurs mandataires qui se tiennent pour les propriétaires d'un monopole, un véritable Etat dans l'Etat, contre-pouvoir des ministres de l'Education nationale dont aucun n'a pu, pas même du temps du général de Gaulle, tenir plus d'une année. Certains partis politiques y trouvent leur compte, mais au détriment le plus souvent des jeunes dont l'inquiétude naturelle s'en trouve accrue d'autant. Cependant, en ce début d'année 1968, devant tant de facteurs favorables à la situation des Français et malgré les distorsions structurelles de l'enseignement qui doit beaucoup aux efforts de la Ve République en sa faveur, personne, à vrai dire, ne se doute de l'ampleur que l'agitation va prendre, une fois le feu déclenché dans ce milieu propice à l'incendie que constitue le monde des lycées et surtout des universités, saturé par une quantité pléthorique de sous-diplômés appelés à n'avoir que peu de débouchés dans la vie économique et sociale du pays.

En janvier 1968, des incidents éclatent à la faculté de Nanterre. Cette nouvelle grande université édifiée à la hâte, selon le modèle du campus américain, dans une zone périphérique de Paris en cours de modernisation, concentre un trop grand nombre d'étudiants (environ quinze mille inscrits) mal sélectionnés et trop peu motivés pour la plupart. Le 15 janvier, le doyen Pierre Grappin, médaillé de la Résistance, est contraint de réclamer l'intervention de la police pour faire évacuer les locaux. Il aurait dû disposer de groupes d'appariteurs et d'étudiants afin de neutraliser les groupuscules de perturbateurs qui empêchent les autres de travailler. Mais l'idée ne s'est pas imposée dans les milieux universitaires qui se trouvent ainsi à la merci de quelques éléments subversifs.

A vrai dire, cette agitation localisée ne préoccupe guère et la presse s'intéresse davantage à la soudaine offensive d'envergure des troupes du Nord-Vietnam communiste contre le Sud-Vietnam soutenu par les Etats-Unis. Des journalistes écrivent que « la France s'ennuie ». Depuis cinq ans, notre pays est en paix avec le reste du monde pour la première fois de son Histoire. Il est prospère et poursuit tranquillement d'importants développements scientifiques, techniques, économiques et sociaux. Le nombre de chômeurs, qui n'attendent pas longtemps un nouvel emploi, plafonne au minimum quasi inévitable d'une centaine de milliers, nombre que mon père considère comme encore trop important. L'immigration est contrôlée, ne débordant pas du cadre fixé pour les besoins de notre économie. L'inflation se maintient au-dessous de 4 pour cent. L'importance de notre encaisse en or permet au général de Gaulle de rappeler l'urgente nécessité d'établir « un système monétaire équitable, impartial, inébranlable et qui, par là, justifierait la confiance universelle ». Pour lui, l'or reste la véritable monnaie internationale.

Les Xe jeux Olympiques d'hiver, à Grenoble, passionnent l'opinion publique. Le président de la République prononce le discours d'ouverture et les skieurs français, hommes et femmes, y manifestent leur suprématie.

Dans les armées, la doctrine établie par le chef de l'Etat est désormais au sein de nos alliances celle de la dissuasion nucléaire, du désengagement outre-mer et de la « stratégie tous azimuts ». Notre sous-marin *Minerve* (900 tonnes, 42 hommes) ayant disparu au cours d'une plongée en Méditerranée le 27 janvier, mon père se rend à Toulon le 8 février pour assister à une messe sur la place d'Armes, prononcer un discours à la base sous-marine et effectuer une plongée à bord d'un sous-marin du même type, l'*Eurydice*.

Le 17 février ont lieu à Notre-Dame de Paris, en présence de mon père, les obsèques de Mgr Veuillot, cardinal-archevêque de Paris. Mgr Marty lui succède qui, issu d'un Sud-Ouest traditionnellement « à gauche », est favorable à la mission des « prêtres-ouvriers », dont on perçoit pourtant déjà l'échec. Il montrera le mois suivant trop d'indulgence envers les désordres qui vont éclater autour des thèmes contradictoires de la « révolution des mœurs » et de la « condamnation de la société de consommation », désordres auxquels personne, encore une fois, ne s'attend. « L'incompréhensible et l'inadmissible collusion entre le socialisme et le catholicisme », que stigmatisera plus tard un pape venu d'au-delà du Rideau de fer, s'applique malheureusement à beaucoup de catholiques français. Malgré la bienveillante influence que le général de Gaulle, catholique pratiquant, a apporté à l'élection du pape Paul VI, ce dernier, contrairement aux usages séculaires respectés jusqu'alors à l'égard de tous les gouvernements, n'a pas jugé utile de le consulter pour la nomination de Mgr Marty.

Le 9 mars, le général Ailleret, chef d'état-major des armées, qui avait été d'une loyauté parfaite durant les événements d'Algérie, périt dans un accident d'avion à la Réunion. Il est remplacé par le général Fourquet, ancien commandant du « Groupe Lorraine » aux forces aériennes de la France Libre en Grande-Bretagne, compagnon de la Libération et combattant notoire ; l'homme est autoritaire, impassible, et sans familiarité. « Si je comprends bien, dit-il, on m'a mis là pour tenir les armées dans le droit chemin. »

L'agitation reprend à la faculté de Nanterre à l'incitation d'une centaine d'étudiants, pour moitié étrangers, qui proclament le « Mouvement du 22 mars » dont personne, à part eux, ne sait au juste ce qu'il est. En réalité, sous couvert d'un verbiage révolutionnaire, ce mouvement revendique plus de libertés dans les universités et notamment le libre accès aux chambres des filles. Curieusement, cette motion dont on oubliera bientôt le but exact, servira de symbole aux manifestations qui se propageront peu de temps après Nanterre à la faculté des sciences de Tolbiac et à la Sorbonne où doyen et recteur seront à leur tour obligés de demander l'intervention de la police.

Les revendications étudiantes sont exploitées par des meneurs professionnels qui, selon la méthode léniniste et trotskiste bien connue, pratiquent la « révolution permanente » afin d'empêcher la société de se stabiliser et, par conséquent, de s'embourgeoiser, pour eux le comble de l'horreur. Ils utilisent le procédé de la « minorité agissante » qui finit par imposer une dictature très concrète à l'issue d'interminables discussions philosophiques. La séquence est toujours la même. D'abord, chacun est invité à dénoncer les dysfonctionnements. Ensuite des responsables sont désignés. Enfin, le régime et la société sont mis en accusation. Au bout d'autant de séances que nécessaire, les provocateurs deviennent alors maîtres de lieux et seuls à voter les motions.

Certains ont été entraînés aux dialectiques et à l'action révolutionnaires à Cuba et en Allemagne de l'Est, qui forment et répandent des techniciens de l'« agitation-propagande marxiste ». Ainsi de Daniel Cohn-Bendit, un jeune étudiant allemand qui a été pris en charge par les Français dès son enfance après la déportation depuis la France de ses parents, mais qui récuse formellement la nationalité française afin d'échapper au service militaire ; ainsi d'Alain Krivine et d'Alain Geismar, nés de parents juifs d'Europe centrale, tous trotskistes spécialisés dans l'« agit-prop » ; ainsi de Pierre Sauvageot, président de l'Union des étudiants de France ; de Pierre Rousset, universitaire et technicien du marxisme. Plus anonymes mais aussi redoutables sont des équipes d'action entraînées aux communications radios, à l'infiltration des médias, aux déplacements rapides, à l'utilisation de barres de fer, d'engins incendiaires et de projectiles divers.

Au-dessus et autour de ces révolutionnaires en action se manifestent, pour les soutenir et leur servir de références sinon d'alibis, des journalistes et des écrivains tel Jean-Paul Sartre, excellent dramaturge mais adepte d'un « existentialisme » dont il n'est rien resté puisqu'il ne contenait rien pour l'avenir. Au demeurant, son attitude durant l'occupation allemande ne fut pas exemplaire.

Leur maoïsme préconise, à l'instar d'une Chine populaire marxiste et lointaine et de son grand dirigeant, la « révolution culturelle », c'est-à-dire un changement radical de société conforme à un collectivisme égalitaire et son partage. Le modèle n'est pas transposable d'une population de masse homogène comme celle des Chinois à une nation individualiste et diversifiée vingt fois moins importante. Mais le mythe est utile aux agitateurs.

En réalité, la France est en train de prendre le relais des désordres universitaires qui ont éclaté un peu partout dans d'autres pays avec les développements de masse de leurs facultés. L'éternelle et naturelle inquiétude de la jeunesse pour son devenir s'y manifeste parfois violemment lorsque le temps de paix lui épargne la lutte pour la survie comme en d'autres temps plus tragiques. Chez nous, les étudiants sont d'autant plus vulnérables aux troubles qu'ils sont trop nombreux, trop âgés en moyenne et trop concentrés dans des établissements trop grands bâtis à la hâte par la Vᵉ République pour répondre à leur affluence et pallier les carences du régime précédent. Les hommes les plus responsables politiquement et socialement de cette imprévoyance tenteront, comme presque toujours, de prendre la tête des protestataires. Tout cela est la conséquence de l'étrange illusion qui s'est emparée des politiques et des intellectuels. Le système scolaire a explosé, ont-ils pensé, à cause de la vague démographique. Or, des six cent cinquante mille enfants de l'avant-guerre on a atteint le chiffre de huit cent cinquante mille après, c'est-à-dire une augmentation de 30 pour cent. S'il avait suffi d'augmenter les effectifs d'enseignants de 30 pour cent, la solution aurait été facile. Mais, de l'avant-guerre à 1958, on est passé en réalité de trois cent mille élèves à quatre millions cinq cent mille dans le secondaire et de soixante mille étudiants à sept cent mille, soit des accroissements de 1000 pour cent et 1 500 pour cent. Le raz de marée n'a pas été démographique, mais démocratique avec une dérive démagogique bien française : tous devaient être admis à l'enseignement secondaire et tous devaient accéder à l'enseignement supérieur. En accusant la natalité, on se dispensait de se préoccuper de la qualité. A force de refuser la sélection, on finissait par en arriver à l'inverse du but recherché : renforcer sournoisement les barrages de l'élitisme contre le plus grand nombre.

Ma mère, qui n'a pas d'autres diplômes que le brevet élémentaire et qui possède la solide culture, sans fautes de français ou de calcul, qu'on donnait aux jeunes filles de la bonne bourgeoisie d'avant la Première Guerre mondiale, juge de cette question avec son réalisme habituel : « Il faut trois ou quatre générations pour passer de l'illettrisme à l'université, sauf pour quelques brillantes exceptions. Et encore, ces dernières souffrent-elles souvent des mêmes défauts dans l'ordre de la culture que les nouveaux riches dans celui de l'argent. Les progrès scolaires et culturels ne peuvent être que progressifs sur plusieurs générations. Le reste est une dangereuse utopie. On veut aller trop vite. Tous les filtres sautent ! Le produit va être imbuvable ! »

Comme je demande à mon père s'il n'a pas lui-même provoqué un afflux trop rapide d'étudiants et de lycéens, il me répond : « J'ai voulu élever le plus possible le niveau d'instruction du peuple français pour diminuer sa vulnérabilité aux démagogues et aux escrocs, ouvrir son existence à la culture et aussi parce que c'est une exigence de l'humanité et de la prospérité. Aussi, dès la Libération, ai-je prolongé l'âge de l'instruction de quatorze à quinze ans, puis en 1959 à seize ans, ce qui ne voulait pas dire que le certificat d'études passé avant quatorze ans devait devenir caduc, ni que les deux années suivantes devaient par principe se faire au lycée et pas en apprentissage. Bien sûr, il faut faire tout son possible pour donner à chacun ses chances, mais pas prétendre faussement que tous les individus ont des capacités égales. Les professeurs, en admettant tout le monde dans les classes supérieures sans avoir contrôlé l'aptitude de chacun à s'y trouver utilement, ont, par utopie, laxisme et démagogie, trahi l'enseignement et submergé les facultés d'un flot de jeunes gens prétendant y être de droit et non par capacité. Nombre de ces derniers ne seraient pas dans la rue à crier "Non aux examens ! Non à la sélection !" s'ils étaient capables de passer les uns ou de franchir l'autre. »

*

Quelques jours avant la fin de mars 1968, nous sommes encore bien loin à Lorient des remous parisiens. Je remonte une dernière fois le Scorff, l'embouchure compliquée du port et reviens amarrer à quai le *Suffren*. Dans la Marine, la technique du métier est la sanction incontournable de toute carrière, et je me plais à constater que nul ne fait de réserves sur mes qualités intrinsèques de capitaine de vaisseau, dût-on remarquer que la chance a été de mon côté. Cette dernière n'est jamais suffisante pour sauver un chef médiocre. J'aurai assumé le difficile commandement d'un bateau prototype de sa génération, la première unité informatisée, durant quatorze mois, soit deux de plus que prévus initialement pour mener à bien sur la lancée tous les essais et exercices du programme. En effet, les « marins aviateurs » qui font une double carrière aéronautique et à la mer, comme c'est mon cas, et qui ont déjà exercé deux commandements dans les grades d'officiers supérieurs, ne peuvent plus le faire que pour une seule année sur un bâtiment. J'ai pu ou su garder celui du *Suffren*, alors que la moitié des capitaines de vaisseau se retrouvent sur la « liste sèche » (« dry list », comme disent les Britanniques) faute d'un nombre suffisant de commandements en temps de paix.

Mon successeur prévu de longue date, le capitaine de vaisseau Fernand Robin, de la promotion 1939, que je connais bien et apprécie depuis le temps des escorteurs rapides où il avait été endivisionné comme moi, doit me relever le 31 mars. Mais, trois jours auparavant, je suis saisi au milieu de la nuit d'une très violente douleur du côté gauche au point que le médecin du bord m'envoie à l'hôpital maritime au petit matin. On diagnostique une crise néphrétique doublée d'un coincement d'un nerf crural par des vertèbres qui ont subi des tassements forts et répétés depuis le début de la Seconde Guerre mondiale. Malgré les conseils médicaux, je profite d'un répit pour boucler mes bagages et rejoindre Paris, la suite de mon commandement ayant été régulièrement prise. Je suis néanmoins obligé de porter constamment sur moi une boîte d'ampoules d'Avafortan, un puissant analgésique, au cas où une crise insupportable se déclencherait de nouveau. Il faudra encore, me disent les médecins, quelque temps pour que la douleur disparaisse d'elle-même. Comme il n'y a aucune infection, le phénomène est en effet purement minéral et mécanique. J'ai eu le tort de restreindre trop sensiblement l'absorption de liquides durant nos croisières en pays chauds afin de réduire la transpiration qui m'obligeait à changer de chemise et d'uniforme souvent plusieurs fois par jour. Je soupçonne même des troubles provoqués par les émissions radars à grande puissance auxquelles le commandant est le plus exposé sur les ailerons découverts de la passerelle. Lorsque la grande antenne émet en pleine puissance, à quelques mètres la température du corps s'élève, l'air crisse tout autour. Pure hypothèse, mais on ajoutera néanmoins des panneaux pour faire écran autour du grand dôme de la frégate. Quoi qu'il en soit, je regagne Paris à l'échéance prévue. On m'y fait comprendre qu'il ne serait pas heureux de me donner une nouvelle affectation avant de passer par le Centre et l'Institut des hautes études militaires de Défense nationale où on a prévu de m'admettre à la session d'octobre. En attendant, je suis mis « en corvée » ou en « congé de maladie », comme on voudra, au Groupe de travail sur l'avenir de la Marine, rue Royale, service de prospective et d'évaluation. On y envoie en disponibilité les capitaines de vaisseau qui viennent de terminer un commandement pour tirer quelques rapports de leur expérience toute fraîche ou répondre à quelques missions en attendant de se voir attribuer une nouvelle affectation digne de ce nom. Nous sommes une demi-douzaine dans ce cas. Je remets à plus tard la permission « à laquelle je puis prétendre » et non pas « qui m'est due », comme disent les civils, car je ne peux m'éloigner des hôpitaux tant que mes ennuis de santé ne seront pas définitivement passés.

L'une des principales études qui me sont confiées dans l'immédiat intéresse la direction du personnel militaire : c'est la planification par nombres, grades et spécialités des équipages des frégates dans cinq, dix ou quinze ans, compte tenu des développements des matériels et des missions à prévoir, états à remettre sans cesse à jour.

*

Le 2 avril de nouveaux incidents surviennent à Nanterre, où le 23 avril de sanglantes bagarres éclatent. Un professeur de faculté que je connais a le bras fracturé d'un coup de barre de fer en tentant de s'opposer à un groupe de perturbateurs gauchistes.

Le 28 avril, Cohn-Bendit est appréhendé par la police judiciaire sous l'inculpation de coups et blessures. Anarchiste allemand, qui a fréquenté des bandes terroristes dans son pays, son maître à penser est Herbert Marcuse, qui vit aux Etats-Unis.

Les communistes, qui craignent toujours d'être débordés à gauche, le dénigrent par la voix de Georges Marchais : « bouffonneries de campus, fils de grands bourgeois pas de nature à émouvoir la classe ouvrière, malfaisante besogne, aventurisme gauchiste, phraséologie révolutionnaire ». Leur journal *L'Humanité* parle de groupuscules à combattre.

Bien qu'apparaissent pour la première fois les drapeaux noirs anarchistes, les défilés du 1er mai se déroulent dans le calme, de la Bastille à la Nation comme traditionnellement, la CGT et les autres organisations syndicales marchant séparément.

Le climat social est plutôt détendu et peu combatif, d'autant que le 2 mai l'Assemblée nationale vote à l'unanimité la quatrième semaine de congés payés et que le lendemain les centrales syndicales signent la réduction des horaires dans la sidérurgie. C'est l'esprit en repos que le Premier ministre Georges Pompidou part en voyage officiel en Iran et en Afghanistan.

Le 1er mai, le général de Gaulle prescrit d'« en finir avec Nanterre » et se prépare à recevoir à l'Elysée le président de la Côte d'Ivoire, Félix Houphouët-Boigny. Pendant ce temps-là, Maurice Grimaud, préfet de Police, multiplie les interventions auprès des ministres de la Justice et de l'Intérieur pour qu'on libère Cohn-Bendit et qu'on ne l'expulse pas. Ce préfet, dont les sympathies sont à gauche, ancien conseiller de François Mitterrand et futur directeur du cabinet du ministre de l'Intérieur dans le gouvernement socialo-communiste de 1981 à 1983, cherchera constamment par la suite à pactiser avec les émeutiers et à contourner les ordres de son ministre Christian Fouchet. Ce dernier, qui est plus un politique qu'un ministre de la Police bien implanté place Beauvau, et dont la résistance physique n'est pas aussi bonne que son apparence le laisse paraître, cache son angoisse derrière un masque de César et une allure massive. Il voudrait rester fidèle au Général auquel il est attaché depuis longtemps mais sans compromettre la suite de sa carrière et sans se démarquer de son Premier ministre, qui entend laisser pourrir la situation en biaisant les consignes de fermeté du Général. L'un et l'autre ne veulent pas risquer devant l'Histoire d'être responsables d'une effusion de sang. De fait, il n'y aura qu'une seule mort directement liée aux événements : celle d'un commissaire écrasé contre le parapet d'un pont à Lyon par un camion lancé contre un barrage de police.

Dans la matinée du 3 mai, quatre cents manifestants sur cent soixante mille étudiants recensés à Paris occupent la Sorbonne pour la première fois, conduits par Sauvageot et Cohn-Bendit qui vient d'être relâché. Ils en sont expulsés à 13 heures à la demande du recteur Roche et du ministre de l'Education nationale Alain Peyrefitte. Soixante-quatorze arrestations sont effectuées aux cris de « CRS-SS », ce qui ameute à l'extérieur plusieurs milliers de badauds qui deviennent à leur tour des manifestants.

A ce stade, la grande majorité des étudiants ne voient encore dans ces événements qu'un immense chahut, un gigantesque monôme qui est l'occasion dans un pays en ordre de se moquer des aînés, de défier l'autorité et de faire passer son agressivité et ses frustrations en jouant à la petite guerre avec les gendarmes. Ils sont inconscients de la violence qui peut se développer d'une manière incoercible dans tout mouvement de foule.

Une ébauche de barricades au carrefour des boulevards Saint-Michel et Saint-Germain est cependant vite enlevée. Vingt-sept jeunes gens, étudiants pour la plupart et voyous pour quelques-uns, sont arrêtés et passeront au tribunal « en flagrant délit » le samedi 4 mai et le dimanche matin 5 mai. Quatre peines de deux mois de prison ferme, huit avec sursis et une relaxe sont prononcées. Mais Cohn-Bendit et Sauvageot, les meneurs, ne sont pas appréhendés.

Le samedi 4 mai, le général de Gaulle confirme ses consignes de fermeté au gouvernement. La Sorbonne est fermée sur ordre. Le 5, nous allons, ma femme, nos quatre fils et moi, déjeuner à l'Elysée. L'après-midi, nous voyons le film *Vingt mille lieues sous les mers,* projeté sur un grand écran déroulé dans la salle des fêtes. Mon père fait à peine une relation un peu irritée des manifestations étudiantines sous forme de boutade : « Ils se disent "en grève" mais, n'étant pas producteurs, ils sont tout simplement "absents" ou encore des jeunes gens encore dans l'enseignement secondaire se prétendent "étudiants", mais ils ne sont en réalité que des collégiens ou des lycéens dont certains ont un peu trop grandi pour rester aussi longtemps dans les établissements scolaires. » Bien qu'il ne soit pas d'usage dans la famille de parler de problèmes de santé, mon père voit bien que je ne suis pas en bonne forme. Il me conseille une cure à Vittel par exemple, pas très loin de

Colombey-les-Deux-Eglises. Après avis des médecins, c'est à Contrexéville, station thermale moins à la mode que Vittel et plus adaptée à mes moyens, que je décide de me rendre. Je m'y trouverais du 18 mai au 18 juin, à l'hôtel La Souveraine, annexe du Grand Hôtel local.

Cependant, de l'autre côté de la Seine, cette journée du 6 mai est marquée, l'après-midi, par des émeutes, sans doute les plus importantes de cette période et qui se prolongent tard dans la nuit. Le nombre de manifestants atteint les vingt mille. On dénombrera six cents blessés, dont plus de la moitié appartiennent aux forces de l'ordre demeurées trop souvent en barrages, stoïques sous les projectiles ; de nombreux lycéens étant venus se mêler aux étudiants, en curieux ou en sympathisants, on hésite évidemment à charger pour dégager la rue quand il le faudrait.

Les hommes de la préfecture de Police n'ont pas eu à affronter de telles foules depuis une vingtaine d'années, sauf ceux qui ont été en Algérie où ils ont dû parfois tirer au lieu de se laisser aborder au corps à corps. Leur protection individuelle se limite le plus souvent à un casque sans visière, des lunettes contre les lacrymogènes, un ciré et parfois un bouclier léger. Ils ne sont pas préparés à faire face à des équipes d'agitateurs visiblement formés aux harcèlements urbains tels qu'on les enseigne en Amérique du Sud et en Afrique, chez les anarchistes allemands, les Brigades rouges italiennes, les fanatiques du Moyen-Orient, les groupes maoïstes et trotskistes un peu partout, tous se réclamant de la « révolution permanente » d'autant plus violente qu'elle est minoritaire. Cependant, l'Elysée continue à fonctionner normalement. Le 7 mai, le général de Gaulle reçoit Abdul Rasak, Premier ministre de Malaisie.

Vers 18 heures, un peu moins d'un millier de manifestants se rassemblent place Denfert-Rochereau. Cette manifestation n'a pas été interdite malgré les directives du président de la République ; interdiction pourtant susceptible de décourager les simples chahuteurs devant les risques de heurts pénibles avec la police et de permettre à cette dernière l'inculpation des meneurs. Au moins, le ministre de l'Intérieur a-t-il donné l'instruction formelle de barrer solidement les ponts et d'empêcher la manifestation de progresser vers l'ouest. Le préfet de police, quant à lui, dispose d'un service d'ordre impressionnant de plus de quatre mille cinq cents hommes. Mais choisissant d'interpréter les ordres à sa manière en descendant encore d'un degré par rapport aux directives élyséennes et avant même que des affrontements ne se soient produits, il prend l'initiative d'aller lui-même au contact de l'avant-garde gauchiste du rassemblement pour l'inviter à défiler sur le boulevard du Montparnasse. Cette proposition conciliante est naturellement interprétée par les manifestants comme un signe de faiblesse de la police. Leurs dirigeants, très au fait des manipulations de foules, propagent aussitôt la nouvelle autour d'eux, à l'aide des moyens de transmission, y compris avec le concours des commentateurs de radio et de télévision, qui sont en grande majorité dans l'opposition et qui, contrairement à ce qu'ils affirment, restent parfaitement libres de leurs annonces. Ainsi, la manifestation double-t-elle ses effectifs au fur et à mesure de son avancée sur le boulevard du Montparnasse. Elle atteint bientôt les Invalides et débouche sur le pont Alexandre III d'une part et le pont et la place de la Concorde de l'autre, après avoir glissé le long du quai d'Orsay sans que les forces de l'ordre ne s'y opposent ni même manœuvrent en conséquence, malgré un rapport de forces qui le leur aurait permis. Avenue de Marigny et rue du Faubourg-Saint-Honoré, il n'y a pas de forces capables d'empêcher vingt mille manifestants d'investir et d'envahir le palais de l'Elysée si des meneurs en avaient eu le projet.

Cette déplorable situation qui aurait pu amener la Garde républicaine à faire usage de ses armes n'échappe pas au Général. Il en tire la conclusion que le gouvernement ne tient aucun compte de ses instructions, que le ministre de l'Intérieur ne sait pas se faire obéir, que le préfet de police biaise les ordres reçus en faveur d'arrangements avec des meneurs qui en tirent profit. Dans ces conditions, mieux vaut pour lui laisser un palais vide que de s'y trouver pris au piège par carence du service d'ordre.

Le mercredi 8 mai, il préside la cérémonie commémorative de la victoire de 1945 pour rendre témoignage aux morts et aux survivants qui ont combattu pour notre liberté, sentiment de respect qui paraît complètement étranger aux agitateurs du moment. Au Conseil des ministres, en l'absence de Georges Pompidou toujours en voyage en Afghanistan, il confirme une fois de plus qu'il n'est pas question de céder aux émeutiers. Ceci fera l'objet d'une communication exceptionnelle qui sera transmise par écrit à tous les grands patrons des services de police. Tandis que les autres conserveront un silence prudent, un seul destinataire, Jean Rochet, directeur de la Sécurité du Territoire, exprimera le même avis.

Le 9, Alain Peyrefitte maintient son opposition à la réouverture de la Sorbonne et des facultés, fermées afin qu'elles ne servent pas de centres d'agitation aux bandes gauchistes, de toute façon organisées afin de les empêcher de fonctionner.

Le 10, le préfet de police reçoit de province des renforts importants de gendarmerie et de CRS. Tandis qu'une grande manifestation se prépare, avec la place Denfert-Rochereau comme centre de ralliement, Christian Fouchet donne des instructions strictes : sous aucun prétexte, le service d'ordre ne doit laisser aux manifestants la possibilité de pénétrer dans le périmètre de la Sorbonne.

Ceux-ci sont au plus vingt-cinq mille. Les ouvriers y apparaissent en nombre insignifiant. Le flot se dirige vers la place Maubert où il est arrêté par un fort barrage de police au carrefour des boulevards Saint-Michel et Saint-Germain. Mais Maurice Grimaud réitère son comportement du 7 mai précédent, laissant les manifestants remonter le boulevard Saint-Michel, défiler devant la Sorbonne fortement gardée et se masser, sans que rien ne soit fait pour les en empêcher, aux carrefours du boulevard avec les rues Gay-Lussac et Soufflot, autrement dit à l'intérieur du périmètre interdit. Pourtant, le service d'ordre dispose sur place de forces impressionnantes : quatre-vingts escadrons de gendarmerie, quarante compagnies de CRS et vingt unités d'intervention de la police parisienne. Elles peuvent même être immédiatement doublées. Mais de 21 heures à 2 heures du matin, les émeutiers empilent sans gêne de nombreuses barricades, dépavent les rues au marteau-piqueur sous le nez des barrages de police qui restent inertes, cependant que les commentateurs de radio et de télévision leur fournissent en permanence des indications encourageantes quant aux lieux et aux itinéraires de rassemblement, à l'évolution favorable de leur situation et aux contacts de leurs meneurs avec les autorités du service d'ordre qui perdent ainsi la face en paraissant négocier.

Mis au courant par le directeur de la DST et les chefs de la police qui sont écœurés, Bernard Tricot, secrétaire général de l'Elysée, informe mon père de l'inertie du service d'ordre, puis se rend place Beauvau vers 2 heures du matin le 11 mai pour transmettre au ministre de l'Intérieur l'injonction du président de la République de faire enlever les barricades. L'opération sera terminée avant 6 heures du matin au milieu des gaz lacrymogènes ou de la fumée provenant de tout ce que les manifestants ont pu incendier dans la rue — opération d'autant moins facile que la police a trop attendu et s'est laissée manœuvrer. On dénombre plusieurs centaines de blessés, légers pour la plupart, graves pour quelques dizaines, la majorité d'entre eux chez les forces de l'ordre, celles-ci ayant été maintenues en barrages statiques, bombardées de projectiles divers dont des meubles et des machines à écrire lancés des immeubles. Mais pas de mort, grâce au sang-froid et au professionnalisme des policiers.

Le Premier ministre rentre en bonne forme de son voyage officiel d'une dizaine de jours en Iran et en Afghanistan à la fin de l'après-midi du 11. On s'attendait à ce qu'il confirme les directives du président de la République, conforte le ministre de l'Intérieur, secoue le préfet de police et adopte une attitude de fermeté vis-à-vis des fauteurs de troubles, mais, à la stupéfaction générale et à l'indignation de la plupart, Georges Pompidou prend le contre-pied des directives présidentielles. « Dieu merci, déclare-t-il en substance aux ministres et aux personnalités venus l'accueillir, tout ceci s'est passé en mon absence et je vais pouvoir remettre les pendules à zéro. Les étudiants revendiquent la libre disposition de la Sorbonne et la libération de leurs camarades.

On va leur donner satisfaction. Ce n'est pas conforme aux prescriptions du Général mais j'en fais mon affaire. Il faut se montrer généreux et ne pas mégoter pour désamorcer le mouvement. »

Je pense que son entourage lui a présenté les événements comme la conséquence de la politique de fermeté du président de la République, alors même que leur dérive progressive est justement le fruit de la manière dont celle-ci a été ou plutôt n'a pas été loyalement appliquée. Georges Pompidou, homme incontestablement courageux mais toujours enclin à négocier et à gagner du temps, a trouvé dans les comptes rendus qui lui ont été faits tous les motifs d'adopter une attitude de conciliation avec les fauteurs de troubles.

Sortant de l'Elysée, il répond brièvement aux journalistes qui lui demandent ce que le Général lui a dit : « La réforme, oui ! La chienlit, non ! » et annonce aussitôt après la réouverture de la Sorbonne. Sans un mot pour les gens de la police, il déclare sa sympathie pour les étudiants et son souhait qu'on libère sans tarder ceux qui ont été arrêtés et condamnés en flagrant délit pour coups et blessures, incitations à la violence en réunion, incendies volontaires et destructions de biens.

Pressentant qu'il risque d'être présenté comme bouc émissaire, en désaccord avec ce changement complet d'orientation qu'il estime en contradiction avec les consignes du président de la République, et un aveu de faiblesse flagrant par rapport à la rue, Alain Peyrefitte donne sa démission de ministre de l'Education nationale.

Vis-à-vis de l'opinion publique, le général de Gaulle se trouve ainsi désavoué et d'une certaine manière désigné comme responsable des désordres. « La chienlit, c'est lui ! » titre une caricature affichée par une organisation de presse gauchiste. La statue du Commandeur dont la réputation mondiale profitait à toute la France est jetée à bas de son piédestal. Les éléments raisonnables sont atterrés et découragés. Il en résultera un trouble profond et durable. La presse étrangère est sévère pour le gouvernement français qui recule devant l'émeute pourtant dépourvue de motifs valables et qui ne trouve pas d'autre solution que de relâcher les fauteurs de troubles. Ceux-ci jubilent bruyamment et vont narguer les policiers sous le nez.

Loin de favoriser l'apaisement et la modération, les meneurs tirent un encouragement de la capitulation du pouvoir, gagnent en prestige et en audience auprès des milieux étudiants et, réoccupant la Sorbonne, se remettent aussitôt en campagne pour d'autres manifestations.

Les syndicats avaient jusqu'alors marqué leur désapprobation envers ces mouvements qu'ils considéraient non comme ceux des travailleurs mais d'anarchistes et d'intellectuels ou de jeunes bourgeois en crise d'émancipation. Les premières réactions de leurs représentants ont été d'aller trouver des responsables gouvernementaux pour leur dire « Il faut absolument arrêter cette hystérie ». Ils n'ont pas de mots assez durs ou ironiques pour condamner ces « trotskistes en peau de lapin ». De fait, les ouvriers, à part quelques excités, sont étrangers à ces manifestations. Mais ils craignent, comme toujours, d'être débordés sur leur gauche et surtout trouvent dans la faiblesse gouvernementale une formidable aubaine de s'engouffrer dans la brèche.

Le 13 mai, ils organisent un grand défilé d'environ deux cent mille manifestants de la place de la République à Denfert-Rochereau, où tiennent à figurer les représentants des partis d'opposition. Au moment de la dispersion, les gauchistes tentent à nouveau d'entraîner la foule vers le Champ-de-Mars et au-delà de la Seine. Bien qu'elles aient affaire à dix fois plus de monde que le 7 mai précédent, les forces de l'ordre barrent cette fois les ponts sans incidents notables.

Le 14 , le général de Gaulle maintient son voyage officiel prévu de longue date en Roumanie. A ses yeux, les événements ne justifient pas un retard ou une annulation qui aurait un effet déplorable sur les opinions internationales aussi bien que nationale. Dans le pays de Ceaucescu, le Général s'efforce de soutenir la tendance à devenir plus autonome par rapport à l'URSS en condamnant publiquement « les hégémonies ».

Dans l'après-midi du 15, une grève générale avec occupation des locaux part des usines Renault de Cléon où la CGT, qui y est le syndicat largement majoritaire, fait souder les portes, à la fois pour empêcher les étudiants gauchistes qui manifestent à l'extérieur de s'y introduire et les grévistes de s'esquiver en rentrant chez eux. La grève s'étend le lendemain à Berliet, Rhodiaceta, à toutes les grandes entreprises et à beaucoup de services publics. L'Office de Radiodiffusion française, établissement d'Etat fortement noyauté depuis longtemps par les partis de gauche, est à son tour perturbé sinon paralysé. Les éléments subversifs y établissent leur loi et permettront même à Cohn-Bendit, Geismar et Sauvageot de se produire à l'écran, au grand scandale de la France profonde qui ne comprend pas comment un secteur aussi névralgique a pu être ainsi laissé ouvert aux émeutiers. Les quelques commentateurs, qui tentent de réprouver les désordres, sont tournés en dérision ou réduits au silence. L'autorité de tutelle, qui est le gouvernement, laisse faire au nom de la conciliation.

Le même jour, les émeutiers occupent l'Odéon où se tiennent d'interminables péroraisons qui aboutissent à une espèce de Soviet, selon la méthode déjà pratiquée en 1917 en Russie. Le théâtre de l'Odéon est complétement saccagé, sans aucune réaction des forces de l'ordre pour lesquelles, de l'avis des éléments infiltrés, une intervention ne présenterait aucun risque.

Le Premier ministre le sachant réagit le 17 et invite enfin le préfet de police à faire évacuer l'Odéon. Ce dernier l'en dissuade sous tous les prétextes, en particulier celui d'avoir à assurer ensuite la garde des lieux et de provoquer une nouvelle émeute au quartier Latin.

Constatant que le gouvernement ne réagit pas et que Georges

Pompidou a décidé de « laisser pourrir » la situation, le Général écourte son voyage en Roumanie de vingt-quatre heures et le 19 mai donne l'ordre par écrit de faire évacuer l'Odéon, ordre qui n'est suivi d'aucun effet, au motif qu'une fuite vers la presse a compromis le secret de l'opération.

Cependant, la direction de la Sécurité avertit que des éléments de la Ligue socialiste des étudiants allemands se sont infiltrés à Paris depuis le début de mai. Cette organisation avait eu à sa tête un certain Rudi Dutschke, dit « Rudi le Rouge », agitateur tristement célèbre par de sanglantes émeutes dans son pays. S'étant établis dans un immeuble vétuste de la rue de l'Estrapade, en plein quartier Latin, ils sont de toute évidence venus initier à leur technique du combat de rue les gauchistes français.

Une proposition de la DST d'arrêter ces étrangers en flagrant délit puis de les expulser de notre territoire selon les méthodes discrètes souvent pratiquées est refusée par le préfet de police et le gouvernement qui craignent que cette opération, pourtant assez banale, soit prise pour une provocation.

Le mardi 21 mai, près de quinze millions de travailleurs sont en grève, c'est-à-dire, près de la totalité des éléments actifs. Ceux du privé, généralement réticents, ont été contraints au chômage technique, les entreprises publiques paralysant toutes les autres.

Le gouvernement fait occuper par la police tous les centraux du gaz, de l'électricité et du téléphone urbain. Ceux-ci fonctionnent grâce aux cadres volontaires et réquisitionnés. Les maillages des circuits sont assez serrés pour qu'on puisse importer du courant électrique de l'étranger. Malheureusement, les téléphones interurbains, qui ne sont pas encore automatisés, sont complètement bloqués par les syndicalistes en grève qui prétendront plus tard avoir tout de même voulu préserver la vie quotidienne des Français et leurs situations locales d'urgence.

L'arrêt du système bancaire conduit les grandes institutions : présidence de la République, ministères, armées, etc. à se procurer les espèces nécessaires aux dépenses quotidiennes ou aux paies de fin de mois directement à la Banque de France. La gendarmerie assure les réceptions et les convoyages. Un caissier de ladite banque — dont on voit bien l'appartenance politique — prétendra que l'Elysée lui aurait envoyé des Gardes républicains pour chercher une cantine de billets afin de permettre « au général de Gaulle de s'enfuir avec la caisse ! ». Je ne résiste pas à citer cette bouffonnerie.

En attendant, les pompes à essence étant vides, je ne peux plus réapprovisionner ma voiture. Celle-ci ayant encore dans son réservoir de quoi aller à Colombey-les-Deux-Eglises, je projette de m'y rendre avec les miens, d'autant que je suis en permission et que nous n'avons plus rien à faire à Paris où les activités professionnelles aussi bien que scolaires sont momentanément paralysées. J'y renonce tout de même parce que mes parents pourraient souhaiter notre présence dans la capitale et parce que mon fils Charles, âgé d'une vingtaine d'années et sans doute troublé par les événements, pense que ce n'est pas le moment de s'en aller.

Pourtant, outre les inconvénients généraux à tous les Parisiens, notre vie quotidienne s'est singulièrement compliquée par l'apparition devant notre immeuble de piquets de grève de l'entreprise d'engins de travaux publics Richier, dont le siège social occupe les trois premiers étages. Ces piquets sont encore intermittents durant les heures ouvrables mais deviendront plus gênants ensuite.

Dans la matinée du 22 mai, le général de Gaulle reçoit à l'Elysée le roi Hussein de Jordanie, comme si de rien n'était. En même temps, les syndicats, qui sont inquiets et craignent de ne plus pouvoir contrôler les mouvements qu'ils ont lancés, se déclarent prêts à négocier.

En fin d'après-midi, un cortège de cinq à six mille personnes, composé des éléments les plus durs de l'émeute, part du quartier Latin et débouche au Palais-Bourbon. Les forces de l'ordre, qui disposent pourtant d'effectifs équivalents, n'ont encore une fois rien fait pour s'y opposer, à la grande irritation de Christian Fouchet. Ce dernier fait dégager l'Assemblée nationale sans difficulté mais, durant toute la nuit, des groupes d'extrémistes et de voyous vont se livrer en toute impunité dans le Ve arrondissement au saccage et au pillage de nombreux locaux et même du commissariat de police. Les mêmes excès se reproduisent les 23 et 24 mai. Les émeutiers qui brandissent des drapeaux noirs et rouges tentent sans succès de s'emparer de l'Hôtel de Ville, lieu symbolique pour, proclament-ils, y établir la Commune. Ils agressent délibérément les policiers, scient des arbres, détruisent les éclairages et les feux de signalisation, utilisent des engins des travaux publics volés, édifient des barricades au quartier Latin, à la Bastille, à la Nation, autour de la gare de Lyon, incendient la Bourse et manquent de peu de faire de même pour le commissariat du quartier. De nombreux magasins et appartements sont forcés et pillés. Leurs occupants sont molestés et terrorisés. Les gaz lacrymogènes envahissent des escaliers. Les pompiers souvent pris à partie eux-mêmes tentent de circonvenir les sinistres et de transporter les blessés. Les forces de l'ordre doivent effectuer de nombreuses charges pour se dégager et prendre les barricades.

Dans la soirée du 24 mai, le président de la République prononce au palais de l'Elysée une allocution radiotélévisée afin de confirmer que l'ordre sera maintenu et indiquer qu'il sera procédé à un référendum sur « la participation dans l'université et les entreprises industrielles et agricoles dans le cadre de nos régions ». Cette annonce « tombera à plat » de l'aveu même de mon père qui avoue en privé aussitôt après qu'il se trouve en présence d'une « situation insaisissable ».

Le lendemain, la télévision se met en grève. Seule la radio demeure encore utilisable.

Des négociations au ministère des Affaires sociales, rue de Grenelle, s'ouvrent entre le gouvernement représenté par le Premier ministre, le ministre des Affaires sociales Jean-Marcel Jeanneney et le secrétaire d'Etat à l'Emploi, Jacques Chirac, le Centre national du patronat français avec Yvon Chotard, les syndicats menés par Georges Séguy de la CGT et André Bergeron de FO.

Le même jour, l'ambassadeur des Etats-Unis est reçu pour un entretien à l'Elysée. Son pays est en négociations à Paris avec le Vietnam du Nord, mais sans doute cherche-t-il à se renseigner sur la situation de la France.

Le dimanche 26 , je suis convié à déjeuner à l'Elysée avec Henriette et nos enfants. Nous partons sans encombre depuis notre garage situé de l'autre côté de l'avenue, les piquets de grève s'étant momentanément absentés. Nous les retrouverons peu après notre retour au milieu de l'après-midi. Certains pousseront des cris hostiles et quelques-uns monteront même sur le toit de l'immeuble en face pour faire des gestes de dérision, voire obscènes, dans notre direction.

A la Présidence, l'atmosphère est lourde. Des officiels rencontrés dans l'entrée me serrent la main à distance, en se détournant et en regardant ailleurs. Ma mère nous reçoit avant que mon père nous rejoigne depuis son bureau et en profite pour m'entretenir à part : « Ce matin, ton cousin François est venu ici dire la messe comme d'habitude quand il est à Paris, mais il a dû rejoindre la procure des pères blancs avant le déjeuner. Ton père et moi nous considérons tous ces remous avec calme. Nous en avons vu bien d'autres et bien pires. Mais nous dormons mal. Nous ne sommes bien qu'à Colombey. Il a trop longtemps laissé les affaires intérieures au gouvernement en ne s'occupant que des affaires étrangères, de la défense, et des développements scientifiques et techniques. Le résultat est maintenant que Pompidou ne lui obéit plus, modifie ses directives en coulisse et temporise selon son tempérament. Certains ministres ou secrétaires d'Etat, de tendance politique proche de Giscard d'Estaing, comme Albin Chalandon, ont déclaré ouvertement que le Général est trop vieux et qu'il faut qu'il rentre chez lui. Edmond de Rothschild, personnalité des milieux d'affaires, ne se retient pas de dire autour de lui : "J'ai toujours été gaulliste, mais maintenant il faut que le Général s'en aille." Même le chancelier de l'Ordre de la Libération Hettier de Boislambert a refusé d'engager l'Ordre à soutenir ton père au motif de ne pas compromettre cet ordre national dans la politique, son devoir étant de survivre quel que soit le régime. Fouchet et Grimaud sont déficients et atermoient comme Pompidou. Il faut que ton père laisse tomber. Il en a assez fait comme cela. »

Mes parents sont, bien sûr, heureux de nous voir mais s'étonnent que je sois encore à Paris avec les miens alors que la vie scolaire y est interrompue, l'existence quotidienne difficile et que j'aurais déjà dû « partir aux eaux », comme on disait au siècle précédent.

Je dois expliquer que je suis bien « disponible en attente d'affectation » et sous traitement médical mais que j'ai dû annuler mon départ pour Contrexéville prévu entre le 18 mai et le 18 juin, selon mon titre de permission. Bien mieux ! les curistes de l'hôtel où je devais descendre ont fait une démarche auprès de la direction pour que ma présence, jugée provocatrice, ne vienne pas perturber leur propre séjour, alors que des manutentionnaires de bouteilles d'eau minérale en grève défilent dans les rues. Le sous-préfet et le capitaine de gendarmerie locale m'ont téléphoné pour m'exposer que j'étais indésirable.

Avant de nous en aller, je conseille à mon père de prendre du champ et de menacer de partir. C'est ce qu'ont fait Boris Godounov, Louis XIII pendant la Fronde, le shah d'Iran dans les années cinquante, et bien d'autres dans l'Histoire.

En sortant, je rencontre l'aide de camp de service, mon camarade Flohic, qui est d'un flegme parfait comme d'habitude, mais s'indigne du lâchage de certains ministres ou secrétaires d'Etat qui ont quitté leur poste et ne répondent plus au téléphone. Il m'informe discrètement que ma mère, qui n'en fait pas état, est profondément écœurée d'avoir été récemment prise à partie par des vendeuses du Bon Marché où elle faisait souvent ses emplettes et un peu plus tard insultée par un automobiliste en DS lui montrant le poing par la portière en criant : « On aura ta peau. » « On trouve toujours quelques cocos de service, dis-je à Flohic ; il n'y a pas beaucoup de choses qui étonnent ma mère. Quant à mon père, lui ne s'étonne plus de rien. Mais il est fatigué. C'est l'âge ! S'il ne réagit plus aussi vite qu'autrefois face aux gens et aux événements, il n'est pas homme à lâcher. »

Et nous regagnons notre domicile sans encombre.

Dans la soirée de ce dimanche 26 mai, la lassitude atteint le ministère de l'Intérieur. Jean-Pierre Dannaud, le directeur de cabinet de Christian Fouchet, informe ce dernier que la police parisienne et les CRS sont découragés. Ils sont lassés de tenir la rue plus longtemps. Seule la gendamerie résiste. Dans ces conditions mieux vaudrait quitter Paris en y abandonnant le maintien de l'ordre aux forces armées. Pierre Messmer, le ministre des Armées, refuse cette solution car l'intervention de ces dernières amènerait quasi inévitablement à tirer, ce qui est leur raison d'être. Le président de la République et le Premier ministre partagent cet avis. Georges Pompidou est cette fois d'accord avec le général de Gaulle pour une politique de fermeté avec les seuls forces de police faisant leur devoir.

Le lundi 27, le Général reçoit le CNPF, la CGT et la CFDT qui lui expriment la crainte d'être d'autant plus débordés que 80 pour cent des travailleurs ne sont pas syndiqués. De leur part, il y a autant de menace pour faire pression sur l'Etat que de peur de ne plus contrôler leur mouvement.

De fait, le même jour, ils signent les « accords » dits « de Grenelle » avec les représentants du gouvernement qui, à leur surprise, n'a pas lésiné en ajoutant une semaine de congés payés, de nouveaux privilèges syndicaux et des augmentations de salaires de 10 à 15 pour cent. Dans ces conditions, pourquoi pas une nouvelle surenchère ? A Renault, les grévistes poussés par les trotskistes disséminés dans les rangs du fond refusent en criant à Georges Séguy, qui croit leur présenter une victoire signalée, « Non ! Ce n'est pas assez ! ». Dans la même soirée, la CFDT où les agitateurs sont les plus nombreux tient un grand rasssemblement au stade Charléty, à Paris. L'atmosphère y est houleuse sinon anarchique. Pierre Mendès France, qui vient pourtant apporter son soutien à la foule, est considéré comme dépassé et se fait huer.

Le déjeuner intime de la veille où chacun s'est efforcé d'épargner à ses interlocuteurs des développements sur ses ennuis quotidiens d'existence ou sur une conjoncture politique préoccupante m'a laissé sur ma faim, si je puis dire. Je n'ai pas pu tout expliquer devant Henriette et nos fils, ne voulant pas les inquiéter inutilement. Il m'a paru, en particulier, que l'Elysée n'est guère protégé par le demi-bataillon de la Garde républicaine qui se tient tout autour et du côté de l'avenue. Je m'inquiète de la mise en place d'un autre dispositif.

Dans la soirée de ce lundi 27, je demande par téléphone à mes parents de revenir seul dîner à l'Elysée. Sans doute, le souci d'épargner certains commentaires à ma femme et à mes enfants les a-t-il laissés eux aussi insatisfaits de notre visite familiale. Sans doute se rendent-ils compte de la gêne à peine évoquée que la conjoncture fait peser sur notre vie quotidienne et veulent-ils savoir jusqu'à quel point. Ils font envoyer de l'Elysée un premier véhicule qui doit faire demi-tour devant ma porte en raison des piquets de grève. Ce n'est qu'après le dîner que je peux téléphoner à son chauffeur, un civil peu soucieux d'être pris à partie, pour lui donner la consigne de m'attendre deux cents mètres plus loin sur l'arrière du pâté de maisons, dans la descente d'un garage boulevard Suchet. Je le rejoins par les cours intérieures en sortant par le 43 et en longeant les jardins de façade.

J'arrive finalement à l'Elysée vers 21 heures. Mon père me fait entrer dans son bureau. Il paraît fatigué et parle d'abord avec détachement mais une lueur d'irritation dans le regard me fait l'impression d'un sanglier prêt à charger. Notre entretien sera orageux. J'aborde aussitôt le sujet qui me préoccupe : la protection insuffisante selon moi du palais présidentiel. Je suggère notamment qu'on fasse venir et cantonner à proximité du ministère de la Marine rue Royale trois des quatre unités de fusiliers-marins commandos, soit environ deux cent cinquante hommes pour le cas où l'Elysée serait directement pris à partie. L'expérience de ces derniers jours donne sans doute à mon père la même impression qu'à moi. Elle transparaît dans sa réflexion « Après tout, ce n'est qu'une résidence ! ». Sans doute, le sentiment de vulnérabilité de ce bâtiment adjacent à des jardins accessibles de tous côtés et inclus dans le tout proche environnement urbain du quartier, bâtiment déjà menacé au cours de deux manifestations récentes, aura-t-il son influence sur la conduite à tenir ultérieurement. Mais il s'impatiente : « Tu n'es quand même pas venu pour me parler d'une histoire de garde de palais ! Alors, que penses-tu de cette sinistre comédie ? — On dirait le début d'une révolution, dis-je. — Ce n'est pas une révolution, me répond-il. La révolution est armée. Les fauteurs de troubles n'ont pas d'armes ! C'est l'éclatement d'une société d'abondance. Ils braillent “Non à la société de consommation” mais ce n'est qu'un alibi, ils veulent en réalité jouir, bambocher et faire la chienlit sans contrainte. Et dire que ce sont les scolaires et les étudiants pour lesquels j'ai fait le plus qui sont les plus ingrats ! Les ouvriers sont tous en grève, mais ils se fichent de ces mauvais élèves. Ils ont pris le train en marche pour des augmentations, pour ne pas être débordés à gauche et selon l'éternelle illusion du “pouvoir ouvrier” qui ne vient jamais nulle part que sous la forme d'apparences mythiques récupérées par des oligarchies ou des dictatures. J'ai été trahi par les professeurs et les instituteurs qui, par démagogie et par veulerie, ont abandonné la discipline et saboté les examens qui sont des filtres nécessaires. Ainsi, les lycées et les facultés sont-ils maintenant envahis pour une bonne moitié par des incapables. A part deux ou trois ministres, et encore ! le gouvernement ne suit plus mes directives. Je n'ai plus barre sur personne. J'ai pratiquement perdu le contrôle de l'exécutif. Pompidou laisse pourrir. Jusqu'à quand ? — Il faut bien voir qu'à terme votre règne est fini, lui dis-je. Après les avoir une fois de plus tiré d'un mauvais pas, les Français ne veulent plus de vous. Ils ne veulent d'ailleurs rien, si ce n'est profiter de ce que vous leur avez apporté. »

Oser lui dire que son règne est fini, et qui d'autre que moi le pouvait, à part ma mère peut-être, le met en fureur : « Je ne peux tout de même pas laisser la France à un Mitterrand ou à un Cohn-Bendit ! (*sic*) — En ce cas, il faut trouver quelque chose, trouver un catalyseur, créer un choc. La France s'enlise. Votre gouvernement au point où il en est n'y changera plus rien. Personne d'autre que vous n'en est capable. Vous ne pouvez plus compter que sur vous. D'abord, il faut quitter Paris qui est devenu un piège. Pourquoi ne pas aller à Brest ? Un croiseur ou même un porte-avions vous donneront tous les moyens de communiquer ou de vous déplacer. Paris est un marécage qui n'a plus d'importance. Laissez-les cuire dans leur jus. Et si cela ne marchait pas, vous pourriez toujours laisser tomber. » Il m'interrompt : « Ne me décourage pas ! Je ne me vois pas à Brest chez les marins. Ils sont toujours à part chez nous. Je vais me retirer un ou deux jours à Colombey, quand ce ne serait que pour sortir de cette chaudière. — Si vous allez à Colombey, tout le monde dira “Il est parti en week-end, comme auparavant”. Cela n'aura aucun effet sur l'opinion. Au contraire ! — Je vais réfléchir. En attendant, c'est toi qui vas quitter Paris où tu n'as rien à faire, au contraire, et où l'existence n'est plus tenable pour ta famille. Le cas de ta sœur Elisabeth est différent à Mulhouse. Elle y est en milieu militaire. Je ne peux tout de même pas faire garder ton domicile. Et d'ailleurs, même si je le faisais, tu y serais pratiquement prisonnier, toi et les tiens. Pour le moment, ta présence à Paris est parfaitement inutile. C'est même une entrave qui me gênerait le cas échéant. Puisqu'on ne veut pas de toi à Contrexéville, pourquoi ne pas aller à Baden chez Massu, à la 1re Armée ? C'est une ville d'eaux où on ne t'embêtera pas et nous y sommes chez nous depuis 1945 en vertu de nos accords avec les Allemands. Et, puisque tu es actuellement sans affectation, tu t'y trouveras beaucoup mieux, avec les tiens. Il sera toujours temps ensuite de finir ta cure ailleurs si besoin en était. Le général Lalande, le chef de mon état-major particulier, se rend après-demain à Baden en liaison de routine. Il pourrait arranger cela et d'ailleurs cela me donne l'idée de rencontrer Massu à Strasbourg ou au mont Sainte-Odile, à mi-chemin de Colombey. Sans prévenir, cela ferait sensation. La CGT, qui prépare une grande manifestation pour après-demain, tombera dans le vide. Il n'y aura personne à l'Elysée à ce moment-là. Naturellement, d'ici là, il faut garder le secret et ne faire absolument aucun commentaire à personne, sinon l'effet de surprise serait manqué. En tout cas, fais tes valises et attends mes instructions. »

Nous voici tout à fait dans la manière de faire du *Fil de l'épée* : pour conserver son prestige, le chef doit préserver le mystère sur ses intentions, mais « sans doute est-ce pour l'exécutant une épreuve cruelle que d'être tenu jusqu'au dernier moment dans l'erreur quant à son destin. Il faut pour le supporter tout le ressort des vertus militaires ».

Avant de partir, je vais brièvement dire bonsoir à ma mère. « Il ne faut pas écouter les gens qui sont accrochés à ton père, me dit-elle, et qui ont tout intérêt à ce qu'il reste. » Je lui réponds que « cela fait beaucoup de Français ! Faut-il alors écouter tous les Méphistophélès, tous ces exploiteurs de pagaye qui ont tout intérêt à ce qu'il s'en aille ? ».

Persuadé qu'on va sortir de l'impasse et presque content malgré la colère que j'ai essuyée, je rentre chez moi sans entrave vers 23 h 30. Les piquets de grève sont partis se coucher.

Le lendemain 28, Henriette fait une valise pour elle et trois pour nos quatre fils. J'en fais deux pour moi qui m'en irai le plus longtemps, emportant mes radios médicales et de quoi travailler un peu. Notre aide-ménagère Yvonne Haas fait aussi la sienne. Mais si nous devions nous rendre en Allemagne, nous ne pourrions pas l'emmener. A tout prendre, il est préférable qu'elle parte en congé. Comme les chemins de fer sont en grève, une voiture de mes parents, exceptionnellement, vient la chercher pour la conduire chez elle à Frémonville, en Meurthe-et-Moselle. Le chauffeur a la consigne de rejoindre ensuite « La Boisserie ».

J'ignore que le même jour, sans doute inquiet comme moi de ce qui se passe à Paris, mon beau-frère le général Alain de Boissieu, en garnison avec ma sœur à Mulhouse où il commande la 7e division blindée, vient en hélicoptère apporter le soutien du général Hublot, commandant le 1er corps d'armée à Nancy et du général Beauvallet, commandant la 6e région militaire de Metz. Parfaitement disciplinées, les armées de l'Est commencent à en avoir sérieusement assez des désordres et rappellent qu'elles sont prêtes à défendre la République contre ses ennemis intérieurs aussi bien qu'extérieurs.

Ce témoignage fait sans doute pencher la décision de mon père en faveur de nos militaires de l'Est et de leur commandant d'armée sur l'autre rive du Rhin, à Baden, le général Massu, vieux Français libre et compagnon de la Libération. Mon père charge Alain de Boissieu sur la voie du retour vers Colmar, le 29 au matin, de passer par Colombey pour demander qu'on lui prépare sa chambre et de quoi dîner dans la soirée à « La Boisserie ». Il lui prescrit de convoquer Massu au mont Sainte-Odile, sinon à l'aéroport de Strasbourg. Sainte-Odile est, pour mes parents, comme on le sait, le lieu sentimental et mythique où l'on se rend quand tout va mal. Il l'est aussi pour Massu qui en avait enlevé le col du Dabo avant la ruée sur Strasbourg en novembre 1944.

Ayant eu l'interdiction d'utiliser les transmissions radio parisiennes pour laisser le plus longtemps possible dans le vide les politiques, les journalistes et les manifestants, le général de Boissieu ne parviendra pas à joindre Massu depuis son hélicoptère, ni même de « La Boisserie », les téléphones interurbains étant toujours bloqués par les grévistes. Si bien que la discrétion initiale recherchée ira bien au-delà de ce qui était escompté... Toutefois, à l'heure où j'écris ces lignes, je ne puis toujours pas croire que Georges Pompidou et le gouvernement n'aient eu aucune espèce de renseignement sur l'absence du Général qui, après tout, ne prenait pas davantage en temps normal la peine de les aviser des heures et des temps de ses déplacements à Colombey. Sans doute est-ce parce qu'ils ont appris qu'il ne s'est pas posé à Colombey trois heures après son départ qu'ils ont commencé à s'inquiéter...

François Mitterrand n'a rien prévu, comme à son habitude. Il est dépassé par les événements, comme tout le monde. Encouragé par Mendès France, il commet l'une des gaffes majeures de sa vie. Son astuce politicienne lui permettra toujours de retomber sur ses pieds avec tellement d'habileté que la plus grande partie des gens trompés ne lui en tiendront pas rigueur. Il se déclare convaincu du résultat négatif du référendum annoncé par le général de Gaulle le 24 mai précédent, il juge le pouvoir vacant et la République à ramasser. Au cours d'une conférence de presse dans la journée du 28 mai, il se déclare, prématurément pour le moins qu'on puisse en dire, prêt à prendre la présidence !

Vers 11 h 45 le mercredi 29 mai, le colonel Pierre Tallon, aide de camp du Général, se présente en civil à mon domicile, à l'improviste, avec deux voitures de l'Elysée. Les deux ou trois hommes du piquet de grève de Richier s'approchent tout d'abord sans aménité, puis se retirent à distance prudente. Avec mon concierge, les gens qui arrivent et ceux qui descendent de l'immeuble, cela fait trop de monde pour eux et, de toute façon, ils commencent à être fatigués de faire le pied de grue. « Je viens vous chercher pour vous amener à l'aérodrome de Villacoublay où vous prendrez l'avion du général Lalande vers Baden. Le Général et Mme de Gaulle sont partis il y a environ une demi-heure avec Flohic à destination de l'aéroport d'Issy-les-Moulineaux où ils prendront l'hélicoptère pour Colombey. »

Il me remet une enveloppe qui contient dix mille francs, un pli fermé sur lequel mon père a écrit « Personnelle et confidentielle — 29 mai 1968. Ne pas ouvrir et me rendre telle quelle s'il ne m'arrive rien d'ici quinze jours » et une note manuscrite ainsi rédigée : « Mon cher Philippe, le général Lalande se rend en mission en Allemagne par un avion du GLAM (départ vers 13 heures). Je t'autorise, ainsi que les tiens, à profiter de l'occasion pour aller voir tes amis sur place durant les vacances. A bientôt et affectueusement à toi. Ton Père. C.G. »

Ne prêtant attention qu'au déplacement que je dois effectuer dans l'immédiat et dont je viens de recevoir à la fois la prescription et le sauf-conduit, je ne tire aucune conclusion précise de la formule finale « A bientôt et affectueusement à toi » qui est fort courante dans la correspondance de mon père. Il me semble que s'il avait voulu me donner rendez-vous à Baden, il l'aurait précisé. Je pense qu'il n'aurait pas pris la décision de s'y rendre s'il avait pu rencontrer Massu à Strasbourg, rendez-vous que mon beau-frère Alain n'a pu établir étant contraint au secret et faute de pouvoir établir la moindre communication téléphonique du fait des grèves. Comme il y a encore quelques barrages de grévistes devant les usines du bord de la Seine, nous la traversons par le pont de Suresnes.

L'avion prévu est un vieux petit bimoteur léger Beechcraft, tel que j'en avais piloté en école plus de vingt ans auparavant. Il faut recourir à un deuxième appareil du même genre pour pouvoir emmener le général de Lalande, les équipages, nos bagages et nous. Lalande, compagnon de la Libération, ancien de la France Libre, qui a été fait prisonnier dans le dernier réduit « Isabelle » de Diên Biên Phû, après une résistance héroïque et une tentative de sortie à un contre dix, qui fut vite écrasée mais permit à une quarantaine d'hommes de percer, est le chef du cabinet militaire du président de la République. Flegmatique, de belle allure, d'une grande clairvoyance et d'une loyauté absolue, il a succédé au vice-amiral Philippon auprès de mon père. Ni l'un ni l'autre ne sont des courtisans. C'est pourquoi ils ont été choisis pour « assurer l'information militaire du Président, se tenir en liaison avec l'état-major général, le ministère des Armées, les commandants de grandes unités et les organismes intéressés aux questions de défense ». Pour le moment, Lalande a notamment reçu la mission de sonder l'état d'esprit des unités en Allemagne dont on dit que deux brigades seraient d'avis de marcher sur Paris et la troisième, celle du général Georges Buis, lui-même compagnon de la Libération et tout dévoué au général de Gaulle, d'une opinion contraire. Il n'est pas douteux que quelque mouvement intempestif de ce côté-là pourrait rendre plus difficile encore la position du président de la République.

Peu après le décollage, je suis en proie à un début de crise néphrétique qui s'estompe heureusement au bout d'une demi-heure. En l'air, le temps est beau, mais la visibilité rendue médiocre par une brume sèche qui tend à se fixer sur les reliefs.

Comme il en a probablement reçu consigne, le général Lalande fait successivement prendre contact phonique avec les tours de contrôle des terrains de Saint-Dizier situés à quarante-cinq kilomètres à vol d'oiseau de Colombey, puis de Strasbourg-Entzheim. Seuls les militaires nous répondent. Au premier terrain, on nous signale que les hélicoptères du Général sont repartis après un bref ravitaillement. Le cas est fréquent lorsqu'il se rend à « La Boisserie ». Au passage du second terrain, on nous répond sans autre message de continuer sur Baden-Oos, selon notre plan de vol.

A peine atterris de l'autre côté du Rhin, on nous apprend que le général de Gaulle y est arrivé peu avant nous avec deux hélicoptères pour en repartir immédiatement vers la zone de posé derrière la résidence du général Massu. J'en conclus qu'il n'a pas dû pouvoir le rencontrer autrement et ce n'est qu'à moitié étonné que je rejoins dans la demi-heure suivante ladite résidence.

Il est environ 15 h 30 quand on nous fait entrer dans le petit salon du rez-de-chaussée d'un bâtiment pas très grand qui a dû servir autrefois de pavillon de chasse. Mme Massu, qui semble se demander quelle contenance prendre, et ma mère, qui a le visage fatigué, y sont assises en vis-à-vis. Nous les saluons brièvement. Après quoi, ma femme et mes fils sont emmenés dans une villa voisine, une des deux dépendances vides de la résidence destinées aux personnalités de passage. On vient d'y terminer le ménage après le récent passage d'officiers soviétiques venus rendre une visite officielle au commandant en chef français en Allemagne. Notre irruption n'ayant pas été prévue, nous resterons à jeun jusqu'au dîner.

A son arrivée, ma mère a demandé où elle pouvait laisser son manteau et se laver les mains, selon la coutume des dames de son milieu qui sont aussitôt conduites dans la chambre de la maîtresse de maison, tandis que les messieurs déposent leurs affaires dans l'entrée. On met à sa disposition une chambre où elle peut laisser son manteau et une petite valise. Dans celle-ci, ma mère transporte les médicaments qu'elle prend depuis longtemps en cachette pour atténuer le mal dont elle souffre en secret, ainsi que son coffret à bijoux qu'elle a retiré du coffre de l'Elysée. Elle me remettra ce coffret à son départ de Baden : « Réflexion faite, me dira-t-elle, il vaut mieux que je te le confie plutôt que de le ramener à “La Boisserie” ou à plus forte raison à l'Elysée qui, dans les circonstances présentes, pourraient être pillés. » L'usage momentané de cette chambre a servi de prétexte à certains chroniqueurs pour prétendre que mes parents avaient l'intention de s'installer à Baden. C'est pour contrer cette légende que je mentionne ces détails, comme je me dois de le faire aussi à propos d'autres informations tout aussi fausses, mais qui, répétées, parviendront à la longue à intoxiquer jusqu'aux proches acteurs de l'intermède.

Ainsi, fait-on état d'une quantité considérable de valises emportées par mes parents. J'ai moi-même indiqué plus tard en détail au général Massu, qui ne l'avait pas remarqué sur le moment, la composition des équipages et des passagers des deux hélicoptères Alouette III. Les appareils étant dépourvus de soute laissaient peu de place aux bagages à main. Dans le premier aéronef aux trois sièges de front : le pilote et son copilote, le capitaine Pouliquen et le lieutenant Laloy, ainsi que le capitaine de frégate Flohic. Sur la banquette arrière : mes parents, pour deux places et demi. Dans le second hélicoptère, le pilote, le radio mécanicien, le commissaire de police Henri Puissant, derrière le policier Henri D'Jouder et le jeune médecin militaire qui a du mal à caser la valise de première urgence et de transfusion de sang de l'armée qui, en cas d'attentat ou d'accident, doit accompagner partout le président de la République.

En revanche, j'ai déjà mentionné que ma famille et moi avions emporté six valises, lesquelles ont pu tromper ceux qui ont eu à les transférer en croyant qu'elles appartenaient au couple présidentiel.

Conduit par le capitaine Richard, aide de camp du général Massu, je vais m'asseoir dans le salon avec Mme Massu, ma mère et le capitaine de frégate Flohic, en regrettant d'être arrivé une vingtaine de minutes trop tard pour profiter de l' en-cas constitué par les reliefs du repas de la veille servi aux Soviétiques. Au cours des quelques mots échangés, Mme Massu, complètement désorientée, se laisse aller à dire à ma mère : « Que voulez-vous, on ne refait pas le 18 Juin à l'âge du Général ! », remarque qui lui vaut aussitôt un regard de travers de Flohic.

En débarquant du premier des deux hélicoptères atterris sur la pelouse sommairement balisée par une grenade fumigène, derrière la résidence de Massu, mon père, en civil — sa tenue de Colombey —, accompagné de Flohic en uniforme, est allé d'un pas ferme droit vers le commandant des forces françaises en Allemagne venu l'accueillir sur le pas de sa porte. Massu est sorti précipitamment de sa sieste. Son hôte inattendu l'interpelle de but en blanc et d'une manière provocante : « Massu, tout est foutu ! Je ne commande plus rien ! Ils veulent que je m'en aille ! Qu'ils se débrouillent sans moi ! »

Ensuite, aucun bruit ne filtrera de la pièce où il va s'enfermer avec son interlocuteur. Mon père et le général Massu sont les seuls à connaître exactement les propos échangés entre eux deux en dehors d'un bref commentaire de ce dernier lorsqu'il réapparaîtra un moment très excité et disant en substance : « Il est complètement écœuré. Il ne peut quand même pas tout plaquer ! » Il est certain que Massu a déployé toute son énergie pour conforter le général de Gaulle en tenant le discours que ce dernier était en réalité venu chercher, mais je ne crois pas que ses objurgations eussent pu faire changer d'avis mon père s'il s'était résolu à s'en aller. Il est certain aussi que le caractère imprévu de sa venue à Baden est une menace de départ ouvertement exprimée à l'usage de l'extérieur, départ qu'aucune disposition matérielle sur place ne paraît préparer.

L'entretien dure une trentaine de minutes. A la sortie, mon père a une attitude calme et impérative. Il demande à voir les personnels de l'état-major particulier et de la maison de Massu. Il adresse un mot à chacun. A moi, il ne dit pas bonjour, comme si nous étions venus ensemble.

Flohic, auquel on a prescrit d'être en uniforme comme pour une arrivée officielle, alors qu'il est d'habitude en civil pour les trajets en hélicoptère, me confie qu'il a d'abord cru qu'on se dirigeait vers Mulhouse, où se trouve le général de Boissieu, ou à Strasbourg. Dès l'arrivée sur le terrain de Baden-Oos, il a dû téléphoner au général Massu, incrédule, pour lui demander de faire baliser la zone d'atterrissage derrière sa villa afin de permettre au président de la République de s'y poser aussitôt. Cette annonce frappe de stupeur le pauvre Massu, qui faisait tranquillement sa sieste. Le malheureux a à peine eu le temps de s'habiller pour accueillir le général de Gaulle sur le pas de sa porte. Il ne cache pas l'humeur que lui inspire cette mauvaise surprise. Aussitôt posés, les hélicoptères ont reçu l'ordre d'aller ravitailler et de revenir immédiatement à la villa, prêts à repartir.

Tandis que mon père parle aux uns et aux autres, le général Mathon, chef d'état-major de Massu, me dit qu'il a cru convenable d'avertir, d'une part Pierre Messmer, ministre des Armées, et d'autre part, François Seydoux de Clausonne, l'ambassadeur de France à Bad-Godesberg, près de Bonn, de la présence à Baden du président de la République. Comme je l'en informe, mon père me rembarre avec impatience : « Laissez donc notre ambassadeur là où il est. Je l'aurais convoqué si j'en avais eu besoin, ce qui n'est pas le cas. Qu'il prévienne officiellement le gouvernement allemand de mon passage ici, par courtoisie, car nous sommes en zone française. » Mais j'ai entendu dire par la suite que l'ambassadeur avait quand même pris un hélicoptère en abandonnant un dîner officiel qu'il donnait chez lui. Peut-être est-il arrivé chez Massu après le départ du général de Gaulle, car je ne me souviens pas de l'y avoir vu.

Un peu avant 16 h 30, mes parents quittent leurs hôtes. Sur le pas de la porte, ils les remercient de leur hospitalité. « Toi Philippe, tu restes ici avec Henriette et les enfants jusqu'à nouvel ordre, me disent-ils ; nous allons à Colombey comme prévu. »

Le commissaire Puissant nous apprend alors qu'il a pu contacter Paris par radio. Un de ses collègues du ministère de l'Intérieur vient de l'informer que la grande marche vers la présidence de la République organisée par la CGT est un échec. Au lieu des deux cent mille attendus, seulement quelque vingt mille manifestants peu convaincus. Apprenant que l'Elysée est vide, ils ont été pris de court. La foule ne s'est pas mobilisée. Ces gens en ont marre. Maintenant, tout cela va se dégonfler.

Au moment où mon père s'apprête à embarquer, je le prends à part et lui demande de m'emmener avec lui. La réponse est sans réplique :

« Non ! Tu vois bien qu'il n'y a pas de place pour toi dans les hélicoptères. Je t'appellerai si j'ai besoin de toi. Pour le moment, tu restes ici. Toi et les tiens, vous n'avez rien à faire à Paris. Garde l'enveloppe que je t'ai confiée et utilise-la si nécessaire. En attendant mon coup de téléphone, soigne-toi bien pour en finir avec tes problèmes de santé. C'est essentiel. Et pas de commentaires ni d'explications aux éventuels interlocuteurs. Au revoir et à bientôt. »

Tandis que je regarde les aéronefs chercher, non sans risque, leur chemin à travers les nuages en train de s'accumuler sur les sommets derrière la résidence, je reste là inquiet et furieux avec l'impression que nous ne sommes jamais, les miens et moi, qu'une pièce parmi d'autres dans le jeu de mon père, et sans avoir rien à dire. Je me contenterai donc de répéter à tous ceux qui m'interrogeront dans l'immédiat que « je ne sais pas ce que je suis venu faire ici » ou que « c'est le général de Gaulle ou le chaos ». Sans autres commentaires quoi qu'on fît pour m'y entraîner.

Le premier interlocuteur rencontré après le départ de mes parents est un lieutenant-colonel allemand détaché auprès de l'état-major de la 1re armée française. Venu aux nouvelles à la résidence de Massu, il excuse son chef, le général Karpinsky, d'être en ce moment absent de Bonn, probablement pour ne pas avoir à rencontrer les Soviétiques durant leur récente visite. Ce lieutenant-colonel ne peut me cacher sa déception des désordres qui affaiblissent leur partenaire français : « Et nous qui croyions les Français devenus enfin sérieux avec le général de Gaulle ! »

Vers 18 heures, les hélicoptères se posent sur l'aire aménagée à un kilomètre environ de « La Boisserie » et où se trouve sur place, comme à l'habitude, le capitaine commandant de la gendarmerie départementale. C'est dans leur 403 que mes parents effectuent le trajet, ainsi qu'il arrive parfois quand le véhicule de l'Elysée n'est pas arrivé à temps.

De fait, le chauffeur Fontenil se trouve à la cuisine de la propriété, devisant avec les deux aides-ménagères Honorine et Charlotte qui préparent un solide pot-au-feu en attendant le Général. D'habitude, une communication de l'Elysée ou de Saint-Dizier les prévient pour que la voiture présidentielle aille se mettre en place sur le terrain, sans trop d'avance pour ne pas attirer l'attention. Il arrive même qu'un troisième hélicoptère de la gendarmerie, armé à cause des attentats, patrouille dans les environs au départ et à l'arrivée à Colombey, ce qui en la circonstance n'a été fait qu'au moment du décollage.

Lorsque les trois familiers de la maison entendent passer les aéronefs du Général, le chauffeur n'a plus le temps de partir l'accueillir.

Dès son arrivée chez lui, mon père fait un tour de jardin avec sa canne pour se dégourdir les jambes et se détendre. Puis il passe un bref coup de téléphone à Bernard Tricot, secrétaire général de l'Elysée, et à Georges Pompidou. C'est ensuite avec impatience qu'il constate que la télévision ne marche pas et qu'il entend à la radio les élucubrations de ses adversaires politiques. Vers 20 heures, les commentateurs paraissent être marqués par la nouvelle de sa présence à Colombey, comme si l'événement revêtait en soi quelque chose d'insolite. Puis il coupe la radio et pour la première fois depuis des jours passe une soirée au calme en faisant des réussites et en ruminant par conséquent ses pensées, et dort une nuit entière sans interruption. Ma mère, au contraire, présente le visage de la fatigue et du souci.

Le lendemain, 30 mai, après quelques travaux dans son bureau, sans doute en vue de la déclaration qu'il veut faire tout à l'heure, c'est reposé qu'il repart en hélicoptère pour l'Elysée où il arrive vers 12 h 30. Peu après 15 heures, il préside le Conseil des ministres prévu depuis plusieurs jours et vite expédié. Vers 16 h 30, il parle à la radio : « Dans les circonstances présentes, je ne me retirerai pas, déclare-t-il, j'ai un mandat du peuple, je le remplirai. Je ne changerai pas de Premier ministre... J'ai proposé au pays un référendum... Je constate que la situation empêche matériellement qu'il y soit procédé. C'est pourquoi j'en diffère la date... Je dissous aujourd'hui l'Asssemblée nationale... »

Il condamne « l'intimidation, l'intoxication et la tyrannie exercées par des groupes organisés de longue main en conséquence et par un parti qui est une entreprise totalitaire, même s'il y a déjà des rivaux à cet égard[1] ».

Il conclut : « En tout cas, partout et tout de suite il faut que s'organise l'action civique... et empêcher la subversion... La République n'abdiquera pas. Le peuple se ressaisira. Le progrès, l'indépendance et la paix l'emporteront avec la liberté. » La Radiodiffusion-télévision nationale n'étant plus à même de fonctionner du fait des grévistes qui, pour certains, ont saboté les émetteurs en prélevant des pièces indispensables, c'est à partir d'un émetteur de la tour Eiffel, mis en œuvre entre autres par la Marine nationale, que ce discours peut être envoyé sur les seules ondes radio et reçu de même par les transistors de chacun. La Marine n'a pu remettre en route la télévision faute de temps pour réunir aussi rapidement les pièces manquantes. A l'heure où j'écris ces lignes, j'imagine les hurlements des mêmes grévistes si l'on s'était avisé plus tard d'empêcher un président de la République nommé François Mitterrand de parler à la télévision ! Et ce sont les mêmes qui aujourd'hui prétendent avoir souffert de censure sur l'information au temps du général de Gaulle !

Une semaine plus tard, le nouveau ministre chargé de l'Information viendra présenter au président de la République les mesures prises pour assurer le fonctionnement normal de l'ORTF. « Sur douze cents et quelques personnes, quatre-vingts ont naturellement été licenciées, dit le ministre. — Comment ? Je croyais que vous en aviez conservé quatre-vingts et licencié les autres, comme il eût été normal, répond le Général. Plus que jamais, il apparaît que la RTF, placée sous la tutelle directe de l'Etat et payée par lui, est une espèce de fief livré aux syndicats, aux "coteries" et à des éléments incontrôlés. Elle critique tout ce qui est officiel et national et exalte tout ce qui est contre l'ordre établi et l'action des pouvoirs publics, que ce soit au-dedans ou au-dehors. Les journalistes n'expriment que le scepticisme, l'individualisme, l'indulgence à la bêtise, le goût pour le "pittoresque" et l'anecdote. Leur état d'esprit permanent est l'irresponsabilité. »

A Paris seulement, l'allocution du Général et l'appel lancé à des comités de défense de la République mobilisent aussitôt près d'un million de personnes, comme le prouvent les photos aériennes. Le cortège envahit les Champs-Elysées et les rues adjacentes. Entendant depuis l'Elysée l'immense rumeur de la foule qui remonte en masse vers l'Arc de Triomphe, ses proches collaborateurs accourent pour manifester leur enthousiasme à mon père qui se tient dans son bureau : « Mon Général, vient lui dire son aide de camp, le colonel Tallon, qui le trouve rajeuni après avoir remarqué la très mauvaise mine de ma mère, entendez-vous

1. Le Parti communiste et les organisations maoïstes et trotskistes.

tous ces gens qui défilent pour vous ? — Ah ! fait mon père, si ce n'était que pour moi, cela n'aurait guère d'importance. »

Le lendemain 31 mai, les mêmes collaborateurs constatent la grande lassitude et l'amertume de Georges Pompidou qui n'en peut plus et a l'impression que le Général l'a largué, comme on dit dans la Marine. Il est effondré dans son fauteuil plutôt qu'assis. Un remaniement ministériel limité est opéré. Christian Fouchet, ministre de l'Intérieur, est remplacé par Raymond Marcellin et Georges Gorse, ministre de l'Information, par Yves Guéna. François-Xavier Ortoli prend le poste de ministre de l'Education nationale resté vacant depuis la démission d'Alain Peyrefitte le 11 mai précédent.

L'après-midi du 29 mai à Baden, peu après que j'ai vu les hélicoptères de mes parents disparaître derrière les nuages et les collines, je gagne à pied la villa proche de la résidence du général Massu où m'attendent ma femme et mes enfants. Le colonel Paul Moniez, brillant chargé des Relations extérieures dans l'état-major du commandant en chef, a bien voulu veiller à notre installation et à notre ravitaillement, étant entendu que ceux-ci seront à nos frais comme le loyer à la journée, le gaz, l'électricité et le blanchissage. Il s'offre à garder dans son coffre les bijoux que ma mère nous a confiés et s'occupe de nous changer des francs en marks, ce qui ne nous servira guère, tout sur place se payant en francs. Surtout, en un lieu où nous ne connaissons personne il nous apporte conseils et amitié entre un Massu plutôt bourru et des officiers français que nous ne rencontrerons guère. A leurs yeux, le général de Gaulle a beaucoup perdu de son prestige depuis quelque temps, mais rien de son autorité, semble-t-il. A notre endroit, ils se montrent plutôt distants voire hostiles, beaucoup d'entre eux ayant été mutés d'office dans l'armée basée en Allemagne pour les distraire des regrets de la décolonisation, sinon même des relents de l'OAS.

Durant cette première nuit outre-Rhin, je ne fermerai pas l'œil. La crise néphrétique, qui s'était annoncée et m'avait laissé un répit durant le trajet aérien vers Baden, me fera souffrir toute la nuit. Au matin, une piqûre intraveineuse d'analgésique me plongera dans un lourd sommeil toute la journée. Dès que je redeviens capable de tenir debout, je me rends au grand établissement thermal de Baden-Baden. On ne peut malheureusement m'y admettre, les établissements allemands étant bondés, notamment à cause des grèves en France. Je m'inquiète aussi de trouver un endroit où nous installer ma famille et moi pour ne pas encombrer davantage le général Massu. Mais la situation hôtelière est quasi identique à celle des stations thermales. De plus, le colonel Moniez nous déconseille d'habiter en ville où nous ne manquerons pas d'être importunés par les journalistes.

Nous ne bougeons donc pas du quartier français de la résidence, à l'exception du déjeuner pris dans une auberge des environs que nous offrent très cordialement nos amis Moniez, mais où j'appréhende de me rendre de peur que le trajet en voiture ne provoque une autre crise.

Le général Massu et sa femme nous reçoivent à leur table pour un déjeuner et pour un dîner familial. Lui-même fils d'officier, Massu sait se tenir à table et faire élégamment honneur à ses hôtes quels qu'ils soient. Pourtant, il a l'aspect rude des hommes de guerre des images populaires. Plutôt massif, il porte moustache, une cicatrice lui déforme un peu le visage, probablement due à une ancienne fracture de la mâchoire. Son caractère est rugueux, son timbre de voix rauque, son langage direct et il use couramment d'expressions militaires. Mais tout au fond de lui, on perçoit une sensibilité de cœur et un désir secret d'être apprécié sinon aimé. Durant ces repas, nous faisons la connaissance de leur fils Rodolphe et de leur fille Malika qu'ils ont adoptés en Algérie. Dans la manière dont Massu excipera plus tard de son rôle de sauveur du général de Gaulle je me demande, en faisant la part de sa maladresse naturelle avec les journalistes qui ont toujours cherché à le piéger pour mieux le dénigrer, s'il n'y a pas un réflexe de revanche contre le chef qui l'a démis de son commandement à Alger en janvier 1960.

Plus tard, irrité de l'exploitation faite de son passage à Baden par nombre de journalistes et quelques politiciens proches de Pompidou, mon père nous déclarera en famille à propos de Massu : « Il s'est encore fait gonfler par la presse ! » Comme je lui demande : « Pourquoi avez-vous nommé commandant en chef de notre meilleure armée un officier général, glorieux combattant certes, mais manquant de finesse ? Pourquoi n'en avez-vous pas choisi un autre plus brillant ? », il me répond : « Je me fiche qu'il ne soit pas le plus brillant. Des officiers généraux très intelligents j'en trouverais en effet des masses. Il n'y avait que cela dans notre armée de 1940 et on a vu les résultats ! Ce dont j'ai besoin, c'est un commandant d'armée digne de confiance et qui se batte. Massu, lui, "rentrera dedans" s'il est attaqué. Là où on l'a mis dans le couloir entre la Bohême et les Vosges, il n'y a guère que les Français. Les Américains et les Anglais sont plus au nord et plus répartis selon leurs commodités de cantonnements que selon un ordre de bataille. C'est cela l'essentiel ! Le reste n'est que sujet de mécontentements et de ratiocinages ! »

Si le Général avait été aussi effondré que Massu l'a prétendu, c'était de toute façon trahir la confiance de celui qui était venu chez lui en confidence que de le révéler. Je ne crois pas que Massu ait manqué aussi gravement à la loyauté, mais plutôt qu'il s'est surestimé dans son extraversion souvent tonitruante. C'est aussi l'opinion de Pierre Messmer qui déclarera : « Je ne mets pas en doute l'honnêteté et la sincérité de Massu. Je mets en doute son interprétation... La vérité est que de Gaulle a traversé une crise morale pendant plusieurs jours. Comme il le disait lui-même, il ne sentait plus la situation. Il me l'a dit en ces propres termes après son discours du 25 mai. Voilà sa véritable crise. Il n'a pas eu de passage à vide. » Il est vrai que mon père en était venu à douter de sa relation avec les Français.

Les journalistes ne se feront pas faute de lancer une controverse sur l'état d'effondrement du Général, état formellement contredit par ses aides de camp et, d'une façon générale, par tous ceux qui lui étaient proches. Ce prétendu effondrement aura pour objet de le diminuer d'autant plus que la plupart de ses ministres se sont laissé porter « aux abonnés absents » et que quelques-uns de ses collaborateurs ont été, sinon déficients, du moins inertes pour les plus courageux, ce qui permit à certains de se faire passer pour des hommes de fer. Ce dénigrement trouvera un écho souvent favorable dans l'opinion d'autant qu'il servira à justifier la veulerie de la masse des Français et la bêtise de ceux qui se sont laissés entraîner par un petit nombre d'agités ou exploités par quelques révolutionnaires professionnels. Malgré les nouvelles institutions de la Ve, je trouve que sans de Gaulle notre République reste bien faible.

Quoi qu'il en soit, je suis frappé de constater qu'ici, à Baden, les gens de l'armée sont restés à distance des désordres qui ont éclaté en France et qu'ils ne saisissent pas bien la gravité de la situation.

Après une huitaine de jours durant lequels nous trouvons le temps long malgré l'amicale sollicitude de nos amis Moniez et la bienveillance un peu froide des Massu, un coup de téléphone de Paris nous permet de rentrer par Strasbourg où les services publics viennent de reprendre le 6 juin. Henriette et les enfants regagnent Paris tandis que je me rends à Contrexéville où on me réserve un accueil gêné. J'y passerai presque un mois jusqu'à ce que, après quelques moments très désagréables, mes maux y prennent fin d'eux-mêmes, m'évitant l'intervention chirurgicale qui en est souvent la conclusion.

J'ai l'occasion de revoir mon père au cours d'une fin de semaine à « La Boisserie » et de me délivrer de sa lettre que je n'ose pas sortir de mon portefeuille, bien qu'elle n'ait sans doute plus guère d'importance maintenant.

Comme avant notre départ de Paris en fin mai dernier, notre entretien est encore un peu orageux, mais moins qu'auparavant. « Comme tu le vois, les gens et les événements ont très vite basculé du côté favorable depuis notre voyage à Baden, me dit-il. — Le 29 mai, vous étiez un homme seul. Ayant perdu le contrôle du gouvernement et ne pouvant plus faire appel au pays par référendum notamment puisque la presse et la radiotélévision étaient bloquées par les grévistes, vous deviez trouver autre chose que des mesures classiques. Rien ne tenait que par vous et rien d'ailleurs ne pouvait se modifier que par vous. Vous seul pouviez trouver une solution. Si vous n'aviez pas réussi, tout le reste se serait effondré. Ce qui n'empêche pas qu'aujourd'hui certains autres qui avaient disparu ou ne savaient plus quoi faire prétendent que vous leur avez dit “J'ai failli !”. — C'est vrai, j'ai failli, mais il ne faudrait quand même pas attribuer ce qualificatif à mon personnage comme voudraient le faire accroire ces bons apôtres ! J'ai failli parce que, pour la première fois depuis que je mène une action quelconque sur ce pauvre monde, je me suis laissé gagner de vitesse par les événements, alors que je les avais toujours "prévenus". Un chef qui se laisse avoir ainsi a failli. Si notre affaire de Baden n'avait pas réussi, si je n'y avais pas trouvé un Massu, si les gens n'avaient pas compris, alors j'aurais pu tout plaquer et les laisser s'arranger par eux-mêmes. Je me serais très bien vu en vacances en Irlande par exemple. En Irlande où je me serais débarrassé du poids des Français auxquels je ne dois rien. J'y aurais traîné ma mélancolie, mon dégoût, mon spleen, sans être importuné par un luxe dont je ne dispose pas ou par les importunités des politiques ou des journalistes. — Mais je suis là pour vous dire ce que personne ne vous dira. Encore une fois, ces événements sont tout de même les signes de la fin de votre règne, même si cette constatation est profondément injuste. — Je ne me fais pas d'illusions. Mais les choses étant reparties, il me faut les rétablir. Alors, une fois encore, ne me décourage pas ! »

CHAPITRE 6

DÉPART ET MORT DU GÉNÉRAL

Tout le monde en avait assez des désordres de Mai 1968. La reprise du travail, d'abord dans les services publics du 4 au 6 juin, puis dans toutes les entreprises, est rapide. Elle ne sera totale que le 26 juin.

Le 7, le gouvernement ayant réussi à rétablir la télévision, le général de Gaulle y reprend sa place. Il donne son interprétation de la crise de civilisation que traverse notre société et des mesures qu'il veut prendre pour y remédier dans le domaine économique et social. Il fixe le début de la campagne électorale au 10 juin après la dissolution de l'Assemblée nationale annoncée dans son discours radiodiffusé du 30 mai.

La réaction gauchiste ne se fait pas attendre : il faut empêcher à tout prix le déroulement de ces élections. Le 11 juin est une nouvelle nuit de saccages, incendies, attaques de commissariats, destructions diverses. On décomptera jusqu'à soixante-douze barricades. Mais cette fois Raymond Marcellin, le nouveau ministre de l'Intérieur, applique les consignes de fermeté. La police se sent dirigée et soutenue, tant par l'opinion publique que par le gouvernement. Pas de négociation ! Force doit rester à la loi. Le lendemain sont décrétées la dissolution des groupes gauchistes, l'interdiction de toutes les manifestations, l'expulsion des étrangers mêlés à une action politique, en particulier ceux du SDS allemand, et l'évacuation de tous les monuments publics occupés. Les meneurs ont perdu. Ils sont arrêtés et leurs fichiers saisis. Le 14 juin, l'Odéon est évacué des éléments subversifs qui l'occupaient. Dans un bric-à-brac d'objets volés et de tracts de propagande, on trouve des grenades et une soixantaine d'armes automatiques.

Le 16 juin, la police pénètre enfin dans la Sorbonne et la vide de ses occupants. Auparavant, Maurice Grimaud, flanqué du vice-recteur de l'université, a tenté sans succès auprès de Raymond Marcellin de faire annuler cette mesure d'ordre public au vain prétexte de « trop grands risques d'affrontements et de manifestations de solidarité ».

L'intention fondamentale des meneurs étant de développer la subversion par tous les moyens et d'engager des actions révolutionnaires de plus en plus violentes pour renverser le régime, aucun geste d'apaisement quel qu'il soit ne pouvait être accepté et considéré autrement que comme un signe de faiblesse augmentant leur prestige et leur influence. Dans ces conditions, la recherche à tout prix de l'apaisement telle que le Premier ministre l'a engagée dès son retour d'Afghanistan ne pouvait qu'encourager la détermination des agitateurs. Si les ordres réitérés du chef de l'Etat avaient été exécutés avec résolution et fermeté au lieu d'être tournés sous tous les prétextes, il est probable que la situation aurait évolué dans un sens très différent et que l'Etat n'aurait pas subi ce déplorable ébranlement. Raymond Marcellin devait démontrer que la fermeté était la seule solution. Il sut rétablir rapidement le calme, quoique le régime se fût laissé bien affaiblir.

La vie du pays redevient tout à fait normale à la fin de juin après les élections législatives qui suivent, tambour battant, la dissolution de l'Assemblée nationale. Le 23 juin pour le premier tour et le 30 pour le second amènent à l'Assemblée une majorité des deux tiers en faveur du président de la République et de son gouvernement, « la majorité de la trouille », ironise mon père.

Georges Pompidou, qui a dû prendre une part active à la campagne comme il est d'usage dans sa fonction, alors que le général de Gaulle n'est intervenu officiellement qu'à la veille du second tour pour demander l'appui de la nation souveraine et lui exposer les réformes à prévoir, s'en voit attribuer le succès par ceux qui trouvent que le général de Gaulle a fait son temps et poussent en coulisses une solution de rechange plus conforme aux attentes des milieux d'affaires hostiles à la participation[1]. Ils présentent le Premier ministre comme l'« homme fort » des récents événements, en passant sous silence ses tendances et les leurs aux atermoiements plutôt qu'à l'affrontement. Ils oublient que de Gaulle disparu, Georges Pompidou eût été balayé.

Malgré ces encouragements, le Premier ministre en a assez. Suffisamment en tout cas pour qu'il me fasse passer un message à ce propos malgré que je n'aie en rien à connaître les états d'âme du Premier ministre et que ce serait même indécent dans ma situation. Alors que, rentré de Contrexéville, je rends visite à mes parents à l'Elysée, un accompagnateur de M. Pompidou m'intercepte lorsque je pénètre dans le palais, à peu près vide à ce moment-là. Le Premier ministre attend d'être reçu par le Général. Probablement s'apprête-t-il à remettre sa démission, comme prévu après les élections législatives. Il m'aperçoit depuis le salon du rez-de-chaussée où il est assis, seul, en train de fumer

1. « Participation des salariés aux bénéfices de l'entreprise et aux fruits de l'expansion » selon le projet du général de Gaulle.

une cigarette. Je ne l'ai pratiquement jamais rencontré auparavant, le saluant très brièvement au cours des quelques rares réceptions officielles auxquelles il m'est arrivé d'être convié. Il est là, enfoncé dans son fauteuil, les orbites gonflées, flottant littéralement dans son col. Il a l'air épuisé. Il me donne une main lasse sans bouger de son siège et me déclare en substance : « Cela fait pratiquement trente ans que je travaille pour votre père et plus de six ans que je suis son Premier ministre ! Dites-vous bien que tout cela j'en ai assez et ce n'est pas un secret ! Je veux enfin respirer ! Pouvoir vivre ! Dîner tranquille avec des amis ! Lire le dernier Goncourt ! Aller assister à une première ! » Puis il me donne congé sans autre commentaire. Son souhait que je répète ses propos à qui de droit est évident. Je m'exécute donc peu après. « Pour M. Pompidou, ces derniers temps ont été certes très éprouvants, me disent mes parents. La dernière campagne électorale est venue couronner le tout. C'est vrai qu'il détient le record de durée des Premiers ministres sous la République. Mais, entre nous, il faut que tu saches qu'il est atteint d'un cancer des os, la maladie de Kahler. Il l'ignore peut-être et sa femme aussi. Mais nous t'en avons trop dit. Naturellement, nous comptons sur ton habituelle discrétion pour n'en rien dire à qui que ce soit. Sa maladie, qui ajoute aux fatigues normales, est à évolution très lente. Après quelques jours de repos, il pourra sans doute reprendre ses fonctions. »

Il est manifeste que mon père, qui ne se fait plus d'illusions sur rien ni personne et projette probablement son propre retrait, serait fort ennuyé que le Premier ministre n'accepte pas de reconduire une fois encore sa mission malgré sa lassitude présente. Sans doute, Pompidou a-t-il commencé à prendre ses distances dès avant Mai 1968, mais ces événements ont marqué le début d'une cassure entre le général de Gaulle et lui. Sa conception du gouvernement, son goût des négociations, les sympathies qu'il a conservées dans les milieux bancaires et universitaires, le différencient fondamentalement du Général. Il en veut d'autre part au Président de l'avoir « abandonné » pendant le voyage à Baden. Sa confiance n'est plus la même, remplacée par un mélange assez classique d'amour et de haine. J'en vois un indice dans la réflexion qu'il fait à Marcel Jullian, directeur des éditions Plon : « Alors ! Quand les *Mémoires de guerre* du général de Gaulle cesseront-elles d'avoir du succès ? »

De son côté, en dehors même des sentiments d'attachement qu'il éprouve pour lui après tant d'années, mon père ne souhaite nullement changer de Premier ministre. Ce serait lui donner tort après les événements de Mai 1968 et rompre l'homogénéité de l'Etat après des élections générales qui viennent d'être largement gagnées. L'opinion publique, qui n'aspire plus qu'au calme et au consentement général, risque d'en être désorientée. En bref, ce ne serait pas de bonne politique. Aussi, s'accorde-t-il des délais tout à fait insolites dans la

Ve République pour désigner un remplaçant, ce qui se faisait auparavant dans les vingt-quatre heures. Il a l'espoir que Pompidou se ravisera après quelques jours de repos. Ce n'est qu'après dix jours, le 10 juillet, qu'il se résigne enfin à nommer Maurice Couve de Murville pour former le nouveau gouvernement. Il l'a fait depuis deux heures quand Georges Pompidou, qui a pu se reposer et s'est rendu aux objurgations de ses proches collaborateurs, lui annonce qu'il accepte finalement de rester. Mon père ne peut plus alors que le remercier de tout ce qu'il a accompli à ses côtés depuis longtemps, en lui conseillant de prendre du champ et de se faire connaître à l'étranger pour « se préparer à un destin national ».

Si les conséquences politiques de Mai 1968 ont renforcé la majorité en place, au prix d'un affaiblissement du prestige encore considérable du général de Gaulle et de l'éloignement personnel du Président vis-à-vis de son ancien Premier ministre, les conséquences économiques sont plus néfastes qu'il n'y paraît.

La confiance internationale à l'égard de la France, revenue avec la fin de la guerre d'Algérie et le retour au pouvoir du général de Gaulle, a été obérée par les récents désordres. Beaucoup de capitaux ont récemment quitté notre pays. Le 5 juin, nous avons dû utiliser notre droit de tirage au Fonds monétaire international et rétablir le contrôle des changes pour trois mois. De fait, la production a été complètement interrompue durant les mois de mai et juin, traditionnellement les meilleurs de l'année. Compte tenu des vacances d'été, ce n'est qu'en septembre que cette production a repris un rythme normal. Perdre presque quatre mois sur douze, c'est pratiquement annuler les progrès de l'année entière. Le produit intérieur brut marchand passe de 4,9 en 1967 à 4,1 en 1968 ; la balance des paiements courants de plus 748 millions à moins 7 milliards 184 millions tandis que nos réserves officielles en or et en devises sont tombées d'un tiers (30 156 à 20 736 millions). Malgré le retour à notre croissance habituelle, qui est forte, nous aurons à rattraper ce ralentissement économique durant les quatre ou cinq années suivantes.

Si, au point de vue politique et économique, les dommages de Mai 1968 peuvent être à peu près réparés, en revanche, les dégâts dans l'ordre social sont considérables. C'est le début d'une déliquescence de la conscience patriotique et morale. La jeunesse commence à perdre le sens des responsabilités. Elle tend à considérer que tout est permis et que tout lui est dû sans contrepartie. L'Education nationale et l'Enseignement se sont décomposés au nom d'un laxisme égalitaire contraire aux principes de la République et d'une excessive indulgence envers les moins capables ou les moins courageux. Au lieu de pousser la jeunesse vers le haut, on la tire vers le bas et on détruit la notion essentielle d'effort. C'est le temps où beaucoup d' « enseignants », au lieu d'envisager la Méthode, l'Histoire et l'Economie, pérorent sur les philosophies révolutionnaires en s'adressant à des êtres trop jeunes et d'un niveau de culture insuffisant pour les appréhender, de sorte que ceux-ci n'en tirent le plus souvent rien d'autre que des slogans primaires. D'autres préfèrent disserter sur les « mathématiques modernes » que d'enseigner les mathématiques proprement dites. D'autres encore parlent de la « lecture globale », exercice plus facile mais moins efficace qui concourt au développement de l'illettrisme, pratiquement disparu depuis cinquante ans et qui réapparaît.

Edgar Faure, ministre de l'Education nationale, toujours très courtois même avec ceux qu'il rencontre fortuitement, répond à qui lui reproche devant moi d'abandonner les moyens d'une sélection scolaire pourtant inévitable : « Que voulez-vous, l'enseignement est dans une telle pagaille que je n'ai plus qu'à noyer le poisson pour calmer les esprits. »

Je le retrouverai bien plus tard au Parlement. L'homme est d'une intelligence vive. Je l'entendrai discourir brillamment près de vingt minutes à la tribune sur un sujet qu'il connaissait fort peu. Malgré un léger zézaiement, on ne peut qu'admirer sa remarquable éloquence. Sa grande souplesse d'esprit, non dépourvue de détermination le cas échéant, gouverne son comportement politique : « Il faut tout faire pour être élu, sauf en fraudant, me dit-il. C'est primordial en démocratie. Sans être élu, on ne peut rien faire. » Comme je lui rétorque : « Ce n'est pas une image édifiante de la démocratie », il me répond : « Peu importe, c'est cela la démocratie ! Ou alors il faut un autre régime ! »

A l'occasion du 14 Juillet, mon père amnistie le général Salan et onze autres condamnés pour faits de subversion en relation avec les événements d'Algérie. Comme je m'étonne que cette mesure intervienne si tôt, il ricane : « C'est que je veux enlever à mes successeurs l'occasion de le faire aussitôt que je serai parti. » J'en conclus qu'il juge ne plus être aux affaires pour très longtemps. Aujourd'hui, on peut dire que mon père a eu raison de considérer cette mesure avec tant de sérénité et de scepticisme quand on sait que l'un des exécutants de l'attentat du Petit-Clamart est entré dans la magistrature et y a fait une carrière tout à fait normale sans aucune objection de François Mitterrand, président de la République, ni de Robert Badinter, garde des Sceaux, non plus d'ailleurs, à aucun moment, d'un de leurs successeurs de quelque bord politique qu'il soit.

Dans la nuit du 20 au 21 août 1968, les forces armées soviétiques envahissent la Tchécoslovaquie. Le général de Gaulle condamne l'opération aussitôt. Je me souviens de ce que les Massu m'ont raconté chez eux, à Baden, de la visite officielle, en mai dernier, du maréchal Kochevoï, juste avant l'arrivée impromptue de mes parents. Les désordres de rue en France étaient pour les Soviétiques totalement incompréhensibles : « Chez nous, avaient-ils déclaré, l'affaire serait vite réglée par quelques blindés et quelques troupiers. Qu'est-ce que vous attendez ? »

Le 24 août, mon père commente l'explosion de la première bombe thermonucléaire française dans le lagon de Fangataufa, en Polynésie française. « Maintenant, nous venons d'accéder au niveau de puissance qui nous permet de compter aussi bien dans le domaine de la défense que dans celui des recherches et de la technologie. La prospérité ne se sépare pas de la grandeur, c'est-à-dire de la puissance. Les minables ne sont jamais prospères. »

Les derniers événements ont montré que la France est un pays trop centralisé, et par conséquent trop vulnérable. Mon père réfléchit à sa décentralisation et, en conséquence, à la réforme des régions et du Sénat. Le 29 août, il publie une note-cadre sur la réforme de cette Assemblée et reprend le sujet, entre autres, au cours d'une conférence de presse à l'Elysée le 3 septembre.

A la mi-septembre, juste avant d'intégrer le Centre des hautes études militaires, je suis envoyé à Contrexéville pour saluer de la part de mon père le président de la République du Niger Hamani Diori. Celui-ci, à l'occasion d'une cure thermale, aurait voulu se rendre à Colombey, où mes parents ne reçoivent personne, afin que « La Boisserie » ne devienne pas le lieu d'un « défilé perpétuel », selon le mot de ma mère.

Tandis que je loge dans un petit hôtel vétuste au fond d'un parc, le président de la République du Niger est descendu au « Cosmos » avec une suite nombreuse qui assure sa sécurité rapprochée et visite préalablement tous les lieux où il se déplace, même les plus discrets. Un inspecteur français supervise non sans mal le tout. Une moitié des accompagnateurs est constituée de Nigériens dont un aide de camp qui va quérir, aux horaires prévus, l'eau minérale de son patron dans une grande chope graduée. L'autre moitié, de Mauritaniens que l'épouse d'Hamani Diori a amenés avec elle de sa tribu. Assez élancée, le visage et le nez fins, cette femme a de l'allure et de l'autorité. Elle surveille son mari d'une manière aussi constante que discrète, comme toute musulmane qui a des usages. « Le président du Niger doit rectifier ses excès de méchouis », fait-elle remarquer. On dit qu'à Niamey c'est elle qui gère la maison et les affaires du couple. Elle mourra assassinée lors d'un coup d'Etat déclenché en l'absence de ses gardes mauritaniens, tandis que Hamani Diori finira ses jours en résidence surveillée.

Hamani Diori me convie à déjeuner dans une salle à manger particulière de son hôtel. Au dessert survient inopinément, sortant d'un coupé automobile où une secrétaire blonde se tient assise, le chef d'Etat d'un pays d'Afrique voisin. Mme Hamani Diori se retire aussitôt en manifestant sa désapprobation. J'apprendrai par la bande que l'intrus est venu présenter quelques factures à son ami Hamani Diori. Ainsi fonctionnait, entre cinq ou six anciens élèves de l'Ecole normale de Dakar, une espèce d'internationale du pouvoir au-delà des différences nationales ou ethniques. Le lendemain, je dois accompagner le Président aux courses de Montier-en-Der, en Haute-Marne, centre d'élevage réputé de chevaux agricoles. On nous présente des modèles impressionnants, capables de rivaliser avec les percherons ou ardennais les plus gigantesques. Hamani Diori est transporté d'admiration. Il manifeste l'intention d'en acheter cinq ou six pour le Niger et se montre désolé de devoir y renoncer lorsqu'on l'informe des quantités d'eau, d'avoine et d'herbes nécessaires à la nourriture de ces animaux, quantités impossibles à trouver dans un pays semi-désertique.

Tout à fait à la fin de septembre 1968, on découvre dans une décharge des Yvelines le corps d'un homme assassiné, du nom de Markovic. La victime est un ancien garde du corps d'Alain Delon. Un jeune Yougoslave, détenu à Fresnes et relation de Markovic, révèle, dans une lettre adressée à l'acteur et agrémentée de photos libertines, avoir pris part à une soirée fort animée dans une villa des Yvelines, où se serait trouvée une grande femme blonde en qui des indicateurs de police prétendent avoir identifié la femme du Premier ministre d'alors. Cette lettre tombe entre les mains de la police. Informé, Georges Pompidou proteste aussitôt auprès de Raymond Marcellin, ministre de l'Intérieur.

Le général de Gaulle est mis au courant de l'affaire en rentrant à Paris, après la Toussaint. Il la juge tout à fait fantaisiste et considère que dans ce cas, si le président de la République paraissait y prêter la moindre attention, ce serait lui donner quelque importance, ce qu'il faut surtout éviter en attendant que l'enquête en démontre l'inanité...

S'il s'agit évidemment de rechercher les assassins de Markovic, il convient de traiter les racontars par le mépris, les hommes d'Etat étant toujours l'objet de chantages et de calomnies. Mon père le dit à Georges Pompidou, venu le trouver à l'Elysée à titre privé. Mais ce dernier, profondément blessé, se refuse à comprendre une attitude qu'il perçoit comme un lâchage. Ma mère ne croit pas un mot de cette histoire. Mme Pompidou est à ses yeux une honnête femme qu'elle estime à juste titre. Mais à trop vouloir dîner en ville avec le « Tout-Paris » comme aiment le faire les Pompidou, il ne faut pas s'étonner qu'on y rencontre tout et n'importe qui.

Cependant, une certaine presse se laissant aller à salir le couple, mes parents tiennent à marquer publiquement leur désapprobation en le recevant à dîner à l'Elysée avec Maurice Couve de Murville, Michel Debré, nouveau ministre des Affaires étrangères, et leurs épouses. Bien que leurs interlocuteurs se montrent naturels et cordiaux, l'attitude des Pompidou reste fort réservée.

Malgré les pressions des milieux d'affaires qui y voient une solution de facilité et contre la tendance générale, du moins celle exprimée par la plus grande partie de la presse française, le général de Gaulle décide fin novembre de ne pas dévaluer le franc, suivant en cela l'avis de nombre d'économistes éminents, tel Raymond Barre. Les Suisses, experts s'il en est en matière de monnaie, donnent raison à mon père. « La dévaluation du franc était une opération fondamentale évitable, écrit-on à Genève. Les prix français demeuraient compétitifs et l'état des exportations n'a jamais été tel qu'il justifierait une pareille opération, malheureuse en toutes circonstances. »

Le 10 décembre, Jean-Marcel Jeanneney, ministre d'Etat, annonce que la réforme des régions et du Sénat aura lieu par référendum. Valéry Giscard d'Estaing s'y oppose et critique vivement l'action du gouvernement.

Après la mort du Général, tous les partis s'efforceront sournoisement d'établir une régionalisation. Ils reprendront aussi à leur compte sous le terme d' « intéressement » — mot moins dérangeant sans doute — la « participation » des travailleurs aux bénéfices et aux plus-values d'actifs des entreprises que mon père avait instaurée avec insistance pour contrer l'archaïque « lutte des classes » du siècle précédent.

Aux vacances de Noël à Colombey, mon père m'expose les principales raisons de ce projet de réforme. Les événements de Mai 1968 ont montré la fragilité du gouvernement, le manque de souplesse de notre économie et l'inadéquation de notre enseignement du fait de l'excessive centralisation de la France. Nous sommes le pays où le château d'eau, l'éclairage ou l'organisation scolaire d'une petite ville doivent remonter au sommet pour trouver leur solution. Cette pratique est abusive et ne laisse ni assez de liberté ni de responsabilités aux locaux et charge exagérément l'Etat.

D'autre part, le général de Gaulle est bien conscient que le temps lui est sinon politiquement du moins humainement compté puisqu'il sera octogénaire dans les deux ans à venir. Expérience faite de la Ve République qu'il a fondée, il lui paraît nécessaire d'effectuer un rajustement constitutionnel avant son départ. Il s'agit de la suppression du « Conseil économique et social » hérité tel quel de la IVe République — pour lui, c'est tout dire ! — et de la modification du Sénat qui découle de l'instauration des régions et de la suppression dudit Conseil. Le Sénat, sauf à être inutile, ne peut être que très différent de l'Assemblée nationale et dans un premier temps il recueillerait une partie des représentations économiques et sociales.

Naturellement, ces réformes que lui seul est capable d'effectuer demandent l'approbation du souverain, c'est-à-dire du peuple français. A cette occasion, le général de Gaulle aura la confirmation ou la rupture du contrat qui le lie aux Français. Ceux-ci veulent-ils ou non faire encore un bout de chemin avec lui ?

L'année 1968 se termine sur un mauvais coup embarrassant pour le gouvernement français. Le 28 décembre, un commando israélien intervenant sur l'aérodrome de Beyrouth y détruit deux Super-Caravelle d'Air France qui y faisaient la ligne. Le fait que d'autres avions, en particulier américains, aient été épargnés démontre au moins une grossière méprise à notre égard. Au début de janvier 1969, la France décide l'embargo général sur les livraisons de matériel français à Israël tandis que les coteries internationales liées à ce dernier pays, au lieu de s'excuser, nous agressent.

*

A la fin de septembre 1968, j'ai intégré le Centre des hautes études militaires, parfois surnommé avec exagération « l'école des maréchaux ». C'est une école au deuxième stade, le premier, qui est l'Ecole de guerre, faisant de la technique d'état-major et de la tactique, le second, le CHEM, de la stratégie. Ce CHEM où nous sommes une vingtaine d'officiers supérieurs des trois armées est le noyau militaire d'un ensemble plus vaste intitulé Institut des hautes études de Défense nationale ou IHEDN, qui comprend une quarantaine de civils volontaires — dont une femme conseiller d'Etat — qui ont atteint un certain niveau dans toutes les professions. Les uns sont patrons d'industrie ou de banque, les autres magistrats, agrégés d'université ou de médecine, directeur du personnel des Galeries Lafayette. Pour moi, j'en suis à ma troisième année de grade de capitaine de vaisseau. En 1937, mon père avait lui-même fait partie de la deuxième promotion sous l'égide du vice-amiral Castex, qui en avait été le fondateur.

Nos patrons sont, pour le CHEM, le général de division Georges Buis, ancien de la division Leclerc et compagnon de la Libération, et, pour l'IHEDN, le général de corps d'armée Jacques de Guillebon, ancien chef d'état-major de Leclerc durant la campagne de France et compagnon de la Libération. Depuis le CHEM et au fil des années, je me sentirai toujours en accord avec Buis sur les sujets militaires, politiques ou sociaux. Le premier remplacera d'ailleurs le second au cours de notre session. Le général de Guillebon, polytechnicien, est un homme de grande taille et de belle allure. Son intelligence est vive. Il est doué d'un remarquable à-propos et trouve toujours les mots pour une brillante allocution ou une conclusion percutante. On dit qu'au moment des affaires d'Algérie il aurait dû renoncer à devenir chef d'état-major de l'armée de Terre pour ne pas mettre en difficulté la famille de sa femme, originaire de Tunisie, où la rébellion algérienne avait élu domicile autant de gré que de force.

Sa conférence d'ouverture de notre session (19e du CHEM et 21e de l'IHEDN) débute sur un avant-propos humoristique. Il trace un grand cercle au tableau, le partage en deux, puis marque l'une des deux moitiés par un petit secteur de 5 degrés. « Pour la moitié des polytechniciens, nous a-t-il dit en désignant le premier demi-cercle, il n'y a aucune importance ni utilité à ce qu'ils le soient devenus. Ils auraient pu aussi bien faire n'importe quoi d'autre. Pour ce qui est de l'autre moitié, moins 5 degrés, il aurait mieux valu qu'ils n'aient pas réussi : ils en sont devenus fous. Mais il reste 5 degrés qui justifient toute l'Ecole polytechnique et j'en fais partie. »

Le 17 janvier 1969, au cours d'un voyage à Rome, Georges Pompidou déclare : « Pour succéder au général de Gaulle, il faut deux conditions : qu'il ait quitté la présidence et que son successeur soit élu. Ce n'est, je crois, un mystère pour personne que je serai candidat à une élection à la présidence de la République, lorsqu'il y en aura une. Mais je ne suis pas du tout pressé. » Le 20 janvier, à son retour à Paris, il réitère sa déclaration. La presse s'en empare aussitôt comme une démarche visant à pousser le Général dehors, au point que celui-ci est amené à confirmer en Conseil des ministres qu'il a bien l'intention de remplir son mandat jusqu'à son terme, sans mentionner son intention d'y mettre fin lui-même à l'âge de quatre-vingts ans.

Le 10 février, Valéry Giscard d'Estaing et Alain Poher, ce dernier président du Sénat, déclarent qu'ils feront campagne pour le « non » au référendum. Ces deux hommes n'ont en commun que la prévision souhaitée du départ du Général.

Annoncé les 19 et 27 février, puis le 23 mars, le référendum est fixé au 27 avril, après un aller et retour au Conseil d'Etat, qui a émis un avis défavorable. Les régions sont instaurées qui réunissent plusieurs départements. Le Conseil économique et social, assemblée consultative nommée et non pas élue, héritage de la IVe République qui ne donne son avis que si on le lui demande, est supprimé. Dans un premier temps, environ quatre-vingts de ses conseillers, surtout des syndicalistes, doivent être intégrés dans le Sénat. Ce dernier, par son mode d'élection au suffrage des élus locaux, continuera de représenter les collectivités locales mais deviendra une assemblée où seront votées toutes les lois économiques et sociales avant de passer à l'Assemblée nationale qui conserve toujours le dernier mot.

Tous les partis se déclarent contre le projet, sauf naturellement l'Union pour la Défense de la République (UDR) qui soutient le président de la République. Cependant, des représentants de cette formation conduits par le sénateur Geoffroy de Montalembert, gaulliste de longue date, viennent trouver mon père pour lui demander de renoncer à la modification constitutionnelle. Il semble que le Sénat présidé par Gaston Monnerville, opposant permanent depuis l'élection du président de la République au suffrage universel qui a fait perdre à cette assemblée la plus importante, pense-t-il, de ses prérogatives, pourrait trouver le projet référendaire acceptable si l'adjonction de quelque quatre-vingts conseillers économiques et sociaux ne prenait d'autant les places des sénateurs sortants.

Le président de la République refuse toute négociation à ce sujet. Montalembert et les siens proclameront trois jours avant le scrutin qu'il faut tout de même voter pour le général de Gaulle, mais ne parviendront pas à renverser la tendance en sa faveur.

La propagande contre le projet se fait principalement de bouche à oreille en direction des élus locaux afin de répandre, sans mentionner le Conseil économique et social qui ne préoccupe personne, que c'est le Sénat qu'on veut supprimer. Par voie de conséquence, ces mêmes élus perdraient beaucoup de leur influence à Paris. D'abord majoritaire partout en France, cette opinion tend à s'atténuer petit à petit au fur et à mesure qu'on s'approche du référendum, mais pas suffisamment pour revenir du côté du général de Gaulle le jour du scrutin.

Les Français trouvent trop compliqué le texte soumis à leurs suffrages et en réalité souhaitent qu'on les laisse tranquilles. La participation déplaît tout ensemble aux conservateurs, aux milieux d'affaires et aux marxistes attachés à la bonne vieille « lutte des classes » où ils trouvent action et justification. Et aucun ministre ne se révèle doué d'assez de force conviction pour défendre le projet.

Un voyage du général de Gaulle du 31 janvier au 2 février, à Rennes, Brest et Quimper, dans une province historiquement attachée à la région, ne suffit pas à secouer l'inertie ambiante.

Mon père précise publiquement à plusieurs reprises qu'il ne manquera pas de se retirer aussitôt si cette réforme est repoussée. Or les sondages indiquent que seulement un Français sur trois souhaite vraiment son départ. Aussi la presse d'opposition s'efforce-t-elle, une fois de plus, de propager l'idée que le Général, bien qu'il affirme le contraire, ne se retirera pas de toute façon puisque rien ne l'y oblige constitutionnellement.

Quoi qu'il en soit, une fraction de l'électorat, conservateurs et milieux d'affaires, est persuadée que la stabilité des institutions et de l'économie serait maintenue avec l'élection de Georges Pompidou, d'autant que celui-ci vient de déclarer à la télévision suisse le 13 février : « J'aurai peut-être, si Dieu le veut, un destin national. »

Aussi, une dizaine de jours avant le scrutin, les gaullistes s'efforcent-ils de conjurer le sort à travers deux démarches dont une seule aurait suffi à assurer le succès si on y avait répondu. La première vise à obtenir tout de même le soutien de Giscard d'Estaing dont le parti a des représentants au gouvernement. Mais ce dernier, avant tout soucieux d'accélérer l'élection présidentielle où il projette de se placer, confirme son refus. La seconde auprès de Georges Pompidou pour lui demander de s'engager à ne pas présenter sa candidature à la présidence de la République si le Général se retirait, mais l'ancien Premier ministre ne veut pas risquer de manquer le coche. La distance entre de Gaulle et Pompidou s'accroît dès lors un peu plus.

Du 28 février au 2 mars, le nouveau président des Etats-Unis,

Richard Nixon, vient en voyage officiel en France. Bien qu'il ne se sente pas toujours en accord avec lui – on se souvient du discours de Pnom-Penh condamnant la guerre menée par notre allié au Vietnam et préconisant l'entente avec la Chine communiste –, mon père reconnaît en Nixon l'un des rares hommes qui ait aux Etats-Unis l'envergure de son poste. La détente entre l'Etat français et le State Department s'en accroît sensiblement.

A la fin des vacances de Pâques, je retrouve mon père à « La Boisserie ». On est à moins de dix jours du référendum sur la régionalisation et la réforme du Sénat. La campagne a été menée sans conviction. Je suis pour ma part persuadé qu'en réalité, peu importe le sujet, les Français sont lassés du Général. Ce dernier, qui le perçoit évidemment, est pessimiste sur le résultat mais il espère tout de même encore un sursaut et qu'au moment de voter les Français seront conscients du dernier complément que le général de Gaulle pourrait apporter à la Constitution avant de se retirer définitivement.

C'est à Istanbul où le CHEM-IHEDN s'est rendu en voyage d'instruction que j'apprends par notre ambassadeur que le projet de loi référendaire est repoussé par 52,41 % des suffrages exprimés le 27 avril 1969.

Dans un communiqué publié depuis Colombey-les-Deux-Eglises vingt minutes après minuit, dès que les premiers résultats ne laissent plus de doute, le général de Gaulle fait savoir : « Je cesse d'exercer mes fonctions de président de la République. Cette décision prend effet aujourd'hui avant midi. »

Bien qu'il l'ait clairement annoncé à plusieurs reprises, ce retrait volontaire frappe de stupeur la plupart de nos compatriotes, même les « bons apôtres » qui affectaient de croire le contraire. « Le contrat qui me liait au peuple français vient d'être rompu, nous dira-t-il plus tard en famille, je ne lui dois plus rien et suis désormais entièrement libre. »

Nos compatriotes en Turquie sont atterrés par cette retraite. Ils prévoient une considérable perte de prestige pour la France. Quant aux Turcs, ils sont fort étonnés : « Les Français sont devenus fous. Ils éliminent celui qui est, de loin, le meilleur d'entre eux ! »

Lorsque je rentre à Paris après que notre voyage d'instruction nous a conduit à Belgrade où malgré la distance de Tito vis-à-vis de nous les Yougoslaves réagissent de la même façon que les Turcs, je serai interpellé furieusement par une femme médecin habitant notre immeuble : « Enfin, pourquoi le général de Gaulle est-il parti dès le premier tour des élections ? J'ai voté contre au premier tour à titre d'avertissement, mais j'aurais voté pour lui au second ! – Mais, Madame, il ne s'agissait pas d'une élection présidentielle à deux tours, mais d'un référendum à un seul tour ! »

Le départ du général de Gaulle provoque une réaction inattendue

L'escorteur rapide
Le Picard (1960-1961).

◀ Visite officieuse du général de Gaulle en civil à bord de l'escorteur rapide *Le Picard* commandé par son fils le capitaine de frégate Philippe de Gaulle, le 8 novembre 1961 à Toulon peu avant l'appareillage de ce bâtiment. A gauche, l'amiral Cabanier.

Juin 1963. A l'état-major des armées, j'ai l'occasion d'accompagner son chef le général d'armée Charles Ailleret à la porte Dauphine à Paris, siège de l'Organisation du traité de l'Atlantique Nord (OTAN). ▼

◀ Le capitaine de vaisseau de Gaulle, commandant la frégate lance-missiles *Suffren*, en Atlantique Nord (1967-1968).

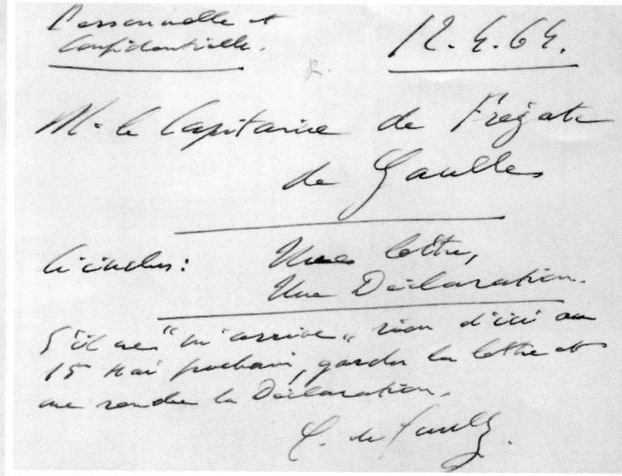

Personnelle et Confidentielle.

12.4.64.

M. le Capitaine de Frégate de Gaulle

Ci-inclus: Une lettre, Une Déclaration.

S'il ne "m'arrive" rien d'ici au 15 mai prochain, garder la lettre et me rendre la Déclaration.

C. de Gaulle.

▲
Enveloppe de la lettre que m'a confiée mon père avant d'être opéré le 17 avril 1964.

En août 1966, le capitaine de vaisseau de Gaulle est venu à Brest au port du Ravin blanc apporter son soutien amical au capitaine de corvette Tabarly, pilote d'aéronautique navale comme lui.
▼

En 1967 à Lorient, le capitaine de vaisseau de Gaulle, commandant de la frégate lance-missiles *Suffren*, passe en revue son équipage.

La frégate lance-missiles *Suffren* (1967-1968).

La frégate lance-missiles *Suffren* remonte l'embouchure du Scorff vers Lorient (1967-1968).
▼

Le capitaine de vaisseau de Gaulle accoste au quai de Lorient la frégate lance-missiles *Suffren* dont il est le commandant (1967-1968).

▲ Le général de Gaulle le dimanche 8 novembre 1970 avant d'entrer à l'église de Colombey, la veille même de sa mort. A gauche en civil, l'adjudant-chef de gendarmerie Francis Marroux, conducteur de sa voiture.

◀ Mon père et ma mère sur le perron de l'Elysée donnant sur le parc disent au revoir à leur invité de marque (1967-1968).

A l'inhumation du général de Gaulle au cimetière de Colombey le 12 novembre 1970, le capitaine de vaisseau de Gaulle, Mme Charles de Gaulle, Pierre de Gaulle (en partie caché), Anne de Boissieu, général de Boissieu, Jean de Gaulle, Charles de Gaulle, Yves de Gaulle (caché), Mme Xavier de Gaulle, Mme de Boissieu (Elisabeth de Gaulle est cachée). ▶

◀ Le vice-amiral Philippe de Gaulle et Jacques Chaban-Delmas, député-maire de Bordeaux, en hiver 1975-1976.

Le bâtiment d'essais de missiles *Henri-Poincaré* avec deux de ses escorteurs d'accompagnement, au large des Açores en été 1973. ▼

Le croiseur lance-missiles *Colbert* à bord duquel le général de Gaulle s'est rendu en Amérique du Sud en 1964 et au Québec en 1967. Il est devenu le bâtiment amiral du vice-amiral Philippe de Gaulle commandant l'Escadre de l'Atlantique en 1976. On mesure la taille du bateau par la dimension des hommes rangés à l'avant.

Le vice-amiral de Gaulle reçoit, le 1er juin 1976, à Plymouth, le navigateur Alain Colas avant son départ en course.

Deux contemporains d'un même combat durant la Seconde Guerre mondiale : le vice-amiral de Gaulle, commandant l'Escadre de l'Atlantique en visite officielle le 2 juin 1976 à Plymouth, et le vice-amiral sir Gordon, commandant britannique.▼

▲ Ma deuxième visite à Mourmansk fin avril 1977 comme commandant de l'Escadre de l'Atlantique.

Avril 1977. Tandis que l'escorteur Duperré (D 633) accoste avec le vice-amiral d'escadre de Gaulle à son bord, en arrière-plan la frégate *Suffren* s'apprête à venir à quai à son tour, très rare privilège pour des bateaux français à Mourmansk sous régime soviétique. ▼

Ma mère en 1959 à l'Elysée...

...et en 1977 deux ans avant sa mort.

A La Boisserie, Colombey-les-deux-Eglises, automne 1983… avec l'impression ineffable que plus personne ne m'attend quelque part et que je suis désormais libre. Ce n'est qu'une illusion…

Tous les documents proviennent de la collection particulière de l'auteur.

chez l'un de nos collègues de l'IHEDN. C'est un syndicaliste des chemins de fer qui appartient à la CFDT, dont l'opposition au gouvernement a carrément dévié vers l'extrême gauche durant les désordres de Mai 1968, dépassant ainsi les communistes. Je l'aborde en disant : « Vous avez gagné. Le Général est parti. — Nous avons gagné, je ne vois pas en quoi, me répond-il. Au moins, le Général constituait-il une référence. Maintenant nous ne savons plus auprès de qui revendiquer ! »

Bien que mes parents, qui avaient prévu la possibilité d'un échec, aient ramené de l'Elysée leurs affaires personnelles — ils n'en avaient pas beaucoup —, les services de la Présidence ont dû déménager en catastrophe durant la nuit et la matinée — avant « midi » — du départ officiel. Mais, en dépit de mes efforts, une quantité considérable de livres, d'objets et d'archives resteront, dont les successeurs du général de Gaulle ne se sont pas préoccupés.

L'homme qui vient prendre aussitôt possession de l'Elysée, sans oser s'asseoir tout de suite au bureau du Général, s'appelle Alain Poher, président du Sénat, tout frétillant d'étonnement et de jubilation à la perspective de devenir l'intérimaire constitutionnel du président de la République, et quel président ! Parodiant certaines affiches d'une célèbre agence pour l'emploi, une caricature paraîtra dans la presse : « Man Poher, intérim ! »

Sans perdre de temps, précédant tout le monde, Georges Pompidou annonce dès le lendemain 29 avril qu'il sera candidat aux prochaines élections présidentielles.

Après une dizaine de jours passés à Colombey, mes parents partent en Irlande du 10 mai au 19 juin, de manière à être absents de France pour l'anniversaire de l'Appel du 18 juin et durant la campagne présidentielle à laquelle mon père ne veut pas être mêlé.

Lorsque je lui demandai pourquoi il avait choisi l'Irlande, mon père me répondit : « C'est là que je me serais retiré quelque temps si j'avais dû le faire en Mai 1968. Tu ne me vois pas faire un voyage en Suisse ? On aurait raconté que j'y avais de l'argent planqué ! En Irlande, ce n'est pas cher. La vie y est simple. Les journalistes, les curieux et les cosmopolites ne s'y accumulent pas en foule. Les gens sont discrets. La police est convenablement faite. Le paysage est romantique. Les Irlandais ont conservé leur personnalité. Nous y avons des ancêtres du côté maternel, les Mac Cartan. »

Le voyage a été si discrètement organisé que la presse l'ignore. C'est notre ambassadeur à Dublin, Emmanuel d'Harcourt, compagnon de la Libération, mutilé d'une jambe depuis la guerre, et Xavier de La Chevallerie, le dernier directeur de cabinet de mon père à l'Elysée, qui ont monté ce déplacement en fort peu de temps. Le patron de la résidence où les visiteurs doivent séjourner se doute de l'arrivée d'une personnalité étrangère et suppute celle d'un haut dignitaire de l'Eglise.

Trouvant son service de verres trop ordinaire, il s'en procure un neuf aussitôt. De même fait-il changer le lavabo de la chambre, trop vétuste.

Ma mère s'est personnellement occupée de tous les bagages qui partent de Colombey vers 7 heures du matin. Une heure plus tard, mes parents, accompagnés du seul capitaine de vaisseau Flohic en civil, quittent « La Boisserie » à l'étonnement de la cuisinière et de la femme de chambre. Ils gagnent la base aérienne de Saint-Dizier sans avoir eu à traverser la ville. Le Mystère 20 du Groupe de liaison ministériel aux ordres du Premier ministre, qui est encore Maurice Couve de Murville, les attend en bout de piste. Le général de Gaulle précise que ce n'est pas une faveur au-delà d'une fonction officielle qu'il vient de quitter, mais bien l'exercice de son droit acquis après avoir remis au gouvernement français l'avion que Truman lui avait donné à titre personnel.

Ils atterrissent à Cork sous le crachin un peu avant 11 heures, accueillis par le Premier ministre d'Irlande, M. Lynch, et son épouse, accompagnés de leur ministre des Affaires étrangères M. Afken.

C'est dans une voiture de louage conduite par le chauffeur Paul Fontenil que mes parents et Flohic gagnent le village de Sneem, dans le Kerry. Leur résidence dite « Crique du héron », vide de tous ses occupants, se trouve sur un éperon rocheux qui s'avance dans la baie de Kenmare. Le site est exceptionnel. Il est entouré d'une abondante végétation qui profite de la douceur du climat et permet des promenades à l'abri des regards indiscrets. Mon père reprend la lecture des *Mémoires d'outre-tombe*, en prévision peut-être de celles qu'il s'apprête à écrire lui-même. Ma mère profite du calme et du romantisme de cette retraite. Le dimanche, le curé de Sneem vient dire la messe à l'hôtel.

Les journalistes, tenus à distance par une police aussi ferme que discrète, qui barre l'unique route côtière accessible, ne réussiront qu'à prendre de rares photos, de loin, par-dessus les dunes. Apprenant que Jean Mauriac a vainement tenté de le rencontrer durant plusieurs jours pour l'agence France-Presse, le général de Gaulle finit par l'inviter à déjeuner. Mais l'intéressé, lassé de tenter en vain sa chance, vient de quitter l'Irlande.

Flohic organise en privé quelques excursions à la maison d'O'Connel à Derrynane, dont la grand-mère du Général avait écrit l'histoire, et autour de la baie de Bantry où les bateaux français étaient autrefois venus tenter de prendre à revers l'Angleterre. Mais, en dépit de leur satisfaction de se trouver à la « Crique du héron », au lieu-dit « Reen Na Furrira », mes parents ne peuvent plus longtemps prétendre en conserver l'exclusivité. Le vendredi 23 mai, ils partent pour le Connemara à Caschel Bay Hotel, qui est une autre résidence transformée, située sur la baie et adossée à une colline. Les propriétaires ont accepté de les avoir comme seuls hôtes. Le paysage fait de tourbières, de vallées à la végétation rare et de collines dénudées est plus rude que dans le Kerry.

Le 3 juin, ils reviennent dans le Connemara à « Daisy Cottage », autrefois annexe d'un château qui fut incendié. C'est la propriété de la très catholique Mrs Grosvenor, petite-fille du duc de Westminster et du comte de Kenmare. Elle a envoyé sa cuisinière et deux femmes de chambre au cottage prêté à mes parents, qui iront lui faire une visite de courtoisie et qu'elle recevra pour le thé. Mais ainsi commence à se réduire le caractère privé de leur séjour en Irlande.

Le 17 juin, mes parents sont invités par le président de la République d'Irlande à Phoenix Park, près de Dublin. M. Eamon De Valera les reçoit tout d'abord pour le thé avec toute sa famille, la veille même des élections parlementaires irlandaises.

Le 18 juin 1969, ils visitent le musée de Dublin. A midi, ils déjeunent à notre ambassade et, le soir de cette journée d'anniversaire passée hors de France, ils se rendent à un dîner officiel à la présidence de la République d'Irlande.

Le lendemain, mes parents rencontrent le clan Mac Cartan. L'aîné leur montre une généalogie attestant qu'ils descendent du chef du clan. Celui-ci et le premier de ses fils furent tués à la bataille de la Boyne en 1690. Les autres se cachèrent dans les montagnes et le dernier émigra en France. C'est de lui que mon père descend du côté maternel.

Le Premier ministre d'Irlande entouré de tout son gouvernement et du clan Mac Cartan reçoit officiellement mes parents à déjeuner au château de Dublin. Aussitôt après, ces derniers prennent l'avion pour Saint-Dizier et retrouvent la solitude de « La Boisserie ».

Le dimanche 15 juin, c'est à la cathédrale qu'ils s'étaient rendus à la messe. Tard dans la soirée, mes parents ont appris l'élection de Georges Pompidou qu'ils ont souhaitée contre Alain Poher pour le maintien des institutions et des plans économiques, industriels et sociaux. Georges Pompidou obtient 38 % des suffrages exprimés, chiffre inférieur pourtant aux 47 % des votes en faveur du Général au dernier référendum qu'il a perdu.

Il s'était lui-même proclamé le successeur du général de Gaulle à Rome le 17 janvier précédent, démarche qui avait été, je l'ai déjà dit, mal ressentie par ce dernier.

Longtemps proche collaborateur de mon père, Georges Pompidou avait jugé décent de l'avertir de sa décision dans une lettre officielle : « Après ce que je vous ai dit maintes fois naguère, lui a répondu mon père le 30 avril 1969, et ce que j'ai déclaré publiquement à votre sujet, vous êtes certainement fondé à croire que j'approuve votre candidature. Je l'approuve en effet...[1] »

1. Voir *Lettres, notes et carnets, 1958-1970, op. cit.*

Le Général précise qu'il ne se manifestera en aucune façon dans la campagne électorale et que sa réponse doit rester entre eux.

Né à Montboudif, dans le Cantal, en juillet 1911, Pompidou était un modèle d'ascension sociale sur quatre générations, de la paysannerie jusqu'à la bourgeoisie. Entré à l'Ecole normale supérieure en 1932, il était resté anonyme pendant la guerre et n'avait joué aucun rôle dans la Résistance. Présenté au général de Gaulle par René Brouillet, un de ses plus anciens collaborateurs, il avait assumé un poste très important à la banque Rothschild. De grande taille, il avait des yeux perçants enfoncés dans des orbites garnies de sourcils broussailleux. L'homme se livrait peu. Mon père disait de lui que c'était « un homme mystérieux avec un côté balzacien, portant un nom qui a l'air de se moquer du monde ».

Le bilan économique dont hérite le nouveau Président et auquel il a lui-même participé sous l'égide du général de Gaulle est tout à fait remarquable. A prix constants, malgré une croissance quasi nulle durant les événements de Mai 1968 et une perte en devises des deux tiers par rapport aux années précédentes, le taux annuel moyen de la croissance du produit national brut s'élève à 5,8 en France alors qu'il n'est que de 4,8 en République fédérale d'Allemagne et de 2,8 en Grande-Bretagne.

En prenant ses fonctions, le président Pompidou assure placer son mandat sous le double objectif « de l'ouverture et de la continuité ». Sous la direction de Jacques Chaban-Delmas, il constitue un ministère où se côtoient des gaullistes historiques comme Michel Debré à la Défense nationale, Olivier Guichard à l'Education nationale, Maurice Schumann aux Affaires étrangères qui s'était séparé du général de Gaulle au sujet de la Grande-Bretagne et de l'Europe « intégrée », et des centristes comme Joseph Fontanet, René Pleven et Jacques Duhamel, enfin d'autres comme Valéry Giscard d'Estaing qui ont fait voter « non » contre le Général au dernier référendum.

Les premières mesures qui sont prises, telles que la dévaluation que mon père avait écartée à juste titre et l'admission de la Grande-Bretagne dans le Marché commun [1] refusée par lui parce qu'il n'avait pas jugé celle-ci assez prête, détachent encore un peu plus le nouveau président de la République de l'ancien, malgré leur vieille amitié et leur estime réciproque.

Le 21 juillet 1969, mon père suit en détail à la télévision l'exploit des astronautes américains qui sont les premiers hommes à marcher sur la lune. Lorsque nous en parlons, il me fait part de ses impressions : « Quand j'ai vu ce que les Américains en ont montré, les images m'en

1. A la suite d'un référendum dont les résultats médiocres portant sur à peine un peu plus du tiers des suffrages exprimés est en réalité un désaveu du président Pompidou.

ont paru tellement artificielles que je me suis un moment demandé s'il n'y avait pas là un habile montage en studio de fiction scientifique. Mais les renseignements que j'ai pu avoir de nos propres moyens de détection et d'interception m'ont confirmé que les Américains ont bien marché sur la lune. » Son enthousiasme est tempéré par un peu de regret que nous n'ayons été pour rien dans ce succès. « Si les Français avaient eu la même puissance qu'au temps de mon grand-père (sous Napoléon Ier), c'est eux qui auraient réalisé cet exploit, ajoute-t-il. Nous en sommes loin avec notre pauvre fusée Diamant et son modeste satellite Asterix de 1965 suivi de Diapason en 1966, des Diadème 1 et 2 en 1967 et des transferts de nos moyens de lancement d'Hammaguir au Sahara, à Kourou en Guyane. Mais sans eux nous aurions été des minables et moi un coupable vis-à-vis du peuple français. »

Les voyages de l'IHEDN nous conduisent de nouveau en Polynésie française. A Papeete, je croule sous les colliers de fleurs ou de coquillages. Au Pérou, les écoles militaires qui ont une tradition française chantent *Noble galette*, le *Chant du départ*, la *Marche lorraine* et *La Marseillaise* dans notre langue. A Rio de Janeiro, l'ascension du Corcovado dans la chaleur lourde joue pour nous, qui avons une trentaine d'années de service, le rôle du cocotier qui confirme qu'on n'est pas fini si on arrive toujours à le grimper convenablement. A la fin de l'été et de notre stage à la fois, je retrouve les miens à Colombey.

Mes parents y mènent une existence parfaitement calme, hors de toute relation avec le monde politique. Seuls André Malraux et quelques autres qui ne sont plus en fonction seront admis à venir à « La Boisserie ». A l'exception de leur fils, de leur fille et de leurs petits-enfants, même les visites familiales sont soigneusement écartées par ma mère, à de rares exceptions près. Elle tient à préserver un maximum de tranquillité dont mon père a d'autant plus besoin qu'il recommence à écrire. M. Pierre-Louis Blanc, ancien du cabinet du général de Gaulle, apporte les renseignements dont celui-ci a besoin et fait la liaison avec les éditeurs, essentiellement la Librairie Plon. François Goguel, fidèle au Général bien que secrétaire général du Sénat où les gaullistes sont moins de trente, vient aussi apporter son concours à l'édition des cinq tomes de *Discours et messages,* dont il assure la sélection et la présentation.

Le général de Gaulle était sceptique sur l'utilité de publier une telle collection. « Qui va désormais s'intéresser à ce que j'ai pu dire », objecte-t-il. On lui fait remarquer que ses discours, allocutions, déclarations et entretiens sont un modèle du genre tant dans la forme que sur le fond. L'édition sera un succès : soixante mille exemplaires pour chaque volume.

Bien qu'il soit en excellente forme physique, qu'il affiche une grande sérénité et qu'il dise « ce qui se passe ne me concerne plus », ou encore, comme Nietzsche,

Rien ne vaut rien,
Il ne se passe rien,
Et cependant tout arrive,
Mais cela est indifférent,

mon père est en proie maintenant à une réaction de tristesse consécutive à son départ. « Je serais de toute façon parti à quatre-vingts ans pour ne pas risquer de finir comme Pétain, me confie-t-il. Pour les Français, cela n'aurait jamais fait que dix-huit mois à attendre. » Il a certainement lu comme moi l'énormité qu'un de nos plus brillants intellectuels (Jean-Jacques Servan-Schreiber) avait écrite pour se féliciter qu'il ait quitté la Présidence (*Le Monde*, 30 avril 1969) : « Pour la première fois dans la vie d'un homme de ma génération, on peut être fier de son pays. » Ce qui n'empêchera pas le même de proclamer plus tard (*Le Figaro*, 19 juin 1975) : « Je suis prêt à reprendre dans l'héritage du général de Gaulle sa pensée politique. »

Le 2 décembre 1998, on pourra lire cette monumentale contre-vérité d'une autre intelligence « de gauche », celle de Jean Daniel, dans *Le Nouvel Observateur* : « De Gaulle n'a pas son pareil pour nous donner l'illusion de nous tirer de pétrins où nous ne serions pas, évidemment, s'il ne nous y avait mis lui-même. » Il est vrai que l'intelligence de Jean Daniel sans l'action n'est qu'un jeu spéculatif : « Au commencement était le verbe. Non ! Au commencement était l'action » (*Le Fil de l'épée*).

La seule chose que mon père puisse encore faire est de montrer au pays ce qu'il a voulu pour sa paix, sa prospérité, pour l'empêcher de tomber dans la décadence, et lui rappeler l'essentiel. Ce sera cette fois les *Mémoires d'espoir.* « Il va me falloir quatre ou cinq années de travail. Vais-je arriver au bout avant de disparaître ? » s'inquiète-t-il.

Une des dernières lettres de l'année 1968, que mon père écrit le 31 décembre au comte de Paris qui soutient sa politique, définit brièvement mais excellement le rôle de l'Etat : « La fonction de l'Etat consiste tout à la fois à assurer le succès de l'ordre sur l'anarchie et à réformer ce qui n'est plus conforme aux exigences de l'époque. »

En attendant, le départ immédiat d'un personnage aussi considérable que le général de Gaulle laisse beaucoup de choses en arrière. Conformément à une disposition réglementaire, le Premier ministre lui fait réserver un secrétariat particulier de cinq pièces et annexes, appartenant au ministère de la Défense, au rez-de-chaussée d'un immeuble 37, avenue de Breteuil, dans le VIIe arrondissement, dans le quartier de Saint-François-Xavier. Ni mon père, ni ma mère n'y mettront les pieds. Par obligation, j'aurai à y passer quelquefois. Sous l'égide de

Xavier de Beaulaincourt, une partie du secrétariat du Général à l'Elysée y travaillera sans relâche durant un an, recevant la foule des personnalités ou des petites gens qui s'y présenteront.

A l'occasion d'un tour de jardin ou dans son bureau, où mon père n'a jamais qu'un seul interlocuteur, ayant horreur qu'on parle à la cantonade, nous échangeons des propos sur tous les sujets. « Mon départ des affaires m'a soulagé d'un grand poids, me dit-il, mais ses conditions m'ont attristé. Cependant, certains comme Malraux disent que j'ai réussi ma sortie. — On réussit sa sortie quand on choisit son départ, ou, à la rigueur, quand on meurt ou se considère comme ayant atteint la limite d'âge, mais pas quand on vous a fait partir. — C'est bien mon avis. Mais que veux-tu ? Les Français sont ainsi qu'ils ne peuvent supporter un succès achevé. Le succès leur est toujours suspect. Lorsqu'ils atteignent le centre de la cible sur laquelle ils ont tiré, ils disent plus volontiers : “J'ai eu de la chance” que “J'ai bien visé”. Aussi, consciemment ou non, mettent-ils au dernier moment le grain de sable qu'il faut pour qu'une œuvre ne soit jamais totalement réussie. Dans ce que j'ai réalisé dans le domaine économique et social je n'ai guère pu avancer dans la Participation et pour les institutions on m'a empêché de les parachever. La gestion sur place de leurs propres affaires par les collectivités locales et la réforme du Sénat qui en est la conséquence n'ont pu aboutir. — En plus des institutions de la Ve République, de la préservation de la paix civile en 1958, de la fin des conflits coloniaux, du rétablissement de notre position internationale, de la création de la Sécurité sociale, du rétablissement spectaculaire de notre économie et de nos finances, du décuplement de nos moyens scolaires, des constructions massives de logements, en particulier pour héberger environ un million de rapatriés ou apatriés d'Outre-Mer, d'une croissance exponentielle du niveau de vie qui assure au plus grand nombre la voiture, le réfrigérateur, la machine à laver, la télévision, vous laissez aux Français un héritage qu'ils n'auraient même pas osé espérer. — C'est vrai, mais qui s'en souviendra ? J'ai déjà obervé que ceux qui ont contresigné pour ampliation et exécution mes décrets de 1945 sur la Sécurité sociale l'ont fait à contrecœur. Sans moi, on en serait encore à discuter et à se battre. Récemment, j'ai imposé le nucléaire contre l'avis de tous, même de tes sous-mariniers qui n'en voulaient pas. Or nous n'avons plus de charbon et nous sommes entièrement dépendants de l'étranger pour le pétrole. Sans autre source d'énergie, comment pourrions-nous fournir le courant électrique nécessaire à nos foyers, nos entreprises et nos trains ? D'ailleurs, c'est sous ma direction qu'on a choisi pour les prochaines années le train à grande vitesse (électrique) plutôt que le train sur coussin d'air ou le train turbopropulsé trop bruyant de Bertin. Quels périphériques autour des grandes villes étranglées par la circulation automobile et quelles autoroutes dont nous étions complètement démunis n'ai-je pas lancés ? Le trafic fluvial n'a guère progressé depuis l'Empire. J'ai inauguré le départ du canal Rhin-Rhône à grand gabarit. A Pompidou et les autres de continuer, comme le reste ! Alors que je circulais systématiquement à bord de notre biréacteur Caravelle, poussé en Super-Caravelle, le 20 juillet 1967, j'ai nommé Roger Béteille directeur du projet franco-allemand d'Aérobus (qui deviendra le célèbre Airbus, dont le premier vol aura lieu à Toulouse-Blagnac au début de 1972). Il a fallu que je le pousse, car il prétendait qu'on était trop ambitieux. Parallèlement, j'ai fait réaliser par Henri Ziegler, président de la Société nationale de l'Industrie aérospatiale, un programme franco-britannique d'un avion supersonique “Concorde”, unique au monde. Il a effectué son premier vol le 2 mars de l'année dernière et, parti de Paris en début de matinée, il amènera ses passagers à New York pour le déjeuner[1].

« Pour toutes ces réalisations, j'ai instauré un “plan calcul” afin que nous fabriquions les ordinateurs à grande puissance nécessaires à nos recherches. Les Américains qui ne veulent pas de concurrence ne nous en proposent que lorsqu'ils savent que nous sommes déjà capables de les fabriquer. N'ai-je pas enfin organisé la Recherche scientifique et technique avec un secrétariat d'Etat autonome pour que nous soyons à la pointe d'un progrès qui seul pourra maintenir nos développements et notre niveau de vie ? Enfin, je n'ai pas besoin de te dire que depuis notre fusée Diamant et notre premier satellite Asterix, j'ai développé la base de Kourou en Guyane française. »

Un jour, comme nous remontons l'allée des charmilles vers le crucifix de pierre en haut du mur qui nous sépare de la route, et tandis que nous marchons entre une double haie de lilas, mon père évoque l'éventualité de sa mort. « Ton grand-père est décédé à quatre-vingt-quatre ans. Je vais en avoir quatre-vingts. J'ai donc cette échéance à envisager. — Puisque vous en parlez, veuillez m'excuser de vous demander si les dispositions d'obsèques que vous avez rédigées en 1952 sont toujours valables ? Beaucoup de choses, en effet, ont passé depuis. Des modifications sont donc peut-être à prévoir ? — Pas un mot et aucune disposition ne sont à changer. Pas d'obsèques nationales et pas d'officiels à mes obsèques à Colombey. Je le confirme. Tu me fermeras les yeux après m'avoir rendu le même service que Hindenburg a

1. Le général de Gaulle parti, la série des Concorde sera abandonnée après la construction de douze exemplaires en France et autant en Grande-Bretagne, faute de volonté politique face aux campagnes américaines et françaises prétendant à un « échec commercial ». En 1999, après une remarquable carrière sans accident, le Concorde continue à voler à 80 % de remplissage avec des billets à 20 % seulement supérieurs à ceux des transports classiques, alors que le seuil de rentabilité en est de 45 %, tandis que les Américains préparent la mise en service d'un supersonique identique mais deux ou trois fois plus grand.

demandé à son fils. Lorsque le vieux maréchal se sentit à la fin de sa vie, il lui dit : “Tu me préviendras lorsque Azrael, l’Ange de la mort, entrera dans la maison. — Il n’y est pas encore, répondit le fils, mais il est déjà dans le jardin.” »

Hélas ! je ne pourrai pas rendre ce service à mon père dont je serai éloigné au moment de lui fermer les yeux.

En cette fin de septembre 1969, je lui fais part d’une invitation présidentielle à Marly pour la fin du mois suivant. Une certaine rancœur, liée aux désaccords passés et au fait que Georges Pompidou posant prématurément sa candidature a fourni la tangente qui a permis à la bourgeoisie de s’échapper de l’égide gaullienne, se fait jour dans sa réponse : « J’aimerais mieux que tu ne fréquentes pas trop l’Elysée. Tu m’impliquerais indirectement dans le régime. Or je n’ai et je ne veux plus rien à voir avec lui. De plus, Pompidou, ou son entourage, dit ou laisse dire qu’en Mai 1968 “j’ai failli”, que j’étais devenu incapable et que je les ai abandonnés. Je ne sais trop comment accueillir l’information confidentielle que je viens d’avoir selon laquelle l’Elysée projetterait de placer ton beau-frère Alain au poste de chef d’état-major de l’armée de Terre l’année prochaine. Pour ce faire, on prolongerait le général Emile Cantarel, l’actuel titulaire, au-delà de sa limite d’âge. Et tu dois savoir que si ton beau-frère devenait chef d’état-major, toi-même ne le deviendrais pas pour la Marine, car deux de mes proches ne pourraient être nommés à la suite l’un de l’autre. — On n’en est pas là ! Je suis loin derrière mon beau-frère qui est mon aîné de plus de sept ans. Et puis, vous ne pouvez empêcher Alain, qui n’a pas le même nom, de saisir la chance qui se présente à lui. Il assumera ce poste certainement aussi bien qu’un autre, si ce n’est mieux. — Tu as raison ! Mais lui va être général d’armée et toi tu es toujours capitaine de vaisseau ! »

C’est la première fois qu’il aborde le sujet de mon avancement. J’en suis étonné car il ignorait toujours jusqu’alors à six mois près quel grade ou quelle affectation je pouvais avoir. Il considérait ces contingences comme d’importance tout à fait accessoire. Cette préoccupation, tout à coup surgie à la fin de sa vie, devait l’amener à se renseigner discrètement sur mon sort auprès des deux anciens de la France Libre encore à la tête des forces navales : André Patou et Charles Edouard La Haye, respectivement chef d’état-major et inspecteur général de la Marine. Leur réponse est favorable : le capitaine de vaisseau de Gaulle, ancien de l’Ecole de guerre et des hautes études de Défense, a fait une belle guerre. Après ses commandements d’une flottille d’aviation embarquée sur porte-avions, de l’escorteur rapide *Le Picard* et de la frégate *Suffren*, il est techniquement irréprochable. En conséquence, sa promotion au grade de contre-amiral est prévue à la fin de 1970. Mon père m’écrit la lettre suivante le 17 décembre 1969 :

« Mon cher Philippe,

Je te communique ci-joint un mot reçu de M. Tricot[1] et qui me confirme que tu es inscrit sur la “liste d’aptitude”[2]. Cela est, naturellement, secret.

Samedi, tu seras sans doute à Paris et je te téléphonerai pour avoir le plaisir de communiquer directement avec toi.

Au revoir, mon cher Philippe. Je t’embrasse. Maman en fait autant.

Ton père affectionné,

Charles de Gaulle. »

L’amiral La Haye qui l’a rencontré le 17 septembre en tête à tête a inscrit sur une carte à son nom que j’ai conservée la fin de cette liste d’aptitude établie en 1969, qui se termine par les noms suivants : « ... Coursault — Lannuzel — Coulondres — De Gaulle ». Mais les choses n’étaient pas assurées pour autant. Secrète, la liste d’aptitude en question pouvait être sujette à des modifications, voire des suppressions.

Mon père devait mourir deux mois avant la fin de l’année 1970. Entre-temps, le Conseil supérieur de la Marine voit partir ceux qui me sont favorables, remplacés par d’autres qui n’ont pas les mêmes intentions et ne se sentent aucune obligation envers le général de Gaulle.

L’amiral Patou aura démissionné en mars 1970, les amiraux La Haye, Burin des Roziers, Daille, Ortoli, Iehlé, Brasseur-Kermadec, Prétrochilo, Sanguinetti, qui doivent tout à la France Libre, prendront leur retraite avant la fin de la même année, tandis que le vice-amiral Laudrin disparaîtra dans un accident aérien. Depuis, le nouveau major général est un ancien chef de la sécurité de Vichy et le chef d’état-major a été gendarme maritime sous le même régime. Sans qu’on ait rien à leur reprocher, ils ne doivent pas être particulièrement bienveillants à mon égard.

Six mois plus tard, au début de l’été 1971, j’en viens à me demander si je n’ai pas purement et simplement disparu de la liste. Je manifeste mon inquiétude au vice-amiral Rousselot, mon préfet maritime à Brest, et le Premier ministre s’en trouve informé par la bande. Chaban-Delmas est choqué de ce qu’il considère comme une mesquinerie envers la mémoire du général de Gaulle. Tous deux me font interroger confidentiellement sur le problème en question. J’exprime mon étonnement d’avoir été laissé pour compte et crois utile d’avancer que, sans prétendre aller jusqu’aux cas du fils Staline, général d’aviation à vingt-sept ans, ou du fils du général Eisenhower, général et ambassadeur en Belgique à quarante et un ans, je me trouverais placé dans une situation

1. Ancien secrétaire général de l’Elysée jusqu’au 30 avril 1969.
2. Sorte de « tableau » des officiers généraux de Marine.

moins modeste en accédant au premier grade d'officier général pour répondre aux quelque quatre-vingts chefs d'Etat, ministres ou ambassadeurs qui m'écrivent en souvenir du général de Gaulle.

La manœuvre du Conseil supérieur de la Marine consiste à retarder mon avancement le plus possible pour que l'ancien Français libre que je suis ne risque pas de venir plus tard, lorsqu'on présenterait au ministre une nomination à un poste important, en concurrence avec les capitaines de vaisseau Coulondres, fils de l'ancien ambassadeur à Londres, et Lannuzel, tous deux de la promotion 38, restés loyaux envers Vichy comme la quasi-totalité des marins.

Vexé de s'être laissé contourner par l'état-major de la Marine sur un problème mineur qu'il ne suivait pas, Michel Debré, le ministre de la Défense nationale, pique une colère et s'en prend, dit-on, au trublion qui le dérange au milieu des problèmes budgétaires qui seuls l'intéressent. Mais remis sur la « liste d'aptitude », je serai promu le 1er septembre 1971, soit après un retard de huit mois sur la limite initialement prévue.

A la fin de septembre 1969, je rejoins Brest où je suis nommé commandant de l'Aéronautique navale de la 2e région maritime, dont la zone d'action s'étend de l'Amérique du Nord et de l'Antarctique à la latitude de la Guinée. Des accords internationaux nous obligent même à une permanence aérienne en Norvège et à Dakar. La tâche opérationnelle essentielle de ces forces est la surveillance et la couverture maritimes de nos propres côtes atlantiques mais aussi de celles à l'ouest de l'Europe continentale et de l'Afrique septentrionale. Nos forces, basées à Lann-Bihoué, près de Lorient, se composent de quatre flottilles d'avions de patrouille maritime à long rayon d'action ; trois de dix bimoteurs et biréacteurs d'appoint pour le décollage Neptune Lockheed P2V-7 achetés aux Etats-Unis et une de six biturbopropulseurs Bréguet-Atlantic plus récents. A Landivisiau, près de Brest, se trouvent trois flottilles d'aviation embarquées sur porte-avions avec réacteurs d'interception : deux de douze Vought LTV-F82 Crusader achetés aux Américains et une de douze Etendard provenant de chez Dassault. Je n'ai pas autorité sur cette aviation embarquée quand elle est sur porte-avions. A Lanvéoc-Poulmic, de l'autre côté de la rade de Brest, l'Aéronautique navale de la IIe région maritime dispose encore de deux escadrilles d'entraînement de l'Ecole navale, d'une escadrille de liaison et de quelques hélicoptères. A la préfecture maritime, où j'ai mon siège sous les ordres du vice-amiral d'escadre Henri Rousselot, compagnon de la Libération, et l'un des commandants du célèbre sous-marin *Rubis* de la France Libre, je convertirai petit à petit mon poste de commandement aéro en un véritable central Opérations et renforcerai de même la station Météo. Cette transformation deviendra d'autant plus utile qu'une véritable « escadre de l'Atlantique » est en train de se constituer à Brest, qui ne disposait auparavant que d'une simple division d'escorteurs et de quelques bâtiments côtiers. Mon commandement s'étend également aux établissements d'Aéronautique navale de la côte ouest de la France, tels que le dépôt principal de matériels près de Quimper et les écoles de mécaniciens et électroniciens de Rochefort et de La Rochelle.

Aux environs de Pâques 1970, mon père me charge de déposer quelques-uns de ses papiers à la Bibliothèque nationale et aux Archives de France, où je prends contact avec André Chamson, écrivain de gauche et gaulliste. Me montrant des monceaux de papiers empilés en vrac dans le bas des armoires de son bureau, il me dit de temps à autre, avec un geste de la main : « Tiens ! Tu devrais t'occuper de mettre cela en ordre et en sécurité. » Interpellée de la même façon, ma sœur Elisabeth, qui veut bien dactylographier les minutes de ses *Mémoires d'espoir,* ne manifeste en revanche aucun intérêt pour ce travail fastidieux.

« Tous ces papiers sont ma propriété personnelle au sens légal, me précise-t-il. Ce sont mes manuscrits ou assimilés qui sont tapés à la machine mais comportent des "repentirs" manuscrits. Ils sont ma propriété, même s'il s'agit de pièces officielles, car ce ne sont que des brouillons. Dans leur version définitive et signée, ils appartiennent à l'Etat et doivent s'y trouver archivés dans les ministères ou à la présidence. Sauf ceux de mes écrits que mes héritiers directs jugeront bon de conserver, car ils en sont bien les héritiers, il faut déposer ces papiers dans un "fonds privé" aux Archives de France, qui pourront en disposer le plus tard possible après ma mort. Naturellement, tous les "bons apôtres" tenteront de vous persuader de les rendre accessibles au public, c'est-à-dire essentiellement à eux, le plus tôt possible. Ne les écoutez pas. Le comte de Paris n'a toujours pas ouvert les archives de la maison d'Orléans un siècle et demi après. Certains dossiers, comme ceux de gens graciés en justice, ne peuvent pas être connus avant longtemps sous peine de nuire à leurs familles toujours présentes. En ce qui concerne ma mémoire et en ce qui les concerne eux, seuls mes héritiers directs pourront exploiter ce qu'ils estimeront utile. Toutefois, les manuscrits de mes Mémoires seront déposés, non aux Archives, mais à la Bibliothèque nationale, afin de pouvoir être consultés à tout moment, exposés ou reproduits avec votre accord. »

Je ne me doute pas de la lourdeur de la charge que mon père vient de me confier. Pendant des décennies, j'aurai à traiter soit par dévolution pour quelque cent dix-huit mille pièces, soit par transfert ou restitutions de tierces personnes, à quoi s'ajouteront quelque vingt mille photos à trier et à répertorier.

D'avril à septembre 1970, mon père est occupé à la publication, les uns après les autres, tout au long de l'année, des cinq volumes de ses

Discours et Messages, tandis que, retranché de la politique, il travaille à longueur de journée à ses *Mémoires d'espoir*, dont le premier tome (1958-1962) paraîtra chez Plon le 23 octobre suivant.

A Pâques, il me fait également part de son projet de voyage en Espagne : « Les événements ont fait que nous n'avons guère eu de relations avec l'Espagne en dehors des échanges économiques entre pays frontaliers. Avant guerre, quoique l'anarchie ait fini par rendre la République espagnole exécrable, nous avions des raisons de considérer que le régime franquiste était dans le clan de nos ennemis allemands et italiens. A vrai dire, Franco a manœuvré pour les aider le moins possible et conserver l'indépendance de son pays. Ceux des nôtres passés par l'Espagne pour rejoindre la France Libre ou l'Afrique du Nord ont été incarcérés souvent dans des conditions déplorables, qui étaient celles des prisons espagnoles, mais c'est avec duplicité vis-à-vis de ses alliés de principe que Madrid nous les a finalement transférés en faisant semblant de les considérer comme Canadiens français ou autres, souvent en échange de pétrole ou de vivres dont le pays avait grand besoin. Maintenant, l'Espagne a retrouvé l'unité, le progrès et la grandeur. Quant à moi, je ne voudrais pas mourir sans avoir vu le pays de Charles Quint. En tout cas, la police y est ferme et je n'y serai pas importuné par les journalistes. »

Mes parents voyagent dans leur Citroën DS privée conduite par les chauffeurs habituels. Ils passent la frontière à Irun le 4 juin et de là gagnent Santillana del Mar, Saint-Jacques-de-Compostelle, Avila, l'Escurial. A Madrid, le chef de l'Etat espagnol les reçoit à déjeuner au Prado avec sa femme et ses enfants. « Voici le général Franco, c'est beaucoup ! Voilà le général de Gaulle, c'est encore quelque chose ! » s'exclame mon père en l'abordant. En 1940, la distance était grande entre la France Libre et l'Espagne. Depuis, cette dernière s'est efforcée de renouer progressivement des relations avec notre pays. Elle a été l'une des rares à ne pas voter contre lui à l'ONU, qui mettait systématiquement en cause notre politique coloniale et même l'action du général de Gaulle en vue de la décolonisation. Malgré leur souhait de ne plus être que de simples touristes, mes parents apprécient les attentions dont ils sont l'objet. Mon père est, en outre, curieux d'entendre du général Franco son témoignage sur sa rencontre avec Hitler en juin 1940 et son refus de laisser passer les Allemands jusqu'à Gibraltar. Il a été satisfait de l'entendre confirmer sa propre analyse selon laquelle ceux-ci n'auraient pas été capables de conquérir le Maroc.

Ils se rendent ensuite à Tolède, Jaen, Grenade, Marbella, Séville, Merida, Caceres, Plasencia, Avila de nouveau, Ségovie, Burgos et rentrent pas le col de Ronceveaux. Après une nuit au château d'Ayres (Lozère), ils sont de retour à Colombey le 27 juin. Partout, en Espagne, ils logent dans les Parador. Comme aucune de ces hôtelleries n'accepte de présenter la note, mes parents laissent l'équivalent en pourboires au personnel. Lorsque je demande à ma mère son impression sur le général Franco, elle me répond que ce dernier, après en avoir restauré la stabilité, a réussi l'expansion de son pays, mais qu'il « faisait beaucoup plus vieux » que mon père.

Au mois d'août 1970, le gouvernement français sous l'égide du nouveau président de la République dévalue le franc de 12,8 %. Cette monnaie n'avait pas bougé durant les dix années de pouvoir du général de Gaulle. Ce dernier ressent cette mesure comme contraire à sa politique : « C'est la solution de facilité pour les milieux d'affaires. Ainsi écluse-t-on une partie des frais laissés par Mai 1968. On n'y était pas obligé et on pouvait continuer à les étaler petit à petit. »

Dans la seconde partie de l'été, je rejoins les miens à Colombey. Mes parents me paraissent en bonne forme physique. A la mi-septembre, les champignons ont poussé dans les friches et les bois environnants. Après un kilomètre de marche dans la forêt des Dhuys, mon père s'enfonce dans le sous-bois pour ramasser un banc de girolles. Malgré son pas alerte, je note qu'il est un peu essoufflé en passant un fossé.

Cependant, il s'inquiète de travailler plus lentement qu'auparavant. Il n'a pourtant pas changé son mode de vie à « La Boisserie ». Il ne suit apparemment aucun régime. Son ventre a pris du volume. Ma mère s'efforce discrètement d'alléger les menus. Je remarque qu'il a les chevilles enflées, signe de mauvaise circulation sanguine. Il sait qu'à son âge « la machine peut s'arrêter à tout moment », mais je ne crois pas sincèrement que ni lui, ni ma mère, ni aucun médecin, contrairement à ce que certains prétendront après coup pour se faire valoir, n'ait eu connaissance de l'anévrisme dont il mourra à la fin de l'année. Les moyens de détecter ou d'opérer avec succès ce genre d'affection sont très réduits en 1970.

François Mauriac meurt en septembre. « C'est pour nous le plus grand écrivain de ce siècle, me confie mon père, à moins qu'un autre ne surgisse et le supplante dans les trente prochaines années, mais c'est peu probable dans le contexte culturel de la France qui, après les marécages de Mai 1968, n'augure pas de grandes inspirations. Mauriac, comme moi-même et toute notre génération, a été influencé par Péguy et Barrès. Romancier, psychologue et moraliste, catholique, éditorialiste et même polémiste, il a été le plus complet de tous. Quoique de constitution fragile, il a tout de même réussi à vivre près de quatre-vingt-cinq ans, en prenant soin de se ménager. Nous n'avons pas toujours eu la même vision des hommes et des événements, mais il m'a généralement soutenu avec courage et sans hypocrisie, ce qui n'a pas été le cas de tous ceux qui écrivaient. Il m'aurait soutenu en tout s'il ne lui avait pas manqué d'avoir dû faire face physiquement à la force brutale de la guerre et à l'affrontement matériel qui ramènent à “l'heure de vérité”. »

Rentrant de Brest, je me trouve à Paris au début de novembre. De là, il a été prévu que nous passions trois jours à Colombey pour la Toussaint. Malheureusement, Henriette se casse un pied peu avant, ce qui m'oblige à rester avec les miens. Mon père me téléphone lui-même de « La Boisserie », ce qu'il ne fait jamais, pour exprimer sa déception et me demander si je pourrais venir tout de même. Il a sans doute un certain nombre de choses à me dire. Je pense qu'il s'agit d'indications concernant ses travaux ou ses papiers. Je lui explique que nous nous verrons de toute façon dans un peu plus d'un mois, en décembre, pour les fêtes de Noël. Il comprend la situation. Nous envoyons néanmoins notre troisième fils Jean à Colombey. Il devait être le dernier d'entre nous à revoir mon père vivant.

Le 9 novembre 1970, je suis en train de dîner seul au Cercle naval de Brest comme souvent quand, vers 20 heures, l'officier de garde de la préfecture maritime m'avertit par téléphone qu'on cherche à me joindre d'urgence depuis Paris. Je pense à quelque difficulté survenue chez moi, avenue Ingres. Mais, dès que je prends contact, Henriette me dit dans un sanglot « Ton pauvre papa ! ». On lui a téléphoné de « La Boisserie » pour la charger de m'informer du décès subit de mon père, en me recommandant impérativement de conserver le secret jusqu'au lendemain matin.

Comme je l'ai dit, rien ne laissait prévoir cette disparition soudaine. La veille, mon père avait reçu un vieux fidèle, le général Louis Renouard, ancien commandant du camp des Français libres à Camberley, près d'Aldershot, pendant la guerre.

Ce lundi 9 novembre, vêtu d'un complet trois-pièces gris foncé, d'une cravate neutre sur une chemise et un col blanc non empesé, coiffé d'un chapeau bordé foncé, la canne à la main, en manteau, il avait effectué ses tours de jardin habituels. Préoccupé du petit domaine dans lequel il avait prévu de vivre ses prochaines années, il était sorti devant la grille du jardin pour rencontrer son voisin Consigny avec lequel il entretenait d'excellents rapports, soucieux d'éviter d'éventuels malentendus de voisinage. Une nouvelle fois, il avait proposé à Consigny de l'aider à déplacer son étable un peu plus loin, de l'autre côté de la route. Il lui avait rappelé le contrat notarié interdisant de couper les branches surplombant la cour de son voisin. En outre, leur clôture mitoyenne lui appartenant, les Consigny ne devaient pas y appuyer leur poulailler ni rien d'autre. Le même jour, il avait reçu un autre cultivateur de Colombey, Pierre Piot, pour mettre fin, en accord avec lui, à la pâture de ses vaches dans la prairie que mon père avait achetée depuis longtemps à un tiers, mais où M. Piot continuait à envoyer son bétail en vertu d'un droit prétendument acquis. Le soir même, il devait lui adresser une des dernières lettres de sa vie pour confirmer leur accord amical. Mon père voulait, en effet, supprimer l'intégralité de la haie séparant son petit parc de la prairie en question et reporter ainsi son tour de jardin au-delà de la crête militaire à l'est vers la forêt des Dhuys et compléter le bouquet d'arbres de ce côté par de nouvelles plantations. Enfin, il m'avait écrit une lettre me précisant l'aide financière qu'il m'octroyait pour construire une villa dans le Midi. Sans doute espérait-il que cette dernière lui fournirait un prétexte pour sortir de Colombey malgré ma mère. Il savait en tout cas qu'elle me serait un substitut utile à « La Boisserie » qu'il voulait me léguer et dont il savait que, devenue illustre, elle me serait une charge plus qu'un agrément. Puis il avait lui-même fermé ses volets et s'était remis à ses Mémoires.

Sorti de son bureau vers 19 heures, mon père est venu s'asseoir à sa table de bridge, dans la bibliothèque, en face du poste de télévision qu'il s'apprête à allumer pour le bulletin d'informations. Il fait quelques réussites, exercice plus ou moins machinal, qui lui apporte un temps de réflexion particulier, une transition en quelque sorte entre ce qu'il écrit et ce que lui renvoie l'actualité. Il est saisi tout à coup d'une violente douleur et porte la main à son dos en murmurant à ma mère, assise à côté de lui : « J'ai très mal, là ! » Ma mère appelle aussitôt les deux aides ménagères Charlotte et Honorine qui sont en train de préparer le dîner. Elles retiennent mon père au moment où il commence à s'effondrer dans son fauteuil. Comme il est très lourd, elles parviennent seulement à l'étendre par terre sur le tapis en y plaçant quelques coussins. L'adjudant-chef Marroux, venu à l'aide, descend de l'étage un matelas de lit-divan sur lequel on l'allonge. Pensant à une crise cardiaque, ma mère fait aussitôt appeler le curé de Colombey et le médecin de Bar-sur Aube, le docteur Lacheny, qui parcourt en voiture les douze kilomètres qui le séparent de « La Boisserie » en moins d'un quart d'heure. L'abbé Jaugey et le médecin arrivent presque en même temps. Le premier donne les derniers sacrements au malade encore conscient mais qui souffre beaucoup sans rien dire. Le second constate une forte hémorragie interne, sans doute provoquée par une rupture d'anévrisme abdominal. Il pense qu'il ne peut plus rien faire, si ce n'est atténuer la douleur par une piqûre de morphine. Il est possible que celle-ci ait contribué à hâter un peu la fin de mon père. Vers 19 h 25, il perd connaissance. Il décède à 19 h 35.

Ainsi se sépare le couple si uni que formaient mes parents et où je n'ai jamais perçu la moindre faille. Je me souviens de cette réflexion de ma mère sur son mari à propos des autres femmes : « Il ne s'en est guère préoccupé. De toute façon, il n'en aurait jamais eu le temps. » Le ton était celui d'une discrète et affectueuse ironie.

Le docteur Guy Lacheny est un ancien médecin de l'armée récemment installé à Bar-sur-Aube où l'on ne trouvait guère de candidats pour remplacer son prédécesseur. Il n'a jamais soigné mon père, ni personne de ma famille à ma connaissance. Il viendra me rendre compte, en tête à tête, de son intervention en m'assurant avec émotion de son regret de s'être trouvé dans l'impossibilité de sauver le général de Gaulle. Il a cru à un infarctus et s'est précipité vers « La Boisserie » en emmenant sa trousse d'urgence et une valise de transfusion avec le groupe sanguin particulier au Général, selon la recommandation qu'on lui avait spécialement faite en cas de blessure grave.

Lorsque je l'avertis que je dois me rendre d'urgence à Paris, le préfet maritime comprend que quelque chose de grave s'est produit chez moi. Il m'offre d'utiliser, par exception, un des aéronefs de liaison qui sont sous mes ordres. Je refuse. Je n'ai que le temps de passer chez moi, de jeter un uniforme dans une valise et de prendre le train de nuit qui part de Brest vers 21 heures. J'emmène avec moi le texte des dispositions pour ses obsèques dont mon père m'a confié l'exemplaire numéro 3, après m'avoir prescrit de le conserver où que je sois affecté pour en imposer éventuellement l'application. L'exemplaire numéro 2 a été confié à ma mère ou à ma sœur, qui ne l'a pas retrouvé. L'exemplaire numéro 1 a été remis à Georges Pompidou, alors chargé du cabinet particulier. Les trois exemplaires sont manuscrits :

« Testament olographe
Pour mes obsèques

16 janvier 1952

Je veux que mes obsèques aient lieu à Colombey-les-Deux-Eglises. Si je meurs ailleurs, il faudra transporter mon corps chez moi, sans la moindre cérémonie publique.

Ma tombe sera celle où repose déjà ma fille Anne et où, un jour, reposera ma femme. Inscription : Charles de Gaulle (1890-....). Rien d'autre.

La cérémonie sera réglée par mon fils, ma fille, mon gendre, ma belle-fille, aidés par mon cabinet, de telle sorte qu'elle soit extrêmement simple. Je ne veux pas d'obsèques nationales. Ni présidents, ni ministres, ni bureaux d'assemblées, ni corps constitués. Seules les armées françaises pourront participer officiellement en tant que telles, mais leur participation devra être de dimension très modeste, sans musique, ni fanfare, ni sonnerie.

Aucun discours ne devra être prononcé, ni à l'église ni ailleurs. Pas d'oraison funèbre au Parlement. Aucun emplacement réservé pendant la cérémonie, sinon à ma famille, à mes Compagnons membres de l'ordre de la Libération, au conseil municipal de Colombey. Les hommes et les femmes de France et d'autres pays pourront, s'ils le désirent, faire à ma mémoire l'honneur d'accompagner mon corps jusqu'à sa dernière demeure. Mais c'est dans le silence que je souhaite qu'il y soit conduit.

Je déclare refuser d'avance toute distinction, promotion, dignité, citation, décoration, qu'elle soit française ou étrangère. Si l'une quelconque m'était décernée, ce serait en violation de mes dernières volontés.

Charles de Gaulle »

Après une nuit plus que médiocre, qui m'a laissé beaucoup de temps pour réfléchir, j'arrive en gare Montparnasse vers 7 heures du matin le 10 novembre et décide de me rendre directement à la présidence de la République. Je sais que la mort du général de Gaulle ne manquera pas de provoquer beaucoup de problèmes, parmi lesquels il me faudra distinguer entre la part de la famille et celle de l'Etat. Vers 7 h 30 du matin, je me présente à l'Elysée. Ce n'est pas une heure convenable pour déranger sinon le Président du moins son cabinet. Mais il faut agir avant que la nouvelle ne se propage. La porte principale est naturellement fermée. Un petit bureau, au poste de garde, me permet de prendre un contact téléphonique avec le cabinet du Président en la personne de Denis Baudouin, chargé de la communication. Il vient de prendre ses fonctions quelques jours auparavant et n'a pas la réputation d'avoir jamais été favorable au général de Gaulle. Il me spécifie que Georges Pompidou n'est pas accessible à une heure aussi matinale et je perçois instantanément son embarras. Peut-être a-t-il été prévenu secrètement de la mort du Général ? En tout cas, je comprends bien que mon arrivée est aussi imprévue qu'insolite.

J'indique que je suis porteur d'un exemplaire du testament olographe de mon père prescrivant en particulier des obsèques privées à Colombey sans autorités officielles, ni obsèques nationales. Cette précision attire immédiatement une protestation indignée : « Vous ne prétendez tout de même pas empêcher le président de la République d'organiser et de présider des obsèques nationales pour le général de Gaulle ! Personne ne comprendrait ! C'est invraisemblable ! » Je propose de venir présenter l'exemplaire du document que je détiens en demandant qu'il soit communiqué à la presse pour expliquer à tous ce qu'il en est. Mais aucune bonne volonté ne s'offre à l'autre bout du fil. On ne me laisse pas accéder au Palais et m'invite à rentrer chez moi en attendant la décision finale.

Sans doute, ceci étant la solution la plus commode pour elle, la Présidence projette-t-elle justement d'organiser des obsèques nationales. Et sans doute ne pourra-t-elle et ne voudra-t-elle, de toute façon, éviter des cérémonies solennelles, magnifiantes pour elle-même. Autant faire d'une pierre deux coups. Voici que mon intrusion vient perturber ces projets naturels...

Rentrant chez moi vers 8 heures, j'appelle « La Boisserie » où ma mère me donne la consigne formelle de publier « sans tarder » le testament de mon père dans la presse.

Mais je n'ai pas envie de retourner à l'Elysée où on m'a tenu à distance et le secrétariat de l'avenue de Breteuil ne peut m'apporter aucune aide. Il a été malencontreusement vidé de ses responsables, tous partis pour Colombey. Je demande à mon camarade de la France Libre Pierre Lefranc de venir tout de suite chez moi pour raison grave. Je lui annonce la mort du général de Gaulle, nouvelle qui le laisse atterré. Je le prie de se rendre de ma part à la présidence de la République pour y présenter mon exemplaire numéro 3 du testament et demander de le rendre public. Georges Pompidou, que je n'ai pas vu, n'aurait pas voulu entendre parler de mon document et se serait enquis toute la matinée de l'exemplaire numéro 1 qu'il avait probablement quelque peu oublié au fond d'un coffre. Mais l'homme est honnête, et même si ce n'était pas son intention première, ce dont je suis persuadé, il communique l'exemplaire numéro 1 à la presse vers 13 heures. Toutes les communications téléphoniques sont alors saturées.

Parti de Paris vers midi en voiture, avant les embouteillages que je craignais, je parviens à « La Boisserie » vers 16 heures avec les miens.

La porte de la maison est ouverte. J'entre seul à droite dans le salon plongé dans la pénombre. On a tiré les rideaux. Le corps de mon père repose dans le cercueil. J'ai aussitôt la sensation physique qu'une immense présence emplit la pièce : même mort, mon père est toujours là. Couché, il fait face à ceux qui entrent. Il est revêtu de son uniforme kaki avec les seuls petits insignes en émail de la France Libre. Ses mains sont jointes sur sa poitrine. On y a passé un petit chapelet blanc en nacre que mes parents avaient rapporté de Jérusalem quarante ans auparavant. Un drapeau tricolore, dont les plis retombent jusqu'au sol, recouvre la taille et les jambes. Bien qu'il ait le même tour de tête et la même taille que moi, tout en étant plus massif, il paraît beaucoup plus grand. Je m'approche, lui touche les mains, puis, pour la première fois de ma vie, le sommet arrière de la tête où je reconnais le même méplat, la même ossature. Une tristesse poignante me serre le cœur avec le regret profond de n'avoir pas pu le voir à la Toussaint, il y a seulement une semaine, comme initialement prévu. Peut-être avait-il des consignes à me laisser ou des confidences à me faire en particulier ? On s'attend bien à la disparition d'un père un jour ou l'autre, mais je suis atterré que la mort si soudaine du mien l'ait empêché de finir d'écrire un témoignage capital. Voici donc la fin d'un des plus grands hommes de France et d'un père qui m'a souvent donné l'impression qu'il aurait aussi bien sacrifié son fils que lui-même à son destin historique, sans que ce sentiment provoque aucune révolte en moi parce qu'il est tout à fait dans l'ordre des choses. Je lui embrasse le front. Son corps est moins froid que je ne m'y attendais. Son visage figé et serein est devenu étranger au monde qui l'entoure. A gauche, près du corps, une petite table supporte deux bougeoirs allumés qui éclairent faiblement un crucifix, une petite branche de buis dans une soucoupe d'eau bénite. Après quelques instants de prière et de méditation, je fais entrer ma femme et mes trois plus jeunes fils. L'aîné, Charles, qui est parti à New York en stage d'affaires, nous rejoindra le lendemain matin par l'avion du président Nixon, qui a eu l'attention de le faire chercher avant de s'envoler pour Paris. Laissant mes proches devant la dépouille de mon père, je passe ensuite dans la bibliothèque où se tiennent ma mère et ma sœur en compagnie de mon beau-frère Alain. Malgré leur chagrin, il n'y a, selon la coutume familiale, ni plainte ni sanglot. Les femmes sont maîtresses d'elles-mêmes. Tous parlent d'une voix calme.

Malgré les réticences de ma mère, nous ne pouvons pas empêcher un certain nombre de gens de venir s'incliner devant la dépouille du général de Gaulle. Mon beau-frère et moi passons la journée à les accueilllir et faire en sorte qu'ils ne s'attardent pas, à l'exception de mon oncle et de ma tante Jacques Vendroux, frère et belle-sœur de ma mère. Ainsi défilent le matin M. Valleur, le maire, et les membres du conseil municipal de Colombey, M. Dijoud, préfet de la Haute-Marne et sa femme, M. Georges Parat, chargé par le ministère de l'Intérieur du service d'ordre des hautes personnalités. A 13 heures, Georges Pompidou fait une très belle et très courte allocution à la télévision. Elle commence par : « La France est veuve. Le général de Gaulle est mort. » L'après-midi, c'est le tour du général Massu, puis vers 16 heures de Michel Debré et du général d'armée de l'Air Fourquet, chef d'état-major des armées. Quoique sensible à leur venue, ma mère m'exprime son irritation :

« Voilà que les ministres arrivent, maintenant ! Ton père avait dit : "Ni ministre, ni officiel". » Elle est pressée que l'on ferme la bière conformément à la volonté de mon père afin qu'on n'ait pas à veiller son corps une deuxième nuit. Elle est hantée par la crainte que des journalistes ne réussissent à s'introduire à « La Boisserie » pour y prendre des photos. On ne peut, selon la loi, le faire moins de vingt-quatre heures après la constatation du décès. Le couvercle marqué d'un crucifix argenté et d'une plaque portant le nom, le prénom et la date du décès est placé par MM. Merger et Mouton, menuisiers du canton, sur le cercueil en chêne brun clair (2,17 m) d'un modèle courant avec garniture intérieure mais sans capiton et quatre poignées en métal doré.

La dépouille de mon père demeura seule la nuit dans le salon fermé à clef, après que j'ai passé une heure assis à méditer près de lui.

Le lendemain 11 novembre, ce sont ma tante Marie-Agnès Cailliau, la sœur de mon père et seule survivante de la fratrie, et quelques-uns des siens qui viennent prier devant le cercueil. Elle nous reproche vivement de n'avoir pas attendu son arrivée avant de le refermer.

L'après-midi, après la cérémonie officielle aux morts des guerres le matin, passent le président Pompidou et Jacques Chaban-Delmas son

Premier ministre, qui restent quelques instants, puis Couve de Murville, dernier Premier ministre du Général, Alain Peyrefitte, et d'anciens collaborateurs : Jacques Foccart, Pierre-Louis Blanc, Pierre Lefranc, le colonel Jean d'Escrienne, ancien aide de camp, André Ducret, commissaire de police (autrefois en service à l'Elysée), Michel Droit, Jean Chauveau, Gilbert Pérol, Thierry Kaeppelin, Jean Mauriac, et une délégation de la Fondation Anne de Gaulle. Le comte de Paris arrive seul au volant de sa voiture.

Mon beau-frère s'est occupé de faire venir d'une garnison de l'est un engin blindé de reconnaissance du 5e Hussard dont on a retiré la tourelle. Il portera la dépouille du Général. Ce blindé parvient à Colombey sous la conduite du capitaine de La Maisonneuve. Des livres de condoléances sont officiellement ouverts à Paris, square du Champ-de-Mars au siège de l'association des Anciens de la France Libre, 5, rue de Solférino à l'ancien bureau du général de Gaulle et 37, avenue de Breteuil au secrétariat qui lui avait été affecté. Le prince Charles d'Angleterre, accompagné d'Anthony Eden et du maréchal Montgomery, viennent y apposer leur signature vers 19 heures, devant une file d'attente encore impressionnante à cette heure tardive. Le jeudi 12, à 11 h 30, une cérémonie solennelle se tient à Notre-Dame de Paris sous la présidence de Georges Pompidou. Plus de quatre-vingts souverains ou chefs d'Etat de toute confession et de tout régime, depuis le président des Etats-Unis Richard Nixon, le prince de Galles, le Premier ministre britannique Edward Heath accompagné de trois anciens Premiers ministres : Harold Wilson, Harold Mac Millan et Anthony Eden, jusqu'à Nikolai Podgorny, président du Soviet suprême d'URSS, au Shah d'Iran ou au Négus Haïlé Sélassié, tous les chefs des continents africain et asiatique sont présents.

Dans l'après-midi, un vent froid et sec souffle sur Colombey-les-Deux-Eglises baigné par un pâle rayon de soleil. Une quinzaine de milliers de personnes arrivées de toute la France ont réussi à contourner les nombreux barrages de police établis sur tous les accès pour empêcher que ce village de trois cent quatre-vingts habitants soit submergé. Beaucoup sont venus à travers champs et certains y ont même passé la nuit avec leurs enfants sur le sol humide de novembre. Ils sont là, qui se pressent dans le calme et s'agglutinent même sur les toits.

Après un bref déjeuner familial, peu avant 15 heures, on place le cercueil de mon père sur l'engin blindé venu le chercher devant « La Boisserie ». Ne doivent le suivre que les très proches : ma mère, ma femme et moi, nos quatre fils Charles, Yves, Jean et Pierre, ma sœur Elisabeth, son mari le général de Boissieu et leur fille Anne. Marie-Agnès Cailliau, les siens et d'autres proches parents ont déjà gagné l'église. Au moment où nous nous apprêtons à partir viennent me trouver les opérateurs de télévision qui me demandent instamment d'attendre à l'extérieur du parc. Nos trois voitures suivant immédiatement le catafalque gâcheraient en effet l'image émouvante de celui-ci s'avançant seul vers la foule. C'est volontiers que nous acceptons, en pensant à tous ceux, innombrables, qui n'auront pu se rendre aux obsèques et pourront ainsi les voir sur leur écran de télévision.

Nous allons donc attendre devant le portail d'entrée de la propriété. Dans le silence religieux de la foule pourtant compacte qui nous entoure, nous entendons le grondement sourd de l'engin blindé quittant la maison. Soudain, nous le voyons surgir au centre de la grille grande ouverte, portant le cercueil recouvert d'un drapeau tricolore. L'image est impressionnante.

Nous suivons alors le catafalque sur quatre cents mètres jusqu'à l'église où il est placé dans l'allée centrale face au chœur. Le même drapeau le recouvre jusqu'au sol. Au-dessus rien n'est posé. Autour ni couronne ni fleurs. Quatre grands candélabres en fer forgé avec leur cierge de chaque côté et quatre saint-cyriens l'encadrant, sabre au clair.

La messe est dite par l'abbé Jaugey, curé de Colombey, mon cousin François de Gaulle, missionnaire au Niger (aujourd'hui Burkina Faso) fortuitement en séjour en France, et Mgr Alfred Atton, que ma mère avait voulu écarter car le malheureux évêque de Langres avait engagé les catholiques à voter « non » au référendum.

L'office est traditionnel, accompagné de chants grégoriens en latin. Il est à la fois poignant, serein et solennel car, pour un chrétien, la mort est un accomplissement. C'est la plus belle cérémonie de l'Eglise catholique romaine. Il n'y a, selon le vœu de mon père, aucun sermon mais la simple mention du nom de celui pour qui on prie le Juge suprême d'accueillir avec indulgence le défunt auprès de Lui.

Après la messe, qui a duré environ quarante-cinq minutes, le cercueil est porté au cimetière tout proche sur les épaules de douze jeunes gens de Colombey, six de chaque côté. Il passe devant une garde de cinq sections : saint-cyriens de part et d'autre du portail de l'église, et en face, de l'autre côté de la rue, sur trois rangs : la gendarmerie, l'armée de Terre, les fusiliers-marins et l'armée de l'Air. Tous présentent les armes en silence, sans musique ni sonnerie de clairon. Au cimetière se regroupent ma mère, qui paraît impassible sous son voile de tulle noir, ma femme et moi, ma sœur Elisabeth et son mari, leur fille Anne et mes quatre fils âgés de vingt-deux à sept ans, la sœur de mon père Marie-Agnès, l'épouse de son frère aîné Xavier, Jacques et Cada Vendroux et Mme Jean Vendroux. Mon père est inhumé dans la tombe blanche surmontée d'une croix de la même pierre où repose déjà sa fille Anne depuis 1948. Une deuxième inscription est gravée en lettres dorées en face de celle de ma sœur : « Charles de Gaulle 1890-1970 ». Là encore, ni discours, ni couronne. Mais beaucoup seront déposées après notre départ.

La foule est contenue par les gendarmes sans difficulté derrière des barrières mobiles, sans cri ni manifestation particulière, selon le souhait de celui auquel elle est venue porter le témoignage de son respect et de son attachement. Seuls, sur notre passage, quelques simples bouquets de fleurs, quelques sanglots, quelques exclamations étouffées...

Dans la soirée, nous apprenons que le conseil municipal de Paris a décidé à l'unanimité de donner le nom de « Général de Gaulle » à la place de l'Etoile. A l'instigation malheureuse de M. Frédéric-Dupont, ancien parlementaire de la vieille IIIe République qui, réflexion faite, préférerait qu'on lui attribue un autre lieu, les communistes et quelques autres groupes minoritaires cherchent à se raviser. On me prévient par téléphone à « La Boisserie ». Je réponds aussitôt : « Ma famille et moi nous n'avons rien demandé. Mais, puisque la capitale a déjà voté, il n'est pas question qu'on revienne sur son premier mouvement qui est le bon. » Personne ne s'avisera de retoucher cette noble décision. Pour la confirmer un peu plus tard, plus de deux cent mille personnes remontent les Champs-Elysées dans la nuit sous des averses de pluie et vont déverser des fleurs au pied de l'Arc de Triomphe. Le conseil municipal de Paris et les drapeaux des anciens combattants y sont entraînés par la foule.

Je passe sur les innombrables péripéties téléphoniques de la journée et de la nuit qu'il nous a fallu endurer pour le plus souvent refuser et parfois accepter, quand il s'agit d'étrangers, les visites à « La Boisserie » de diverses personnalités. Ainsi, ma mère n'accède-t-elle pas à l'insistance désolée de Maurice Schumann, ministre de Pompidou et profondément attaché à la mémoire du général de Gaulle, mais qui après l'avoir quitté à propos de « volapük intégré » a rallié un gouvernement dont plusieurs membres ont voté « non » au dernier référendum, qui a causé son départ. D'autres ministres du même gouvernement ou d'anciens ministres sont aussi déclarés indésirables à Colombey pour les mêmes raisons. Mais le lendemain, vendredi 13, je dois à nouveau revêtir l'uniforme de cérémonie de la Marine, sabre au côté et décorations pendantes, pour aller accueillir au cimetière les chefs d'Etats africains avec mon beau-frère Alain, également en grande tenue. Ils étaient pourtant tous présents hier à Notre-Dame mais ont tenu à venir aussi à Colombey sous la conduite de Jacques Foccart, ancien secrétaire général des Affaires africaines et malgaches de mon père, tâche qu'il poursuit sous la nouvelle présidence. Nous l'approuvons d'avoir favorisé cette touchante démarche. Pour ma part, je ne le connais que de vue. L'occasion m'est ainsi donnée de rencontrer un peu moins brièvement cet homme secret, sympathique et dévoué qui a une réputation d'éminence grise depuis le temps où il a été parachuté en France occupée avec nos Services d'Actions spéciales (SAS) en 1944. On le soupçonne de vouloir se mêler de tout et il entretient autour de lui un halo de mystère.

En fin de matinée, nous accompagnons sur la tombe du Général les présidents du Niger, de Côte d'Ivoire, du Dahomey, de Haute-Volta, du Togo, de Mauritanie, du Tchad, de Madagascar et de Centrafrique. Ce dernier, le général Bokassa, exale des sanglots bruyants et clame son désespoir au point que son homologue du Dahomey Maga et le chef de l'Etat ivoirien Houphouët-Boigny lui ordonnent de se taire. Certains pays sont représentés par des ministres : ainsi du Congo, du Mali et du Gabon dont le président Omar Bongo a dû le matin même subir une intervention chirurgicale. Seul, le président Senghor a présenté ses excuses par lettre à ma mère : il a voulu respecter à la lettre les volontés du Général, mais nous savons aussi que le sentiment d'une certaine supériorité vis-à-vis des autres pays noirs, beaucoup moins anciens dans la francophonie, a détourné le président sénégalais de se mêler à la délégation.

Leur groupe descend ensuite à « La Boisserie » pour visiter la résidence privée du Général. Dans la bibliothèque, devant le bureau qui est considéré comme le cœur de la maison, Houphouët-Boigny me demande si notre tristesse familiale n'a pas été aggravée par la soudaineté de la mort de mon père. Je lui réponds que, cette échéance paraissant inévitable au moment où elle s'est produite, mieux valait que la fin ait été rapide. Ainsi une longue et pénible agonie lui a-t-elle été évitée. Jacques Foccart se croit obligé d'ajouter un commentaire pour expliquer que le Général est, en quelque sorte, mort debout.

La simplicité de notre maison les étonne au point qu'ils ne la trouvent pas tout à fait assez digne, en réalité, du prestige de son hôte. L'allée qu'ils descendent et remontent à pied étant recouverte de gravillons propres mais un peu humides en ce mois de novembre en Haute-Marne, Hamani Diori me prend par le bras pour me conseiller de « la faire goudronner, en particulier devant l'entrée ».

Le lendemain matin, j'accompagne ma mère au cimetière afin de remercier le patriarche orthodoxe Mgr Meletios qui vient prier sur la tombe, accompagné d'une nombreuse délégation des différents pays de l'Eglise d'Orient.

Ainsi l'hommage rendu à mon père a-t-il dépassé toutes les frontières, idéologiques ou religieuses, en accord avec son rayonnement.

CHAPITRE 7

APRÈS LUI

En dehors même de l'atteinte affective et morale qu'elle constitue pour un fils et l'impression qu'elle impose de se trouver à son tour au premier rang, la mort d'un père laisse toujours beaucoup de problèmes familiaux et matériels à résoudre. La disparition du mien ne cessera d'en provoquer tout au long des années, bien plus que je ne l'aurais imaginé.

Dès mon retour en Bretagne, je suis confronté à la correspondance parvenue avenue de Breteuil après la mort du Général. Il y en a sensiblement plus que durant la dernière année de sa vie. A peu près tous les chefs des missions diplomatiques à Paris ont exprimé leur condoléances, auxquelles s'ajoutent environ quatre-vingts missives adressées à ma famille par des chefs d'Etat étrangers, certains illustres. Une seule lettre n'appelle pas de réponse : celle de Ben Gourion, datée du 9 novembre 1970, jour même de la mort de mon père auquel elle est personnellement adressée, avec un simple carton de transmission cavalièrement intitulé « Avec les compliments d'Israël ». Qui plus est, elle a déjà été amplement publiée dans les journaux.

Prendre en charge la succession morale et matérielle de mon père, devoir se battre sans trêve pour empêcher les appropriations abusives, les publications pirates, les falsifications de textes, fait de moi tout à coup le point de mire des bienveillants et la cible des malveillants, tous étant les uns comme les autres, insconsciemment ou non, orphelins du Général, fussent-ils pour beaucoup ses ennemis. Comprenant que je ne pourrais traiter toutes ces archives et tous ces courriers à mon domicile personnel, le chancelier Claude Hettier de Boislambert et surtout le général Jean Simon, ainsi que les compagnons de la Libération, dont je ne fais pourtant pas partie, me laissent l'usage d'un petit bureau au siège de l'ordre, près des Invalides. Je n'imaginais pas au départ que j'aurais à y travailler, même occasionnellement, durant des décennies. Je leur en suis très reconnaissant.

Le général de Gaulle n'a pas laissé une grande fortune. Il ne possédait, en vérité, rien d'autre que son esprit. S'il admirait beaucoup les œuvres d'art, il n'avait pas le goût de posséder les objets, qui l'eussent encombré dans la mesure où ils n'avaient aucune utilité dans sa vie courante. Les cadeaux qu'on lui remettait ne valaient que par leur témoignage et non par la valeur matérielle. Aussi, en faisait-il don trop souvent à titre de souvenir à ceux, nombreux autour de lui, qui s'en montraient heureux. Ses enfants n'auraient pas eu le mauvais goût d'en demander un seul. De son côté, avec l'instinct de sécurité qu'ont les femmes, ma mère entendait que les personnes et les objets fussent en ordre, mais les gens bien avant les choses. Elle n'avait pas davantage le goût de la propriété, sauf par vocation naturelle, celle de son mari, ses enfants et petits-enfants...

Mon père nous a laissé d'abord « La Boisserie » et les sept hectares non exploités qui l'entourent. Ma mère en possède la moitié. L'estimation en est quasi impossible, selon qu'on la considère comme invendable, ce qui est le cas dans l'immédiat, ou d'un prix relativement élevé, ce que le fisc n'a pas manqué de noter. Les impositions locales sont sensiblement plus importantes que pour les immeubles similaires de la région. La raison en est qu'« on ne comprendrait pas que le Général ne paie pas plus cher que tout le monde ». Les autres biens familiaux se composent d'un terrain à Maisons-Laffitte d'un peu moins d'un hectare à usage de verger qu'une vieille parente a laissé enclaver, de sorte qu'il n'est négociable qu'avec le voisin et ne procure qu'impôts et ennuis ; à Santes-Hallennes-lès-Haubourdin, dans les environs de Lille, d'une douzaine d'hectares de terrages déclarés inconstructibles parce que classés agricoles. Cette propriété provenant de ma grand-mère maternelle est d'un seul tenant, mais jalonnée de casemates et de tranchées depuis les deux dernières guerres mondiales. De plus, objet d'un « bail tacite » depuis le milieu du XIXe siècle, elle est frappée de charges qui se sont accumulées au fil des ans et toujours au détriment du propriétaire selon des législations bien françaises, de sorte que son rapport est devenu tout à fait symbolique. C'est dire que de tout cela les héritiers n'ont guère intérêt à s'encombrer plus longtemps.

Aucune valeur mobilière ne figure dans la succession bancaire si ce n'est dix obligations du dernier emprunt national souscrites par solidarité et deux actions d'une société de logements économiques pour familles nombreuses dont le but n'est évidemment pas de verser des dividendes. Le compte courant de mon père ne contient guère que de quoi payer les dépenses à court terme. En revanche, il reste environ deux cent soixante mille francs de droits d'auteur chez Plon que l'intéressé devait percevoir à la fin de l'année et qui seront partagés entre ma mère pour une moitié, ma sœur et moi pour l'autre. La dévolution des biens matériels du Général se complique de nombreuses donations à des institutions, notamment Vertcœur, ou à des personnes (anciens chauffeurs, anciens jardiniers ou serviteurs, etc.).

Cherchant à clarifier la situation et à éviter une vente éventuelle de « La Boisserie », et pensant qu'on devait bien cette compensation à un homme désintéressé au point d'avoir refusé toute espèce de retraite depuis 1946 alors qu'il avait rendu des services incomparables au peuple français, le président Pompidou et le Premier ministre Chaban-Delmas promulguent un décret affranchissant de droits la succession du général de Gaulle. Ils mettent ainsi en application le vote de l'Assemblée nationale proclamant à son départ volontaire de janvier 1946 qu'il avait « bien mérité de la Patrie », motion qui avait pour effet l'exemption des impôts de succession pour ceux, très rares, qui en étaient l'objet.

Le pouvoir s'enquiert en outre de la situation matérielle de ma mère. Celle-ci a refusé de bénéficier du statut des veuves de maréchaux : logement, personnels de maison, secrétariat et traitement, mais elle accepte de bénéficier du seul avantage consenti à mon père de son vivant : un chauffeur et sa relève à Colombey : M. Fontenil et l'adjudant-chef Marroux, conduisant une voiture achetée comme le carburant sur ses deniers personnels.

Outre qu'elle assurait l'entretien de sa maison, ma mère payait depuis toujours les salaires et charges sociales de deux aides-ménagères pour « La Boisserie » et même d'une troisième, Yvonne Haas, qui restera chez moi plus de quarante années. Nous n'avons jamais utilisé de personnels de l'Elysée, comme l'a parfois insinué une presse malveillante qui tenta de nous assimiler à certains hôtes moins scrupuleux des palais nationaux.

Pompidou et Chaban-Delmas comprennent bien que les droits d'auteur dont vivait mon père déclineront rapidement après sa mort. Ils font attribuer à ma mère les reversions normalement prévues pour la veuve d'un général et d'un conseiller d'Etat, bien que mon père n'ait jamais rien voulu toucher de son vivant. De la sorte, ma mère pourra conserver son mode de vie. Elle vendra néanmoins la 15 CV Citroën traction avant de mon père pour acheter une 6 CV de la même marque qu'elle peut elle-même conduire, et ceci au déplaisir des chauffeurs appelés à prendre leur retraite dans les deux années suivantes. Ils seront remplacés par un autre retraité de la gendarmerie, M. Saleur, jusqu'au départ définitif de ma mère pour Paris en septembre 1978.

Le lendemain de l'enterrement de mon père, cette dernière entreprend de faire brûler la totalité de ses vêtements afin d'éviter qu'on n'en fasse des reliques ou même que certains ne soient éventuellement subtilisés ou vendus. Ma sœur, mon beau-frère et moi parviendrons cependant à sauver deux képis, un manteau, deux ceinturons de cuir toujours portés sans baudrier, une veste et un pantalon d'uniforme pour des musées comme celui de l'Ordre de la Libération où je ferai également déposer tous les ordres français et étrangers et toutes les décorations, à l'exception des grands colliers qui devaient être rendus à la mort du titulaire : l'Eléphant du Danemark, la Rose blanche de Finlande, le Lion d'or de Nassau du Luxembourg, l'Ordre de Saint-Olaf de Norvège, l'Ordre des Séraphins de Suède, le Lion d'Ethiopie. Les pierres et métaux précieux en font des orfèvreries de grand prix. Les montres, les stylos et autres petits objets personnels sont partagés entre ma sœur et moi avant d'être donnés comme souvenirs à nos propres enfants. Je remettrai le sabre d'infanterie reçu par mon père à Saint-Cyr en 1912 et qu'il n'avait porté au combat qu'en 1914 au musée qui sera créé à Lille dans sa maison natale. Le casque et la veste de cuir des chars de 1940 seront remis aux Invalides.

Un travail considérable m'échoit bientôt et qui me vaudra un harcèlement constant à un point que je ne mesure pas encore : l'inventaire et la sauvegarde des archives paternelles ! Pour me venir en aide, Michel Debré ainsi que le contrôleur général des armées Roqueplo détacheront auprès de moi dix années durant, en tant qu'employée civile des armées après sa retraite militaire, Mlle Andrée Valentin, qui appartient au secrétariat de mon père à l'Elysée, et lui fut momentanément affectée avenue de Breteuil. Ce bureau sera définitivement fermé à la demande de ma mère le 30 septembre 1971 sans que mon père ni elle ne l'ait jamais occupé.

Au moment de la restitution des locaux aux armées, je vois arriver Jacques Foccart qui me demande quelle destination donner à quelque cent soixante mille francs restés en caisse après la dissolution du secrétariat. J'ignorais totalement l'existence de cette somme, la gestion des lieux dépendant du Premier ministre. Foccart ayant moins encore à voir avec cet organisme, je suis étonné de sa démarche. J'ignore encore qu'il entend être, en coulisses, l'intermédiaire de tous et de tout et que c'est la marque principale d'une existence toute vouée au général de Gaulle depuis la France Libre. Il estime dans l'immédiat que cette somme devrait m'être versée pour couvrir un éventuel reliquat de frais de secrétariat. Je réponds que l'argent en question provenant de l'Etat doit naturellement lui revenir. Impossible, me répondent les Finances, nous n'avons aucune procédure permettant la réintégration de ces fonds. « Alors, versez-les en primes aux personnels ou à la Caisse des Dépôts et Consignations en attendant que l'Etat en détermine l'emploi. De toute façon, ce n'est pas l'affaire de notre famille. »

Plus imprévu encore, le problème que pose tout à coup l'occupation du petit immeuble situé 5, rue de Solférino, qui servit de bureau à mon père au temps du RPF et de la « traversée du désert ». Il est depuis septembre 1969 le siège d'un centre d'études de l'œuvre du général de Gaulle, qui va devenir l'Institut Charles de Gaulle à l'instigation de Gaston Palewski et de Pierre Lefranc. Ceux-ci ont demandé son accord à mon père qui s'est montré d'abord très réticent. « Ils vont vouloir établir une espèce de tutelle sur mes archives et prétendront s'ériger en censeurs des uns et des autres et en particulier de ma famille, objecta-t-il d'abord pour ajouter ensuite, s'adressant à moi : Après tout, ils pourront t'aider à assurer la plus grande part de l'abondant courrier qui après moi se déversera inévitablement sur toi. » Malgré quelques pesanteurs et peu de moyens, l'Institut jouera excellement son rôle, non de secrétariat qu'il n'assurera pas, mais de défenseur de la mémoire et de la pensée du général de Gaulle. Aucun membre de la famille n'en fera jamais partie, ce qui lui laisse toute liberté et toute responsabilité.

Mais une deuxième organisation, très discrète, y avait aussi son siège depuis longtemps au troisième et dernier étage. Je l'ignorais jusqu'à ce que certains de ses membres viennent me trouver pour m'annoncer leur départ du Service d'Action civique. « Le Général étant mort, nous n'avons plus à assurer sa protection ni celle de ses réunions. Le SAC n'a plus de raison d'être désormais. Nous ne nous consacrerons plus qu'à nos propres affaires », me disent-ils. Ce n'est pas l'avis de Jacques Foccart qui, dans le SAC, voit un des principaux moyens d'action gaulliste, ni de Georges Pompidou qui veut utiliser à son profit les mêmes dévouements. En dépit du retour de Pierre Debizet, qui en était le chef originel et s'en était éloigné pour ne pas avoir à combattre l'OAS, et de l'arrivée d'éléments de plus en plus éloignés du patriotisme gaulliste, les effectifs devaient s'amenuiser d'année en année.

En juillet 1981, sous la présidence de François Mitterrand, on attribuera au SAC une tuerie entre rançonneurs, à Auriol, dans les Bouches-du-Rhône, ce qui donnera au gouvernement socialo-communiste le prétexte, de pure propagande, pour dissoudre une organisation qui en réalité n'existait plus depuis longtemps.

Dans l'immédiat, le départ du SAC de la rue de Solférino provoque un affrontement entre Jacques Foccart d'une part et Gaston Palewski et Pierre Lefranc de l'autre. Ces derniers ne sont guère pompidoliens et ils estiment que la bibliothèque du petit immeuble de l'Institut, accessible à tous, partisans ou adversaires de De Gaulle, français ou étrangers, ne peut cohabiter avec une organisation politique vouée, qui plus est, à disparaître avec le Général. Invité à m'entremettre dans cette querelle, je parviens à persuader Foccart d'aider les militants à s'installer ailleurs dans des délais convenables. Ce problème m'amène à faire un peu mieux connaissance avec lui. D'une famille implantée de longue date en Guadeloupe, cet ancien parachutiste des services spéciaux de la France Libre est petit et râblé. Le visage rond et glabre, le cheveu blond et rare, les yeux clairs un peu exorbités, portant des lunettes à fine monture, la bouche ronde toujours entrouverte sur l'ébauche d'un sourire, Jacques Foccart a plutôt l'air d'un négociant paisible et discret. Il ne faut pas s'y tromper : son énergie est sans faiblesse, son esprit toujours en alerte. Marié, sans enfant, il habite une villa, baptisée « Charlotte » par fidélité à Charles de Gaulle, à Luzarches, dans les environs de Paris, et dont je ne verrai qu'une seule fois le jardin lors des obsèques de sa femme Isabelle en 1990. Je n'ai pratiquement pas rencontré Jacques Foccart jusqu'à la mort de mon père, deux ou trois fois ensuite jusqu'en 1986, année où on sollicitera la famille de Gaulle pour monter en ligne, moi le premier, afin de soutenir la candidature de Jacques Chirac à l'élection présidentielle, ensuite une fois par an en moyenne jusqu'à la mort de Houphouët-Boigny. Commençant alors à souffrir de la maladie de Parkinson, il me priera de l'accompagner à Abidjan. La paralysie le gagnant lentement, j'estimerai ensuite devoir lui manifester l'attention, l'estime et l'amitié que méritaient sa loyauté sans faille et son dévouement désintéressé au Général. Mon père le comptait assurément parmi ses fidèles les plus sûrs, quoiqu'il éprouvât de l'agacement envers son zèle insistant et la multiplicité parfois confuse de ses activités : celles qui lui étaient officiellement confiées et celles qu'il prétendait officieusement mener dans l'ombre du patron ou comme intermédiaire. Cette position d'éminence grise lui a souvent valu de se voir attribuer un rôle qui n'était pas le sien et les attaques de la presse à ragots. Je pense qu'il en éprouve un contentement secret, malgré les multiples procès qu'il intente sans publicité à ses détracteurs et dont il est rarement débouté.

Homme de confiance du général de Gaulle, sans autre avantage que de l'être, il prétendra plus tard l'avoir rencontré « tous les soirs », ce qui, pour le moins, est exagéré. Sa perception innée, sa tendance naturelle à la discrétion, sa constance clairvoyante, son courage de Français libre et sa loyale amitié lui ont valu de se voir confier les Affaires africaines et malgaches, département auquel mon père, qui ne passait guère de semaine sans recevoir à Paris un ou plusieurs chefs d'Etat du continent noir, attachait une importance majeure. Il voulait que ces nouveaux pays prennent progressivement la totale responsabilité d'eux-mêmes et en déchargent la France d'autant, ce qui ne l'a pas empêché de leur affectuer 1 à 6 pour cent de nos ressources budgétaires, soit plus qu'aucun autre pays développé dans le monde. Il savait toute la difficulté pour des esprits africains de s'adapter à une logique administrative que les Français avaient reçue de l'Empire romain près de vingt siècles auparavant et sauvegardée au prix de multiples guerres civiles et grâce à la ténacité de la monarchie. Il craignait que les nouveaux Etats africains ne connussent les mêmes convulsions que celles subies par les nouveaux Etats d'Amérique du Sud, centrale et même du Nord après leur indépendance au siècle précédent.

Sensible aux problèmes de l'Afrique à un niveau moindre, Georges Pompidou maintient Jacques Foccart à son poste jusqu'à sa mort en 1974. J'ignore ensuite quel sera le rôle de notre ami sous le règne de Valéry Giscard d'Estaing et plus encore sous celui, très long, de François Mitterrand qui considérera ces questions, comme les autres d'ailleurs, d'un œil plus cynique, l'ancien secrétaire général ayant perdu sa place auprès de la Présidence. On le retrouvera ensuite comme conseiller de Jacques Chirac, Premier ministre, puis président de la République, qui aura à cœur de l'emmener avec lui au cours d'une tournée africaine par reconnaissance pour le travail accompli mais sans doute aussi pour tirer lui-même parti des amitiés et des relations très anciennes que Jacques Foccart gardait ici et là. Ce sera environ dix-huit mois avant sa mort. Sérieusement handicapé, il a du mal à se déplacer, mais éprouve la profonde satisfaction de voir ainsi reconnue son action inlassable en Afrique, comme il me le confie aussitôt après. Je le reverrai à son domicile moins d'un mois avant sa disparition. Son appartement est celui d'un ménage sans enfant. Essentiellement composé d'une vaste pièce de réception où se trouvent sa bibliothèque et son bureau et d'une grande entrée, il ne dispose pas de beaucoup de pièces d'habitation proprement dites. Le mobilier est simple, sans style. Les tableaux et tapis sans éclat. Beaucoup d'objets d'art en bois précieux ou léger, en ivoire, en coquillage ou en rafia tressé, répartis tant bien que mal. Assis sur un fauteuil roulant qu'il ne quitte que pour faire quelques pas, le maître de maison accueille ses hôtes avec cordialité et simplicité. Il téléphone sans arrêt aux uns et aux autres et, commentant les derniers médicaments qu'il a découverts « pour améliorer son état », paraît satisfait d'être entouré d'attentions. Désireux d'écrire ses mémoires à partir de très nombreuses cassettes enregistrées au cours des années, il m'exprime son inquiétude de ne pas se retrouver dans le désordre de ses commentaires passés dont beaucoup se seront révélés exacts, mais d'autres erronés ou invérifiés. Il ne se sent pas l'aptitude d'un écrivain, mais des collaborateurs sont convenus avec lui de réaliser un travail cohérent à partir de ses propos décousus, voire de ses boutades. Si le premier volume publié de son vivant et qu'il a tenu à me dédicacer paraît tel, en effet, malgré trop de considérations minimes, je ne reconnaîtrai pas Jacques Foccart dans les volumes publiés après sa mort, une nuit de 1997, et qu'il n'a donc pu contrôler.

Je garde le souvenir du voyage que nous avons fait ensemble à Yamoussoukro pour les obsèques de Houphouët-Boigny en février 1994. Le vieux sage d'Afrique a été ministre d'Etat du général de Gaulle avant d'être président de la République de Côte d'Ivoire. Après avoir logé à l'unique et grand hôtel du lieu, nous sommes deux à accompagner Jacques Foccart dans l'immense cathédrale neuve de Yamoussoukro, imitée de Saint-Pierre de Rome, mais plus vaste encore puisque sous la plus grande coupole du monde elle contient huit mille places assises et au moins autant debout. On a beaucoup reproché au président ivoirien cette construction somptuaire pour un pays riche mais encore sous-développé. On l'aurait sans doute moins attaqué s'il n'avait été le grand monument de la chrétienté en Afrique...

Tout le continent africain est représenté au plus haut niveau, toute l'Europe aussi et une bonne partie du Moyen-Orient, dont les délégations sortiront au milieu de l'office pour aller dire les prières musulmanes à l'extérieur de l'édifice et revenir ensuite. François Mitterrand, un de ses fils, Jean-Christophe, et une dizaine de diplomates sont placés au premier rang d'un côté d'une allée tandis que de l'autre, au même niveau, s'installe le maréchal Mobutu, président du Zaïre, sans saluer personne. En grand uniforme, coiffé d'une toque en peau de panthère, il fait une entrée théâtrale accompagné de la délégation la plus nombreuse — une cinquantaine de gens arrogants. Le recueillement est profond et le silence relatif pour une si grande foule contrainte à rester si longtemps sur place que l'attente est presque un supplice. Plus de six heures ! La dépouille du président ivoirien met plus de quatre heures à effectuer le trajet entre son palais où elle a été exposée et la cathédrale. La foule, venue à pied, souvent de loin, se jette sur le cercueil de celui qu'elle considère comme le père de la nation et l'empêche d'avancer. L'office, célébré par des évêques et des prêtres noirs pour la plupart, est soutenu par des chants très beaux en latin, en français et en langue locale. Une lumière agréable, tamisée par trente-cinq vitraux, baigne les décorations modernes et harmonieuses de l'édifice qui est impressionnant. En définitive, Houphouët-Boigny a eu raison de le construire, en puisant en grande partie sur sa fortune qui est grande et ancienne comme sa propre famille ; il est la marque d'une ambition spirituelle pour le continent africain en général et son pays en particulier.

Ces cérémonies montrent que Jacques Foccart appartient déjà au passé, malgré la considération évidente et l'amitié attentionnée qu'on lui marque. Tandis qu'à l'hôtel nous attendons un transport, notre petit groupe reste isolé et le flot où se mêlent officiels et journalistes français ou africains se presse sans nous voir. Leur centre de gravité est ailleurs. Le soir, avant le retour en avion, un grand dîner réunit les chefs d'Etat africains, les ministres et ambassadeurs français autour de François Mitterrand, très en retard et presque indifférent à son entourage. Sur le pourtour, des petites tables réunissent « ceux qui ont été » (« has been »). Jacques Foccart, que beaucoup de chefs d' Etat viennent saluer en passant avant de gagner leur place d'honneur, est avec moi à l'une d'elles que préside Emile Derlin Zinsou, âgé de soixante-douze ans, ancien président du Bénin, écarté du pouvoir depuis vingt ans.

Le dîner à peine commencé, on vient le prier de rejoindre le bout de la grande table où on lui a fait une place au dernier moment. Notre ami hésite, puis la rejoint et salue Mitterrand à distance d'une inclinaison du buste avant de s'asseoir. « Je ne pouvais pas refuser ce qui aurait été un affront public au président de la République et à ses invités de marque, m'a-t-il expliqué, mais j'en avais bien envie. »

A la fin de l'année 1970, peu après la mort de mon père, nous estimons, ma mère, ma sœur Elisabeth et moi, souhaitable la publication des deux premiers chapitres du second tome des *Mémoires d'espoir*, intitulé *L'Effort*, qu'il avait fini de rédiger. J'en remets la minute à Sven Nielsen, président de la Librairie Plon, qui est tout à fait d'accord pour l'imprimer, et les manuscrits à la Bibliothèque nationale afin qu'on ait la preuve de l'exactitude des textes. Trop d'œuvres posthumes ont été tronquées ou modifiées par ceux qui en ont hérité ou s'en sont emparé.

Le livre sort le 17 mars 1971. Cette publication est un succès, mais avant tout d'estime. Le plan de l'ouvrage avait été précisé à Pierre-Louis Blanc, l'un des derniers collaborateurs du général de Gaulle :

« 30 mai 1970 (Colombey-les-Deux-Eglises)

Mon cher ami,

Pour « L'Effort », j'ai l'intention d'écrire sept chapitres. Deux seront « politiques » et consacrés respectivement surtout : au référendum d'octobre 1962 (formation du gouvernement Pompidou, censure, dissolution, référendum même, élections) et à la réélection de 1965 (assaut général des partis, etc.). Deux seront « économiques et sociaux ». Je voudrais y traiter : des difficultés (par exemple : la grève des mineurs de 1963, la stabilisation, l'affaire agricole, etc.) et des progrès (développement — avec des chiffres — industriel, agricole, commercial, scolaire, les pointes, les communications, etc.).

Deux chapitres auront trait aux « affaires étrangères » : les drames (Cuba, barrage à l'entrée de l'Angleterre dans le Marché commun, assassinat de Kennedy, Vietnam, élections anglaises, départ d'Adenauer, etc.), les actes (accord franco-allemand, notre rigueur à Bruxelles, notre éloignement de l'OTAN, notre attitude monétaire, notre reconnaissance de Pékin, etc.), les visites (celles que j'ai faites, celles que j'ai reçues).

Un chapitre d'ordre « philosophique » où je formulerai mon jugement sur la situation de la France, de l'Europe, du monde.

Ceci dit pour vous éclairer quant aux documents.

Croyez, mon cher Blanc, à ma sincère amitié.

C. de Gaulle. »

On ne peut manquer de regretter en lisant cette lettre que l'auteur n'ait pas vécu assez longtemps pour venir à bout de son récit. Je pense, en particulier, au chapitre relatif à l'œuvre sociale[1], probablement la

1. Ordonnances de 1945 : Fondation et organisation de la Sécurité sociale.
Allocations familiales et primes de naissance — allocations de maternité.
31 décembre 1945 : Instauration du quotient familial.
31 décembre 1958 : Création de l'UNEDIC.

plus importante du siècle malgré l'occultation systématique dont elle a été l'objet de la part des professionnels de la revendication ouvrière soucieux de s'en arroger l'exclusivité. Cette œuvre immense dans tous les domaines, politique, constitutionnel, éducatif, économique, financier, industriel, commercial, comment ne pas regretter que l'intéressé n'ait pu en rappeler l'essentiel ?

Je me souviens d'une discussion que nous avons eue à propos de la Sécurité sociale. « Quand je l'ai créée, me dit-il, j'avais les syndicats contre moi. Fidèles à leur tactique de lutte des classes, ils refusaient ce qui était "octroyé" et non pas "arraché". Ils craignaient en outre de perdre le monopole des assurances sociales et des mutuelles catégorielles. J'ai été le seul à en signer les ordonnances ; mes ministres n'y ont apposé leur signature que pour ampliation et exécution. Quand je suis parti, les syndicats se sont approprié la Sécurité sociale et l'ont noyautée. Je n'étais plus là pour rappeler aux Français qu'ils me la devaient. Ce système ne devait être qu'un premier pas pour une population trop fruste économiquement pour comprendre que chacun doit cotiser contre la maladie et le chômage et pour sa retraite. Aussi ai-je d'abord obligé les patrons à assurer les inscriptions et la plus grande partie des cotisations. Puis les modalités auraient dû basculer progressivement au cours des décennies jusqu'à ce que chacun assume en totalité ses responsabilités en cotisant comme il veut et quand il veut à une caisse centrale d'Etat par exemple, sans que les patrons ne prélèvent plus rien des salaires, paies ou mêmes soldes pour les militaires, et n'assument que ce qui leur revient de toute façon : les assurances contre les accidents du travail. Ainsi n'aurait-on plus à discuter indéfiniment de la nature des activités de chacun ni de l'inclusion des primes ou indemnités dans la retraite, etc. Naturellement, les chômeurs doivent être toujours secourus par l'Etat et les sommes versées par chacun pour sa sécurité doivent-elles être intégralement défiscalisées puisqu'elles ne sont pas des revenus disponibles. Hélas ! les mentalités, à l'instigation de ceux qui ont intérêt à entretenir des litiges qui sont leur raison d'être, ne sont en réalité pas encore sorties de l'irresponsabilité ! — Mais avec ce système de responsabilité personnelle du citoyen, vous auriez eu un million de pauvres types qui n'auraient pas voulu, pas su ou pas pu cotiser par eux-mêmes. — De toute façon, quel que soit le système, nous aurons toujours un million de pauvres types sur les bras. »

1961 : Régime d'assurance chômage (en un temps où il n'y avait que le minimum technique incompressible de soixante mille véritables chômeurs).
Retraites complémentaires de l'ensemble des salariés.
20 mai 1965 : Généralisation de la quatrième semaine de congés payés.
23 février 1968 : Indemnisation du chômage partiel.
10 février 1969 : Accord sur la sécurité de l'emploi.

Mon père ne pouvait imaginer en 1970 que nous aurions, en l'an 2000 en plusieurs millions de chômeurs à charge ; par laxisme et démagogie, nous en avons laissé venir au moins les cinq sixièmes de l'extérieur, dont nous ne pouvons rien faire de bon ni pour eux, ni pour nous.

Il ne s'agit dans la lettre à Pierre-Louis Blanc que du deuxième tome de ses Mémoires *L'Effort*, qui fait suite au premier, *Le Renouveau*, déjà paru. Du troisième volume qu'il projetait d'écrire, *Le Terme, 1966-1969*, mon père ne nous a rien dit, si ce n'est son intention de conclure en s'interrogeant sur le jugement de l'Histoire.

Le génie et la force de Charles de Gaulle sont sans exemple dans l'Histoire. Pratiquement seul, il a élevé un pays en déroute, tombé dans le néant, au niveau d'une puissance victorieuse et prospère. Pratiquement seul, il a réfuté la fatalité de la défaite. Et, pour ce faire, il n'a pu s'appuyer comme Richelieu sur la personne sacrée d'un souverain, comme les Jacobins sur un élan national et conquérant, sur les lauriers du conquérant comme Napoléon, ni même sur le charisme d'une belle silhouette, d'un beau regard et d'une voix bien timbrée.

Dans une France décimée et ruinée moralement et matériellement par deux guerres mondiales et des conflits coloniaux, Louis XIV, Napoléon ou Clemenceau auraient-ils fait mieux que lui, eux qui disposaient d'une puissance de premier rang dans l'ordre militaire, démographique, économique, industriel, financier et culturel, avec des Français faisant preuve en toute chose de qualités incomparables ?

Mon commandement actif s'il en est au sein de l'Aéronautique navale à Brest me laisse peu de temps pour faire face aux problèmes soulevés par la mort de mon père. C'est incidemment que j'apprends qu'André Frossard, André Lacaze, Jean-Michel Royer, André Malraux, Maurice Schumann et quelques autres écrivains, pleins de bonnes intentions et de souvenirs du général de Gaulle, mais oublieux des contingences concrètes de l'édition, s'apprêtent à lancer la publication de fascicules illustrés intitulés *En ce temps-là..... de Gaulle*, publication qui se révélera d'un intérêt et d'une qualité exceptionnels. C'est l'hebdomadaire belge *Femmes d'aujourd'hui* qui doit en assurer l'impression et Guy Schoeller en diriger l'édition. La Librairie Plon, sous la présidence de Sven Nielsen, entend rester l'éditeur du Général dont elle possède les droits de reproduction. Mécontente, elle lance son directeur Marcel Jullian dans cet imbroglio. Dès la mort du général de Gaulle, j'ai dû presque immédiatement affronter une véritable foire d'empoigne où, passant outre à la législation française, de multiples impressions ont surgi ici ou là d'extraits des œuvres du Général, en des dictionnaires de citations vraies ou fausses, de thèses sur lui transformées en publications rentables, en doctrines présumées du gaullisme, sans compter les publications pirates — le tout passant outre à l'accord des ayants-droit. Du procès opposant Marcel Jullian à Guy Schoeller sur des questions de droits, je ne connaîtrai jamais les résultats, mais le tirage de chaque fascicule est supposé avoir atteint deux cent mille exemplaires.

Je suis rapidement mis à contribution pour fournir à l'excellent rédacteur en chef André-Marie Gérard quelques récits de la vie de mon père, quelques textes de référence et beaucoup de documents personnels ou de photos familiales que je dois en outre contribuer à légender. C'est souvent le samedi matin à l'arrivée de mon train de nuit venant de Brest que je dois effectuer ce travail considérable. La revue se réserve l'exclusivité de tous les documents en me garantissant leur restitution en totalité sans que rien n'en soit communiqué à l'extérieur. Mais le monde des photographes doit être une jungle car, peu après cette publication, on verra fréquemment reproduites des photos dont ma sœur et moi étions jusqu'alors seuls détenteurs. On ne sait par quelles opérations celles-ci entreront partout sous le timbre d'agences célèbres dont l'une aura même le front de me réclamer un jour des droits de reproduction d'une image de mon père enfant que j'avais publiée dans un article de revue !

*

Dans la nuit du 24 au 25 décembre 1969, cinq vedettes rapides lance-missiles construites par nos chantiers quittent le port de Cherbourg pour mettre le cap sur Haïfa avec à bord les équipages israéliens auxquelles elles étaient destinées de longue date. Nous avions livré sept appareils à Israël avant que le général de Gaulle et son gouvernement ne mettent l'embargo sur les armements à destination du pays. A vrai dire, nul ne doutait que cet embargo de pure forme, puisqu'il laissait les équipages israéliens s'entraîner sans encombre à l'extérieur, ne serait levé d'un jour à l'autre par le président Pompidou. Mais il s'agissait pour le gouvernement juif de montrer aux médias internationaux combien il se moquait des Français.

Une extraordinaire machination est donc montée pour le jour de Noël, après un achat fictif de ces vedettes au constructeur Amiot par une imaginaire compagnie maritime norvégienne qui en assurera le ravitaillement en mer. Naturellement, nos avions de patrouille maritime de Brest et de Toulon les retrouveront au moins trois fois en Atlantique et en Méditerranée. Il eût été facile de les intercepter si nous avions été en guerre avec elles, ce qui n'est nullement le cas. Nous les laissons donc arriver une semaine plus tard à Haïfa où elles sont attendues par une foule exultante et une nuée de journalistes convoqués pour vitupérer les Français.

L'exécration israélienne envers la France se manifestera de nouveau à la fin de février 1970 au cours de la visite officielle de Georges Pompidou aux Etats-Unis. Alors qu'il se rend à une réception dans le plus grand hôtel de Chicago, le couple présidentiel parvient difficilement à gagner la salle du dîner où le Président doit prononcer un discours. Plusieurs centaines de personnes appartenant à l'importante communauté juive de la ville les accueillent par des huées, leur crachant même dessus, tandis que le service d'ordre de la police urbaine se montre d'une extraordinaire passivité. De quelque bord qu'elle soit, la presse française réprouve ce nouvel affront. Un ancien de la France Libre, d'origine juive comme beaucoup, me commente l'affaire : « Les Israéliens ne nous pardonnent pas d'avoir cessé la guerre contre les Arabes. Il ne faut pas trop leur en vouloir d'avoir les réactions exacerbées d'un peuple dont l'existence est menacée quotidiennement. »

*

Ma mère vient au palais de Justice de Paris assister personnellement à la prestation de serment d'avocat de son petit-fils Charles, qui effectuera son stage à l'étude de Pierre Lemarchand. Partisan du général de Gaulle, ce dernier a la réputation d'avoir été mêlé aux services secrets. Mais c'est le seul qui a bien voulu recevoir mon fils. Ma famille et moi commençons à réaliser combien le prénom que nous lui avons donné sans penser à autre chose que de faire honneur à son grand-père aura des incidences gênantes sur son avenir et sa carrière. Chez les avocats ou dans les entreprises, l'annonce d'un tel nom et prénom suffit à lui fermer la porte. Même très apprécié historiquement, on juge préférable de l'éviter vis-à-vis de la clientèle ou dans le milieu des affaires. Charles a pourtant fait d'excellentes études et passé du premier coup licence et examen d'entrée à l'Institut des sciences politiques. Le premier incident est apparu dès le service militaire. J'ai vu arriver, un jour, deux gendarmes à mon domicile parisien pour s'enquérir d'un individu qui se serait fait inscrire sur les listes de conscription sous le nom de Charles de Gaulle, ce qui a paru factice. J'ai dû leur affirmer qu'il n'y avait là aucune usurpation.

Mon fils, qui ne se sentait pas en état de marcher sur les traces d'un grand-père et d'un père tous deux militaires, et sachant la vie impossible qui avait été faite à quelques garçons au nom devenu illustre, a préféré renoncer au service militaire proprement dit et au statut d'officier de réserve, pour faire son service dans la Coopération à l'ambassade de France au Mexique où il a été grouillot durant deux années pour les Affaires étrangères. Lorsqu'il veut effectuer un stage d'affaires, du vivant même de son grand-père, seuls Peat, Marwick and Mitchell ont accepté de le prendre, à la suite de quoi ceux-ci lui proposeront de le garder. Mais mon fils n'a pas souhaité s'implanter aux Etats-Unis et a préféré revenir en France. Plus tard, j'écrirai à son sujet aux patrons de deux très grandes entreprises industrielles. Le premier me répond que les syndicats n'admettraient pas l'embauche d'un Charles de Gaulle au moment où des ouvriers pourraient être licenciés.

Je n'aurai pas de réponse du second, si ce n'est par simple retour de l'accusé de réception.

Promu général d'armée en avril 1971, mon beau-frère Alain de Boissieu devient chef d'état-major de l'armée de Terre en mai suivant. C'est une fierté pour notre famille et une satisfaction pour les anciens de la France Libre de voir l'un des leurs, compagnon de la Libération, à la tête d'une des plusieurs glorieuses armées du monde.

Pour ma part, je quitte le 17 mai 1971 l'Aéronautique navale de la 2e région maritime pour être affecté à l'état-major des armées, rue Saint-Dominique. Outre qu'il s'agit du déroulement normal d'une carrière qui fait alterner les grands états-majors avec les grantes unités, le ministre de la Défense Michel Debré s'est peut-être rendu compte que les problèmes que j'ai à résoudre depuis la mort de mon père me seraient plus faciles à traiter à Paris qu'à Brest. On me confie le Bureau des Etudes générales où je me retrouve avec le colonel d'artillerie Emile Lacombe et le colonel René Payen de l'armée de l'Air. Chez le premier, je trouverai le concours le plus dévoué, chez le second plus de réserve malgré sa loyauté. La guerre nucléaire est devenue la préoccupation essentielle de tous et de la cellule ministérielle des Etudes générales, en particulier. Avec ses avions Mirage et plus tard ses missiles du plateau d'Albion, l'armée de l'Air est la première en état de délivrer une riposte nucléaire à une agression. Reçu avec une courtoise froideur, je perçois aussitôt que le général Philippe Morin, chef direct de cette force aérienne, entend bien en conserver le monopole, du moins la primauté y compris dans l'installation des centres d'opérations stratégiques souterrains tels que celui de Taverny. Aussi n'accepte-t-il pas volontiers l'arrivée de marins avec leurs sous-marins prêts à constituer, à court terme, l'essentiel de nos moyens stratégiques, leur permanence en mer étant seule à même d'assurer la riposte dans un pays petit comme la France. Pour le moment, les marins n'ont, à titre opérationnel, qu'un officier de liaison à Taverny et l'on tente de les tenir à distance en excipant de la raison tout à fait pertinente d'après laquelle, pour conserver le secret, il faut en réserver l'accès au plus petit nombre possible.

Travaillant directement pour le ministre, je parviens peu à peu, avec la ténacité et la réserve convenables, à faire sortir la stratégie nucléaire du seul domaine de l'armée de l'Air. J'y suis discrètement aidé dans les domaines techniques par nos ingénieurs maritimes, qui ont un rôle capital dans les développements de nos armements. L'armée de Terre, dotée seulement de quelques batteries de missiles nucléaires tactiques, n'a pas ces problèmes patrimoniaux, si l'on peut dire. Le colonel Lacombe, dans mon service, et le général de corps d'armée Hublot, chef de la division Emploi dont je dépends dans l'état-major, m'apportent généreusement leur concours et amicalement leur soutien.

Quant au ministre de la Défense auquel nos travaux parviennent personnellement, ni mes deux colonels, ni moi ne le verrons jamais. « Qui ne dit mot consent », dit le proverbe. A vrai dire, Michel Debré s'en remet à ses « experts » et s'intéresse surtout aux problèmes de budget, se comportant « plus en ministre des Finances qu'il regrette de ne pas avoir été dans le gouvernement qu'en ministre des Armées », comme s'en plaint le chef d'état-major général.

Dernier arrivé à l'état-major des armées, je suis évidemment le premier corvéable. Voici qu'en juillet arrive à Paris le maréchal Gretchko. Grand et athlétique comme presque tous les maréchaux soviétiques, comme si le volume était, dans son pays, la condition d'accès à ce grade — à l'exception du vieux maréchal Boudienny, vestige historique de la Grande Révolution —, le maréchal Gretchko est entré dans l'Armée rouge en 1917 à l'âge de dix-huit ans. Il fut d'abord bûcheron, dit-on, car il est bien vu par les hauts dignitaires du régime d'exciper la provenance la plus modeste possible : manœuvre, paysan, mineur ou cordonnier, comme le prétendait Staline pour lui-même. Ainsi, pouvaient-ils tous affirmer s'être fait eux-mêmes. Notre maréchal est plus fin que l'aspect brutal qu'il entend se donner. Nous ne savons rien de sa carrière mais nous pensons qu'il a dû assumer de hautes responsabilités dans la milice et la police militaire de son pays. Il se comportera en autocrate asiate, qui a l'habitude de parler en maître. Le personnel de l'ambassade soviétique, même de rang élevé, tend à s'effacer dès qu'il paraît et ceux qu'il interpelle n'en mènent pas large. Mais nous croyons comprendre dans le même temps que Gretchko, qui aura bientôt soixante-quinze ans, s'est vu accorder une dernière tournée de prestige avant de rejoindre, à Kiev, Leningrad ou Moscou, l'appartement de deux pièces pour officiers généraux retraités d'où il ne sortira plus que sur convocation, en grand uniforme pour quelque manifestation patriotique ou visite officielle de président étranger qu'on veut impressionner par d'éclatantes références. Il m'a été précisé que le maréchal fait à Paris une visite en réalité personnelle et qu'il y sera reçu en conséquence.

Je vais donc seul l'accueillir à l'aérodrome de Dugny-Le Bourget et lui présenter les souhaits de bienvenue de mon ministre et du chef d'état-major des armées, qui doivent ensuite le prendre en charge. Dès l'apparition de Gretchko, en tenue de service relativement sobre, insignes et rubans de décorations étant toujours abondants chez les Russes, le premier incident éclate. Le maréchal s'indigne de n'être reçu que par un simple capitaine de vaisseau, il est vrai porteur d'un nom illustre et très respecté depuis la Grande Guerre patriotique (1941), ce qui empêche toutefois qu'il se sente insulté. Ensuite, la demi-douzaine d'officiers supérieurs et subalternes qui l'accompagnent refusent de monter dans les voitures d'état-major qu'on leur a attribuées, seuls les grands véhicules d'apparat étant dignes de leur rang. Le colonel de l'armée de l'Air et le capitaine de vaisseau de l'Aéronautique navale, commandants respectifs de leur base, n'ont pas mieux sur place. Après une demi-heure de protestations et d'échanges désagréables, tout le monde finit par se laisser conduire au Cercle militaire des armées où le maréchal est logé dans la meilleure suite et les autres dans les meilleures chambres. Nouveaux grognements qu'on ne leur ait pas attribué une résidence particulière.

Le déjeuner et le reste de la journée n'étant pas de mon ressort, on me rapportera une réflexion de Gretchko, en passant aux Invalides, où il a sans doute été reçu par le gouverneur militaire : « C'est là où les Français enterrent leurs généraux vaincus. »

Le soir, je retrouve notre hôte à l'ambassade d'URSS où le maréchal apostrophe le personnel, diplomatique ou non, qui paraît mal à l'aise. Après deux heures de réception où une centaine de personnes seulement se restaurent à un buffet abondant, arrive Michel Debré. Gretchko entraîne aussitôt le ministre de la Défense dans un petit salon annexe. Le gouverneur militaire de Paris, l'ambassadeur d'URSS flanqué de ses plus hauts conseillers les accompagnent. Nous y sommes rejoints par une dame décorative d'environ trente-cinq ans dont on ne sait si elle est danseuse au Bolchoï ou sert dans l'armée russe, peut-être les deux à la fois. Le maréchal la fait asseoir sans façon sur ses genoux et, la tenant par la taille, s'adresse à Michel Debré sur le ton d'une conversation courante. Ce dernier, dont on craignait un mouvement de colère, répond à cette provocation avec le sourire et égrène des propos anodins avec beaucoup de naturel. Nous est alors servi un deuxième buffet plus luxueux que le premier. Des toasts sont portés puis, vers 11 heures du soir, Gretchko regagne le Cercle militaire avec sa suite. Aussitôt arrivé, il fait scandale parce qu'un nouveau buffet n'y a pas été préparé pour son retour. C'est, paraît-il, la coutume en Russie pour les hôtes de marque à toute heure du jour et de la nuit. Il exige ensuite qu'on aille réveiller le patron d'une boutique de lingerie qu'il a repérée rue de la Pépinière, tout à côté du Cercle, pour offrir une chemise de nuit en dentelle noire à la dame qui l'accompagne. Sa demande insolite n'étant pas satisfaite sur l'instant, il tire deux ou trois coups de revolver dans le plafond. Il me semble que tout ce tapage n'a d'autre but que de démontrer qu'à son âge il n'a rien perdu de sa fougue et de sa verdeur.

*

Evoquant dans *Les Chênes qu'on abat*, un monument imaginaire en l'honneur du Général, André Malraux a peut-être inspiré le président Georges Pompidou et les « gaullistes » lorsqu'ils lancent une souscription nationale en vue d'ériger une sorte de stèle sur la colline de Colombey-les-Deux-Eglises. Un comité du Mémorial est constitué autour du secrétaire d'Etat aux Anciens combattants Henri Duvillard, de l'amiral Cabanier, grand chancelier de la Légion d'honneur, et de

Claude Hettier de Boislambert, chancelier de l'ordre de la Libération. Ma famille et moi sommes consultés sur le choix du monument conformément au droit moral. C'est dire que nous sommes aussi confrontés à de multiples projets, sinon à beaucoup de pressions. André Malraux, sans doute mécontent du fait que l'ancien ministre de la Culture du général de Gaulle n'en ait pas été chargé, exprime plusieurs avis successifs proposant d'araser la colline et d'y construire une grande esplanade surmontée d'une croix de Lorraine où les lapins n'auraient évidemment aucune place. En revanche, les anciens combattants pourraient s'y réunir en rangs serrés et disposeraient même au-dessous d'une vaste crypte, avec un lieu de culte éventuel portant des milliers de noms de compagnons, de résistants ou de victimes de guerre. Ma famille et moi nous opposons à ce projet qui modifierait complètement le paysage au lieu de s'y intégrer harmonieusement. Je fais de plus remarquer que la vocation d'un tel monument est, selon nous, de s'imposer à la vue des passants présents ou futurs, plus que de faciliter le rassemblement des anciens combattants contemporains, même si de semblables réunions sont hautement souhaitables. Malraux se rend à ce choix en m'écrivant ce court billet : « Vous avez choisi seulement une croix de Lorraine. Bien ! C'est donc bien ainsi pour moi aussi ! »

La souscription nationale pour l'achat des terrains, les dédommagements aux cultivateurs locaux, la construction du monument et son entretien à venir est largement couverte en peu de temps par deux millions et demi de personnes, parmi lesquelles beaucoup d'étrangers en particulier britanniques.

L'édification de la croix de Lorraine commencée le 4 avril 1972 sur la colline la plus élevée de la commune (397 mètres) domine les vastes reliefs qui se rejoignent pour marquer les confins de la Champagne et de la Lorraine. Sa conception est due aux architectes Marc Nébinger et Michel Mosser qui œuvrent à titre gracieux. Les Bretons ont généreusement offert pour sa construction des matériaux provenant de leurs carrières : granit bleu de Lanhelin pour le socle et granit rose de La Clarté-Ploumanach pour la croix elle-même. Impressionnante par son architecture, harmonieuse par sa taille et par la technique des « voussoirs conjugués » nécessitant des câbles tendeurs des bras horizontaux à l'intérieur, ce monument mesure plus de quarante-trois mètres cinquante et pèse quinze cents tonnes, le poids d'un contre-torpilleur.

Après un travail intense de jour et de nuit, les édificateurs réalisent le tour de force de présenter un imposant Mémorial pour son inauguration le 18 juin 1972. Celle-ci a lieu, solennellement, en présence de Georges Pompidou et de son épouse, au milieu d'un grand concours de fidèles qui se disputent places et préséances. Une automitrailleuse transportant la flamme prélevée sous l'Arc de Triomphe le 17 juin a roulé toute la nuit pour la remettre au matin du 18 aux anciens combattants réunis dans la nuit pour la veillée du souvenir. Après une très belle allocution, le Président vient saluer ma mère et lui adresse des paroles d'attachement en retenant un peu trop longtemps dans la sienne la main qu'elle lui a tendue. Celle-ci la retire d'un coup sec, non par détestation de Pompidou, mais parce que les épanchements publics sont contraires aux coutumes familiales. La presse en fait état, comme si Mme Charles de Gaulle avait voulu publiquement lui marquer son désaveu, d'autant qu'elle confie à Jacques Chaban-Delmas : « Le Général a beaucoup souffert à son départ. Il vous aimait bien. »

Or, la tension entre le Président et son Premier ministre ne cesse de croître. Tandis que le premier est resté sur l'échec du référendum gagné à une faible majorité relative, un an auparavant, à propos de l'élargissement du Marché commun à la Grande-Bretagne, à l'Irlande, au Danemark et à la Norvège, le second vient d'obtenir un vote de confiance massif de l'Assemblée nationale. Une différence de fond dans leurs conceptions politiques fondamentales se précise aussi : Pompidou voudrait une politique d'investissements économiques et financiers, tandis que Chaban-Delmas préconise une approche plus sociale et même un peu démagogique.

Le président de la République ne pouvant accepter cette dyarchie obtient la démission de Jacques Chaban-Delmas le 15 juillet 1972 pour nommer Pierre Messmer Premier ministre, le lendemain. L'opinion publique se montre interloquée par ce congédiement imprévu d'un chef de gouvernement populaire, mais Pompidou récupère ainsi une entière maîtrise politique.

Compagnon de la Libération et glorieux combattant de 1939-1945 et de l'Indochine, homme de belle prestance et d'une intégrité indiscutée, gaulliste d'origine, constant dans ses convictions, le nouveau Premier ministre a l'expérience de l'outre-mer, dont il connaît bien l'administration et celle de la IVe République qu'il a côtoyée avant de détenir le record de longévité ministérielle aux Armées sous le général de Gaulle. Il a su faire face aux difficultés d'un tel ministère confronté à la guerre d'Algérie et aux enjeux de l'armement nucléaire.

Au demeurant, le gouvernement entend concilier toutes les tendances, des gaullistes historiques aux centristes et même à ceux qui ont pris leurs distances avec le général de Gaulle. Une fonction de « médiateur » entre les usagers et l'administration est créée qu'assumera Antoine Pinay, tandis que de multiples mesures sont adoptées dans l'année telles qu'une restriction du droit au licenciement, la mensualisation du SMIC, l'abaissement de l'âge de la retraite, le salaire minimum à 1 000 F, le statut des personnes âgées ou handicapées. Bref, de quoi satisfaire le plus grand nombre.

Avec l'inauguration du Mémorial de Colombey commence une période de souvenir du Général qui s'accroît sensiblement d'année en année pour ma famille en général et moi en particulier. De tous côtés, en France et à l'étranger, de la Belgique au Canada, au Liban, à l'Amérique du Sud, des baptêmes de rues, de places, d'avenues, d'écoles ou d'institutions sociales s'effectuent par milliers. On procède à des centaines de réalisations et d'inaugurations de plaques ou de monuments. En 1990, je serai invité à cet effet presque tous les jours de l'année et parfois jusqu'à trois fois dans la même journée. Je devrai en outre assumer une correspondance d'autant plus volumineuse que certaines municipalités changeront la date plusieurs fois de suite pour tenter de forcer malgré tout mon concours. Mon beau-frère Alain de Boissieu prendra une bonne part de cette charge, ma sœur Elisabeth moins volontiers et ma mère se refusera absolument à en assumer aucune.

En tout cas, très vite, ma famille et moi avons dû adopter une politique bien arrêtée. D'abord, pour éviter d'être impliqués dans des rivalités locales ou personnelles ou même dans des erreurs d'évaluation financières heureusement assez rares, nous ne cautionnerons aucune collecte de fonds pour un monument au général de Gaulle. Ensuite, afin d'éviter des représentations plus ou moins heureuses du Général qu'un flot d'artistes amateurs ou trop exaltés s'efforcent de produire avec plus ou moins de naïveté et d'enthousiasme, nous sommes obligés d'adopter une attitude prudente quant à la conception architecturale ou artistique des monuments. Nous refusons toute représentation figurative du Général et acceptons seulement les réalisations symboliques. Puis, les choses s'étant décantées, nous donnerons progressivement notre accord à la réalisation de médaillons, puis de bustes et enfin de quelques statues. En attendant, nous ne pouvons empêcher, à Colombey en particulier, la production de multiples objets plus ou moins insolites et de gravures représentant le général de Gaulle jusqu'à la caricature, ni leur mise en vente publique à Colombey. Nous l'accepterions mieux si beaucoup de gens ne pensaient pas que nous les avons autorisés, voire que nous en tirons nous-mêmes quelques bénéfices.

Un coup de téléphone à mon bureau de l'état-major des armées m'avertit que le Négus Haïlé Sélassié doit se rendre à Colombey sur la tombe du général de Gaulle et visiter le Mémorial. Ma mère me fait savoir aussitôt qu'elle se refuse à le recevoir à « La Boisserie », non qu'elle ait quelque chose à reprocher au souverain éthiopien qu'elle connaît pour avoir été reçue par lui à Addis-Abeba avec mon père, mais parce qu'elle ne veut pas créer de précédent susceptible d'entraîner un défilé ininterrompu de hautes personnalités étrangères. En cela, elle diffère des « veuves abusives », comme les appelait son mari, qui se donnent grand mal pour paraître aux cérémonies et aux réceptions.

Je ne peux manquer, pour ma part, de me trouver sur le terre-plein qui reçoit le lourd hélicoptère du Négus au pied de la colline, près de la route de Bar-sur-Aube. Une antique Rolls-Royce envoyée à l'avance de Paris l'y attend déjà. Il m'invite à prendre place à côté de lui jusqu'au terre-plein au pied du Mémorial. Puis nous continuons à pied jusqu'à la croix de Lorraine. Malgré son grand âge, sa marche est ferme. Nous nous rendons à l'église car il est chrétien copte et jusqu'à la tombe de mon père. Durant les cours trajets en voiture, il m'adresse quelques mots dans un français qu'il parle assez bien. Durant son enfance, il a eu un précepteur qui était un père missionnaire de cette nationalité : « L'important n'est pas tellement la mort, me dit-il, c'est de laisser quelque chose après soi. Pour la France et l'Ethiopie, dont il a été un allié fidèle pendant la guerre, votre père a laissé une grande œuvre. Connaissez-vous l'Ethiopie ? — Malheureusement non, bien que je sois passé plusieurs fois par la mer Rouge et Djibouti en allant ou revenant d'Indochine. — Alors, vous avez sans doute vu les côtes de part et d'autre de cette mer. Tout y est jaune et sans un arbre ou même un brin d'herbe. Tout y est aride et desséché. A terre, vous vous êtes certainement aperçu que ceux qui ont un peu de mollets sont les fonctionnaires, les autres ont les jambes comme des manches à balai. C'est que dans ce pays rien n'a d'importance, et pas même d'être esclave si l'on peut manger une fois par jour. Enfin, peut-être avez-vous vu ces actualités cinématographiques où je donne moi-même à manger des morceaux de viande aux lions groupés autour de moi dans mon appartement privé du palais à Addis-Abeba. Vous avez sans doute lu la désapprobation de ces journaux démagogiques à mon égard qui vitupèrent la façon dont je nourris ces fauves alors que tant d'hommes meurent de faim. Ils ne comprennent pas que ces lions sont ma seule sécurité la nuit autour de ma chambre. »

Sur le moment, les propos du Négus m'ont paru un peu insolites. Je me rendrai compte plus tard qu'ils étaient en réalité une espèce d'appel au secours. Haïlé Sélassié mourra l'année suivante, vraisemblablement assassiné après une révolution marxiste conduite par Mengistu, un de ses officiers, qui fera massacrer sa famille dont le prince Desta, l'un de ses neveux qui avait vocation à lui succéder ; un jeune homme plein d'intelligence et de qualités, que nous avions eu comme élève à l'Ecole navale quelques années auparavant.

A la même époque, un coup de téléphone nous avertit que le roi Baudouin souhaite passer à « La Boisserie » pour y faire une courte visite personnelle à ma mère sans que personne n'en soit informé. Son but est uniquement de manifester son attachement à la mémoire du Général et à son épouse qui lui ont toujours témoigné une déférente bienveillance, en particulier depuis son mariage avec la reine Fabiola. Celle-ci, souffrante, ne viendra finalement pas.

Touchée par cette attention, ma mère consent une exception pour ce couple de souverains tous deux irréprochables, dont elle apprécie la gentillesse et la discrétion et dont elle n'ignore pas la situation difficile dans un pays qui n'est jamais parvenu à l'unité linguistique et politique.

En route vers une autre direction, le roi Baudouin arrête devant la grille de « La Boisserie » sa voiture qui est d'un modèle courant. Y laissant son chauffeur, il descend seul, en civil, emprunte le petit portail où je l'attends. Il reste une vingtaine de minutes au salon. Grand et fort mince, gêné par sa vue, il paraît souffrant, timide et triste. Après quelques mots sur le deuil éprouvé par ma mère, notre famille et la France, refusant la tasse de thé qu'on lui offre, il remonte en ma compagnie l'allée vers la grille, ne veut pas qu'on la lui ouvre, sort par le petit portail de côté jusqu'à sa voiture qui l'attend à quelques mètres de l'autre côté de la petite route. Personne ne l'a remarqué.

Les élections législatives de mars 1973 ne donnent que 276 voix à la majorité sortante qui disposait pourtant de 385 sièges dans l'Assemblée précédente. La gauche double le nombre de ses députés avec 190 sièges. La morosité a gagné la classe politique tandis que le choix d'un doublement du prix du pétrole, auquel s'ajoutent encore les séquelles, qu'on ne mentionne pas, des désordres de Mai 1968, affaiblit le gouvernement Messmer malgré, ou peut-être à cause, du rétablissement de l'équilibre budgétaire réalisé en 1973 et en 1974 pour la première fois depuis le départ du général de Gaulle.

Le 5 avril 1973, Pierre Messmer forme son deuxième gouvernement, dont les « gaullistes » sont presque totalement éliminés, comme si Pompidou entendait procéder, contre une tendance qu'il trouverait pesante, à une reprise en main dont ne subsisteraient que quelques symboles — Messmer lui-même et Maurice Druon, nommé ministre de la Culture. Michel Debré s'en va, Edgar Faure est élu président de l'Assemblée nationale. Michel Jobert, qui a systématiquement exalté Pompidou contre de Gaulle après les événements de 1968, devient ministre des Affaires étrangères. Michel Poniatowski, partisan déclaré de Valéry Giscard d'Estaing, prend le ministère de l'Intérieur et s'attache à liquider partout où il peut les « barons du gaullisme ». Cette volonté de les effacer suscite dans leurs rangs une amertume qui se serait certainement reportée contre Pompidou si celui-ci avait pu se représenter à des élections présidentielles.

Sauf à la chasse à laquelle il m'avait invité peu avant la mort de mon père en automne 1970, je n'avais plus eu d'occasion de revoir le président Pompidou que de loin, comme la plupart des Français. Je ne sollicitais d'ailleurs rien de la Présidence et pensais tout naturellement que j'appartenais à une époque désormais révolue. Aussi, fus-je surpris d'être convié avec ma femme à un dîner intime en tête à tête avec le couple présidentiel un soir de mai 1973. Peut-être Georges Pompidou avait-il été informé de mon prochain départ pour un commandement maritime à Brest et jugé normal de nous inviter une fois au moins dans des lieux que nous avions fréquentés dans un passé encore proche.

Nous sommes fort gentiment accueillis par Mme Pompidou au premier étage du palais dans une pièce de l'appartement privé dont la décoration Second Empire a été entièrement recouverte de voiles et de rideaux clairs. Les anciens meubles de style y ont été remplacés par des sièges « design » qui, souples et vastes, se déforment en s'adaptant aux formes du corps lorsqu'on s'y assoit. Ma femme et moi nous demanderons si ce mobilier n'a pas été choisi davantage pour permettre à Pompidou de s'y installer sans souffrir que pour faire moderne. Le Président nous rejoint un peu avant 21 heures pour s'affaler littéralement dans son fauteuil. Nous sommes aussitôt frappés par son aspect. Le visage et le cou sont boursouflés, son teint extrêmement pâle. Il a l'air épuisé et parle à mi-voix avec lassitude. La maladie dont il souffre l'a beaucoup changé en quelques années. Après le dîner sur place, qui est simple mais bon, Georges Pompidou me déclare qu'il a deux ou trois choses à me dire : « Vous voilà, contre-amiral ! Vous avez donc droit à des hallebardiers à votre porte ! — Je vous suis reconnaissant d'y avoir prêté attention. — Nous avons beaucoup travaillé ensemble, votre père et moi, poursuit-il. Je lui ai conservé un attachement profond. Il était normal qu'à la longue il y eût quelques susceptibilités et quelques malentendus. En mai 1968, j'ai cru qu'il m'avait abandonné et j'ai souffert de son manque de confiance. Je vous assure que je n'ai pas su sa mort avant le matin du 10 novembre et je regrette qu'on ne vous ait pas accueilli à l'Elysée quand vous vous y êtes présenté, il faut dire sans aucun préavis et très tôt le matin. Mais je crois finalement avoir bien respecté ses dernières volontés. En 1971, croyez-moi, il fallait bien qu'on dévalue le franc. On n'aurait pas pu tenir longtemps la Grande-Bretagne hors du Marché commun et je suis sûr que c'était l'intention de votre père de l'y admettre tôt ou tard. Certains de vos camarades de la France Libre sont bien exigeants. Mais je ne suis pas le général de Gaulle et je fais de mon mieux pour m'adapter et transmettre son héritage. — Je sais bien que personne ne peut faire comme lui, mais il est normal que certains aient l'intention et la volonté de marcher dans la même direction. C'est bien dans ce but que les Français vous ont élu. »

Nous nous retirons vers 22 h 30 en le remerciant d'avoir pris pour nous sur son temps de repos et de loisirs sans nous douter que nous ne le reverrions plus.

*

Le 23 mai 1973, je prends le commandement du Groupe naval d'essais de mesures basé à Brest. Force maritime indépendante, celui-ci est constitué d'un grand bâtiment de détection et de calcul, le *Henri-Poincaré*, ancien pétrolier transformé (180 mètres de long, 24 000 tonnes). Lent et stable, il dispose du volume et de l'endurance pour les deux hélicoptères, des dizaines de calculateurs dont le plus gros que les Français aient construit et de nombreux détecteurs radar à portée stratosphérique ou infrarouges et ultrasoniques sous-marins. Il est capable de déterminer sa position au milieu de l'Atlantique Nord à cent mètres près. Son rôle est notamment de servir de cible aux missiles M4 et M5 de nos sous-marins nucléaires, missiles lancés sur lui, en tirs décalés, depuis le Centre d'essais des Landes. Six antennes de dix à quarante mètres de diamètre lui permettent de détecter, d'identifier et de suivre la trajectoire des missiles, y compris d'en reconnaître les séparations de composantes et leur rentrée dans l'atmosphère. Tout cela s'effectue en général à deux mille kilomètres de portée et au millième de seconde près, en suivant des objectifs rapides à dix kilomètres à la seconde. Nos moyens sont capables d'analyser la densité de l'atmosphère, de fournir des météos par fusées-sondes lancées à quatre-vingt mille mètres et complétées par satellites, ou de recevoir les systèmes de radio-télécommunications spatiales.

Je réside en permanence à bord du *Poincaré* où j'ai « hissé ma marque » . J'y dispose d'un petit état-major dirigé par un chef remarquable par sa loyauté et son activité, le capitaine de vaisseau Hubert Granier. Mon bâtiment « Amiral » est armé par deux cents officiers et hommes d'équipage ou de quelques spécialistes des constructions et armes navales.

Notre lieu de stationnement habituel se trouve au milieu de l'Atlantique Nord, à près de trois mille cinq cents kilomètres des Landes et à proximité relative des Açores où nous faisons escale souvent. Les Français y ont installé une station de détection en accord avec les Portugais. Nous tenons fréquemment notre position au milieu de la mer durant deux à trois semaines, sans compter des temps de transit de semblable durée.

Mon groupe comprend en outre trois escorteurs rapides : *Le Breton, Le Basque* et *Le Bourguignon*, qui évoluent à distance autour du *Poincaré*, d'une permanence d'avions de patrouille maritime Bréguet-Atlantic à long rayon d'action venus à nos ordres de Lorient et de trois dragueurs côtiers basés à La Rochelle pour les mesures ou relevés de missiles à courte portée. Enfin, un bathyscaphe et un robot pour grandes profondeurs mis à l'eau par une gabare de haute mer pour le repérage et le relevage de fragments de missiles à récupérer.

Très amarinés et cohérents, je n'ai jamais eu de problème avec mes personnels pourtant mis à contribution souvent et longtemps. Quelques polytechniciens, enseignes de vaisseau de réserve, nous ont été affectés le temps de leur service militaire. Ce sont des cas spéciaux, issus des errements antimilitaristes de Mai 1968. Ils refusent de s'intégrer, affectent au carré de rester à l'écart et tiennent des propos méprisants à l'égard de tous. L'un d'eux, auquel je dis : « Comprenez que si Polytechnique ne défilait plus en tête des troupes sur les Champs-Elysées, elle perdrait une partie de son prestige », me répond : « Ne nous faites plus défiler et nous verrons ensuite. » Convaincus de leur supériorité, ces jeunes gens craignent en réalité de se montrer inférieurs aux autres dans la Marine, faute de métier. Ils affectent de prendre leurs distances pour éviter la comparaison.

Tandis que nous sommes en station en attendant l'arrivée des missiles, à deux cent milles des Açores, nous voyons arriver un jour l'envoyé de Greenpeace, un petit bateau assez vieux et mal entretenu, armé d'un équipage de bric et de broc où se trouvent quelques illuminés chevelus, quelques pacifistes prétendument « pasteurs », quelques soi-disant spécialistes de la météorologie ou de la faune maritimes et un petit équipage mercenaire. Le financement de cette expédition hétéroclite contre les tirs nucléaires est multiple et obscur. A des militants convaincus que l'humanité est naturellement bonne, se mêlent des agents d'organisations révolutionnaires et d'autres au service de pays qui entendent écarter la France de domaines qu'ils se réservent pour eux-mêmes.

Alors que nous nous trouvons au milieu d'une zone de haute mer où tous ont été dûment prévenus qu'elle doit servir de champ de tir momentané, nous avertissons une cinquantaine de bateaux de pêche portugais ou espagnols de s'éloigner quelques heures, un missile devant retomber à proximité. Ils s'exécutent sans difficulté à l'exception de Greenpeace qui entend s'y maintenir. Notre signal est clair : « Comme vous voudrez. A vos risques et périls. » Les chutes des morceaux de missiles le font aussitôt quitter la zone.

Nous retrouverons Greenpeace accosté non loin de nous, à Punta Delgada des Açores. A peine avons-nous descendu une coupée que se présentent quelques individus nous demandant sans façon à se procurer des cigarettes, des alcools, des bonbons et des rasoirs de notre coopérative et à se faire soigner par notre médecin ou notre dentiste, qui sont gratuits et leur inspirent plus confiance que les locaux. Nous sommes stupéfaits qu'ils puissent venir nous demander service alors qu'ils ne sont là que pour nous empêcher de travailler. « Nous, trotskistes, n'avons honte de rien, nous répondent-ils. Nous faisons ce pour quoi on nous paie. Le reste est littérature. » Ils obtiennent malgré tout satisfaction grâce à l'humanité des gens de mer et repartent, un peu gênés, au milieu des quolibets des matelots.

Nous sommes en mer le 2 avril 1974 en attente d'un missile lancé du Centre d'essais des Landes par les soins de mon ami l'ingénieur général de marine René Bloch quand on nous annonce le décès de Georges Pompidou. Il est mort d'une leucémie à évolution rapide, la cortisone qu'on lui administrait pour traiter sa maladie des os à évolution lente lui ayant fait perdre toute immunité contre une autre infection. Il a été transporté d'urgence de sa résidence d'Orvilliers dans les Yvelines à son domicile parisien du quai de Béthune. Cette disparition soudaine provoque chez tous un choc et chez moi en particulier pour beaucoup de raisons qu'il serait trop long de développer ici. Pressentant que sa maladie l'empêcherait de terminer son septennat, Georges Pompidou n'aura plus à se soucier de ramener son mandat au quinquennat, cher, déjà, à des hommes comme Valéry Giscard d'Estaing, pressés de faire accélérer une échéance dont ils attendent tout pour eux-mêmes.

Sur la route du retour, nous relâchons à Lisbonne le 25 avril. La « Révolution des œillets » vient d'éclater, mais si discrètement que nous ne nous rendons compte de rien. Le premier déjeuner officiel auquel je suis convié par les autorités navales se déroule comme si de rien n'était. On convient de ne pas porter les toasts habituels aux présidents des deux Républiques puisque le mien vient de mourir. Ce que nous ignorons, c'est que le président portugais Caetano vient, quant à lui, d'être renversé, sans un seul coup de feu, par un coup d'Etat militaire. Au moment de faire les visites officielles je m'aperçois que, à l'exception d'un commandant de parachutistes ou d'un contre-amiral qui prend ses fonctions, il n'y a plus d'interlocuteurs.

Au cours de nombreuses escales à Lisbonne où l'élite parle un français sans accent, à Madère et aux Açores, j'apprends à mieux connaître le Portugal. J'ai rencontré des officiers portugais à Portsmouth en 1941 (dont l'un, Ferraz Ivor de Carvailho, deviendra mon camarade d'Ecole de guerre), et mon grand-père maternel a été consul du pays à Calais avant la Première Guerre mondiale. J'apprécie la finesse, l'humour et la courtoisie sur fond de nostalgie de ce peuple dont les qualités de travail, la loyauté ou les vertus morales et religieuses sont inhérentes à son histoire. La Marine portugaise est l'une des grandes Marines de l'Histoire, non par sa taille, mais parce qu'elle a marqué le monde.

Au Groupe d'essais de missiles à la mer, le plus souvent loin de la France, nous ne suivons qu'à distance la campagne pour les élections présidentielles. Quelques cassettes enregistrées à Brest en notre absence nous permettent de suivre après coup les interventions télévisées. Pour prévenir la candidature de Pierre Messmer souhaitée par la plupart des gaullistes, malgré son handicap d'être Premier ministre, Jacques Chaban-Delmas déclare précipitamment la sienne dès le 5 avril, le lendemain même de l'enterrement de Pompidou. Cette hâte sert d'argument contre lui, de même, un peu plus tard, que la publication illicite de sa feuille d'impôts d'où il ressort que, tout à fait légitimement, il lui reste assez peu à payer sur le revenu, compte tenu de ses « avoirs fiscaux », c'est-à-dire des impôts en réalité déjà payés. Par un de ces abus de langage qui aident quotidiennement à tromper le peuple, on accuse Chaban d'avoir bénéficié d'un « avantage fiscal » (*sic*). Ce sera la source d'une polémique injuste.

Au retour d'une de nos opérations de mer, nous découvrons l'intervention télévisée d'André Malraux en faveur de Chaban. Sa nervosité, son débit haché et ses mimiques caricaturales produisent une impression catastrophique. Il semble devenu sénile ou sous l'emprise de la drogue. Jacques Chaban-Delmas, dont la campagne est médiocre d'une façon générale, n'atteindra pas les 15 pour cent au premier tour. Les autres candidats sérieux sont François Mitterrand, dont on a oublié le faux attentat de l'Observatoire pour lequel son immunité parlementaire avait été levée à une majorité presque totale au Sénat, et Valéry Giscard d'Estaing. Au second tour, le 19 mai 1974, ce dernier soutenu par Jacques Chirac et une partie des gaullistes l'emporte de justesse avec 50,8 pour cent des suffrages exprimés.

Le nouveau président de la République affiche une volonté de changement dans la forme aussi bien que dans le fond. Le jour de sa prise de fonction, il rompt avec l'image traditionnelle du nouveau président de la République en refusant la cérémonie d'intronisation de Grand Maître de la Légion d'honneur et en remontant les Champs-Elysées en complet veston, ce qui, contrairement à l'effet escompté, n'est pas apprécié par l'assistance, déçue qu'il ne symbolise pas ce que mon père appelait « la majesté du peuple français ». Le général de Gaulle disait de lui : « Son problème, c'est le peuple ! » Comme pour prendre le contre-pied de son entourage et de sa voix par trop distinguée, il affecte l'attitude d'un homme sans façon qui porte le col roulé et joue de l'accordéon, d'un causeur au coin du feu, d'un invité partageant le pot-au-feu d'un foyer petit-bourgeois, ou d'un hôte familier de trois éboueurs africains abasourdis d'être tout à coup conviés à venir partager à l'Elysée avec le Président une tasse de café. En bref, son défaut, fréquent chez les politiques de son bord, est de croire ses compatriotes aussi intelligents que lui.

Dans l'immédiat, il entreprend avec le concours de ses ministres — Michel Poniatowski à l'Intérieur, Jean Lecanuet à la Justice, Pierre Abelin à la Coopération, Simone Veil à la Santé, Jean-Jacques Servan-Schreiber aux Réformes — de mener à son tour l'entreprise engagée avant la mort de Pompidou : l'élimination des gaullistes. Nombre de ces derniers ne l'oublieront pas sept années plus tard.

Mesurant, peut-être plus qu'auparavant, les pesanteurs de notre pays auxquelles s'ajoutent le premier « choc pétrolier », qui voit doubler et même tripler le prix du carburant importé en totalité, il n'a pas d'orientation économique claire. Tandis qu'il s'affiche brillamment « libéral, centriste et européen », les mesures qu'il prend seront franchement dirigistes : augmentation des prélèvements obligatoires, extension de la Sécurité sociale aux non-salariés, autorisation administrative de licenciement avec allocation supplémentaire d'attente de 90 pour cent du salaire brut antérieur durant un an, imposition des plus-values en capital qui, pour un résultat faible, obère la confiance des investisseurs et aggrave notre disparité fiscale vis-à-vis des pays voisins.

Pour faire face au « choc pétrolier » et par souci d'économie, le nouveau président de la République choisit de renoncer à quelques-unes des ambitions de ses prédécesseurs. Le paquebot *France*, à vrai dire à quai depuis deux ans à force de querelles syndicales, est vendu à la Norvège. La construction de l'avion supersonique Concorde est abandonnée : douze exemplaires en France et autant en Grande-Bretagne continueront cependant à assurer les lignes Paris-New York ou Londres-New York en trois heures trente sans incident pendant près de trente ans.

Le 3 décembre 1974, je quitte le Groupe d'essais de missiles pour prendre le commandement de l'aviation de patrouille maritime à la suite du contre-amiral Arnault de La Ménardière, qui part en retraite. Le siège social, j'allais dire « central », de ce commandement est à Dugny-Le Bourget que je connais bien, sis au nord de Paris, où il nous est commode de réceptionner les biturbopropulseurs Bréguet-Atlantic 1150 à long rayon d'action sortant des usines de la Région parisienne, en remplacement progressif des bimoteurs Neptune arrivant à attrition. Là, je dispose aussi de moyens de transmission pour les opérations se déroulant dans les mers nordiques, atlantiques ou méditerranéennes, et à proximité de ceux de nos forces stratégiques et nucléaires. Mes propres forces sont stationnées en Bretagne et en Provence, en Norvège, en Ecosse, au Canada, en Mauritanie, au Sénégal, à Djibouti, en Guyane, à la Réunion, et même un temps au Brésil afin de contribuer au système international de recherche et sauvetage en mer. J'ai beaucoup travaillé à la concentration de l'aviation de patrouille maritime jusque-là séparée en deux dispositifs : l'un pour l'Atlantique et l'autre pour la Méditerranée. Cette organisation unique, à l'instar de l'Aviation embarquée, permet un commandement et un entraînement plus cohérents en même temps qu'une meilleure gestion des personnels et des matériels. Aussi personne n'est-il étonné que ce commandement me soit attribué, par dévolution naturelle en quelque sorte.

C'est le Bréguet-Atlantic, mis en service pour la première fois en 1966, qui constitue désormais l'essentiel de cette branche de notre Aéronautique navale avec une quarantaine d'appareils tandis que les vieux bimoteurs Neptune disparaissent petit à petit des plans d'armement. Nous alimentons aussi les marines allemande, hollandaise, italienne et pakistanaise, qui envoient périodiquement leurs marins aviateurs se former chez nous.

Comme c'est la coutume, je fais dessiner pour notre Aviation de patrouille un écusson représentant le dieu Janus au double visage, avec la devise « *Ubique* », c'est-à-dire « Partout ».

En janvier 1975, des militaires appelés du contingent défilent à

Karlsruhe et Nancy, tandis que des agriculteurs contestent la présence de l'armée sur le plateau semi-désertique du Larzac. Le général Bigeard, combattant énergique et prestigieux, est aussitôt nommé secrétaire d'Etat aux Forces armées. Il met un terme à ces manifestations soutenues plus ou moins directement par des internationales anarchistes. En effet, des agents formés et provenant de l'Allemagne de l'Est, sous égide soviétique, viennent encourager les agitateurs.

Malgré des aides économiques et financières exceptionnelles, des revendications autonomistes ou séparatistes éclatent en Corse, à la même époque, comme ailleurs en Europe. Le 22 août 1975, à Aléria, deux gendarmes sont abattus sans riposte véritable des forces de l'ordre. A partir de là, le sentiment de quasi-impunité s'étendra petit à petit dans l'île.

En mars 1975, après quatre années passées comme chef d'état-major de l'armée de Terre, mon beau-frère Alain de Boissieu devient Grand Chancelier de la Légion d'honneur. Il va résider avec ma sœur à l'Hôtel de Salm, près de la gare d'Orsay ; un bâtiment historique surtout doté de salons de réception et de bureaux, mais assez inconfortable pour y habiter. Il devient, dans l'ordre des préséances, le septième personnage de l'Etat, et lors des cérémonies se tient derrière et à droite du président de la République, Grand Maître de l'Ordre.

Pour ma part, le 1er juin 1975, je suis nommé vice-amiral, promotion qui ne donne lieu cette fois à aucune manœuvre dilatoire et ne change rien dans l'immédiat à mes occupations.

*

Quand le général de Gaulle avait quitté le pouvoir en janvier 1946, puis en avril 1969, André Malraux, cet « ami génial et fidèle » comme disait mon père, avait été l'un des très rares ministres à démissionner aussitôt du gouvernement. Le 10 décembre 1969, il a eu le privilège de pouvoir lui rendre visite à « La Boisserie ». En avril 1971, il publie *Les Chênes qu'on abat.* Les critiques ironisent sur le fait qu'il ait pu transposer un entretien de trois heures en un volume de deux cents pages. En réalité, c'est d'une fréquentation commune de vingt-cinq ans depuis 1944 que Malraux a tiré la matière de son livre. On lui reproche d'avoir restitué un de Gaulle à sa manière. S'il lui prête, en effet, des réflexions et des intentions plus proches des siennes que de celles du Général, il n'en a pas moins remarquablement compris sa personnalité profonde et sa philosophie la plus intime.

André Malraux me fait savoir au début de l'été 1975 qu'il souhaite me voir en privé à Verrières-le-Buisson où il habite et où il s'efforce de surmonter de sérieux ennuis de santé. A part un déjeuner chez Lasserre, où il a ses habitudes, repas en petit comité qui n'a été qu'une amicale attention tout à fait fortuite, je ne le connais que de vue et de loin.

Je me rends à Verrières un après-midi de la fin juin avec le sentiment qu'il m'est donné de rencontrer un grand ami de mon père et l'auteur de *La Condition humaine*, que j'ai lu avant la guerre. Comme beaucoup de Français, je m'étonne qu'il n'ait pas encore reçu le prix Nobel, qu'il n'obtiendra d'ailleurs jamais. Il en éprouve un regret qu'il exprime à ses familiers. En revanche, il estime n'avoir rien à faire à l'Académie française.

La maison me paraît une grande gentilhommière plutôt qu'un château, entourée de grands arbres dont un cèdre géant. Une personne de service me fait entrer dans une aile en lanterne. Je n'y rencontre que le Dr Bertagna, médecin personnel d'André Malraux, qui tient à m'affranchir sur l'état de son patient avant que je ne le voie. Ce médecin, qualifié par Malraux lui-même de « plus grand spécialiste de la chimie du cerveau », le suit depuis qu'il l'a traité quelques années auparavant à La Salpêtrière pour une maladie nerveuse caractérisée par des problèmes d'équilibre et d'élocution, ce qui a fait courir le bruit qu'il était alcoolique et se droguait. Il paraît que depuis lors Malraux a dû se mettre à un régime sans alcool où calmants et remontants alternent selon les circonstances et les heures de la journée. Les tics nerveux, les mimiques fébriles et les difficultés d'expression se sont aggravés avec le temps. On me demande de ne rien enregistrer, ce que je ne me serais même pas permis d'envisager. On m'assure qu'il se remet de maux pulmonaires, qu'il va beaucoup mieux et qu'il a recommencé à travailler.

Le salon-bureau où on me fait entrer est, sinon au rez-de-chaussée, du moins à l'entresol. Des gravures d'art moderne qui m'évoquent Braque, Miró, Chagall ou Rouault y sont disposées mais sans ordre précis. Un chat circule sur des tapis de haute laine entre les pieds des meubles. On aperçoit à travers les croisées les magnolias et les rhododendrons du jardin.

André Malraux est assis à une grande table rustique, dont le style ne m'a pas frappé. Il est en complet trois-pièces de bonne coupe, les coudes sur le meuble, les mains dressées devant lui comme s'il voulait masquer le bas de sa figure et désigner ou exprimer quelque chose avec les doigts. Le visage sans couleur paraît plus enflé. La mèche sombre est toujours en bataille, mais les tempes sont devenues grisonnantes. Les yeux sont un peu glauques, écarquillés. La voix est rauque et les phrases souvent inachevées, l'élocution hachée. Bientôt, je ne saisirai plus que la moitié de ses propos où de temps en temps surgiront des traits de génie. Je regrette de n'avoir pas toujours pu suivre, retenir ou noter quelques-uns d'entre eux sur une page de mon agenda de poche.

Sur son bureau, une coupelle de chocolats, des crayons bien taillés et des stylomines de couleur, les épreuves en ordre d'un ouvrage qui n'a pas l'air d'un brouillon malgré les empiècements collés en paragraphes. Est-ce *L'Irréel, L'Intemporel, Les Hôtes de passage, L'Homme précaire et la littérature,* ou la troisième partie de *La Métamorphose des dieux* ? Il mentionne ces titres sans les distinguer les uns des autres en précisant qu'il voudrait ensuite écrire encore un livre qui s'appellerait *Non*.

Il me dit qu'il se serait reproché de n'avoir pas rencontré le fils de l'homme le plus remarquable de France. « Je lui ai été attaché en pleine connaissance de cause et non par un coup de foudre, précise-t-il. J'ai eu, croyez-moi, de très sérieux ennuis de santé. Ce n'est pas encore parfait, mais je me rétablis bien. J'envisage de me rendre en Haïti dans les prochains mois pour y voir les peintures naïves. C'est un endroit passionnant et bon marché. L'argent m'a toujours manqué. »

Il me demande mon sentiment sur les *Antimémoires* et *Les Chênes qu'on abat.* « J'ai travaillé avec le Général plus longtemps que personne, qu'il ait été au pouvoir ou non. Quoique complètement dissemblable de lui, j'ai partagé ses idées et je l'ai compris mieux que personne... En Espagne et ailleurs, j'ai combattu le fascisme, mais philosophiquement je n'ai jamais été marxiste. Sinon, je n'aurais pu être l'orateur du Rassemblement du Peuple français, ni accepter de faire partie du gouvernement du Général, et de celui-là seulement. Naturellement, les *Antimémoires* et *Les Chênes qu'on abat,* ajoute-t-il sans me laisser le temps de répondre à sa question, sont mon interprétation personnelle de votre père, même quand je le fais parler. Je crois avoir bien saisi en lui l'homme fondamental même si quelques détails sont de mon invention. Ainsi, contrairement à moi, le Général ne s'occupait-il pas du tout des chats. Madame de Gaulle un peu plus, qui avait à "La Boisserie" un chartreux certainement gaulliste. J'ai compris qu'une personne de service de la maison y portait au contraire le plus grand intérêt. »

Il observe le regard sceptique que je porte sur quelques dessins ou peintures dits « modernes ». Conciliant, il me les commente : « Ici, ces taches et dégradés de couleurs, ce sont les palettes des peintres, leurs recherches. Là, ces traits sont les essais de leurs brosses et pinceaux. Ailleurs, ce ne sont en réalité que motifs de décoration. Picasso caricaturait, lui, mais ce sont des caricatures de génie. » Le reste de l'entretien n'est qu'un monologue. Il n'attend de moi qu'une phrase ou un geste d'approbation, mais pas vraiment de réplique. Comme on aperçoit un moment dans le jardin une silhouette féminine, il croit devoir m'informer qu'il vit avec Sophie de Vilmorin et de là part en digressions sur la femme en général : « La femme, c'est essentiellement la chair. Elle est faite pour materner. C'est son rôle. Elle est l'humanité. L'homme n'est qu'un aventurier. Mais lui a l'imagination créatrice : il a tout inventé de la première arme, du premier outil, de la première machine jusqu'à l'espace. Il a le génie de la philosophie, de la musique, des arts, des mathématiques. Aussi, quelles que soient l'intelligence et la sensibilité de la femme, ce sera toujours l'homme qui dirigera le monde, mais il n'arrivera jamais au bout du monde ni même de son humanité. » J'objecte timidement que la femme a « l'intelligence du verbe » et qu'elle sait écrire. Elle se plaint souvent de devoir prouver qu'elle est meilleure que l'homme au même poste que lui.

« J'espère bien, rétorque-t-il, car si c'est pour faire la même chose que l'homme, quel gaspillage ce serait ! Elle peut faire beaucoup de choses à condition d'abord de créer et de préserver la cellule familiale, qui est sa raison d'être fondamentale. Elle est l'interlocutrice naturelle de l'homme, et son avis est extrêmement important, mais trop souvent elle se pique de controverses, ce qui est aussi compréhensible qu'inutile pour elle-même et pour l'homme. »

Je comprends que Malraux ne supporte guère la critique féminine, surtout en matière littéraire, et je me dis qu'il y a probablement des femmes dans le jury du Nobel. Il ne faudrait pas en conclure qu'il les mésestime pour autant. Il m'avoue sa grande admiration pour Ludmilla Tcherina, qui a une silhouette et un port de déesse et avec laquelle il déjeune souvent. Elle est à ses yeux l'incarnation de l'Art.

Voilà qu'il dérive vers la mort. On sent que cette préoccupation est plus que jamais celle qui le hante. Il a été cerné de deuils. Je comprends que son grand-père et son père se sont suicidés. Il rappelle la mort de Louise de Vilmorin en 1969, et celle de Josette Clotis qui, les jambes broyées dans un accident de chemin de fer en 1944, agonisa plusieurs heures à l'hôpital de Tulle. Il évoque ses deux fils tués dans un accident de voiture en 1961. Il mesure la cruauté du sort. Il me dit avoir lu les Ecritures en remarquant que la lutte avec l'Ange, pour lui, c'est « ce qui tient contre la fascination du néant ». Il est frappé par le vide que laisse la disparition de l'ordre chrétien. Il n'a pas encore trouvé Dieu, mais il sent qu'Il existe. J'ai l'impression qu'il est proche de la vérité.

La suite de l'entretien devient plus confuse. Il parle de sa rencontre avec Trotski, « perfectionniste et éternel insatisfait, ce qui ne pouvait le mener qu'à la révolution permanente, c'est-à-dire nulle part ». Staline, qui voulait un « ordre socialiste nouveau », ne pouvait le supporter. Puis le voilà parti, avec forces gestes et mimiques, sur des considérations relatives à l'Art et à la philosophie où percent encore, de temps à autre, des jugements fulgurants que je n'arrive plus à suivre. Ses propos sont devenus presque incompréhensibles, comme si la paralysie lui gagnait la bouche. Il s'en rend compte, et, devenant distant et impersonnel, se lève en restant appuyé à la table. Ses problèmes d'équilibre l'empêchent de s'en détacher. Le temps est venu pour moi de prendre congé. Il m'impressionne malgré son comportement rendu déroutant par la maladie. J'ai conscience de quitter un homme complètement à l'opposé de ce qu'était mon père, différent de lui en tout, sauf en patriotisme et en grandeur d'esprit.

André Malraux mourra le 23 novembre 1976. Je retournerai à Verrières parmi deux cents fidèles silencieux, marchant en ordre jusqu'au bout du jardin où se trouvent déjà les tombes de Louise de Vilmorin et d'Honoré d'Estienne d'Orves, parent plus ou moins proche de celle-ci. Le hasard me placera aux côtés de Ludmilla Tcherina, muette et hiératique, et d'André Bord, ancien de la brigade d'Alsace-Lorraine.

*

A la fin de l'été 1975, je suis avisé par l'Institut Charles de Gaulle, rue de Solférino, que Richard Nixon, qui a dû démissionner un an auparavant de la présidence des Etats-Unis, passera voir le bureau que le général de Gaulle a occupé pendant la « traversée du désert ». Il compte m'y rencontrer à titre strictement privé.

Je suis là pour l'accueillir avec Pierre Lefranc et quelques autres personnalités gaullistes quand il surgit d'une voiture banalisée flanqué d'un ou deux accompagnateurs et de ses photographes personnels. D'une fenêtre du premier étage, il jette un coup d'œil à la rue pour vérifier qu'aucun attroupement ne s'y trouve. Une soixantaine de personnes prévenues on ne sait comment y stationnent néanmoins discrètement et de façon clairsemée.

L'ancien président américain paraît en forme. Il n'a jamais été très jovial mais son visage semble plus mat et plus triste qu'auparavant. « Je suis venu, nous dit-il, revoir un bureau où le général de Gaulle m'a reçu alors que je n'étais rien et qu'on ne me prêtait aucun avenir politique. Il a été l'un des rares à me déclarer le contraire. Je ne l'ai pas oublié. Je n'ai pas oublié non plus, alors qu'il était pratiquement le seul chef d'Etat à oser le faire, qu'il m'a donné le conseil de nouer des relations avec la Chine populaire et d'abandonner la guerre au Vietnam, à son avis sans issue et nuisible pour tous, à commencer pour les Etats-Unis. Je me demande si l'affaire du "Watergate" n'a pas été une manière pour les Américains de se venger de la seule guerre qu'ils aient perdue dans leur histoire. »

*

Alors que la France subit le choc pétrolier et que le nombre des chômeurs tend inexorablement vers le million atteint l'année suivante, l'immigration en provenance du continent africain, en particulier du Maghreb, s'accroît à contretemps dans notre pays qui n'en a plus aucun besoin depuis dix ans. A l'incitation des âmes charitables et sous la pression des activistes humanitaires ou de démagogues que des arrière-pensées électorales poussent à remplacer un prolétariat français naturellement en voie de disparition par de nouveaux apports de l'extérieur, le gouvernement français adopte en 1976 une loi sur le regroupement familial dont les effets vont se révéler dans les années à venir littéralement catastrophiques.

Très sagement, le général de Gaulle et ses ministres avaient rendu impossible depuis 1945 toute régularisation sur le territoire national de personnes dépourvues de papiers, quitte à attribuer à de rares cas particuliers, dûment répertoriés, des passeports d'apatrides. Le regroupement familial, dont on peut remarquer au passage qu'il n'a jamais été un droit et bien souvent une impossibilité pour les militaires français, n'était à juste titre admis que pour les seuls étrangers devenus citoyens français, les diplomates et les étudiants étrangers de niveau universitaire. A dater de 1976, tous ceux qui résident en France peuvent y prétendre, au risque de favoriser des regroupements familiaux sans fin et fort coûteux dans tous les domaines.

L'immigration n'est pas un mal en soi, à condition qu'elle réponde aux besoins du pays hôte comme du pays d'origine et ne se développe pas sous forme d'invasion ouverte ou d'infiltrations massives qui déstabilisent inévitablement la sécurité publique, les conditions de travail, les logements, les écoles, les hôpitaux, les prisons... La seule manière, sinon d'empêcher, du moins de freiner l'immigration abusive est de la décourager par la rigueur de la réglementation et la pression hostile de la population, avec un traitement sans violence de l'expulsion dès lors qu'il n'y a pas refus d'obtempérer.

Au tout début de l'année 1976, à l'occasion des vœux à l'Elysée où je suis convoqué avec les corps constitués, je suis averti par le président Giscard d'Estaing en personne de me préparer à rejoindre l'escadre de Méditerranée. Après je ne sais quelles interférences, c'est l'escadre de l'Atlantique, basée à Brest, que je rejoins finalement le 8 février. Sur le croiseur antiaérien Colbert [1] où je retrouve les appartements qui ont été ceux de mes parents durant leurs voyages officiels en Amérique du Sud, puis au Québec, une dizaine d'années auparavant. Mon aîné de la France Libre, le vice-amiral Petrochilo, me passe rapidement le relais. La Marine n'entend pas perdre un seul jour dans la suite programmée de ses commandements.

Départ immédiat avec une demi-douzaine de frégates ou escorteurs et un pétrolier pour Bergen, en Norvège, et le cercle Arctique avec retour par Hambourg. Croisière d'hiver par brumes et très mauvais temps que Petrochilo, qui a déjà pratiqué la zone pendant la guerre sur la corvette de la France Libre *Roselys*, considère en cette saison comme une épreuve qu'il eût été heureux de franchir pour terminer son année de commandement en obtenant la petite prolongation nécessaire. Après la courte formalité de prise de commandement, Petrochilo a à peine le temps de débarquer que ma marque est hissée. Nous appareillons par grosse mer vers le nord de l'Irlande et plus haut vers la

1. 12 000 tonnes pleine charge, longueur 181 mètres, largeur 7, 70 mètres, pont blindé protection latérale, 86 000 CV donnant 32 nœuds. Rampe double de missiles Surface Air Masurca de 60 kilomètres de portée, missiles Surface Mer-Mer 38, 6 canons automatiques de 100 m/M, 70 officiers et 725 hommes.

Nouvelle-Zemble et l'île aux Ours, où nous devons couvrir l'un de nos sous-marins nucléaires lance-missiles et quelques autres qui s'y trouvent discrètement en exercice.

Je pousse tout mon monde jusqu'à la limite praticable des glaces dont les blocs commencent à racler les coques, en particulier celle du *Colbert* qui a pourtant la plus solide. L'opération ne plaît guère au capitaine de vaisseau Moissinac-Massenat, commandant de ce bâtiment. Nous envoyons nos hélicoptères explorer nos passages. Eclaircies en clair-obscur et grains de neige se succèdent à travers lesquels se glissent parfois des présences russes fugitives. La chance nous est donnée de pouvoir contempler une belle aurore boréale.

Au retour, à Hambourg, l'accueil est ample et généreux. Passés par le canal de Kiel, les Allemands veulent nous entraîner à rendre un hommage solennel au monument des sous-mariniers allemands. Malgré la réconciliation franco-allemande, je décline l'invitation. Les sous-mariniers allemands ont été des combattants hors pair, mais j'ai fait partie de leurs cibles et j'ai pris part à leur destruction. Je réponds avec courtoisie que je trouverais inapproprié que les Français emmènent les Allemands au cimetière de la garde prussienne à Saint-Privat où « nos fusils Chassepot ont fait merveille en 1870 ».

L'existence d'un commandant d'escadre en 1976 a bien changé depuis l'avant ou l'immédiat après-guerre. A cette époque, on apercevait de temps en temps l'amiral faisant les cent pas sur la plage arrière de quelque grand croiseur devant l'appartement à moquette rouge qu'il habitait, au milieu de meubles de style qu'on devait caler à la mer. Généralement pourvu de quelques ressources personnelles et d'indemnités largement calculées, il recevait les personnalités du moment à sa table garnie de nappes, de vaisselle et d'argenterie aux armes de l'escadre qu'il louait d'office au commissariat de la Marine. A part son état-major, son capitaine de pavillon et l'équipage de son embarcation, on ne le voyait de près qu'une fois par an lors de l'inspection générale de sa force navale, qui l'amenait en gants blancs jusqu'aux compartiments inférieurs des machines de chacun de ses bâtiments.

Aujourd'hui, le commandant d'escadre vit sous la passerelle, dans des locaux ventilés artificiellement malgré quelques rares hublots, munis de meubles métalliques mais toujours sur moquette rouge, couleur de l'officier général. Ses moyens personnels dépassent rarement sa solde et ses indemnités sont calculées au plus juste, en général au-dessous du nécessaire, de sorte qu'il s'endette durant son commandement. Son capitaine de pavillon et les officiers supérieurs du bâtiment sont souvent à sa table, faute d'autre place. Même si ses repas sont améliorés, sa cuisine est la même que celle de l'équipage qui le croise tous les jours à la passerelle, au central Opérations, sur le pont ou dans les coursives.

A la mer, l'escadre se présente sous la forme d'une « force navale » constituée le plus souvent, autour d'un ou deux croiseurs, d'un ou deux porte-avions, d'un pétrolier ravitailleur ou autre grand bâtiment auxiliaire, et d'une dizaine de frégates ou escorteurs, sans compter les dragueurs ou avisos mis à sa disposition à proximité relative des côtes. S'y ajoutent les avions de patrouille maritime à long rayon d'action envoyés depuis la terre et qui se relayent à ses ordres. Des sous-marins peuvent apporter leur concours, mais ils agissent presque toujours indépendamment.

Cette force est répartie sur une zone de vingt à quatre-vingts milles nautiques de large. Les bâtiments qui la composent changent fréquemment de poste en fonction des conditions d'opérations : directions de l'ennemi, routes à suivre, état de la mer, direction du vent, visibilité, conditions de propagation des ondes électroniques au-dessus ou au-dessous de la surface de la mer, détection infrarouge ou encore état des armes et des équipements disponibles sur chacune des unités. Chaque central Opérations de chacun des bâtiments ou aéronefs échange instantanément par codes avec les autres tous les renseignements, messages et données qu'il possède. Bien loin de simplifier la tâche du commandement comme on l'imagine, ces dispositifs ne font que multiplier les choix et les décisions à prendre. Si le commandant de la force se tient généralement au central Opérations du bâtiment amiral où il réside, c'est fréquemment qu'il va, de jour et même de nuit, d'un bâtiment à un autre pour mieux se trouver au plus près de l'action. Il se déplace en hélicoptère le plus souvent. L'hélitreuillage m'est une pratique courante depuis le Groupe naval d'essais de missiles. C'est dire que l'amiral doit être en bonne forme et que les limites d'âge de la Marine ont été fixées assez tôt en conséquence.

Au début de mars, nous voici repartis en escadre par très mauvais temps pour des exercices dans les mers du Nord, au-delà de l'Islande. Sans doute s'efforce-t-on depuis la rue Royale de mettre à l'épreuve les qualités maritimes de cette escadre et de son commandant. On peut toujours les vérifier.

Le 1er juin 1976, je vais rendre au vice-amiral Sir Gordon Tait, Néo-Zélandais d'origine, dans la German River, près de Plymouth, la visite officielle que ce dernier avait faite à mon prédécesseur, le vice-amiral Petrochilo, à Brest. En arrivant, mon bâtiment le *Colbert*, accompagné des escorteurs d'escadre *Casabianca* et *Kersaint*, tire le salut réglementaire de vingt et un coups de canon à la Reine. La batterie anglaise du Mount Wise répond par quinze coups au vice-amiral commandant l'escadre française. Après quoi, je suis reçu par la musique et la garde des Marines. La presse locale me qualifie de « chip of the old block », c'est-à-dire de « morceau du vieux rocher ». Ma précédente visite en Grande-Bretagne datait de mes fonctions de contre-amiral commandant la Patrouille maritime. J'avais été la rendre en 1975 à mon homologue, l'Air vice-marshall du Coastal Command, dont les avions et les miens étaient souvent en exercices combinés. Les contacts avec les civils ont été quasi nuls.

La fin de juin 1976 nous voit en exercice d'escadre dans la zone Açores-Baléares-Sénégal-Mauritanie-Madère. Peu avant notre passage à Gibraltar, tandis que nous remontons vers la France, un télégramme m'enjoint de détacher les deux tiers de mes bâtiments en renfort de l'escadre de la Méditarranée, y compris le porte-avions et mon bâtiment-amiral le *Colbert*, mais sans que je reste à bord. On me laisse regagner Brest avec les quelques bateaux qui me restent. Désobligé par cette mise à l'écart sans raison apparente, je choisis de me faire transférer par hélicoptère à Saint-Raphaël dès que nous sommes à portée et rejoins la villa que je possède dans les environs. Je me mets en permission moi-même par un télégramme à l'état-major de la Marine.

Nous apprenons rapidement que le président Giscard d'Estaing ayant décidé de passer en revue l'escadre de Méditerranée à l'occasion du 14 Juillet, on a voulu renforcer le défilé naval par des bâtiments représentatifs empruntés pour la circonstance à l'escadre de l'Atlantique. Mon élimination tenait au fait qu'on entendait réserver toute l'attention médiatique au seul président de la République. Les regards du public ne devaient pas être détournés de sa personne par tout autre personnage. De fait, au milieu du spectacle grandiose de bateaux de guerre en apparat, on devait à peine apercevoir, et sans qu'ils soient même nommés, le chef d'état-major de la Marine, le vice-amiral d'escadre préfet maritime, le vice-amiral commandant l'escadre de Méditerranée et les commandants des bâtiments. Une fresque maritime au centre de laquelle régnait Giscard d'Estaing sous tous ses aspects. On avait jugé que je risquais de détourner l'attention, ne fût-ce qu'un moment.

Cette présentation exclusive se serait parfaitement réalisée si un contretemps majeur n'était intervenu. Ecarté de la cérémonie, le Premier ministre Jacques Chirac surgit à la passerelle présidentielle, visiblement mécontent. Le Président, de son côté, ne peut dissimuler devant les caméras sa grande contrariété. Le désaccord entre eux ira en s'accentuant jusqu'au 25 août suivant, date à laquelle Jacques Chirac quittera ses fonctions et sera remplacé par Raymond Barre.

J'ajoute pour la petite histoire que le ministère de la Marine ne fut pas fâché de me voir occulté par les médias. On ne voulait pas qu'à force de publicité je risque d'entrer en concurrence avec mon camarade du même âge Lannuzel, mon aîné de deux promotions, mais placé juste avant moi sur la liste navale. On le destinait, de longue date, au poste de chef d'état-major, poste dont je pense qu'on ne me l'aurait de toute façon jamais attribué, sauf événements tragiques et imprévus.

Le 5 octobre, je quitte Brest avec le *Colbert* où ont embarqué seize élèves de l'Ecole navale, la musique des Equipages de la flotte, une compagnie de fusilliers-marins de Lorient en plus du Commando-Marine normalement affecté à l'escadre, la frégate *De Grasse* et deux escorteurs, le *Tartu* et le *Gascon*. Notre direction est Norfolk, en Virginie, où nous attend l'amiral Kidd, commandant en chef américain de l'Atlantique. Nous représentons la France au début des commémorations du bicentenaire des guerres d'indépendance. La France, qui a envoyé dix-sept régiments au cours des quatre années et demi d'hostilités durant lesquelles ses escadres ont acquis la maîtrise de la mer, s'y fait trop modestement représenter à mon goût, en particulier notre armée de Terre. Elle manque ainsi une grande occasion de rappeler son rôle capital. Après diverses manifestations et défilés à Virginia Beach sous une pluie battante, à Yorktown, Williamsburg, Jamestown, Chesapeake Bay et Baltimore, deux jours à l'Ecole navale d'Annapolis (trois mille élèves), une réception à l'ambassade de France à Washington et une autre aux Cincinatti où j'ai le très rare privilège d'être admis dans cet ordre à titre honoraire et non héréditaire, dans la société de Pennsylvanie. Il est évident qu'à travers moi les Américains entendent honorer, d'une part la Marine française, et d'autre part la mémoire de leur solide et incommode allié de la dernière guerre, le général de Gaulle, mais aussi bien le fils qui avait combattu littéralement en première ligne à leurs côtés sans qu'ils l'eussent remarqué. De leur côté, les Britanniques ne paraissent toujours pas s'en être aperçus.

Le 25 octobre, l'escadre française quitte Baltimore pour rentrer à Brest.

A la fin d'avril 1977, je suis envoyé à Mourmansk pour rendre aux bâtiments de la flotte soviétique du Nord leur visite à Cherbourg. Je pars avec quelques-uns des bâtiments de l'escadre de l'Atlantique, dont la grande frégate *Suffren* que je connais bien pour l'avoir commandée dix ans auparavant et l'escorteur d'escadre *Duperré* sur lequel j'ai été embarqué il y a près de vingt ans. Ce dernier est devenu mon navire amiral en remplacement du *Colbert* entré en révision générale. Le *Duperré* (4 000 tonnes à pleine charge et 33 nœuds de vitesse) a été entièrement refondu pour porter un central Opérations du dernier modèle, quatre rampes de missiles Mer-Mer 38 contre les buts de surface, deux lance-torpilles anti-sous-marines, un sonar d'étrave et un sonar remorqué à grande profondeur pour la détection sous-marine. Deux lance-missiles « Crotale » quadruples et un canon de 100 mm automatique constituent l'essentiel de sa défense contre-avions. Le commandant du bâtiment, autrement dit mon capitaine de pavillon, est le capitaine de vaisseau Lauga, officier brillant auquel son allant causera des ennuis après mon départ de l'escadre.

Au nord de l'Islande jusqu'à l'île aux Ours et au-delà du cercle Arctique, l'Atlantique Nord n'est pas encore clément ni l'horizon dégagé de brumes. Pour remonter le fjord de quatre-vingts kilomètres de long vers Mourmansk, avec ses multiples et profondes ramifications, nous sommes pris en charge par un petit escorteur soviétique et deux pilotes russes. Amarrés au quai d'honneur à Mourmansk, c'est avec stupéfaction que nous avons pu longer à courte distance les grands bâtiments de la flotte russe la plus importante : sous-marins nucléaires, grand porte-aéronefs, croiseurs lance-missiles, sans que les Soviétiques ne cherchent en rien à les cacher. Nous constaterons chez eux à la fois une véritable obsession du contre-espionnage et les marques d'un désir affiché d'ouverture.

Leurs bâtiments de guerre, que nous verrons de près mais que nous ne pourrons visiter, à l'exception d'un seul, vestige historique visiblement voué aux réceptions, sont nombreux, surchargés d'armes et d'équipements impressionnants, encore qu'un œil exercé arrive à déterminer ceux qui n'ont pas été mis en service depuis longtemps. De fait, les Soviétiques savent construire, mais non réparer. Ils remplacent un équipement périmé ou en panne par un autre surajouté au premier, de sorte que leurs bateaux sont surchargés comme des arbres de Noël.

Nous restons plusieurs jours à Mourmansk où les Soviétiques nous reçoivent avec ampleur et générosité. Le nom que je porte, celui d'un allié de la Grande Guerre patriotique que les Russes n'ont pas oublié, le seul Français de la Seconde Guerre mondiale et de l'après-guerre qu'ils admirent, y est sans conteste pour quelque chose. L'amiral Garchkov, fondateur et commandant de la grande Marine soviétique, m'envoie son avion personnel pour me conduire à Moscou où il me reçoit d'une manière amicale et privilégiée. Je passe deux jours à sa résidence avant de retourner à Mourmansk.

Dans le grand port du Nord, les Français sont particulièrement bien reçus par les marins russes qui accueillent chez eux nombre des nôtres de tout grade. Mon homologue soviétique, « commandant de la flotte du Nord », dispose en propre de moyens considérables par rapport aux miens : une résidence pourvue d'un personnel nombreux, alors que je n'ai ni l'une ni l'autre, l'opéra de la ville, ses musiciens, ses acteurs, son corps de ballet sont à sa disposition comme toute autre distraction ou activité culturelle. Bien mieux, il est évident comme partout ailleurs en Union soviétique que ce sont les militaires qui ont le haut du pavé, en toutes circonstances. Dans la rue, les civils leur cèdent le trottoir. Quand l'amiral paraît, le préfet semble ne plus rien avoir à dire.

Lorsque nous quittons Mourmansk pour gagner les champs de bataille de la région, c'est un véritable cortège de grosses berlines qui se met en branle. Le paysage est triste en ce début de mai où des plaques de neige subsistent encore ici et là : monticules de moraines glacières garnies de bois de bouleau et entrecoupés de petits lacs. La ville de Mourmansk, qui compte environ cent mille habitants, étend ses immeubles modernes au bord du grand fjord qui constitue le port.

L'existence quotidienne y est assez sévère, comme l'expliquent à nos officiers les familles des équipages russes de sous-marins nucléaires en patrouille. Malgré leurs privilèges, la vie des militaires n'est pas toujours exempte de difficultés. Aussi n'est-il pas rare d'apercevoir quelque capitaine de frégate en uniforme un filet à provisions à la main pour ne pas manquer l'occasion de ramener quelques denrées sur son passage.

Malgré tant de démonstrations d'amitié et d'ouverture réapparaissent parfois les réactions de méfiance propres à un régime totalitaire. La veille au soir de notre départ, des policiers locaux invitent deux de nos officiers-mariniers rentrant bien avant le couvre-feu à monter dans leur véhicule afin, leur disent-ils, de leur épargner le trajet de retour à pied jusqu'à leur bateau. Mais à leur stupéfaction, ils sont emmenés passer la nuit au poste. Ailleurs, ce sont deux matelots qui sont interpellés, accusés de s'être conduits d'une manière irrespectueuse devant la statue de Lénine. Pour ne pas laisser ces hommes derrière nous, je fais retarder l'appareillage d'une heure environ, jusqu'à ce qu'ils nous soient rendus. La raison inavouée de cette prise d'otages est que les Soviétiques ont voulu s'assurer par message que ceux de leurs bâtiments faisant escale à Cherbourg en même temps que les nôtres à Mourmansk ont appareillé sans laisser derrière eux « des gens ayant choisi la liberté », comme quelques-uns l'ont fait ces dernières années.

Si, dans l'ensemble et malgré ces péripéties mineures, le pays des Soviets fait grande impression, des signes de délitement du régime ne commencent pas moins d'apparaître. La rigidité du système engendre une grande passivité. L'initiative semble absente à tous les échelons, sauf les plus élevés auxquels on se rapporte toujours. Si les réalisations scientifiques et technologiques sont impressionnantes, il semble que la vie quotidienne reste difficile et que la relative pénurie oblige chacun à une débrouillardise permanente. La petite corruption est si répandue qu'elle ne se dissimule même plus. Les officiers pilotes de la flotte qui nous ont guidés dans le fjord de Mourmansk réclament à la cantonade les « cadeaux d'usage » : whisky, cigarettes, radios-transistors, stylos, rasoirs électriques, que nous détenons en coopérative et qu'ils revendent aussitôt au marché noir. Les vêtements et les denrées sont en URSS l'objet d'échanges et de surenchères comme en France sous l'Occupation, provoquant des marchés parallèles devenus une seconde nature. S'il n'y a pas de chômage, d'innombrables petits salaires à des postes multiples d'utilité discutable entretiennent des habitudes de paresse et installent un état de faillite économique généralisé. Le médecin, agent de l'Etat comme tous, est en principe gratuit, mais la coutume s'est établie de lui faire des cadeaux dont l'importance varie selon son renom.

Mourmansk est doté d'immeubles bancaires qui semblent plutôt fonctionner comme des sortes de caisses d'épargne. Les opérations boursières sont inconnues et le change des monnaies étrangères impossible. Mais à leur porte, des gens proposent sans se cacher d'acheter des devises.

En bref, si l'URSS dispose d'un appareil militaire impressionnant et si ses recherches technologiques peuvent rivaliser avec les meilleures du monde, comme celles des Etats-Unis, plus rien n'y est rentable et l'immense machine communiste est d'autant plus à la veille d'imploser qu'elle ne peut plus vivre en autarcie et empêcher les informations extérieures de pénétrer le Rideau de fer. L'adoucissement du régime a non seulement fait disparaître les millions de travailleurs forcés des goulags, qui compensaient partiellement son système déficitaire, mais il permet aussi désormais une certaine contestation.

Alors que la réception officielle que je donne à bord du *Suffren* touche à sa fin, l'épouse d'un contre-amiral d'origine lituanienne me remet une petite feuille sur laquelle sont inscrits l'heure et le lieu de la messe catholique du lendemain matin. Une trentaine de Français et autant de Russes s'y retrouveront.

Lorsque le régime soviétique s'effondrera en novembre 1989, je n'en serai pas étonné et me souviendrai de ce mot de mon père : « La Russie absorbera le communisme comme un buvard l'encre. »

*

Je suis promu vice-amiral d'escadre le 1er juin 1977, soit un peu plus de deux mois avant de quitter le commandement de l'escadre de l'Atlantique. Sans compter la vedette rapide V-12 et une compagnie de fusiliers-marins pendant la guerre qui n'étaient pas des commandements répertoriés comme tels, et en plus du commandement de cinq bâtiments de guerre ou unités d'Aéronautique navale dans les grades d'officier subalterne ou supérieur, j'ai donc rempli la totalité du temps de mes grades d'officier général depuis 1971 en deux commandements de forces navales et un d'aviation de Patrouille maritime sans interruption. Belles mises à l'épreuve qui rendent vaine toute malveillance éventuelle quant aux capacités maritimes ou techniques du fils du général de Gaulle.

En octobre 1977, je deviens membre du Conseil supérieur de la Marine, instance juridique et d'avancement suprême, et le président de la Commission permanente des essais des bâtiments de la flotte, vieille institution séculaire chargée des essais finaux, croisières d'endurance, réceptions et vérifications des coques, machines, armes et équipements de bateaux de guerre sortis de construction ou de grande révision et du contrôle de leurs armements en personnel par grades et par spécialités avec les réajustements inévitables. Ainsi sommes-nous directement en rapport avec les états-majors, les équipages, les arsenaux, les industries d'Etat et privées ou les sous-traitants. On demande à mon état-major et à moi-même une expérience maritime étendue et une conscience incorruptible de Cour des comptes, car il y a même des bonifications (fort rarement) ou des pénalités financières (plus souvent) à attribuer ou imposer aux constructeurs et réparateurs diligents ou en retard sur leurs contrats. Je resterai trois ans dans ces fonctions, soit plus longtemps que presque tous mes prédécesseurs.

Parmi les bâtiments de guerre dont j'ai à vérifier le fonctionnement et les armements en personnels, à accepter leur entrée ou remise en service dans les normes et à effectuer les croisières d'endurance, les sous-marins lance-missiles à propulsion nucléaire *Le Redoutable* ancien de fin 1971, *L'Indomptable*, nouveau de fin 1976, et le *Tonnant* en mai 1980[1], le sous-marin d'essais de missiles *Gymnote*, les anciens sous-marins d'attaque *Narval*, *Psychée*, *Sirène* (1 000 tonnes en plongée) après refonte, et les derniers diesels à schnorchel : *Beveziers*, *La Praya* et *Ouessant* (1 700 tonnes en plongée). De sorte que s'ajoute à mes multiples compétences la seule qui me manquait, celle de sous-marinier. J'aurai à m'occuper aussi des pétroliers-ravitailleurs *Durance* et *Meuse* (18 000 tonnes en pleine charge), des corvettes *Georges-Leygues* et *Dupleix* (4 000 tonnes) et de la frégate *De Grasse* (5 000 tonnes).

*

Au début de septembre 1977, mon second fils Yves se marie à Cannes où les parents de sa jeune épouse Annick Courtay ont un appartement de vacances.

Ma mère ne sort plus guère de « La Boisserie » qu'elle habite toute l'année, où ses enfants et leurs familles respectives la retrouvent lors des vacances scolaires. Elle se rend tous les ans pendant un ou deux mois chez sa fille Elisabeth et son gendre Alain de Boissieu, qui ont une villa près de la Trinité-sur-Mer. Elle apprécie le calme de la Bretagne et la réserve naturelle des habitants. Il lui arrive aussi, à l'instigation de son frère Jacques Vendroux et de sa belle-sœur Cada, de faire de brèves escapades en quelque lieu déjà connu et apprécié pour son confort discret : Lanslebourg dans les Alpes, lieu de vacances de leur enfance ; le château-hôtel de Rigny, près de Gray en Haute-Saône, où elle était déjà passée avec mon père en juillet 1970 ; l'hôtellerie de La Cheneaudière dans un jardin tranquille près du Donon, dans le Bas-Rhin ; Colroy-la-Roche, dans la haute vallée de la Bruche. Une année, elle acceptera de pousser jusqu'à Menton.

Pour le mariage de son petit-fils, c'est en voiture et en ma compagnie qu'elle fait le trajet de Haute-Marne jusqu'à Agay avec étape à Grenoble chez sa belle-sœur Jeanne, veuve de Jacques de Gaulle, qui y habite depuis la guerre. Je remarque durant le voyage combien ma mère est fatiguée, souffrant du mal qui la ronge secrètement et dont, tout en le soupçonnant depuis longtemps, je ne mesure pas encore la gravité.

---

1. Quatrième et cinquième d'une nouvelle série, véritables croiseurs sous-marins de 9 000 tonnes en plongée, 16 missiles M20 à tête nucléaire et 18 torpilles de 550 mm.

C'est à l'occasion de ce mariage qu'elle consent à venir pour la première et dernière fois dans notre villa d'Agay, où nous avons emménagé en juillet 1972. Si elle apprécie la cordialité des gens du Midi, elle redoute la chaleur du climat. Notre villa à flanc de coteau et son jardin en pente ne lui plaisent que modérément. Seuls lui conviennent son éloignement de la foule et la vue qu'elle offre sur la mer depuis les Rochers de la Vieille devant Anthéor jusqu'au cap du Dramont vers Agay.

*

Le 4 décembre 1977 un des événements les plus extravagants de cette époque se déroule à Bangui, capitale de Centrafrique : le « sacre » de Jean-Bedel Bokassa. Ce dernier a commencé sa carrière incongrue comme jeune tirailleur de l'armée française à la fin de la guerre, ce qui lui permet d'exciper d'avoir servi sous les ordres du général de Gaulle. Il a toujours manifesté à son égard une grande admiration et même une pitié filiale qui lui vaudra un jour d'être rabroué pour l'avoir appelé « mon père » (et non « papa » comme l'ont prétendu certains journalistes). « Ne m'appelez pas ainsi, objecta brutalement l'intéressé. Je ne suis pas votre père. Vous ne me devez rien. Vous êtes chef d'Etat ! » Comme la plupart des tirailleurs, Bokassa n'est jamais sorti d'Afrique, à l'exception de l'Indochine où il a combattu à nos côtés. Rentré dans un pays où le nombre des autochtones ayant obtenu un certificat d'études primaires ne dépasse pas une centaine pour deux millions d'habitants, il devient capitaine, puis, après quelques coups d'Etat limités, s'empare du pouvoir.

C'est fréquemment et avec le plus grand respect qu'il vient à Paris écouter les encouragements et les conseils du général de Gaulle, préoccupé en apparence de se rendre digne de sa haute fonction et du grand modèle qui s'efforce de le guider dans ses hautes responsabilités. De colonel, il s'est autoproclamé général avant de laisser entendre que, à l'instar d'un chef d'Etat voisin, il pourrait se désigner lui-même maréchal.

Mon père a fermement découragé ces vanités : « Pourquoi voulez-vous vous proclamer maréchal ? Je ne suis moi-même que général de brigade et cela suffit bien ainsi. » Bokassa avait un jour écrit pour se faire attribuer un grand quadrimoteur « afin de pouvoir faire le tour de Centrafrique ». Un seul terrain d'aviation, celui de Bangui, où faisaient déjà escale les lignes régulières, disposait de pistes assez grandes. Mon père inscrivit en marge de sa demande : « Pour aller d'où à où ? Il ferait mieux de demander un hélicoptère ! »

Compagnon de chasse du président africain dans les territoires qu'il lui avait réservés en Centrafrique, le président Giscard d'Estaing ne s'était pas assez soucié — à moins qu'il n'ait échoué — de calmer les nombreuses excentricités de Bokassa, déjà autoproclamé maréchal, ou de le dissuader de se pousser lui-même encore plus haut. Le voilà résolu à se proclamer empereur en prenant comme modèle Napoléon Ier et en se réclamant de la Grande Armée avec une touchante fidélité, lui qui a conservé son grade de capitaine de l'armée française dont il se fait toujours payer la retraite.

On peut suivre la cérémonie du « sacre » à la télévision.

Bokassa Ier, revêtu d'un lourd manteau en velours et broderies dont il faut porter la traîne, et coiffé d'une imposante couronne impériale dont les grosses pierres ne paraissent pas toutes précieuses, transpire dans la chaleur équatoriale. Il monte s'asseoir au côté de l'impératrice Catherine, qui l'attend dans un carosse de couronnement tiré par quatre chevaux bais écrasés de chaleur et qui périront du climat dans les semaines suivantes. Sur l'impériale, sur les sièges derrière le véhicule, à pied autour du souverain, des valets noirs peinent à porter leur livrée d'apparat. Assis sur un grand fauteuil en matériau doré en forme d'aigle, dont la tête le surplombe et les ailes l'encadrent, le malheureux Jean-Bedel, qui tient les sceptres de souveraineté et de justice, paraît trôner dans un décor de théâtre. La cérémonie est longue. Bokassa fait une déclaration solennelle et prête serment. A son côté, l'impératrice Catherine et les petits princes s'ennuient, s'assoupissent ou s'agitent dans leurs vêtements inadaptés au temps et au lieu. Autour, les dignitaires, les délégations étrangères, dont Robert Galley pour la France, et les gardes souffrent de la longueur du cérémonial.

En France, c'est une explosion de critiques et de dérision. Les Etats africains, qui n'ont pas tous envoyé de représentants, expriment leur désapprobation ou leur jalousie. Mais les populations équatoriales sont généralement impressionnées. Pauvre Bokassa qui croyait agir dans la tradition impériale française et pour la grandeur de son pays ! Moins d'un an après son sacre, il vient en France, en visite privée je crois. Il n'y trouve pas grand concours pour l'accueillir. Ses excentricités, dont les journalistes font la chronique, n'y encouragent pas.

Des gens du ministère des Affaires étrangères viennent me supplier de me rendre au musée de la Chasse et de la Nature où l'empereur centrafricain, toujours attaché au souvenir du général de Gaulle, organise un déjeuner d'une vingtaine de couverts qu'on a peine à garnir.

Après le repas, Bokassa se rend dans un des salons où il s'asseoit dans un grand fauteuil droit, comme un souverain en audience, puis, le geste impérial et la parole solennelle, il appelle son Premier ministre Ange Patassé. Celui-ci s'approche avec toutes les marques d'une déférence courbée qui se termine à genoux sur le tapis à côté de son maître, dont il écoute respectueusement les directives. Ensuite, Jean-Bedel se lève avec majesté. Visiblement ému, il me donne l'accolade en m'appelant « mon frère » et me décore de la grand-croix du Mérite centrafricain. Il me remet ensuite, disposée sur un coussin, une deuxième grand-croix pour Mme Charles de Gaulle avec la charge de la lui remettre en son nom. Comme elle se refuse absolument à porter aucune décoration, celle-là pas plus qu'une autre, je conserverai la boîte dans une armoire. Plus tard me parviendra, de la part du chef d'Etat africain, un chèque de trente mille francs pour la Fondation Anne de Gaulle, que ma mère finira par accepter non sans hésitation.

Cette cérémonie terminée, Bokassa décide de nous emmener voir la place Charles-de-Gaulle à l'Etoile. Arrivé aux Champs-Elysées, à la hauteur de la rue Balzac, il arrête brusquement son véhicule devant une grande brasserie où il va, sans façon, s'asseoir à la terrasse au milieu des touristes que cet impromptu réjouissent. Les deux motocyclistes d'escorte, qui ouvraient la route, rebroussent chemin et s'arrêtent interloqués, ne sachant plus que faire. Gênés, nous descendons aussi de voiture et demandons à prendre congé, ce qu'il nous accorde avec condescendance et bonne humeur.

Ses rapports avec le président Giscard d'Estaing s'altéreront bientôt au point que le président français poussera à sa destitution et sera taxé d'ingratitude. Bokassa croira alors pouvoir lui rappeler des diamants reçus de son pays en cadeau et que leur destinataire choisira de ne pas conserver pour lui-même.

A la suite de révoltes diverses, l'empereur terminera tristement en exil, en Côte d'Ivoire, puis en France, où le désordre de ses finances personnelles défrayera la chronique, puis de nouveau en Centrafrique où il reviendra persuadé d'être acclamé par son peuple. Arrêté et condamné à mort, il sera gracié, et finira sa vie, malade, en résidence surveillée.

Trouvant que cet ancien capitaine de l'armée française a été pour finir traité sans ménagements, un excès chassant l'autre, je m'enquiers auprès d'instances officielles ou privées de la façon dont je pourrais, malgré mes obligations de réserve, lui manifester quelque sympathie. Il faut le faire avec mesure, compte tenu du caractère imprévisible du personnage et pour ne pas aggraver sa situation à la merci de gouvernements antagonistes. Jacques Foccart me fait savoir que mon message familial, auquel ma mère s'était associée, a été discrètement transmis à l'intéressé.

CHAPITRE 8

VIE PRIVÉE, VIE PUBLIQUE

A la fin de septembre 1978, après que nous avons passé quelques vacances à « La Boisserie » où elle ne nous a informés de rien, ma mère licencie ses aides-ménagères Charlotte et Louise en pourvoyant à leur retraite dans leur département d'origine, l'une à Sarrebourg, l'autre près de Lunéville. Avec la consigne de faire en sorte qu'elle n'ait plus à s'en occuper, elle me remet les clefs de la maison, les avis d'imposition et les contrats d'assurances, de téléphone et d'électricité. De propriétaire, je deviens l'unique usager de « La Boisserie ». Ma mère va s'installer dans une petite chambre, avec débarras annexe, qu'elle a retenue au sixième et dernier étage d'une maison de retraite tenue par les sœurs de l'Immaculée Conception de Notre-Dame-de-Lourdes, 73, avenue de La Bourdonnais, dans le VIIe arrondissement de Paris. L'immeuble se trouve à proximité de la rue de Grenelle où habite sa fille Elisabeth et dans un quartier qu'elle connaît bien pour y avoir vécu avec mon père dans les années qui ont suivi leur mariage, celui de l'Ecole de guerre et du Champ-de-Mars, non loin des Invalides.

A l'insu de tous, elle a retenu sa place sur la liste d'attente depuis la mort de mon père. Si elle a choisi un ordre religieux pour l'héberger, ce n'est naturellement pas parce qu'elle espère quelque guérison miraculeuse, mais parce qu'elle se sait proche de la mort et que les religieuses y ont vocation à s'occuper des malades et des grabataires. Sa chambre a la dimension d'une cellule, environ cinq mètres sur deux et demi. A gauche, en entrant, un simple lit-divan séparé de la porte par une table de nuit. Au pied du lit, un petit cabinet de toilette caché par un rideau. Au bout de la pièce, une fenêtre de taille usuelle qui donne sur l'avenue. A droite, dans l'angle, une télévision visible du lit, puis, en remontant vers la porte, une armoire-penderie et enfin une petite table et son fauteuil. Quand tout est rangé, on a un mètre de passage au milieu de la pièce. Elle dispose d'un petit débarras mitoyen de la moitié de la surface de la chambre. Les sanitaires sont au bout d'un petit couloir où habitent deux ou trois autres pensionnaires. L'escalier est assez raide et sombre, mais un vieil ascenseur permet à deux personnes de monter ensemble. A l'entresol se trouvent une petite chapelle où ma mère se joint aux religieuses pour prier plusieurs fois par jour, une salle à manger simple et une entrée-salon.

Une fois par semaine, ma femme ou moi allons chercher ma mère pour l'emmener déjeuner chez nous ; mon beau-frère et ma sœur font de même. Sa petite voiture a été laissée à Colombey-les-Deux-Eglises et le chauffeur-jardinier à son tour licencié.

Sa santé est visiblement précaire. Les cheveux sont tout gris, le visage est pâle et les yeux un peu saillants du fait de maux thyroïdiens. Peu avant d'emménager avenue de La Bourdonnais, elle a souffert d'une petite attaque qui lui a momentanément paralysé une partie du visage et d'un bras.

Le 5 mars 1979, mon premier petit-fils Henri voit le jour dans une maternité de Boulogne-sur-Seine. C'est une grande joie pour ma mère qui attendait cette naissance avec impatience. Elle vient le contempler longtemps en silence dans le petit berceau en plastique transparent où il a été déposé, pelotonné sur le ventre et la joue. Les hommes sont assurément attendris, mais il y a dans le cœur des femmes un sentiment d'ineffable profondeur devant un nouveau-né qui est toujours, depuis les débuts de l'humanité, et quoi qu'elles fassent d'autre, leur plus belle œuvre. Sans doute, pour cette arrière-grand-mère, s'y ajoute-t-il la satisfaction d'avoir eu le temps de voir enfin la quatrième génération avant de disparaître elle-même.

Rentrant à Brest d'une croisière d'endurance pour les essais d'une frégate, j'apprends le 4 juillet l'hospitalisation de ma mère au Val-de-Grâce. Elle souffre d'une « occlusion intestinale ». Ma sœur et mon beau-frère qui s'en sont chargés connaissent personnellement le médecin général Thomas qui dirige l'hôpital. Sachant qu'elle a dû en souffrir à plusieurs reprises lorsqu'elle habitait encore Colombey, et qu'elle est secrètement parvenue à y remédier à l'hôpital de Chaumont sous couvert d'y conduire son aide-ménagère Charlotte qui s'y est elle-même fait opérer, l'état de santé de ma mère, pour pénible qu'il soit, ne m'inspire d'abord pas d'inquiétude. Nous apprendrons plus tard qu'elle a demandé l'extrême-onction à l'aumônier des Invalides, le père Decogné, dès le 5 juillet.

Une première opération le 6 est suivie d'une hospitalisation de près d'un mois. On réussit à garder secrète sa présence au Val-de-Grâce jusqu'au 24 juillet, ce qui est une performance dans ce grand caravansérail. Peu après, survient un incident désagréable. Un homme au teint assez brun, revêtu d'une blouse blanche comme les personnels civils et militaires de l'hôpital, réussit à faire irruption dans sa chambre tard dans la soirée. Après avoir arraché la sonnette, il prend, à bout portant et en écartant le bras dont ma mère se cache le visage, quelques photos avec un appareil d'amateur bon marché. Il tentera ensuite de vendre ces mauvais clichés à *Paris Match*, qui les lui achète à un prix aussi médiocre que leur qualité. Indignée par le procédé, la direction de l'hebdomadaire me les fait parvenir avec les négatifs sans rien publier. Je les détruis aussitôt.

On change ma mère de chambre pour une au dernier étage, en bout d'aile, précédée d'une première pièce où deux gendarmes filtrent les entrées jour et nuit.

A sa demande, ma mère réintègre sa maison de retraite le 4 août. Plus encore que l'agression dont sa vie privée a été victime, c'est une raison affective qui l'a conduite à quitter le Val-de-Grâce. Les jeunes enfants n'étant pas admis, en effet, à visiter les malades d'un hôpital pour adultes, elle souffrait beaucoup de ne pas voir grandir son premier arrière-petit-fils maintenant âgé de six mois. Je la revois encore, plongée dans la contemplation muette et heureuse du petit Henri assis sur son lit tout près d'elle et jouant avec le collier qu'elle a mis pour la circonstance.

Lorsque nous évoquons devant elle des projets de convalescence ou même de vacances, elle ne paraît pas trop y croire. Quand je mentionne son retour à « La Boisserie » et les quelques petits problèmes matériels qui s'y posent depuis son départ, elle me répond : « Tu es bien gentil de m'en parler. Je n'y remettrai plus jamais les pieds. Je ne retournerai à Colombey que pour y être enterrée à côté de ton père. Quant à "La Boisserie", ce n'est plus mon affaire. Après ma disparition, crois-moi, vends tout et tout de suite ! Tout le monde voudra s'en mêler et tu n'auras que des ennuis. » Mais le nouveau responsable que je suis ne voit pas les choses aussi succinctement.

Après consultation d'un de leurs collègues civils, professeur à l'hôpital Cochin, les chirurgiens décident de l'opérer pour la seconde fois le 18 octobre sous la direction du médecin-colonel Rochat. Plusieurs tumeurs cancéreuses le long du grand intestin obligent à une ablation presque complète. Elle sera contrainte à porter un anus artificiel. Les métastases cancéreuses se sont répandues dans tout le corps et ma mère refuse toute espèce de chimiothérapie. En fait, elle n'admet pas de survivre ainsi en invalide et avec un traitement médical aussi lourd. C'est avec une grande sérénité qu'elle abandonne la lutte et se résigne à la mort.

Le commentaire d'un journaliste déclarant que « l'état de santé de Mme Charles de Gaulle est préoccupant » achève de la décourager, quand elle l'entend sur son petit poste de radio. Son hospitalisation fait maintenant l'objet de commentaires de presse quotidiens qui nous obligent à détourner journaux et revues de peur que ma mère, qui y prête heureusement de moins en moins d'intérêt, ne puisse y lire les évaluations pessimistes de ses propres maux.

Tous les jours, ma sœur, mon beau-frère, ma femme, nos fils, ma belle-fille Annick, elle-même médecin, et moi lui rendons visite. Nous constatons le déclin inexorable d'un corps qui n'est plus alimenté que par perfusion. L'intelligence reste lucide, la parole faible mais claire. L'âme attend la mort.

Le 7 novembre, je dois me rendre à Cherbourg pour la recette avant départ en croisière immédiate de l'aviso-escorteur *Lieutenant-de-vaisseau-Le Henaff*. Faute d'être retardé jusqu'à son obtention, ma signature au bas du procès-verbal est indispensable. Avant de prendre le train en début de matinée, c'est en uniforme que je vais embrasser ma mère au Val-de-Grâce. Lorsqu'elle me voit ainsi revêtu, une lueur de désarroi passe dans son regard. Elle craint de ne plus me revoir et me murmure plusieurs fois « Reste ! », puis « Quel jour sommes-nous ? ». Sans doute pense-t-elle rejoindre mon père un 9 novembre. Le visage est calme, mais elle a des larmes dans les yeux et respire difficilement. Tandis qu'on lui met un masque à oxygène, je lui explique mon obligation d'aller à Cherbourg seulement pour la journée. Puis je vais consulter le médecin qui s'occupe d'elle et lui demande si j'ai le temps de m'absenter. « Difficile de prévoir le jour exact de la fin, me répond-il, mais je la pense peu probable avant vingt-quatre heures. Vous avez encore le temps. »

A Cherbourg, mon procès-verbal signé, je laisse les détails à mon chef d'état-major et prends le premier train de retour pour Paris.

C'est à la tombée de la nuit que je retourne au Val-de-Grâce. Dans la pièce qui précède celle où se trouve ma mère, les deux gendarmes sont toujours là, que je remercie et qui ne disent rien. Ma mère est étendue seule dans une pénombre qui me frappe. Elle est droite et immobile sur son lit, les bras le long du corps. Le masque respiratoire en métal paraît énorme sur le bas du visage. Une respiration artificielle s'en exhale bruyamment mais la poitrine ne bouge pas. Les cheveux blancs sont en désordre autour de la tête. Les yeux sont clos. La main sur laquelle je pose la mienne et le front que j'embrasse sont étrangement froids. Je ne sens pas la veine carotide que je touche. Je l'appelle, lui parle fort à l'oreille sans obtenir de réaction.

Etreint par le chagrin, je reste à côté d'elle sans détecter le moindre signe de vie. J'ai la conviction qu'elle est en réalité morte peu avant mon retour et qu'une certaine mise en scène veut me laisser croire à un coma profond. De toute façon, je ne puis plus rien et, au bout d'une demi-heure environ, me résous à la quitter après m'être efforcé de fixer en mémoire l'image de son corps devenu si fragile, réduit à quelques dizaines de kilos. Vers 1 heure du matin, un coup de téléphone à mon domicile m'annonce officiellement le décès de ma mère. Nous sommes le jeudi 8 novembre.

Le 9, jour anniversaire de la mort de mon père, et même la veille ou le lendemain, une foule envahit déjà le village de Colombey. Les obsèques ne pourront avoir lieu que le lundi 12. La mise en bière et la levée du corps se déroulent sans cérémonie tôt le matin et sans qu'aucune visite ait été admise au Val-de-Grâce. Notre ami Pierre Lefranc s'est chargé avec le préfet de la Haute-Marne du service d'ordre à Colombey où nous ne souhaitons pas la présence de la foule. Sauf le préfet et le maire M. Raullet, les officiels ont tous été récusés. Des barrages de gendarmerie ne laisseront passer qu'un millier de personnes. A vrai dire, la foule ne tente pas de les submerger. L'office à l'église est identique à celui, simple mais classique, qui accompagna le départ de mon père. Le curé, l'abbé Lambert, et deux autres prêtres, mais sans l'évêque cette fois, célèbrent la messe. Le corps est ensuite porté au cimetière sur le chariot à roues de la commune poussé par six conseillers municipaux. On a inscrit sur la pierre « Yvonne de Gaulle — née Vendroux — 1900-1979 ».

Le soir du 9, en l'église Saint-Louis-des-Invalides, un service solennel autour de ma famille associe la mémoire du général de Gaulle et celle de son épouse en présence du Premier ministre Raymond Barre, d'une partie du gouvernement et des anciens Premiers ministres Michel Debré, Jacques Chirac, Jacques Chaban-Delmas, Maurice Couve de Murville. Le révérend père Fouquer, père missionnaire d'Afrique, ancien aumônier de la France Libre et de la Division Leclerc, a prononcé une homélie remarquable. Il le fera tous les ans avec autant d'éloquence et de fidélité jusqu'à sa mort en 1997.

La succession de ma mère est facile à régler. De « La Boisserie » qu'elle habitait et dont j'ai hérité, il ne reste que les meubles dont elle pouvait en principe disposer selon une clause de son contrat de mariage, ce qu'elle avait fait au profit de ma sœur pour un certain nombre d'entre eux en me laissant les plus visibles ou inamovibles, de sorte que la demeure est restée pratiquement à l'identique depuis la mort de mon père. Ses bijoux, dont elle ne portait plus que son alliance et un collier de perles, ont été distribués de son vivant à sa fille, sa belle-fille, et sa petite-fille Anne. Son compte en banque ne laisse que quelques dizaines de milliers de francs provenant des deux pensions de veuve de conseiller d'Etat et de général d'armée que lui avait fait attribuer le gouvernement, bien que le général de Gaulle n'en ait jamais perçu ni porté les titres de son vivant.

La dot en titres des fonderies Deville à Charleville, qui lui venait de ses parents Vendroux, aurait représenté un patrimoine important avant la Première Guerre mondiale. Depuis, la plus grande partie de ces valeurs, comme beaucoup d'autres, avaient été réalisées au profit de la Fondation Anne de Gaulle, en 1946, et le reste récemment partagé entre ma sœur et moi. Mais ces industries étant depuis longtemps devenues déficitaires, leurs dividendes sont nuls depuis des années. Les actions restantes nous en seront rachetées par un groupe désireux d'en contrôler la majorité pour entreprendre le redressement de l'entreprise.

Reste la ferme de quinze hectares aux environs de Coulognes, près de Calais. Les dommages subis durant les deux guerres mondiales par des bâtiments trop nombreux et plus ou moins bien réparés, les charges et impôts accumulés au fur et à mesure des années par la législation française font que ma sœur et moi préférons céder le tout, à un prix d'ami, au fermier qui obtiendra pour ce faire un prêt agricole à taux préférentiel.

*

En décembre 1976, le septennat de Valéry Giscard d'Estaing a été endeuillé par l'assassinat de Jean de Broglie, député et ancien ministre, auquel on attribuait sept millions et demi de francs de dettes. En janvier 1980, c'est un autre ancien ministre, Joseph Fontanet, qui est tué à coups de revolver, une nuit, devant son domicile. A la fin octobre, Robert Boulin, ministre en exercice quant à lui, est retrouvé noyé dans un étang aux environs de Paris où il s'est rendu seul en voiture. L'autopsie indique qu'il a absorbé une bonne dose de tranquillisants et l'enquête conclut au suicide. Cheville ouvrière de nombreux gouvernements, il a assumé des fonctions ministérielles avec un total dévouement pratiquement sans interruption depuis dix ans. Le surmenage, l'abus des médicaments et une dépression nerveuse causée par l'escroquerie d'un homme d'affaires de ses relations qui lui a fait acheter un terrain au cap Ferrat, dans le Midi, déjà vendu à un tiers, l'ont probablement plongé dans le désespoir.

Alors qu'il était l'objet d'une enquête judiciaire doublée d'une virulente campagne de presse, Robert Boulin m'avait invité quelques mois auparavant dans son appartement du boulevard Richard-Wallace, à Neuilly, en bordure du Bois de Boulogne. Sa femme et deux de ses enfants étaient présents. Son habitation n'était ni vaste, ni luxueuse. Sans rien qui pût augurer de sa fin tragique, je l'avais trouvé fort courtois et calme, mais parlant d'une voix épuisée. Ce gaulliste de longue date, qui n'avait aucune raison officielle de me rencontrer, cherchait en réalité un peu de compréhension et de considération.

Comme celles de Joseph Fontanet, de Jean de Broglie, sa disparition tragique alourdit encore l'atmosphère autour du président de la République, qui subit déjà la « campagne des diamants » suscitée par ceux qui se servent de Bokassa pour l'attaquer.

Malgré la politique de rigueur financière sage et mesurée de Raymond Barre, et en grande partie à cause d'elle dans une démocratie naturellement portée à la démagogie, les élections législatives de mars 1978 ont marqué le début d'un renversement politique au profit de la gauche. La position du président de la République a commencé dans le même temps à se détériorer. Malgré l'image qu'il a voulu donner d'un nouveau style plus accessible et moderne, il semble au contraire s'éloigner de plus en plus du Français moyen. Ses efforts pour atteindre à une familiarité de bon aloi, son verbe intelligemment précis et ses manières courtoises et naturellement distinguées se retournent contre lui, donnant l'impression d'un aristocrate qui entend tenir sa distance vis-à-vis du vulgaire.

En décembre 1979, je suis invité par le président de la République à une chasse au gros gibier à Chambord. Je n'ai jamais jusque-là bénéficié de ce privilège, même au temps de mon père qui m'avait cependant admis plusieurs fois à quelques battues d'arrière-saison à Marly ou plus rarement à Rambouillet pour le faisan, le lièvre ou le canard. Tout le monde, y compris le Président, loge à l'hôtel du Grand Saint-Michel, fermé en cette saison, mais rouvert pour la circontance. Un dîner d'une vingtaine de couverts a lieu dans une salle du château. Tandis que Giscard, dont l'intérêt principal est bien la chasse, reste relativement silencieux, deux ou trois anciens « barons du gaullisme » sont présents, dont Roger Frey. Sans doute, le Président veut-il renouer avec eux, s'étant aperçu que les écarter était une erreur qui ne serait pas sans conséquences sur les futures élections présidentielles.

Pour ma part, je n'ai pratiqué la chasse au gros gibier que deux ou trois fois dans ma vie, sans grand succès, et en épargnant un jour en Haute-Marne un magnifique cerf arrêté, interdit, devant moi à courte distance. Le spectacle qu'il me donnait m'avait paru trop beau pour être détruit et je le laissai passer avec les deux biches qui l'accompagnaient. Durant cette battue au sanglier, je tire à peine et ne tue rien. J'ai l'excuse d'être le voisin immédiat du président de la République, ce qui m'oblige décemment à lui laisser les pièces les plus à portée.

Il échange avec moi, à l'occasion, quelques propos sur la continuité de sa politique avec celle du général de Gaulle dans l'ordre économique, industriel, technique et commercial, ce qui est vrai dans l'ensemble — que faire raisonnablement d'autre ? —, sauf pour le *France* et le *Concorde* dont il a fait les symboles des entreprises supposées non rentables. J'ai l'impression qu'il m'observe. Je reste donc sur la réserve en répondant le strict nécessaire mais en m'abstenant de commentaires. Il m'explique brièvement les motifs pour lesquels il a dû autrefois modifier au dernier moment mon affectation du commandement de l'escadre de Méditerranée pour celui de l'escadre de l'Atlantique. L'arrivée massive à Toulon de Pieds-noirs, haineux envers le général de Gaulle, et de plusieurs dizaines de milliers d'Algériens, pouvait créer à mon encontre des difficultés qu'il a préféré écarter à priori. Il en aurait déjà été ainsi en 1964 quand, la Marine ayant voulu me donner le commandement de la base d'hélicoptères de Saint-Mandrier, près de Toulon, on avait jugé préférable d'y renoncer pour m'attribuer finalement celle de Dugny-Le Bourget, ce que je n'ai nullement regretté.

Enfin, une phrase jetée en passant m'intrigue. L'actuel chef d'état-major de la Marine, l'amiral Jean Lannuzel, prévu de longue date à ce poste en raison de ses solides qualités, avec lequel j'entretiens de cordiales relations, me dit être prêt à céder sa place à tout moment. Le Président insinue-t-il que je pourrais être son successeur ? Ou ne cherche-t-il qu'à me faire plaisir ? De toute façon, Lannuzel a le même âge que moi et a justement été nommé pour quatre ou cinq ans.

*

Ma mère, avant sa mort, avait, comme je l'ai dit, exprimé son scepticisme quant à l'avenir de « La Boisserie ». Sans doute savait-elle que j'aurais des difficultés sinon à l'utiliser du moins à l'entretenir. Dans le conseil qu'elle m'a donné de liquider la maison de famille, sans doute y avait-il à la fois sa répulsion d'imaginer son ancien logis transformé en un musée que tous pourraient voir sans discrétion, et la crainte plus confuse que cette propriété puisse me servir de socle pour assurer une quelconque continuité politique de mon père. Elle s'était toujours efforcée avec ténacité d'écarter de moi, porteur du nom, toute possibilité de prendre la suite, même limitée, d'un rôle public qu'elle avait certes supporté stoïquement aux côtés de mon père, mais qu'elle jugeait par avance exécrable pour le reste des siens.

L'année 1980 venait de toute façon me démontrer que je devais sans tarder trouver une solution pour « La Boisserie » que personne chez moi ne voulait ni ne pouvait habiter et dont mes propres ressources financières ne pourraient longtemps assurer l'entretien. Les assurances refusaient de couvrir un immeuble inhabité la plus grande partie de l'année et situé à plus de cent mètres de tout autre logis, cible facile pour les malveillants. Un gardiennage permanent était hors de mes moyens. Les réfections étaient importantes, qui s'imposaient dans les caves inondées, pour la toiture, le chauffage, les circuits électriques, tous datant de l'après-guerre.

Pour la remise à jour qu'exigent les assurances et la liste des objets que je ne dois plus y laisser — entre autres, des livres de valeur et vingt mille photos en train de se détériorer —, je demande à l'un de nos amis gaullistes, commissaire-priseur, de bien vouloir venir procéder à l'inventaire de nos biens. Il en établit le catalogue et devançant mes souhaits prend les dispositions pour proposer à la vente une partie d'entre eux, qui s'entassent essentiellement dans les appentis et les greniers, sans rien toucher du mobilier qui doit de toute façon rester en place sous peine de changer l'aspect des pièces. L'occasion est aussitôt donnée à une certaine presse de lancer une campagne de dénigrement contre moi. En première page d'un grand journal du soir, on peut lire : « Dix ans après la mort du Général, les meubles de "La Boisserie" sont bradés. » Thème repris par la directrice d'un journal télévisé, comme si le sort des biens personnels hérités de mes parents concernait tout autre que nous. Naturellement, personne n'a jamais constaté auparavant l'intérêt de ces bons apôtres pour « La Boisserie », et personne ne les y verra jamais par la suite.

Après mûre réflexion et faute d'autres solutions, je me résigne à demander à l'Institut Charles de Gaulle de prendre en charge, moyennant l'ouverture au public, le gardiennage et l'entretien quotidien de la maison, dont je garderai la pleine propriété. Pierre Lefranc accepte une telle solution, vouée à durer aussi bien pour le bénéfice de l'Institut que pour mon propre avantage dix années durant. Lorsque l'Institut Charles de Gaulle bénéficiera d'une subvention de l'Etat, dont je refuse l'intervention même indirecte à « La Boisserie », le souci qu'il ne puisse devenir gérant de fait, c'est-à-dire inamovible, selon une législation française qui tend toujours à favoriser abusivement l'appropriation au moins partielle du bien d'autrui, m'amènera à reprendre intégralement à mon propre compte les visites de la maison.

Peu de temps avant l'été, je reçois une nouvelle invitation, aussi inattendue que la précédente, au domicile personnel de Giscard d'Estaing, rue de Bénouville. J'ai, certes, déjà été convié à Chambord, mais jamais à l'Elysée ni ailleurs. A part moi, il n'y a que deux autres convives autour de la petite table ronde : le général Eyadema, président de la République du Togo, que je rencontre pour la deuxième fois, et un officier supérieur de l'état-major particulier ou un aide de camp de la Présidence, je ne me souviens plus. Le président français entretient la conversation presque à lui seul avec brio et courtoisie. Les autres convives sont assez réservés, en particulier le président togolais, qui reste impassible et presque silencieux, comme s'il était mécontent. Je crois comprendre que ma présence pourrait servir à témoigner auprès du Togo de la continuité de la politique française en Afrique depuis le général de Gaulle, ce qui ne paraît peut-être pas évident notamment après l'aventure Bokassa. S'y ajoute sans doute aussi le désir de Giscard d'Estaing de renouer une nouvelle fois avec les gaullistes avant les élections présidentielles de l'année prochaine. A moins qu'il ne s'agisse tout simplement pour le président de la République de manifester en quelque sorte que son désaccord avec mon père en 1968-1969 n'a obéré ni son respect ni son admiration pour le fondateur de la Ve République.

Le 25 juin 1980, je suis promu amiral, grade le plus élevé de la Marine.

Peu avant cette ultime promotion, mon ancien camarade de la France Libre l'amiral Gérard Daille, en retraite depuis deux ans, était venu s'enquérir de mon sort en me conviant à déjeuner en tête à tête. « Vous savez bien, Amiral lui dis-je, qu'en République le fils d'un homme aussi célèbre que mon père n'est apprécié, voire toléré qu'à condition de "se tenir à sa place", c'est-à-dire de ne pas prétendre au premier rang. En conséquence, le poste d'inspecteur général de la Marine, qui est le second et pour lequel je ne vois guère de rivaux, me conviendrait donc parfaitement. » C'est effectivement la nomination qui m'échoit le 31 octobre 1980 en même temps qu'elle me confirme au Conseil supérieur de la Marine.

C'est à cette époque que le gouvernement décide, en vue de remplacer le *Clemenceau* et le *Foch* dans la décennie à venir, de construire deux porte-avions à propulsion nucléaire. Tout le monde en est d'accord, sauf ceux qui préconisent de placer la France sous tutelle étrangère, qu'elle soit de l'Est ou de l'Ouest. Je reconnais au président de la République la volonté que notre pays existe comme puissance stratégique, mais je pense que les sous-marins sont à cet égard prioritaires et crains que la prolongation des porte-avions ne l'incite, lui ou ses successeurs, à intervenir outre-mer à l'inverse de la politique de désengagement voulue par le général de Gaulle. Des coteries nostalgiques des expéditions coloniales y poussent d'instinct, qui ne comprennent pas que leur pays ait un autre destin que celui d'assumer indéfiniment de glorieuses traditions exotiques. A quoi s'ajoute avec une efficace habileté la pression de Dassault qui entend assurer des plate-formes aux avions qu'il fabrique d'ailleurs excellemment.

En décembre 1980, je suis à nouveau convié par Giscard d'Estaing à la chasse royale de Chambord. Il a invité à peu près la même dizaine de fusils que l'année précédente, et selon les mêmes dispositions. Cependant, je suis cette fois placé à des postes plus favorables que le voisinage immédiat du président de la République. En trois battues, j'aligne quatre sangliers à mon tableau sans être toutefois le triomphateur de la journée. A l'occasion d'une mise en place des chasseurs, le Président s'approche de moi, qui suis membre du Conseil supérieur de la Marine, pour s'enquérir de mon avis personnel sur la nomination d'un futur chef d'état-major des armées l'année suivante. Je demande un délai de réflexion et lui suggère le lendemain le général Jeannou Lacaze : « Vous aurez sans doute des interventions extérieures, ou vous ne pourrez pas encore les empêcher, notamment en Afrique. Il vous faut un parachutiste de courage et de sang-froid pour les mener et le général Lacaze me paraît le plus apte. » Sans doute, d'autres avis identiques au mien lui seront-ils donnés. C'est ce dernier qui sera nommé chef d'état-major en 1981.

L'année 1981 débute dans une ambiance de campagne présidentielle. La droite est divisée. A Valéry Giscard d'Estaing, président sortant, s'opposent Jacques Chirac, maire de Paris, soutenu par la presque totalité de la formation politique qu'il a créée, Michel Debré, ancien Premier ministre du général de Gaulle qui se présente comme le « gaulliste le plus crédible, dénonciateur des abandons de la politique étrangère et du laisser-faire baptisé libéralisme », et Marie-France Garaud. A gauche, parmi les multiples tendances qui s'affrontent, François Mitterrand affiche « la force tranquille » et fait le procès d'un « président en fin de course », dont le septennat se résumerait en « quatre D : déclin, décadence, destruction, désarroi ». Cible d'une dizaine de concurrents ou d'adversaires des deux bords, le président sortant ne parvient pas à faire valoir un bilan positif, largement hypothéqué par la crise pétrolière et économique et son million de chômeurs. Malgré les efforts de la plupart des « barons du gaullisme » et les miens auprès des milieux anciens combattants, avec les limites considérables que m'impose le devoir de réserve, il n'obtient que 28 pour cent des suffrages au premier tour, suivi par François Mitterrand avec près de 26 pour cent.

Au second tour, les reports des voix se font massivement à gauche et médiocrement à droite. En particulier, des dizaines de milliers de gaullistes en veulent toujours à Giscard d'Estaing d'avoir fait perdre le général de Gaulle au référendum d'avril 1969 et d'avoir pratiquement éliminé les gaullistes au début de son septennat. On ne les récupérera pas. Le président sortant est battu à cent cinquante mille voix près (48,3 pour cent des suffrages) par François Mitterrand (51,7 pour cent).

Au lieu de se retirer simplement comme l'avait fait mon père, le président battu croit devoir faire avec solennité ses adieux à la télévision. Il termine sa déclaration en quittant théâtralement son bureau, tournant le dos aux Français, et choisit ensuite de sortir à pied dans la rue pour montrer qu'il est redevenu un citoyen ordinaire. Mais il y est pris à partie, hué et presque bousculé par de petits groupes venus saluer son éviction.

Mon beau-frère, le général d'armée Alain de Boissieu, grand chancelier de la Légion d'honneur, donne aussitôt sa démission pour n'avoir pas, au cours de son intronisation, à remettre le Grand Collier au nouveau président qui s'est toujours montré foncièrement hostile au général de Gaulle. N'ayant pas réussi à se trouver jusque-là une place dans la République, François Mitterrand allait s'inventer un morceau de République à son usage.

En attendant, comme il n'a pas de majorité législative, il lui faut dissoudre l'Assemblée nationale, prérogative du Président qu'il a pourtant très violemment dénoncée dans la Constitution de la Ve République. Amplifiant la dynamique des présidentielles, le 21 juin la gauche remporte une victoire écrasante avec 68 pour cent de députés. Les socialistes et apparentés disposent à eux seuls de la majorité absolue. Ils mordent même sur l'électorat communiste qui, transformé en force d'appoint, perd la moitié de ses représentants.

C'est Pierre Mauroy, massif, sympathique et chaleureux, ancien secrétaire général de Guy Mollet à la SFIO, qui est nommé Premier ministre. Député-maire de Lille, issu d'une famille de mineurs, ce dernier a verrouillé sa ville en lui faisant accoler les faubourgs périphériques parfois séparés de la cité elle-même par quelques champs, afin de casser le centre, ce qui lui a permis de submerger Lille intra-muros.

Les mesures qu'il prend pour satisfaire des promesses de surenchères électorales provoqueront bientôt une inflation de 15,7 pour cent, qui nous ramène au lendemain de la guerre, et le retour après vingt-trois années de la gauche au pouvoir provoque un véritable séisme. Les cotations en Bourse doivent être suspendues durant deux jours. Les milieux diplomatiques s'inquiètent de voir la France s'engager dans une aventure aux conséquences imprévisibles.

A l'Inspection générale de la Marine, une délégation de Cambodgiens de Paris vient me faire part de ses vives inquiétudes. « Nous avons échappé au régime de Pol Pot, me disent-ils, ce n'est pas pour retomber sous la coupe d'autres communistes en France. » Je les assure qu'il n'y a pas de danger pour leurs personnes et leur garantis que je les ferais prévenir si d'aventure il en allait autrement. La perplexité est considérable dans les trois armées : les chefs des état-majors, les inspecteurs généraux et le gouverneur militaire de Paris se réunissent à titre confidentiel pour adopter une attitude commune vis-à-vis d'un régime jugé néfaste pour la défense nationale et dont les suppôts ont incité à la constitution de comités de soldats chez les appelés du contingent et même les engagés. Tout le monde sait que les soviets de ce genre provoquent inévitablement la décomposition des armées. Les officiers généraux, qui se retrouvent ce jour-là, ont tous en commun d'être parvenus au sommet de leur carrière et n'ont aucun intérêt à rester au service d'un gouvernement traditionnellement hostile à la chose militaire. Après en avoir débattu à fond, nous concluons que notre départ collectif serait un facteur supplémentaire de désarroi et convenons qu'il vaut mieux que chacun reste au poste où il a été nommé afin d'encadrer le nouveau ministre de la Défense, le socialiste Charles Hernu, et prévenir tout démembrement de la défense nationale. Pour ma part, en tant qu'inspecteur général de la Marine, j'aurai directement à travailler avec lui pour le temps qu'il me reste à servir avant la limite d'âge de mon grade, soit encore dix-huit mois environ.

Charles Hernu me reçoit le lendemain de son arrivée au ministère, rue Saint-Dominique. J'aurai souvent accès à lui par la suite. Je lui expose que le chef d'état-major et l'inspecteur général sont tous deux au service d'une même Marine, mais que ce dernier, qui n'a pas de forces à administrer comme le chef d'état-major auquel il n'est pas subordonné, et qui n'a pas tendance à passer sous silence les déficiences des forces qu'il commande, a vocation à renseigner au mieux le ministre pour peu que ce dernier sache l'utiliser en toute liberté à cet égard. Je lui tiens de prime abord, avec la courtoisie qui convient mais sans détour, un discours critique sur les erreurs à éviter vis-à-vis des forces armées tant dans le domaine politique qu'économique et financier. Hernu me laisse parler sans m'interrompre, protestant tout au plus de temps en temps : « N'oubliez quand même pas que je suis le ministre d'un gouvernement socialiste. » Mais l'homme est habile, intelligent, amène. Il a du cœur. Il n'est, en réalité, pas dupe de la démogagie de son parti. Dans l'immédiat, il prend des mesures pour dissoudre les comités de soldats et empêcher leur développement.

Comme je ne lui ai pas caché les fortes préventions qui existent contre son gouvernement dans les milieux militaires, ce qui le chagrine, car il est fils de gendarme, il me prie de le conseiller. Je lui recommande d'« aller personnellement voir toutes les unités. Montrez-vous à elles. C'est le plus important dans la conjoncture ». Il m'écoutera et y trouvera une certaine réussite personnelle malgré une conjoncture peu propice, car a-t-on jamais vu un gouvernement socialiste favorable aux armées ?

Parmi les nombreuses inspections auxquelles je procéderai, à mon initiative mais avec compte rendu au ministre, les unes sont à proximité en métropole, les autres plus lointaines comme en Martinique et Guadeloupe où je ne suis jamais allé jusque-là, en Polynésie française dans nos bases d'essais nucléaires, à Kourou en Guyane d'où partent nos fusées porteuses de satellites, à Djibouti où le président Gouled Aptidon m'invite dans son palais indirectement gardé par un commando de notre Marine campant à proximité, en Nouvelle-Calédonie enfin, dont j'ai gardé le souvenir le plus coloré.

Il faut vingt-deux heures d'avion avec une courte escale de ravitaillement à Djibouti ou à Khartoum pour atteindre Nouméa. La première autorité que je dois y rencontrer est le haut représentant gouverneur nouvellement nommé par le gouvernement de gauche, Christian Nucci, un militant socialiste. Il s'appuie largement sur la Marine locale pour exercer sa fonction dans le domaine météorologique ou médical, sans parler des chalands de débarquement. On me fait dire que M. Nucci, qui reçoit beaucoup et souvent pour son agrément personnel, me verra seulement en fin de séjour. Je vais donc visiter tous les postes où se trouvent des marins, dont certains n'ont pas vu de haute autorité depuis des années, y compris dans l'île des Pins et le petit poste le plus au nord du territoire. Je me déplace à bord d'un petit aéronef ou tout simplement par la route dans une Jeep avec un chauffeur, un gendarme maritime et un policier autochtone, sans difficulté et en respectant la « coutume » d'échanger avec le chef local des salutations et des souhaits appuyés par le don d'un canif, d'une pièce d'étoffe ou d'une cartouche de cigarettes contre de petites brindilles enveloppées dans du raphia tressé. Aucun incident grave n'a encore éclaté, mais certains clans nous regardent avec réserve sinon hostilité.

Les populations locales vivent encore de la chasse — mais il ne reste à peu près plus rien à chasser — et de la cueillette. Peu de cultures ou d'élevages, sauf si ces populations y sont contraintes par les colons. Elles ne pêchent pas le long des côtes souvent difficiles d'accès, dans des eaux où prospèrent des poissons et reptiles toxiques ou dangereux. Leur tradition communautaire qui implique le partage de tout rend difficile toute activité commerciale ou agricole. Ces habitudes ont commencé à évoluer avec l'arrivée des Français qui ont amené du bétail, des porcs, des volailles et des méthodes de culture, de commerce ou d'extraction des métaux, en particulier le nickel qui est abondant. Des démagogues, souvent venus d'Australie, de Nouvelle-Zélande ou d'îles relativement voisines où ils sont établis s'emploient à expliquer aux autochtones combien les Français sont des féodaux colonialistes, ce qui par la force des choses n'est pas toujours faux mais, en même temps, de plus en plus de Calédoniens se sentent partie prenante de l'ensemble français.

Au bout d'une semaine, peu avant mon retour en France, M. Nucci consent enfin à me recevoir dans sa résidence. Je pensais qu'il m'entretiendrait des forces navales dont il dispose sur place, mais ses propos tournent rapidement à une morale socialiste assez sectaire. Ainsi, selon lui, beaucoup de ce qu'il faut appeler des colons français exploitent l'indigène et s'enrichissent à ses dépens. Il s'indigne que l'un d'entre eux ait pu se rendre en Australie avec son médecin personnel pour une opération chirurgicale dont seul ce pays possède la technique. Les malades canaques ou pauvres n'ont pas les moyens de se payer un traitement à l'étranger. J'expose à mon interlocuteur que tous les progrès, depuis que le monde existe, se font toujours à partir des plus fortunés, quand il y en a. Quand le colon en question reviendra à Nouméa avec son médecin qui aura acquis un nouveau savoir-faire chirurgical, ce dernier pourra ensuite en faire profiter le plus grand nombre. Mais, pas entendu, je suis congédié au bout d'une vingtaine de minutes, car le haut représentant attend une dizaine d'amis à sa table où je ne suis de toute façon pas convié.

Durant le temps que je passe à Paris, mes bureaux et ceux de mon état-major composé d'une dizaine de personnes de tout grade sont répartis sur le premier étage de l'immeuble avenue Octave-Gréard, qui appartient à la Marine. De tout temps, cette dernière a pris soin de le distinguer de celui du chef d'état-major rue Royale, dualité qui ne lui est utile qu'à condition d'être bien marquée. Un appartement de fonction m'est attribué d'office au second étage d'un immeuble assez vétuste, 17, boulevard de Latour-Maubourg, qui appartient aux Armées. Il m'est personnellement totalement inutile puisque je possède déjà un logement à Paris. La Marine me répond sans détour que cet appartement est inhérent à mon grade et à mon poste et que, si je ne l'accepte pas, je peux toujours donner ma démission. C'est, depuis une courte période au Maroc et en Algérie, la seule fois que la Marine m'aura hébergé durant toute ma carrière et de toute façon jamais à titre gratuit.

Me voilà doté de quelque 470 m^2 où je ne passerai pas une seule nuit, avec des espaces de réception où défileront, afin de soulager d'autant le chef d'état-major rue Royale, nombre d'invités des Marines étrangères en mission à Paris, pratiquement tous en célibataire. Ma femme n'y viendra déjeuner, dîner ou m'assister dans une réception que six fois à titre officiel en deux ans et deux mois. Deux second-maîtres, cuisinier et maître d'hôtel, et deux matelots du contingent constituent le personnel de ma maison. Je paie un loyer selon la loi de 1948 ainsi que les charges et les impôts locaux. Je touche une indemnité de six cents francs par mois, qui n'a pas été réévaluée depuis vingt ans. Je suis, en principe, défrayé de mes frais de réception mais jamais intégralement. A la fin de mon affectation, je me trouverai, comme presque tous mes prédécesseurs qui ont eu au moins l'avantage sur moi d'y vivre avec leur famille, lourdement endetté. Je ne donne ces précisions que pour infirmer l'idée qu'on se fait parfois du confort des officiers de Marine.

*

Les problèmes d'archives auxquels je suis toujours confronté me conduisent à consulter en 1981 le professeur François Goguel qui a procédé à la présentation des cinq volumes des *Discours et messages* du général de Gaulle, publiés chez Plon dans la dernière année de sa vie. Sachant que les papiers déposés par mes soins aux Archives de France ne seront pas accessibles au public dans un avenir prévisible, j'ai commencé à en publier les pièces essentielles en une série qui atteindra treize volumes sous le titre *Lettres, notes et carnets.* D'ores et déjà, je prévois beaucoup de difficultés pour mener à bien cette tâche avec le seul concours d'une secrétaire et, durant deux ans, afin de retrouver les dossiers les plus dispersés de la guerre, d'une petite équipe conduite par Olivier Germain-Thomas.

Le professeur Goguel a quitté l'année précédente le Conseil constitutionnel où il siégeait depuis 1971. Il a été secrétaire général du Sénat, où il est entré aux services législatifs en 1931, a été un proche collaborateur de Jules Jeanneney, président du Sénat sous la IIIe République jusqu'à la guerre et même après. Personne ne connaît mieux que lui la Haute Assemblée. Il me reçoit dans un appartement dont le mobilier est modeste et sans style. Ce n'est pas un homme d'argent. Il a élevé cinq enfants. Formé par la religion réformée, sa vie a été entièrement vouée au service de l'Etat et, partant, à l'action du général de Gaulle dont il a été le juriste par excellence aussitôt après René Cassin.

En dehors des conseils qu'il me prodigue pour les archives, il ne peut s'empêcher de parler du Sénat, qui ne fut que la cause apparente, selon lui, du départ du général de Gaulle le 28 avril 1969, la raison de fond étant la lassitude des Français qui ne voulaient plus rien ni de lui ni d'un autre. « Jules Jeanneney a été ministre d'Etat de votre père à la Libération, me dit-il. Ancien président de la Haute Assemblée qui menait la IIIe République et en faisait les Présidents, il condamnait les partis qui voulaient une Assemblée unique et omnipotente, en particulier Léon Blum et les socialistes dont il avait été pourtant l'allié avec les radicaux sous le Front populaire. Mais il s'inquiétait que le Sénat rétabli ne redevienne "l'Assemblée de blocage" qu'il était juste avant la guerre. Malheureusement très âgé, le président Jeanneney devait disparaître peu après l'arrivée au pouvoir de votre père, qui partageait ses idées. Les radicaux avaient presque disparu après la Libération. Aux yeux de l'opinion, ils étaient apparus, à tort, comme les grands responsables de la défaite de 1940 alors que les vrais étaient en réalité les socialistes et, bien sûr, les communistes. En 1969, le projet constitutionnel de réforme du Sénat qui fut soumis à référendum était un texte beaucoup trop long et compliqué, rédigé par le fils de Jules Jeanneney, Jean-Marcel, illisible pour la plupart des Français et même la majorité des sénateurs. Ces derniers firent courir le bruit parmi les élus locaux que, perdant leurs prérogatives législatives à vrai dire illusoires puisque les députés avaient toujours le dernier mot, le général de Gaulle voulait "supprimer le Sénat". C'était le Conseil économique et social, héritage du régime précédent, que le Général avait voulu supprimer. Il trouvait que cette assemblée, purement consultative et encore à condition qu'on lui demande son avis, était un foyer d'agitations sociales, syndicales et professionnelles, et par conséquent, plus nuisible qu'utile. En revanche, faut-il rappeler l'action constante du Général pour faire exister la Haute Assemblée. En 1948, il a forcé les partis à créer le Conseil de la République [1] dans la constitution de la IVe République ; en 1958, il a transformé ce Conseil en Sénat avec de nouveaux pouvoirs. Du Sénat, il voulait faire une assemblée où tous les projets et les lois économiques et sociales devaient être d'abord discutés et votés avant d'être présentés au vote final de l'Assemblée nationale. Autrement dit, le Sénat serait devenu incontournable. Le Sénat n'a pas compris que suivre le Général lui eût assuré une nouvelle lancée. Tant pis pour lui ! »

1. Lettre du général de Gaulle du 19 octobre 1948 aux délégués pour l'élection au Conseil de la République (*Lettres, notes et carnets*, *op. cit.*) : « ... L'élection du Conseil revêt, vous le savez, une importance et une signification exceptionnelles. Bien qu'une Constitution mauvaise assigne à cette assemblée des pouvoirs limités à l'extrême, la confusion et l'impuissance du régime actuel font que le Conseil qui va être élu sera néanmoins en mesure de jouer un rôle essentiel.

Son action pousse, d'abord, à conduire à une consultation rapide du suffrage universel, seule issue démocratique à la crise à laquelle la nation se débat. Ensuite, le redressement de l'Etat, le salut de la monnaie, le retour du pays à l'équilibre et à la sécurité, bref la vie même de la France, dépendra en grande partie de ce que fera le Conseil de la République.

Mais il est de toute nécessité que le Conseil comporte une majorité cohérente, composée d'hommes marchant solidairement — quelle que soit la diversité très légitime de leurs tendances — vers les objectifs du salut sur lesquels la masse immense de notre peuple est en vérité d'accord. C'est pour atteindre ces objectifs que j'adjure maintenant les Français de se rassembler, comme je le fis pendant la guerre quand il s'agissait de sauver la patrie et la liberté. Je vous demande donc, monsieur le délégué, simplement et instamment de voter pour les candidats unis par le Rassemblement du Peuple français. »

J'étais loin alors de me douter que, pour venir en renfort de Jacques Chirac, je serais moi-même élu sénateur de Paris seize ans après la mort de mon père.

En me disant au revoir, le professeur Goguel me félicite d'avoir procédé à la remise des archives privées du Général tant à la Bibliothèque nationale qu'aux Archives de France. « Le bruit court que Churchill aurait mis les siennes en vente aux enchères et que Lord Mountbatten aurait fait de même pour sa somptueuse argenterie d'ancien vice-roi des Indes. Cela n'étonne personne ailleurs qu'en France. Les unes et l'autre étaient bien leur propriété personnelle. »

En octobre 1981, lors de la clôture des fêtes du Bicentenaire de l'Indépendance des Etats-Unis, les deux inspecteurs généraux de l'armée de Terre et de la Marine vont représenter la France. Ces festivités n'ont pas été mieux préparées par les Français en 1981 qu'elles ne le furent à l'ouverture : un seul bâtiment de guerre symbolique de notre Marine, la frégate *De Grasse*, et pour notre armée le drapeau d'un régiment royal encadré de quelques hommes en tenue d'époque. Il s'agit pourtant de commémorer un événement où nous avons aidé à la libération d'un peuple d'une façon massive et éclatante. Etant donné les conditions dans lesquelles nous y figurons, c'est à mon corps défendant que je me rends aux Etats-Unis.

Le général Biré et moi montons dans le quadriréacteur où le président de la République, qui a l'air fort fatigué, embarque avec son épouse pour gagner directement et même furtivement la suite fermée qui leur est réservée dans l'aéronef. Il n'a pas eu ainsi à saluer la centaine d'invités personnels qui y est déjà installée : Claude Manceron, historien quasi officiel du régime, infirme dans son fauteuil roulant ; Françoise Sagan, qui aura un grave malaise par manque d'on ne sait quoi ; Claude Cheysson, ministre des Affaires extérieures, qui ne parle que de Cancún, au Mexique, où il doit emmener ensuite le chef de l'Etat à un colloque international tiers-mondiste ; Jacques Attali, conseiller spécial, y côtoie de braves militants chevelus, barbus et négligés. Un second quadriréacteur emporte les quelque cent quatre-vingts autres personnes, qui n'ont pu monter dans le premier.

Ce flot disparate débarque en trimballant couffins et sacs personnels sur le tapis rouge déroulé pour le Président, tandis que, de chaque côté, des Marines en grande tenue présentent les armes, que les musiques jouent les hymnes nationaux et que retentissent les tirs de salut des canons. Seuls les attachés militaires, les aides de camp et les deux inspecteurs ont une tenue digne de l'événement. Nous en sommes gênés.

Le soir, au dîner de gala à la mairie de Washington, l'allocution de François Mitterrand en réponse aux souhaits de bienvenue est l'une des plus éloquentes que j'aie jamais entendue. Quel dommage que cet homme n'ait pas su trouver la route juste, qui aurait dû être la même que celle du général de Gaulle !

Le lendemain matin, sur un champ immense des environs et par une température idéale, se déroule un spectacle grandiose en souvenir de la bataille de Yorktown. Près d'un million de personnes garnissent le pourtour du terrain où près de six mille figurants armés et costumés défilent en lignes et colonnes. Ce sont de simples citoyens américains représentant leurs villes ou leurs associations et c'est en bon ordre qu'on voit défiler et même simuler des combats, avec tirs de salve et coups de canon à blanc, des chasseurs de Washington, des Français de Louis XVI (avec la cantinière et l'aumônier) et des grenadiers anglais, écossais, irlandais, hessois ou hanovriens pour figurer l'ennemi. Le président des Etats-Unis, George Bush, et les chefs d'Etat invités sont au centre d'une immense tribune, dans un compartiment protégé par des cloisons de verre à l'épreuve des balles. Autour, sur les gradins qui les entourent, leurs suites officielles dont nous faisons partie, le général Biré et moi. Pour y parvenir, nous avons dû passer, un à un, au travers d'un grand sas où nous avons été identifiés de près et passés au détecteur. Une femme commissaire de police, qui se montre particulièrement vigilante et en rajoute par rapport à ses collègues mâles d'une manière agressive, m'intercepte, vérifie que ma casquette ne contient rien de suspect, et m'enjoint de retirer la plaque de grand officier de la Légion d'honneur que je dois porter à gauche de mon uniforme. « Cet objet peut être dangereux lorsqu'il est lancé », me dit-elle. Comme je refuse, elle me prend par le bras pour m'entraîner dans un coin et commence à palper mes poches. Je lui demande ironiquement en anglais si « chez vous, ce sont les femmes qui fouillent les hommes ? ». La dame le prend mal, mais un policier français de la suite mitterrandienne met fin à cette situation incongrue en confirmant mon identité...

*

Porter un nom illustre constitue parfois un avantage, plus souvent un inconvénient. Cela s'est vérifié dans ma propre vie comme dans celle de mes enfants.

En 1982, mon fils aîné Charles, alors dans sa trente-quatrième année, est en butte à beaucoup plus de difficultés professionnelles depuis l'arrivée au pouvoir d'opposants systématiques à son grand-père. Avocat international, il a d'abord réussi à établir des contrats au Moyen-Orient et en Afrique. Dès lors, dans tous les pays où les siens auront été conclus ou sur le point de l'être, il est souvent convoqué à l'ambassade de France pour se voir notifier que les entreprises de l'Etat font annuler ou reprennent ses affaires à leur compte.

Hanté depuis longtemps par la politique, Charles tentera de rencontrer le maire de Paris, à l'Hôtel de Ville, sans être reçu, puis les instances du RPR. Dans le Nord où naquit son grand-père, il réussira à devenir conseiller régional, avec l'approbation de Jacques Chirac, mais au nom de l'UDF, qui ne se réclame pas du gaullisme mais qui compte en son sein un certain nombre de gaullistes. Il tentera de se présenter à la députation dans une circonscription favorable de ce même département sous l'étiquette RPR, mais Jacques Chirac lui préférera publiquement un jeune cultivateur inconnu qui sera élu. Il s'essaiera alors à la Haute-Marne, département de Colombey-les-Deux-Eglises, avec l'appui du sénateur RPR, mais devra se retirer avant l'élection et ne gagnera dans l'opération que les factures de ses affiches à payer.

Membre d'une liste UDF aux élections européennes, il est placé en position largement inéligible mais, après deux ou trois ans et une demi-douzaine de désistements inattendus suite à des promotions ministérielles, finit par entrer à l'assemblée de Strasbourg. Il y sera réélu deux fois de suite, déterminant chaque fois son orientation sans avoir consulté aucun de ses proches. Ce sera particulièrement vrai lors de sa toute dernière candidature.

En bref, vu les contrats et les divers postes politiques dont il a été écartés, Charles aura sans doute acquis la conviction, à tort, qu'il n'a rien à attendre des autres et qu'il lui faudra toujours trouver seul sa voie, comme le chat de Kipling.

Manifestation sans doute de son indépendance, Charles s'est marié en Ecosse sans avoir avisé personne, ni sa mère ni moi. Nous ne saurons rien ou presque sur le moment de son épouse Sandra, si ce n'est qu'elle est Anglo-Argentine et a déjà une petite fille d'un premier mariage en Grande-Bretagne. Ils auront deux fils, Philippe et Edouard.

Mon second fils Yves a fait de brillantes études universitaires. A L'Ecole nationale d'administration, il a été le plus jeune de sa promotion. Entré à la Cour des comptes, il fait son service militaire comme officier de Marine de réserve sans que je l'aie aidé en rien. Affecté ensuite à la Prévision du Trésor, il poursuivra au Contrôle des opérations de Bourse, travaillera aux premières privatisations sous le gouvernement Balladur, assumera à Madrid la direction des Assurances générales de France et de l'espagnol Phoenix qu'il fusionnera et réorganisera, puis reviendra à Paris à la direction générale d'Euler, assurances d'entreprises. Il est élu en 1983 conseiller municipal de Boulogne-Billancourt où il habite, mais faute de temps ne sera pas candidat pour un nouveau mandat. Son épouse Annick, médecin, travaille à la direction parisienne des hôpitaux de l'Assistance publique. Ils ont deux enfants, Henri et Nathalie, première fille, très bienvenue, après quatre garçons à la deuxième génération et trois à la suivante.

Mon troisième fils Jean, expert-comptable, entre en 1983 au cabinet Barbier-Frinault. Passionné de politique, il sera élu trois ans plus tard député des Deux-Sèvres où un petit bourg porte encore le nom de sa famille maternelle, Montalembert. Il devra y faire sa place comme élu du RPR dans une circonscription agricole (celle de Thénezay dont il deviendra maire) où les gaullistes n'ont guère été implantés jusqu'alors. Après la dissolution de l'Assemblée nationale, il y sera réélu en 1988 plus largement que la première fois, assuré de pouvoir en demeurer le parlementaire pour longtemps. Mais, en 1993, à la demande de Jacques Chirac, Jean accepte de se porter candidat dans le XIIe arrondissement de Paris, la circonscription du général de Bénouville, trop âgé pour s'y représenter. Le nom qu'il porte — c'est pour une fois un avantage — amenant toujours 5 à 10 pour cent de suffrages en plus, il sera mieux élu que ses prédécesseurs et réélu sans discussion en 1997 après une nouvelle dissolution de l'Assemblée nationale. Malgré quelques intrigues menées contre lui, le peuple votera en sa faveur. Son épouse Isabelle, médecin spécialiste des enfants prématurés, travaille dans le secteur international des produits pharmaceutiques Sanofi.

Enfin, mon dernier fils Pierre, né dix ans après Jean, a fait d'excellentes études économiques et financières. La politique ne le tentera pas. Après son service militaire comme officier de Marine de réserve sans que j'y sois davantage intervenu pour lui que pour son frère Yves, il se lancera dans une carrière bancaire. De la Barclays Bank, il passera à la Dresdner Bank, devenu Banque franco-allemande, puis à la First of Boston, devenu Crédit Suisse, à Paris. De rachats en fusion, il finira par subir le sort de nombre de ses pairs et se retrouvera pour un temps au chômage. Après six mois de vaines recherches dans un secteur en reconcentration, et las du contexte économique et social français, il choisira avec succès d'aller tenter sa chance en Angleterre. Pour un de Gaulle, ce ne saurait être une infamie !

*

Un samedi de 1982, nous sommes invités, ma femme et moi, chez Pierre Schwed, un financier ami dont le rayonnement et l'ouverture d'esprit font de sa villa de Marnes-la-Coquette un des lieux où se retrouvent nombre de personnalités de tout bord, et de celles qui comptent le plus à Paris.

Le déjeuner auquel nous avons le privilège d'être conviés réunit une vingtaine de convives : des généraux ou amiraux au sommet de la hiérarchie, d'anciens auditeurs éminents des Hautes études de Défense nationale, dont notre hôte a lui-même brillamment fait partie. L'invité d'honneur est Pierre Marion, polytechnicien, chargé depuis peu de la Direction générale de la Sécurité extérieure.

Sachant peut-être qu'il sera bientôt remplacé après seulement dix-sept mois de fonction et naturellement sans trahir aucun des secrets de la Défense, l'homme se montre amer vis-àvis du régime qui l'a nommé. Il affiche une grande indépendance d'opinion et de langage qui est peut-être une manière de susciter confidences et réflexions chez ses interlocuteurs, ne se dévoilant apparemment lui-même que pour mieux les inciter à se révéler.

Il est sévère envers François Mitterrand, qui cache un cancer depuis 1981. Il l'accuse d'un cynisme et d'un égocentrisme sans vergogne. Sa grave maladie eût constitué un handicap s'il avait voulu mettre en œuvre une grande politique, qui demande toujours beaucoup d'énergie et souvent une force surhumaine. Au contraire, il saura l'exploiter à fond, et nous n'imaginons pas encore jusqu'à quel point, pour être plaint et ménagé...

C'est l'époque de l'attentat de la rue des Rosiers, des menées des groupes terroristes de Carlos et d'Abou Nidal. Mais Mitterrand s'intéresse davantage aux écoutes illicites et à la vie privée des autres. Une cellule antiterroriste est créée à cet effet en 1982, qui se charge secrètement de ces basses œuvres. Marion ne fournit aucun détail à ce sujet mais il décrit François de Grossouvre, ami personnel du Président et chargé de sa sécurité, comme complètement désabusé. On retrouvera celui-ci suicidé dans son bureau, à l'Elysée même, quelques années après.

Alors que je me trouve en queue de colonne des invités qui font le tour du jardin sous la conduite du maître de maison, après le déjeuner, quelqu'un vient me glisser à l'oreille que Marion n'aurait été nommé à la DGSE que pour y faire disparaître les fiches des « porteurs de valises » communistes, trotskistes et socialistes, anciens complices des Soviets, du Viêt-minh et du Front de Libération algérienne. Certains font même partie du gouvernement actuel. Les services secrets américains accusent la France de s'être ainsi placée sans défense vis-à-vis des pays terroristes.

Le 18 octobre 1982, Pierre Mendès France meurt subitement au téléphone. Mon père appréciait cet homme intègre, dont la manière de vivre était détachée du superflu. Edgar Faure, radical essentiellement pragmatique quant à lui, et qui a souvent côtoyé Mendès France, évoque longuement lors d'un dîner chez Simone Cino Del Duca la personnalité du disparu. Il a de Mendès France une opinion qui rejoint tout à fait celle de mon père après Mai 1968 : « Il aurait pu être un homme exceptionnel, dit Edgar Faure, mais on ne s'en est pas aperçu, car on n'avait pas fait appel à lui depuis des décennies. Même François Mitterrand qui avait été son ministre de l'Intérieur et qu'il avait aidé à accéder à la Présidence ne lui avait manifesté d'autre reconnaissance que la remise, pour les photographes, d'une rose devant le Panthéon. Mendès France n'est finalement resté qu'un peu plus de sept mois à la tête du gouvernement. Le temps d'un accord d'indépendance avec la Tunisie et le Maroc et de conclure avec l'Indochine une paix indispensable depuis longtemps, mais qu'il n'aurait pas dû négocier à Paris en acceptant de rester à la même table que le Viêt-minh, alors que ce dernier nous attaquait à Diên-Biên-Phû. Lors du retour au pouvoir du général de Gaulle en juin 1958 dans un Etat moribond menacé de guerre civile, il avait appelé à “la défense de la République” contre le seul homme qui pouvait pourtant la sauver. Au moment des désordres de Mai 1968, il prend expressément parti pour l’émeute, en dépit des incohérences, contre le général de Gaulle et à nouveau selon lui “pour la défense de la République”. Il achève ainsi de se discréditer complètement dans l’opinion de votre père, comme dans la mienne. Dès lors comment expliquer que Mendès France ait pu si longtemps servir de référence à une certaine gauche, à vrai dire très confuse dans ses idées ? C’est que l’homme a été un virtuose de la communication politique et des médias chez lesquels il avait su se créer de multiples réseaux de soutien et d’amitié. Il avait réussi, en particulier, à se présenter en “homme de rigueur et du parler vrai”, argument à vrai dire très classique chez les marxistes, qui se font toujours passer pour des parangons de vertu et de sincérité face à l’égoïsme et à la fourberie dont il est entendu, une fois pour toutes, qu’ils ne peuvent être que le monopole de la droite. Il a été constamment soutenu durant les années 50 par *L’Express* de Jean-Jacques Servan-Schreiber et de Françoise Giroud, puis par *Le Nouvel Observateur* et *L’Evénement du Jeudi*, entre autres. Sa disparition, pour triste qu’elle soit, conlut Edgar Faure non sans cruauté, est un non-événement politique. »

Je devais souvent retrouver Edgar Faure après mon entrée au Sénat en 1986. Je conserverai de lui une vive admiration pour son art de l’esquive dans les débats et son étonnante éloquence. Survenant dans l’hémicycle au moment même où il doit intervenir et sans savoir à quel point exact de la discussion on en est arrivé, il prend la parole avec une facilité déconcertante malgré un léger zézaiement. Lorsqu’il descend de la tribune au bout d’une dizaine de minutes, il nous laisse, à l’instar de Boileau, nous demander « ce qu’il a dit après avoir parlé ». Comme Pépin le Bref, je serai toujours incapable de prendre la parole quand il n’y a rien à dire.

Mes rapports d’inspecteur général de la Marine avec mon ministre Charles Hernu ne cessent d’être excellents. L’homme est dynamique, attentif aux gens et aux matériels. Il réussit bien. Plus tard, après sa mort prématurée, il sera accusé d’avoir fréquenté de trop près certains pays de l’Est. Attaques injustes à mon avis, ses relations limitées n’impliquant sans doute pas les secrets de la Défense nationale.

Au début de novembre, je prends part à ma dernière grande prise d’armes dans la prestigieuse cour des Invalides. Les bataillons de la Garde républicaine et des trois armées avec leurs musiques y sont rangés en carré. C’est la coutume dans ce genre de cérémonie que le chef militaire le plus ancien dans le grade le plus élevé soit l’objet d’honneurs spécifiques peu avant son départ en retraite. Il se trouve que je suis celui-là à mon tour. Par crainte sans doute de trop en faire vis-à-vis d'un officier général dont le nom symbolise l'« ancien régime » pour un tel gouvernement, le cérémonial est organisé de telle manière que mon entrée est encadrée par un groupe d'officiers généraux et le nouveau directeur de la gendarmerie, pour la première fois un civil. Celui-ci prend bizarrement la tête du groupe pour prétendre à la préséance. Sachant bien que je n'incarne plus désormais que le passé, je n'en suis pas autrement contrarié mais ne puis manquer de m'en apercevoir.

Charles Hernu l'apprendra. Désireux de rattraper cette mesquinerie, il donnera chez lui en mon honneur une amicale réception d'adieu. Après une chaleureuse allocution, il m'offrira une lunette de marine vieille de deux siècles. Au moment de nous séparer, Charles Hernu me confie : « Votre père a créé trois ordres : l'Ordre de la Libération, la Médaille de la Résistance et l'Ordre national du Mérite. Vous n'êtes titulaire d'aucun des trois. Je ne puis rien pour les deux premiers, mais j'ai le droit de vous proposer pour la grand-croix du troisième, ce que personne ne pourra contester. »

Sachant que cette dignité ressortit directement du président de la République et que je ne veux rien devoir à François Mitterrand, je le prie de n'en rien faire. Cette affaire m'est sortie de l'esprit et je la crois complètement enterrée quand, au tout début de mars 1984, deux ans environ après avoir quitté le service, un coup de téléphone du général d'armée André Biard, grand chancelier de la Légion d'honneur, m'informe que je suis élevé à la dignité de grand-croix de l'Ordre national du Mérite. Je m'insurge qu'on ne m'ait pas consulté, réaffirme que je ne veux rien devoir à un régime qui paraîtra m'avoir ainsi récupéré. « Vous ne pouvez pas vous y opposer, c'est déjà officiel, me rétorque Biard. C'est une décision du président de la République et la seule chose que vous pourriez faire maintenant serait de ne pas vous rendre à la cérémonie de remise des insignes et de ne pas en signer le procès-verbal. Je ne vous le conseille pas. »

Ces insignes, s'agissant de la plus haute dignité de l'Ordre, ne peuvent être remis que par le président de la République en personne. Comprenant que je ne saurais en aucun cas l'accepter, Biard me propose de demander l'autorisation exceptionnelle de m'en faire lui-même la remise en petit comité, à la Chancellerie. Il en sera ainsi.

Peu de temps après, ce sont les Soviétiques qui me remettent leur Médaille de première classe de la Grande Guerre patriotique. Je suis assez fier de leur reconnaissance de mes titres de combattant.

Sur le fond, je suis sensible aux attentions de Charles Hernu auxquelles je ne m'attendais guère, pas plus qu'à la prise d'armes, qui n'est pas d'usage dans la Marine pour celui qui quitte son poste et qu'organise à la mi-décembre dans la cour d'honneur du ministère, rue Royale, l'amiral Yves Leenhardt, nouveau chef d'état-major. A priori, ce dernier ne m'est pas favorable, ayant été choisi par le nouveau régime. Etant son aîné de plus de quatre ans et pas son subordonné par mes fonctions, je ne peux être pour lui qu'un personnage gênant.

Parmi les quelque trois cents personnes de tout grade qui sont rangées en carré sur trois rangs dans la cour du ministère, je remarque avec surprise la forte présence des constructions et armes navales. C'est beaucoup plus que la délégation de principe qu'on voit d'habitude dans ce genre de cérémonie. Sans doute, je retrouve là nombre des ingénieurs et techniciens avec lesquels j'ai souvent travaillé à l'armement de bâtiments de guerre et dont j'ai pu admirer la part essentielle qu'ils ont prise aux développements nucléaires français. Mais peut-être ont-ils voulu dans le même temps rattraper l'impression défavorable laissée dans la Marine par leurs jeunes polytechniciens jouant, en particulier depuis Mai 1968, à dénigrer la hiérarchie durant leur service militaire et à contester l'institution.

Pour ma part, je quitte la Marine après quarante-deux ans et demi de services ininterrompus et passionnants par la variété hors de pair de ses activités, sauf les inévitables corvées et servitudes de toute existence humaine. L'amour de la mer, des bateaux, des avions ou le goût des chars de combat m'a apporté un plein accomplissement. J'y ai trouvé une existence libérée de la politique et même de l'omniprésence toujours pesante du général de Gaulle, même si lui-même a parfois tenté de l'alléger. Une destinée autonome, en dehors de lui. J'ai rencontré dans la Marine un milieu où tous sont dévoués à l'ensemble, où les officiers peuvent et doivent donner leur avis avant d'appliquer loyalement les ordres, même ceux qu'ils n'ont pas approuvés ; où, malgré les ambitions et les différences, des comportements et agissements en usage courant dans la vie civile ne sont pas de mise ; où gagner de l'argent n'est pas une finalité. Où, enfin, les mérites ne peuvent être contestés dès lors que les sanctions techniques inévitables du métier sont venues les confirmer. Pour moi, comme pour tout autre, l'influence d'un père, fût-il le plus illustre, a été inexistante dans les combats à terre, les manœuvres de bateaux de guerre, les appontages, les atterrissages de nuit...

J'ai atteint la limite d'âge de mon grade, soit soixante et un ans, le 28 décembre 1982. Ce matin-là, je me réveillerai avec l'impression ineffable que personne ne m'attend plus nulle part. Je suis désormais libre. Ce n'est qu'une illusion, la suite me le démontrera. Mais il s'agit d'une autre histoire...

INDEX

Abbas Ferhat : 49, 144.
Aboulker Pierre : 150.
Adenauer Konrad : 92, 93, 96, 114, 130, 133, 134.
Afken M. : 231.
Ailleret, général : 141, 142, 187.
Amiot, constructeur : 264.
Amirouche, colonel : 128.
Andrieux Jacques, capitaine : 22.
Andronikov, prince : 164.
Argenlieu Thierry d', amiral : 23, 31, 42, 45, 47.
Argoud, lieutenant-colonel : 70, 74, 128, 139.
Arrighi Pascal : 82.
Astoux André : 46, 49.
Atton Alfred, Mgr. : 250.
Aubry Paul : 110.
Auriol Vincent : 23, 29, 30, 49, 64, 85.

Bachman Gunther : 92.
Badinter Robert : 221.
Bao-Daï, empereur du Vietnam du Sud : 69.
Barberot Roger : 46.
Bardot Brigitte : 122.
Barjot, vice-amiral : 76.
Baron, capitaine de corvette : 59.
Barre Raymond : 224.
Barrientos, général : 178.
Bastien-Thiry : 131, 141.
Baudouin Denis : 246.
Baudouin, roi : 273.
Beaufre, général : 75.
Beaulaincourt Xavier de : 32, 117, 235.
Beauvallet, général : 205.
Ben Barka Mehdi : 159.
Ben Bella Ahmed : 144, 147 à 149, 158.
Ben Gourion : 75, 253.
Ben Khidder : 144.
Bérenger, sénateur : 152.
Bergeron André : 200.
Berl Emmanuel : 85.
Bernier : 159.
Besnault René : 146.
Béteille Roger : 236.
Beuve-Méry Hubert : 83.
Biaggi Jean-Baptiste : 82.
Bianquis Gérard, lieutenant de vaisseau : 102.
Bidault Georges : 53, 59.
Bigault de Cazanove : 79.
Blanc Pierre-Louis : 233, 249, 261 à 263.
Blankenhörn : 92.
Blum Léon : 23, 24, 30, 38, 53, 54, 65, 84, 90.
Boegner Jean-Marc : 92.
Boissieu Alain de, général : 12, 38, 73, 114, 130, 131, 160, 205, 206, 209, 237, 248, 249, 251, 266, 270.
Boissieu Anne de : 109, 249.

Boissieu Elisabeth de : 38, 43, 114, 160, 204, 340, 249, 261, 270.
Bokassa, général : 252, 295.
Bollaert Emile : 47.
Bonneval Gaston de : 13, 41, 48, 57, 87, 92, 93, 118.
Boudienny, maréchal : 164.
Boulmier, second-maître : 38.
Boumedienne Houari : 158.
Bourguiba : 58, 108.
Bousecheiche : 159.
Bousquet : 40.
Bozel Alain : 49.
Brasseur-Kermadec, amiral : 238.
Brejnev Leonid : 151, 164.
Brentano von : 92.
Broche, colonel : 26.
Broizat, colonel : 128.
Brossier, capitaine de corvette : 56, 58.
Brouillet René : 34, 82, 118, 232.
Bruneau Félix : 85.
Buis Georges, général : 207, 225.
Burin des Roziers Etienne, amiral : 116, 119, 164, 238.
Buron Robert : 82.

Cabanier, amiral : 105, 268.
Cailliau Marie-Agnès : 248, 249.
Camaille Louise : 11, 30, 93.
Camara, Mgr : 176.
Cantarel Emile, général : 237.
Cardinal, M. : 181.
Catroux, général : 65, 93.
Ceaucescu : 197.
Césaire Aimé : 99.
Chaban-Delmas Jacques : 82, 137, 232, 238, 248, 255, 270, 278.
Chalandon Albin : 200.
Challe, général : 95, 104, 108.
Chamson André : 121, 240.
Chapdelaine Jean : 181.
Charles d'Angleterre, prince : 249.
Charlotte : 211, 244.
Chauveau Jean : 249.
« Che Guevara » : 178.
Cheklal Ali : 81.
Chevallier, ingénieur général : 112.
Chevallier Jacques : 82.
Chirac Jacques : 200, 258, 278.
Chotard Yvon : 200.
Churchill Winston : 37, 157.
Clemenceau Michel, député : 15.
Clot, commissaire : 97.
Cohn-Bendit Daniel : 187, 191, 192, 197.
Comiti Paul : 110.
Condroyer, lieutenant de vaisseau : 34.
Consigny : 243.
Cornut-Gentille Bernard : 89, 100.
Coty René : 64, 73, 80, 82, 86, 93, 116, 120.
Coulondres, capitaine de vaisseau : 239.
Courcel Geoffroy de : 36, 119.
Couve de Murville Maurice : 92, 118, 164, 173, 220, 223, 230, 249.
Cussac Alain, capitaine de vaisseau : 174.

Dahuron Abel : 97.
Daille, amiral : 238.
Daniel Jean : 234.
Dannaud Jean-Pierre : 201.
Dartein Mme de : 42.
Dassault, Marcel : 239.
Debizet Pierre : 257.
Debray Régis : 178.
Debré Michel : 81, 82, 93, 94, 97, 100, 125, 155, 162, 223, 232, 239, 248, 256, 267, 268, 273.
Deforge Emile, chauffeur : 12.
Deixonne M. : 86.
Delbecque Roger : 82.
Delon Alain : 223.
Demay : 75.
Depreux : 30.
Derlin Zinsou Emile : 260.
Desta, prince : 272.
Dewavrin, dit Passy, colonel : 30.
Diebolt Marcel : 86.
Dijoud M. : 248.
D'Jouder Henri : 110, 208.
Dlimi, commandant : 159.
Drapeau Jean : 181, 182.
Droit Michel : 161, 249.
Druon Maurice : 273.

Dubail : 159.
Ducret André : 249.
Duhamel Jacques : 232.
Dulac, général : 85.
Dupont Frédéric : 251.
Dutschke Rudi dit Rudi le Rouge : 198.
Duvillard Henri : 268.
Duy Tan, ex-empereur d'Annam : 38.

Eamon de Valera M. : 231.
Eban Abba : 179.
Eden Anthony : 75, 249.
Eisenhower, général : 63, 152.
Ely, général d'armée : 82.
Erhard, chancelier : 162.
Escrienne Jean d', colonel : 249.
Ezzano Yves, lieutenant-colonel : 22.

Fabiola, reine : 271.
Fajon Etienne : 50.
Faure Edgar : 59, 73, 221, 273.
Favreau Pierre, capitaine de vaisseau : 104.
Fayçal d'Arabie, roi : 179.
Figon : 159.
Flichy Georges, capitaine de frégate : 68.
Flohic François, lieutenant de vaisseau : 75, 79, 118, 120, 146, 164 à 168, 201, 206, 208, 209, 230.
Foccart Jacques : 82, 101, 117, 249, 251, 252, 256 à 260.
Fontanet Joseph : 232.
Fontenil Paul : 211, 230, 255.
Fouchet Christian : 191, 194, 199 à 201, 213.
Fourquet, général : 187, 248.
Foyer Jean : 125.
François-Poncet André : 133.
Franco : 242.
Frey Roger : 82, 109, 147.
Frossard André : 263.
Fourtseva, Mme : 166.
Fulbert Youlou, président du Congo-Brazzaville : 144.

Gagarine Youri, colonel : 109.
Gaillard Félix : 81.
Galichon Georges : 118.
Gandhi Indira : 163.
Gaulle Anne de : 38, 43.
Gaulle Charles de (1er fils de Philippe de Gaulle) : 52, 55, 57, 181, 199, 248, 249, 265.
Gaulle Elisabeth de, voir : de Boissieu.
Gaulle François de : 114, 249, 250.
Gaulle Henriette de (épouse de Philippe de Gaulle) : 37, 42 à 44, 46, 51, 55, 57, 114, 121, 152, 200, 210, 215, 243, 249.
Gaulle Jean de (3e fils de Philippe de Gaulle) : 64, 243, 249.
Gaulle Pierre de (4e fils de Philippe de Gaulle) : 142, 249.
Gaulle Pierre de : 16, 41.
Gaulle Xavier de : 42, 69.
Gaulle Yves de (2e fils de Philippe de Gaulle) : 57, 249.
Geismar Alain : 187, 197.
Genevoix Maurice : 121.
Gérard André-Marie : 264.
Giscard d'Estaing Valéry : 161, 183, 200, 224, 226, 227, 232, 258, 273, 278.
Godard, colonel : 128.
Goguel François : 234.
Golda Meir : 179.
Gomulka : 183.
Gorse Georges : 81, 213.
Gouin Félix : 30.
Grappin Pierre : 185.
Gretchko, maréchal : 267, 268.
Gribrius, général : 79.
Grimaud Maurice : 191, 195, 200, 217.
Gromard, lieutenant de vaisseau : 75.
Gromyko : 165.
Grosvenor Mrs : 231.
Gruniszky, président du Togo : 149.
Guéna Yves : 213.
Guérin, M. : 181.
Guichard Olivier : 82, 232.
Guillaumat Louis, professeur · 62, 63.

Guillaume, général : 63.
Guillebon Jacques de : 225.
Guillou Jean, capitaine de frégate : 102, 104.
Guy Claude, capitaine : 12, 13, 48, 49.

Haas Yvonne : 255.
Haïlé Sélassié : 249, 271, 272.
Halliday Johnny : 181.
Hamani Diori : 222, 223, 252.
Harcourt Emmanuel d' : 229.
Hardy René : 54.
Hassan II : 108.
Heath Edward : 249.
Hennequin, Mme : 120.
Hennequin : 120.
Herriot Edouard : 53, 80.
Hettier de Boislambert Claude : 200, 253, 269.
Hitler : 45, 54, 77, 99, 241.
Hô Chi Minh : 47.
Honorine : 211, 244.
Houphouët-Boigny Félix : 191, 252, 259, 260.
Hublot, général : 205, 266.
Hussein de Jordanie : 199.

Iehlé, amiral : 238.

Jaugey, abbé : 244, 250.
Jaujard, vice-amiral : 29.
Jean XXIII, pape : 143.
Jeanneney Jean-Marcel : 200, 224.
Jean-Paul II, pape : 183.
Jézéquel, officier des équipages : 44.
Jobert Michel . 273.
Johnson Daniel · 180.
Johnson Lyndon B. : 162.
Jouhaud, général : 104, 124, 125.
Jozan, contre-amiral : 16, 29, 33, 36, 42, 44.
Juin, maréchal : 38, 63, 86.
Jullian Marcel, éditeur : 219, 264.

Kaeppelin Thierry : 249.
Karpinsky, général : 211.
Kassem, général : 88.
Kennedy John Fitzgerald : 110, 123, 137, 144.
Kerros de, capitaine de corvette : 52.
King Harold : 84.
Kir, chanoine : 15.
Kochevoï, maréchal : 221.
Kossyguine Alexis : 151, 164, 168, 169.
Krivine Alain : 187.
Krouchtchev Nikita : 109, 110, 151, 152, 180.

La Chevallerie Xavier de : 229.
La Haye Charles Edouard, amiral : 237, 238.
La Ménardière Jacques Arnault de : 34, 45.
Lacaze André : 263.
Lacheny Guy, docteur : 244.
Lacheroy, colonel : 128.
Lacombe Emile, colonel : 266.
Lacoste Robert : 82.
Laffont Henri : 141.
Lagaillarde Pierre : 82, 100.
Laîné, capitaine de vaisseau : 69.
Lajoie : 181.
Lalande, général : 204, 206, 207.
Lamidey : 120.
Landrot : 98.
Laniel Joseph : 64.
Lanuzel, capitaine de vaisseau : 239.
Laporte : 181.
Lattre de Tassigny Bernard de : 55.
Lattre de Tassigny Jean de, maréchal : 54 à 56.
Laudrin, vice amiral : 238.
Laurent Ernest : 119.
Le Boëtté, lieutenant de vaisseau : 16.
Le Ny : 159.
Le Prouvost de Launay : 46.
Le Troquer André : 64, 85.
Lecanuet Jean : 161.
Leclerc, général : 22, 23, 31, 40, 41, 48.
Leclerc, Mme : 41.

Leclercq, officier des équipages : 104, 105, 107.
Lefevre M. : 120.
Lefranc Pierre : 49, 119, 247, 249, 256, 257, 284.
Leguay : 40.
Lemarchand Pierre : 265.
Lesage Jean : 110, 181.
Lopez Antoine : 159.
Luebke Henrich : 133, 151.
Lurin Albert, lieutenant-colonel : 118.
Lynch M. : 230.

Mac Cartan, clan : 231.
Mac Millan : 110, 137 à 139, 249.
Mac-Arthur, général : 56.
Maga, général : 252.
Maizières de, général major : 133.
Malinowsky, maréchal : 170.
Mallez : 28.
Malraux André : 36, 39, 85, 115, 233, 263, 269, 278, 281.
Mangin, général : 25.
Mantrand Mme (Jeanne le Bozec) : 117.
Mao Tsé-Toung : 180.
Marcellin Raymond : 213, 217, 218, 223.
Marchais Georges : 191.
Marcuse Hubert : 191.
Marie André : 49.
Markovic : 223.
Marroux, adjudant-chef : 244, 255.
Marroux Francis, maréchal des logis : 109, 131.
Martin André, dit le Renard, général : 112.
Martin : 40.
Marty, Mgr : 186, 187.
Masmoudi M. : 108.
Massembat-Debat : 144.
Massu, général : 74, 79, 83, 88, 100, 204 à 210, 213 à 216, 248.
Massu, Mme : 207, 208, 214.
Mathon, général : 209.
Mauriac Claude : 32.
Mauriac François : 127, 242.
Mauriac Jean : 230, 249.
Mayer Daniel : 53.
Mayer Noël : 92.
Mazeaud Léon : 36.
M'Ba Léon, président du Gabon : 149.
Méchy, colonel : 57.
Meletios, Mgr. : 252.
Mellet Gilles, lieutenant de vaisseau : 28, 58.
Mendès France Pierre : 59, 65, 83, 84, 202, 205.
Mengistu : 272.
Menthon François de : 53.
Messmer Pierre : 201, 209, 214, 270, 273.
Meyer M. : 135.
Michelet Edmond : 14, 15.
Mitterrand François : 40, 85, 86, 96, 97, 136, 137, 159, 191, 205, 212, 221, 257 à 261, 278.
Mobutu, maréchal : 261.
Moch Jules : 83, 84.
Mohamed V, ben Youssef, roi du Maroc : 63, 108.
Molandi, dit Tito Landi : 27.
Mollet Guy : 75, 83, 84, 86, 93.
Monick Emmanuel : 73.
Moniez Paul, colonel : 213 à 217.
Monnerville Gaston : 85, 136, 226.
Montalembert de Cers Henriette de, voir Henriette de Gaulle : .
Montalembert Geoffroy de : 226, 227.
Montgomery, maréchal : 93.
Montini, cardinal, voir Paul VI : .
Morin Philippe : 266.
Mosser Michel : 269.
Moulin Jean : 53, 54.
Mountbatten Louis, lord : 142.

Nagot Marie : 93.
Nasser : 74, 75, 179.
Nébinger Marc : 269.
Neuwirth Lucien : 82.
Ngô Dinh Diêm, président du Vietnam du sud : 69, 70, 158.
Nielsen Sven : 261, 263.
Nixon Richard : 228, 258, 284.
Noël Léon : 94, 98.

Nomy, amiral : 75.
Norodom Sihanouk, chef d'Etat cambodgien : 72, 173.
Norstadt, général : 139.

Omar Bongo : 252.
Ortiz, Joseph : 100.
Ortolan, capitaine de vaisseau : 73.
Ortoli, vice-amiral : 46, 55, 213, 238.
Oufkir, général : 159.

Palewski Gaston : 34, 82, 256, 257.
Palisse : 159.
Parat Georges : 248.
Paris, comte de : 234, 240, 249.
Pasqua Charles : 47.
Patou André, amiral : 237, 238.
Paul VI : 143, 187.
Payen René : 266.
Pérol Gilbert : 249.
Perrin, capitaine : 60.
Pesquet Robert : 97.
Pétain, maréchal : 54.
Petipas Marius : 166.
Petit François : 28.
Peyrefitte Alain : 192, 194, 196, 213, 249.
Pflimlin Pierre : 82 à 85.
Philippon, vice-amiral : 164, 207.
Pie XII, pape : 40.
Pinay Antoine : 59, 84, 99, 162, 270.
Piot Pierre : 243.
Pleven René : 53, 59, 66, 85, 232.
Podgorny Nicolai : 151, 164, 166, 168, 249.
Poher Alain : 226, 229, 231.
Pol-Dupuy Robert : 119.
Pomier Layrargues : 33.
Pompidou Georges : 82, 92, 125, 135, 137, 140, 150, 153, 161, 191, 194 à 205, 211 à 214, 217 à 220, 223, 226 à 229, 231, 232, 237, 245 à 249, 251, 255, 257, 258, 261, 264, 268 à 270, 273, 274, 277.
Pompidou, Mme : 223, 274.
Poniatowski Michel : 273.
Pontchardier, capitaine de vaisseau : 66, 69.
Pouliquen, capitaine : 208.
Prétrochilo, amiral : 238.
Prudhomme Jeanne : 120.
Puissant Henri, commissaire de police : 208, 210.
Py Michel, lieutenant de vaisseau : 103.

Queiulle Henri : 49, 53.

Ramadier Paul : 30, 32, 38, 41.
Rasak Abdul : 193.
Redher, capitaine de corvette : 77.
Rémy colonel voir : Gilbert Renault
Renault Gilbert : 36, 54.
Renouard Louis, général : 243.
Revers, général : 50.
Reynaud Paul : 136.
Richard, capitaine : 208.
Rivron André, lieutenant de vaisseau : 64.
Robin, capitaine de corvette : 102, 104, 106, 190.
Roche : 192.
Rochet Jean : 194.
Rodier, commandant : 81.
Rollin, lieutenant de vaisseau : 28, 51.
Roncalli Ange-Joseph, voir : Jean XXIII.
Roncalli, Mgr : 24.
Rondenay, lieutenant de vaisseau : 52.
Roosevelt : 37.
Roqueplo, contrôleur général des armées : 256.
Rothschild Edmond de : 201.
Rousselot Henri, vice-amiral : 238, 239.
Rousset Pierre : 188.
Royer Jean-Michel : 263.

Sabot, capitaine : 117.
Sahler, lieutenant de vaisseau : 57, 58.
Sainteny Jean : 72.
Saint-Laurent Cecil : 85.

Salan, général : 55, 81 à 85, 104, 125, 128, 221.
Saleur, M. : 255.
Sanguinetti Alexandre : 35.
Sanguinetti Antoine, lieutenant de vaisseau : 18, 35, 154, 238.
Sapin, enseigne de vaisseau : 21, 38.
Sartre Jean-Paul : 188.
Sauvageot Pierre : 187, 192, 197.
Schoeller Guy : 264.
Schumann Maurice : 231, 251, 263.
Schuman Robert : 40, 41, 49, 53, 54.
Scitivaux de, capitaine de vaisseau : 56.
Sédar Senghor Léopold : 29, 252.
Séguy Georges : 200, 202.
Sékou-Touré, chef d'état guinéen : 89.
Servan-Schreiber Jean-Jacques : 234.
Seydoux de Clausonne : 92, 210.
Silberman, ingénieur-mécanicien : 44.
Simon Jean, général : 253.
Souchon : 159.
Soustelle Jacques : 36, 59, 82, 100.
Spaak M. : 96.
Speidel, général : 79.
Staline : 47, 50, 64, 78, 169.
Susini Jean-Jacques : 100.

Tabarly Eric : 80.
Tallon Pierre, colonel : 206, 212.
Tati Jacques : 122.
Tchang-Kai-Chek : 65.
Teisseire Jean, lieutenant colonel : 118.
Teitgen Pierre-Henri : 31, 40, 48.
Tessier Roger : 110.
Thierry, colonel : 25.
Thomazo, colonel : 82.
Tito : 228.
Toussirot René : 12.
Triboulet Raymond : 82, 83.
Tricot Bernard : 197, 211.
Trotobas René, dit Thibault : 24.
Truman, Harry : 56, 230.
Turckheim, lieutenant de vaisseau : 75.

Valentin Andrée : 117, 256.
Vallery-Radot Louis Pasteur : 36.
Valleur, M. : 248.
Vallon Louis : 158.
Vanier, général : 181.
Vedel, dit Carlino, capitaine de frégate : 16.
Vendroux Cada : 10, 248.
Vendroux Jacques : 10, 83, 248.
Veuillot, Mgr : 186.
Vinogradov, ambassadeur d'URSS : 132.
Voronov, maréchal : 165, 169.

Watin, dit « la Boîteuse » : 132.

Yvon : voir Mme Mantrand.
Zeller, général : 104, 108.
Ziegler Henri : 236.
Ziegler Philomène : 11, 93.

TABLE

1. Les désordres de l'après-guerre 9
2. La métropole en crise et l'empire en déclin 33
3. Le grand souffle 91
4. Des projets, des ambitions pour la France 154
5. Journées de dupes en mai 1968 184
6. Départ et mort du Général 217
7. Après lui 253
8. Vie privée, vie publique 297

Index 321

Cet ouvrage a été composé par
Nord Compo (Villeneuve-d'Ascq)
et imprimé sur presse Cameron
par **Bussière Camedan Imprimeries**
à Saint-Amand-Montrond (Cher)
pour le compte de la Librairie Plon

Achevé d'imprimer en septembre 2000.

N° d'édition : 13273. — N° d'impression : 004135/1.
Dépôt légal : octobre 2000.

Imprimé en France